Theodor Thesing
Michael Vogt

Pädagogik und Heilerziehungspflege

Ein Lehrbuch

D1923349

LAMBERTUS

Theodor Thesing
Michael Vogt

Pädagogik und Heilerziehungspflege

Ein Lehrbuch

Lambertus

Die Deutsche Bibliothek – CIP-Einheitsaufnahme

Thesing, Theodor:
Pädagogik und Heilerziehungspflege : ein Lehrbuch /
Theodor Thesing; Michael Vogt. – 3., erw. Auflage –
Freiburg im Breisgau : Lambertus, 1999

ISBN 3-7841-1222-6
NE : Vogt, Michael

3., erweiterte Auflage 1999

Alle Rechte vorbehalten
© 1996, Lambertus-Verlag, Freiburg im Breisgau
Umschlaggestaltung: Christa Berger, Solingen
Umschlagfoto: Uwe Stratmann, Wuppertal
Herstellung: Franz X. Stückle, Ettenheim
ISBN 3 - 7841 - 1222 - 6

Inhalt

Einleitung

Heilerziehungspfleger/innen und Heilerziehungshelfer/innen sind sozialpädagogische Fachkräfte der Behindertenhilfe. Sie betreuen professionell Menschen aller Altersstufen, die lern-, geistig-, körper-, sinnes- oder seelisch behindert sind und durch die Schwere und Ausprägung ihrer Behinderung Erziehung, Pflege, Lebensbegleitung, Förderung, Schutz und Beratung benötigen. Dies erfordert eine weitreichende und systematische pädagogische Ausbildung und die Kompetenz, Behinderungen richtig einzuschätzen, vorhandene Fähigkeiten des behinderten Menschen aktivieren und notwendige Hilfen sowohl organisieren als auch selbst geben zu können.
Das vorliegende Lehrbuch „Pädagogik und Heilerziehungspflege" wendet sich primär an Studierende der Fachschulen für Heilerziehungspflege und an Ausbildungsstätten für Erzieher/innen, Arbeitserzieher/innen und Sozialpädagog/innen, die sich vertieft mit behindertenpädagogischen Fragestellungen befassen wollen. Die allgemeinpädagogischen Fragestellungen wurden dabei von Theodor Thesing, die behindertenpädagogischen Themen von Michael Vogt bearbeitet.
In den einzelnen Bundesländern wird das Fach unterschiedlich als „Pädagogik/Heilerziehungslehre", „Pädagogik/Heilpädagogik", „Pädagogik/Heilerziehung" bezeichnet. Die Verfasser halten, entsprechend den ausgewählten Inhalten, die Bezeichnung „Pädagogik/Behindertenpädagogik" für sinnvoll.

Welche Aufgaben hat das Fach „Pädagogik/Behindertenpädagogik" als Grundlagenfach in einer Ausbildung, und welche Qualifikationen sollen vermittelt werden?

– Der Heilerziehungspfleger bzw. der in der Behindertenhilfe tätige Erzieher soll Erziehungs- und Bildungsprozesse *erkennen, beschreiben, analysieren* und mit anderen Fachkräften *kommunizieren* können.
– Er soll *selbständig* und *eigenverantwortlich* Erziehungs- und Bildungsprozesse *planen, begleiten* und *fördern* können, unter Beachtung der Möglichkeiten der Klienten und ihrer Selbstbestimmungsrechte.
– Er soll *Beziehungen* zu Kindern, Jugendlichen und Erwachsenen aufnehmen, dauerhaft, tragfähig und partnerschaftlich *gestalten* und auch wieder lösen können.
– Er soll die gesellschaftlichen, politischen und institutionellen *Bedingungen* seiner beruflichen Erziehungs- und Bildungsarbeit *erkennen* und in seiner Arbeit berücksichtigen können.

– Er soll *Werte* in der Erziehung erkennen und diese selbst an Kinder, Jugendliche und Erwachsene *vermitteln* können.

Das Ziel der Lehrveranstaltungen im Fach „Pädagogik/Behindertenpädagogik“ ist die Praxisbefähigung, d. h. der zukünftige Heilerziehungspfleger/die Heilerziehungspflegerin muß auf den konkreten erzieherischen Umgang mit Menschen vorbereitet werden. Dabei soll bei Lehrplanentscheidungen nicht ein „mehr oder weniger“ an Wissenschaftlichkeit das Kriterium sein, sondern der Unterricht muß *handlungsanleitend* und *handlungsbefähigend* sein, – ohne bloße „Erziehungslehre“ zu bleiben, die in der Theorie nur Rezepte und Ratschläge für die Bewältigung des Erziehungsalltags liefert. Es gilt darüber hinaus, den pädagogischen Prozeß umfassend zu analysieren und zu reflektieren.

Welche Inhalte werden für das vorliegende Lehrbuch ausgewählt, um diese Ziele zu erreichen?

– Das Fach „Pädagogik/Behindertenpädagogik“ muß eine *Einführung in das pädagogische Sehen und Denken* geben und ein systematisches *Grundwissen* vermitteln. Es muß in den Gebrauch der pädagogischen *Fachsprache* einführen, um eine *Kommunikation* mit anderen pädagogischen und psychologischen Fachleuten und eine *selbständige Fortführung der Ausbildung* zu ermöglichen.
– Es muß ein Wissen über die *anthropologische Lern- und Erziehungsbedürftigkeit* des Menschen, die grundlegende Bedeutung der *Erziehung* für seine Entwicklung und Existenz, die *gesellschaftlichen Bedingungen* von Erziehung, die Bedeutung der *Erzieherpersönlichkeit* und Ansätze für *didaktisches Planen und Handeln* vermitteln.
– Die Ausbildung an einer Fachschule für Sozialpädagogik – Fachrichtung Heilerziehungspflege – muß, neben der Wissensvermittlung und Information, die *Persönlichkeitsbildung* des zukünftigen Heilerziehungspflegers fördern, was Konsequenzen für die Wahl der Inhalte wie auch für die Unterrichtsmethodik hat. Sie fordert vom Studierenden eine *Auseinandersetzung mit der eigenen Erziehung,* eine Kenntnis der *eigenen Motive* und möglichen *Gefährdungen der Persönlichkeit* des Berufserziehers, wie sie sich durch den langjährigen Umgang mit verhaltensproblematischen Menschen oder den möglichen Sinnverlust der beruflichen Arbeit ergeben können.
– Es müssen Kenntnisse über Erscheinungsformen und Ursachen der verschiedenen Behinderungsarten, über die *psychosoziale Lebenssituation* der betroffenen Menschen und über spezifische Erziehungs-

und Förderaufgaben vermittelt werden. Damit soll die Grundlage für ein breites Handlungsspektrum bei den unterschiedlichen Zielgruppen in der Behindertenhilfe gelegt werden.

– Ein Hauptaufgabengebiet des Heilerziehungspflegers ist die *Lebensbegleitung* von Menschen mit geistiger Behinderung. Aus diesem Grund ist ein Schwerpunkt auf den Bildungs- und Erziehungsprozeß bei geistiger Behinderung zu legen. Der Studierende soll *erkennen,* daß er sein pädagogisches Denken und Handeln *differenzieren* und *individualisieren* muß, wenn er es vor dem Personenkreis geistig behinderter Menschen *verantworten, legitimieren* und *begründen* will.

– Kenntnisse der *Pädagogischen Diagnostik,* Einblicke in die *interdisziplinäre Kooperation* und eine Übersicht über die *Forschungsergebnisse* zur *Lebenswelt behinderter Menschen* sollen einen Eindruck der aktuellen Wissenschaftsdiskussion der Heilerziehungspflege und Behindertenpädagogik vermitteln.

Es ist den Verfassern bewußt, daß der überwiegende Teil der heilerzieherischen Fachkräfte Frauen sind, so daß es angebracht wäre, im laufenden Text von Heilerziehungspflegerinnen/Heilerziehungspflegern bzw. von Erzieherinnen/Erziehern zu sprechen. Um eine bessere Lesbarkeit der Texte zu gewährleisten, wurde auf diese Schreibweise verzichtet und entweder die Bezeichnung „Heilerziehungspfleger/innen“ verwendet oder die männliche Form belassen.

I. Einführung in den Begriff „Erziehung“

Lernziele:
Der Studierende soll den Unterschied zwischen der Alltagssprache in der Erziehungspraxis und der pädagogischen Fachsprache kennenlernen und die Notwendigkeit unterschiedlicher wissenschaftlicher Definitionen begründen können.
Er soll die etymologische Bedeutung des Wortes „Erziehung“ erklären und die Veränderung des Begriffes im geschichtlichen Wandel aufzeigen können.
Der Studierende soll die Bilder bzw. Leitbilder, die der Erziehung zugrunde liegen, identifizieren und ihre Brauchbarkeit für die Erklärung der Erziehungspraxis und für die wissenschaftliche Kommunikation begründen können.

1. Der Begriff „Erziehung“ in der Alltagssprache und in der pädagogischen Fachsprache

Das Wort Erziehung finden wir in der *Alltagssprache* und in der *pädagogischen Fachsprache.* Die etymologische (sprachgeschichtliche) Bedeutung des Wortes weist in seinem deutschen Wortstamm auf *„ziehen“* und *„Zucht“* hin. Der Begriff entwickelte sich zu einer Zeit, als Mensch und Tier unter einem Dach lebten. „Zucht“ bedeutete das Hervorbringen und die Aufzucht des Nachwuchses bei Tier und Mensch. „Zucht“ beinhaltet eine intensive, kraftvolle Tätigkeit, ein „ziehen“ im Sinne der Geburtshilfe bei Tier und Mensch, ein „Hervorziehen“, wenn beim biologischen Geburtsvorgang Probleme entstanden sind (vgl. Gamm 1978, S. 85).
Der Begriff hat auch eine Nähe zum Hegen und Pflegen, z. B. eines Gärtners, der sich um eine Pflanze bemüht, dabei „zurückstutzt“, düngt und mit Nährstoffen versorgt. Zucht weist aber auch auf spezifische Maßnahmen der Verhaltenskorrektur des Zöglings hin, auf ein gewalttätiges Verhalten (Zucht und Ordnung, Zuchthaus, Zuchtrute, Züchtigung). Das lateinische „educatio“ (das franz. wie engl. „education“) bedeutet wörtlich das Herausführen des noch Abhängigen aus seiner Unmündigkeit.

Erziehung ist ein allgemein menschliches Phänomen und auch unabhängig von einer pädagogischen Ausbildung leistbar. Schwierig ist es, die Bedeutungsbreite des Begriffes Erziehung zu fassen, wird er doch sehr verschieden verwendet. Je nach dem Blickwinkel des Betrachters, seiner Einstellung zur Erziehung, seinem Wissen über Erziehungsprozesse, verschiebt sich das Verständnis des Begriffes Erziehung.
Auch Pädagogen und Erziehungswissenschaftler definieren Erziehung verschieden; je nach *wissenschaftlicher Denkrichtung* und Intention unterscheiden sich die Definitionen.
Die nachfolgenden Thesen sollen den Begriff der Erziehung präzisieren, in dem *Merkmale der Erziehung* beschrieben, wichtige Unterscheidungen getroffen und im Zusammenhang stehende Begriffe im Rahmen einer Einführung erklärt werden.

These 1
Es gibt einen *engen* und einen *weiten Begriff von Erziehung.* Der weite Begriff umfaßt alle denkbaren Einflüsse, die eine Persönlichkeit und das Verhalten eines Menschen formen können. Er schließt Selbsterziehung und Umwelteinflüsse ein. Dies wird auch als Sozialisation bezeichnet.
Der enge Begriff kennzeichnet soziale Prozesse, in denen eine Person bis zu ihrer Reife, Unabhängigkeit und gesellschaftlichen Handlungsfähigkeit gefördert werden soll.

Abb. 1: Enger und weiter Begriff „Erziehung“

Erziehung

weiter Begriff
- der Mensch wird erzogen durch Milieu, Gesellschaft, Freunde
- durch Bücher, Spielgeräte
- Wohnsituation
- Erziehung geschieht ein Leben lang durch Lernen
- alle Einflußfaktoren, die eine Persönlichkeit verändern können
- Einflüsse von Kunst, Presse, Medien
- Pflege und Therapie

enger Begriff
- Eltern erziehen ihre Kinder
- Heilerziehungspfleger/innen fördern behinderte Kinder
- Erziehung beginnt mit der Geburt und endet mit dem Reifealter
- Generationenprozeß der Weitergabe von Wissen, Erfahrungen, Kultur an die jüngere Generation
- Ziel ist die Mündigkeit des jungen Menschen
- Erzieher-Kind-Verhältnis
- eine face-to-face-Beziehung

Welche Bedeutung hat diese Unterscheidung für die Erziehungspraxis?

(a) Wird der Erziehungsbegriff extrem weit gefaßt, so wird er inhaltsleer und ungenau; ein sinnvolles fachliches Gespräch ist schwer möglich, da keine Trennung zwischen Milieueinfluß, Lernen, Bildung, Therapie vorgenommen wird. Alles ist irgendwie Erziehung.
(b) Wird Erziehung mit Lernen gleichgesetzt, so werden alle Faktoren zu Erziehungseinflüssen und der Zu-Erziehende wird niemals in seine Mündigkeit entlassen. Ist das Ziel der Mündigkeit nicht erreichbar, so ist das Ziel unsinnig.
(c) In der Erziehung geistig Behinderter wird oftmals das Ziel der vollständigen gesellschaftlichen Mündigkeit nicht erreicht. Viele Menschen mit einer Behinderung benötigen ein Leben lang einen Beistand, Partner, Helfer oder Betreuer. Es besteht die Gefahr, daß der Mensch mit Behinderung ein Leben lang als Zu-Erziehender behandelt und ihm die Möglichkeit verwehrt wird, seine eigene Rolle und Identität als Erwachsener zu entwickeln.

These 2
Man unterscheidet in der Pädagogik zwischen *intentionaler Erziehung* bzw. intentionalen Lernprozessen und *funktionaler Erziehung* bzw. funktionalen Einflüssen (vgl. Giesecke 1991, S. 64/65).
Intentionale Erziehung vollzieht sich in Lernfeldern, die eigens für Kinder und Jugendliche organisiert sind, z. B. Familie, Schule, Jugendarbeit, Heim, Tagesstätte u. ä.; man will gezielt positiven Einfluß nehmen.
Funktionale Einflüsse geschehen in Lernfeldern, die zwar Lern- und Erziehungswirkungen haben, aber nicht eigens für diesen Zweck organisiert wurden; so haben die Medien, das Milieu, die Gruppe der Gleichaltrigen (peer group) andere primäre Ziele, als die Förderung von Kindern zur Selbständigkeit. Die Wirkungen erfolgen eher nebenbei und unabsichtlich.

Zwischen der intentionalen Erziehung und den funktionalen Einflüssen besteht ein integrativer Zusammenhang. Der Heilerziehungspfleger muß sehen, daß funktionale Einflüsse die Erziehung verändern, oftmals wird er ohnmächtig vor den Wirkungen stehen. Die Gruppe der Gleichaltrigen hat in mancher Entwicklungsphase oft einen größeren Einfluß als die Eltern.

Abb. 2: Intentionale und funktionale Erziehung

Erziehung

intentionale Erziehung

- absichtliche Einflüsse von Erwachsenen auf Zu-Erziehende mit dem Ziel des Zuwachses an Mündigkeit
- Erziehungsinstitutionen wie Kindergarten, Heim, Hort, Schule, Erwachsenenbildung
- Lernprogramme
- Förderprogramme

funktionale Erziehung

- verfolgen primär andere Ziele, pädagogische Wirkungen auf Zu-Erziehende sind eher unabsichtlich
- Fernsehprogramm/Ziel: Erhöhung der Einschaltquoten
- Massenkommunikationsmittel
- Werbung/Ziel: Kaufanreiz, Steigerung des Konsumverhaltens
- Milieu, sogenannte „geheime Miterzieher"
- Politische Propaganda

Eltern und Berufserzieher dürfen diese Einflüsse nicht unterschätzen, sie müssen ihre Wirkungen kennen und bei der Arbeit berücksichtigen. Funktionale Einflüsse können aber vom Heilerziehungspfleger bzw. Erzieher als intentionale genutzt werden.

Abb. 3: Nutzung funktionaler Einflüsse für die Erziehung

Beispiele:

funktionale Einflüsse		*intentionale Einflüsse*
Fernsehen / Medien	→	Bildungsprogramm des Fernsehens
Rundfunk	→	Schulfunk
Zeitungen	→	Bildung
Peer-group	→	Selbsthilfegruppe

These 3

Erzieher (Eltern und Berufserzieher) orientierern sich in ihrem Erzieherverhalten an *Leitbildern.* Diese Bilder werden benutzt, um Alltagsphänomene besser zu verstehen. Sie bilden sogenannte „Alltagstheorien", zeigen eine gewisse Systematik, dürfen aber nicht mit wissenschaftlichen Theorien verwechselt werden. Kron hat eine Reihe von Leitbildern analysiert, die nachfolgend beschrieben werden (vgl. Kron 1991, S. 195 ff.).

Erziehung als Ziehen

„... das heranwachsende Kind (wird) mit einer Pflanze oder einem Bäumchen verglichen, das ‚hochgezogen' werden muß. Es genügt in dieser Grundassoziation nicht, Pflanze oder Bäumchen und Kind bloß wachsen zu lassen: Sie müssen auch gestutzt und gestützt, beschnitten und gepfropft werden, damit sie ‚gute Früchte tragen'" (Kron 1991, S. 195).

Der Erzieher sieht sich in der *Rolle des Gärtners,* das Kind als Pflanze ist „Objekt" seines Bemühens. Moderne Ergebnisse der Erziehungsforschung zeigen, daß dieses Bild zu einseitig ist, da die Einbindung des Menschen in die Gesellschaft übersehen und die komplexen Lebenszusammenhänge nicht berücksichtigt werden. Viele Laien, Eltern, aber auch Heilerziehungspfleger/innen orientieren ihr Erziehungsverhalten auch heute noch an diesem Bild.

Erziehung als Führen

„Das Bild von der Erziehung als Führen oder als Verhältnis von Führer und Geführtem ist möglicherweise so alt wie die Menschheit. Es geht von der sozialen Erfahrung aus, daß es immer ältere und jüngere Menschen gibt, erfahrene und unerfahrene oder weniger erfahrene und wenig wissende oder unwissende, die in einer sozialen Beziehung zueinander stehen. Führer und Geführter stehen also in einem Führungs-Nachfolge-Verhältnis, das die soziale Relation bestimmt" (Kron 1991, S. 197).

Dieses alte Bild orientiert sich an militärischen Organisationen, an Befehl und Gehorsam; man findet dieses Bild auch in der „Personalführung" und bei „Führungskräften" der Wirtschaft. Der Erzieher wird als Autorität gesehen, dem Gehorsam zu leisten ist. Diese Autorität kann sich auf einen Auftrag berufen, die Autoritätsmacht ist verliehen durch Gesetze, Verordnungen, Lehrpläne oder gar durch Gott. Diese Vorstellung fördert Hierarchien und manifestiert eine untergeordnete Position des Zu-Erziehenden.

Erziehung als Regierung und Zucht

Die Wurzeln dieser Vorstellung liegen in Erziehungs- und Bildungsvorstellungen des 17./18. Jahrhunderts. Kron verweist auf Johannes Friedrich Herbart (1776–1841), der die „Regierung" von Kindern als notwendige Vorstufe zur „Zucht" angesehen hat.

„Schüler müssen die Fähigkeit erwerben, sich ordentlich, anständig und aufmerksam zu verhalten und dem Unterricht interessiert zu folgen, kurzum ‚freiwillig' zu lernen. Zucht, als die ‚eigentliche' Erziehung, wirkt somit auf den sittlichen Kern des Subjekts, auf Motivation und Wille; daher wird diese Erziehungsform auch als das eigentliche, d. h. wesentliche und zentrale bezeichnet" (Kron 1991, S. 200).

Diese Vorstellung fand auch in der pietistischen Pädagogik August Hermann Franckes (1663–1727), dem bedeutenden Pädagogen des Waisenhauses in Halle, seinen Niederschlag.

> „Als Diener Gottes und des preußischen Staates empfand er sich als Untertan. Aus diesem religiösen und politischen Verständnis heraus kommt Francke zu der Überzeugung, daß Kindern schon sehr früh *der Wille gebrochen* werden müsse, damit sie ihre Kraft nicht auf sich selbst, sondern auf die Ordnung des Diesseits und des Jenseits richten könnten. Erziehung wird von Francke somit als Zucht und Regierung verstanden mit dem Ziel, Kinder zu Dienern des Staates und Gottes zu machen" (Kron 1991, S. 201).

Die Idee der Zucht und des Gehorsams ist auch heute in der Erziehungspraxis zu finden, z. B. in der Sauberkeitserziehung des Kleinkindes, bei Liebesentzug, Prügelstrafe oder sozialer Isolierung. Oftmals begründen Eltern, die selbst sehr streng erzogen und häufig auch körperlich gezüchtigt worden sind, den strengen Erziehungsstil bei ihren eigenen Kindern damit, daß sie selbst durch eine „harte Hand" zu einem ordentlichen und belastbaren Menschen geworden seien (vgl. dazu Kapitel VI. 6, Strafe als pädagogisches Problem, S. 114–122).

Erziehung als Wachsenlassen

Dieses Bild geht auf Jean Jacques Rousseau (1712–1778) und die Zeit der Aufklärung zurück. Dieses Bild des Wachsenlassens vertraut auf die Naturkräfte des Kindes. Der Mensch wird grundsätzlich als gut angesehen, man traut ihm zu, daß er seinen sittlich richtigen Weg findet. Der Erzieher wird nicht mehr als Führer, Ziehender oder Regierender gesehen, sondern als jemand, der ein *kluges Arrangement* zur Ausgestaltung der Kräfte, der Motive und des Willens des Kindes trifft.

> „Erziehung als Wachsenlassen ist daher ein Bild, das den Erzieher in seine vornehmste Funktion hineinruft, in das Arrangieren guter Lebenssituationen, das Beraten, Unterstützen und Helfen. Er muß daher nicht nur fachliche Qualitäten, sondern auch moralische Kompetenzen besitzen" (Kron 1991, S. 203).

Hier sind die Vorstellungen eines entwicklungsfördernden Milieus zu erkennen; dieses Bild hat die heutige Kindergartenpädagogik beeinflußt und ist in der Verselbständigungsdiskussion der Behindertenhilfe erkennbar. Man will dem Kind/Jugendlichen etwas zutrauen, ihm Mitsprache einräumen und eine gemeinsame Lebensgestaltung realisieren.

Erziehung als Anpassung

Dieses Bild geht von der Einbindung des Menschen in die Gesellschaft aus. Das Kind muß im *Sozialisationsprozeß* in die Gesellschaft hinein-

wachsen; dies geschieht durch ein Lernen und Aneignen gesellschaftlich relevanter Rollen und Normen und durch Anpassung an Erwartungen. Weiter wird die ständige, biologische Anpassung des Menschen an seine Umwelt, an Natur und ökologische Bedingungen angenommen. Die Lernpsychologie fördert dieses Bild. Sie sieht den Menschen ständig im Prozeß der Einflußnahme, seine Verhaltensregulierung geschieht durch Normen und Sanktionen.
Im Rahmen der Erziehung als Anpassung wird dem Educanden (Zu-Erziehenden) vermittelt, daß es klug sei, sich an die gegebenen Verhältnisse anzupassen, um erfolgreich zu sein. Die Kritik setzt daran an, daß die Anpassung zwar eine gelungene Sozialisation möglich mache, das Individuelle aber dadurch in den Hintergrund trete, das Kind sich „stromlinienförmig" entwickle. Die Gesellschaft braucht aber nicht angepaßte, sondern kreative, mutige Menschen, die den Entwicklungsprozeß einer Gesellschaft fördern und tragen.

Erziehung als Prägen
In der Antike entwarf Aristoteles das Bild von der *menschlichen Seele als leerer Tafel,* auf die geschrieben wird. Erziehung wurde in diesem Bild verstanden als Vorgang des Schreibens, des Einprägens durch den Erzieher/Lehrer auf einer leeren Wachstafel (Seele des Kindes). Die Stärke des Drucks, die Form der Gravurbewegungen hinterließ unterschiedlich tiefe Einprägungen. Das durch Erziehung, Umgang und Erfahrung Eingeprägte zeigte Spuren, die man „Charakter" nannte (griech.: ich grabe ein; Stempel; das Eingeprägte). Das Bild von der Prägung des Kindes durch Erziehung und Milieu ist auch noch im heutigen Erziehungsverständnis vorhanden. Es weist dem Kind eine passive Rolle zu und fragt nicht, ob es mit diesen Aufdrücken eines Stempels, dieser massiven Formung einverstanden ist (Vgl. Lassahn 1983, S. 99).

Erziehung als Lebenshilfe
Dieses Bild geht von der anthropologischen *Hilfsbedürftigkeit* und damit *Erziehungsbedürftigkeit* des Menschen aus, der Pflege, Förderung und Ermutigung benötigt.

> „Erziehung als Lebenshilfe setzt bei den Nahbedürfnissen der Kinder an, d. h. sie greift die negativen und positiven Erfahrungen der Kinder auf und bezieht ihre kognitiven, affektiven, sensomotorischen, motivationalen und moralischen Bewegungen und Anschauungen mit ein. Vor allem stellt sich der Erzieher nicht über die Kinder, sondern neben sie und in ihre Probleme hinein. Nur dadurch findet er mit den Kindern zusammen auch Lösungen und Wege, die die Kinder mehr oder weniger selbständig gehen lassen" (Kron 1991, S. 206).

Diese moderne Auffassung von Erziehung stellt das Kind in den Mittelpunkt der Erziehung, setzt bei seinen Möglichkeiten und Fähigkeiten an und versucht partnerschaftlich, zusammen mit dem Kind, das Leben zu bewältigen; das Kind ist *Subjekt* mit eigenem Willen. *Hilfe zur Selbsthilfe,* Entwicklungsanreize, Kooperation, herrschaftsfreies Zusammenleben sind die Merkmale dieses Bildes.

These 4
Erziehung will die anthropologisch bedingte Hilfsbedürftigkeit des Kindes aufheben und dem jungen Menschen zur *Mündigkeit* und *Autonomie* verhelfen.

> Mit Erziehung werden Prozesse bezeichnet, „in denen jemand, der in grundlegenden Lebensbereichen selbst urteilen, entscheiden und handeln kann, anderen, meist jüngeren, dazu verhilft, dies ebenfalls zu tun. Solche Selbständigkeit in grundlegenden Lebensbereichen wird auch als *Mündigkeit,* ihre Vollendung als *Reife,* ihr allmählicher Erwerb als *Emanzipation* bezeichnet. Der Mündigere oder Erzieher bietet dem weniger Mündigen oder Zu-Erziehenden seine Hilfe an, weil er dessen Hilflosigkeit erlebt (...) immer sind Erzieher bemüht, in Zu-Erziehenden die Fähigkeit zur *eigenen und selbständigen Lebensführung* zu wecken" (Potthoff/Wolf 1974, S. 55).

Erziehung in diesem Sinn ist positiv, human formuliert. Erziehung hat *Förderungscharakter,* denn sie will die positive Persönlichkeitsentwicklung des Zu-Erziehenden, die Entfaltung seiner Möglichkeiten.
Die anthropologisch bedingte Hilflosigkeit muß durch die *Verantwortung* des Erziehers beantwortet werden; sie beinhaltet Schutz, Pflege und wirtschaftliche Sicherung. Diese Verantwortung wird nicht immer automatisch übernommen, das zeigen Kindesmißhandlung, Verlassen und Aussetzen von Kindern, emotionale Vernachlässigung (vgl. dazu das Kapitel „Anthropologische Voraussetzungen der Erziehung").

These 5
Erziehung beinhaltet ein *Machtgefälle* zwischen dem Erzieher und dem Zu-Erziehenden. Die anthropologisch bedingte Hilfsbedürftigkeit bringt ein Erfahrungs- und Wissensdefizit des Kindes mit sich. Der Erwachsene ist *„mächtiger",* Kinder erleben ihre Eltern oft als *„allwissend".* Diese faktische Macht darf nicht mißbraucht, sondern muß in ein *Vertrauensverhältnis* umgewandelt werden. Giesecke bezeichnet diese Beziehung als Gewalt- und Fürsorgeverhältnis (Giesecke 1991, S. 7).
Gewalt definieren wir als negativ. Fälle von körperlicher Mißhandlung bezeichnen wir als Gewalt gegen Kinder. Das Jugendwohlfahrtsgesetz

sprach noch von der „Elterlichen Gewalt". Die elterliche Gewalt wurde von der „väterlichen Gewalt" des römischen Rechts hergeleitet. Im römischen Herrschaftsbereich war der Vater der Herrscher seiner Familie, hatte Richtergewalt und bestimmte über Leben und Tod von Sklaven, Kindern und Frauen.
Das neue Kinder- und Jugendhilfegesetz spricht von der „Elterlichen Sorge" und stellt die Fürsorgepflicht stärker in den Vordergrund. Fürsorgepflicht bedeutet Sorge für eine Person, die Schutz benötigt. Das Kind ist von Geburt an abhängig; die *Abhängigkeit* bleibt konstitutiv für das ganze Leben, Menschen sind als soziale Wesen immer aufeinander angewiesen.

These 6
Der Begriff Erziehung kann nur sinnvoll definiert werden in bezug zu dem Begriff des *Erwachsenseins.*
Erziehung zielt ab auf Mündigkeit. Das Erreichen der Mündigkeit wird in verschiedenen Kulturen und Gesellschaften unterschiedlich definiert. Sie ist abhängig von der Wirtschaftsform und vom Differenzierungsgrad einer Gesellschaft. Durch die lange Lernzeit in hochindustriellen Gesellschaften entsteht das Bild eines lebenslangen Lern- und Erziehungsprozesses. Das Erwachsenenalter beginnt formal mit 18 Jahren, die Ausbildungszeit ist noch lange nicht abgeschlossen, die Gründung einer Familie aus wirtschaftlichen Gründen kaum möglich. Eltern führen ihre Erziehungseinflüsse oft über diesen Zeitpunkt hinaus weiter, was in der Regel zu Konflikten führt. Das Bild der langen Lernphase, die Notwendigkeit des lebenslangen Lernens führt dazu, auch Erziehung als einen nicht endenden Prozeß zu sehen.
Dadurch besteht die Gefahr, daß Menschen nie wirkliche Selbständigkeit erreichen.

These 7
Erziehung zielt darauf ab, bei Kindern und Jugendlichen *Veränderungen in der Persönlichkeit* hervorzurufen (vgl. These 3, Erziehung als Prägen).

> „Als Erziehung werden absichtliche und planvolle Maßnahmen zielgerichteter Handlungen bezeichnet, durch die Erwachsene in den Prozeß des kindlichen Werdens einzugreifen versuchen, um Lernvorgänge zu unterstützen oder in Gang zu bringen, die im Kind zu Dispositionen und Verhaltensweisen führen, welche vom Erwachsenen als wünschenswert angesehen werden" (Fend 1971, S. 49 ff.).

Brezinka bestimmt den Begriff der *psychischen Dispositionen* als Handlungs- und Erlebnisbereitschaften, die bei einem Menschen aufgebaut, geändert, erhalten oder verhütet werden sollen (vgl. Brezinka 1974, S. 84).

Abb. 4: Erziehung als Veränderung von psychischen Dispositionen	
Aufbau von Dispositionen	Erlernen der Sprache; selbständig essen können; Entwicklung des Gewissens
Änderung von Dispositionen	Fehlverhalten wird durch Therapie geändert, z. B. Verhaltenstherapie bei Enuresis (Bettnässen)
Erhaltung von Dispositionen	Üben bereits vorhandener Fähigkeiten; Training; Wiederholungsübungen
Verhütung von Dispositionen	präventives, prophylaktisches Verhalten, z. B. Aufklärung, Beratung, Vorbeugung

Dieses Eingreifen von Erwachsenen in das Leben und in die Persönlichkeit von Kindern wird heute von einer Reihe von Erziehungswissenschaftlern stark kritisiert. Vertreter der sogenannten „Anti-Pädagogik" bezeichnen dieses Eingreifen, das bewußte Formen von Kindern, als unmoralisch, weil es Kinder schädigt. Diese wüßten selbst am besten, was sie benötigten.

Moderne Pädagogen fordern heute, daß die Erziehung *partnerschaftlich* gestaltet wird. Kinder dürfen nicht zum Objekt des Erzieherwillens werden, sondern ihre Rechte, Wünsche, Bedürfnisse und Fähigkeiten müssen geschützt, entfaltet und zum Maßstab des Handelns werden. Die Frage ist also nicht, ob intentionales erzieherisches Handeln auf die Persönlichkeit des Kindes Auswirkungen hat, sondern ob dieses Handeln partnerschaftlich, gleichberechtigt und am Wohl des Kindes orientiert ist.

These 8

Erziehung hat *Versuchscharakter.* Die intentionalen erzieherischen Maßnahmen und Handlungen sind auf die Zukunft gerichtet. Eltern müssen versuchen, für einen Säugling das Notwendige und Richtige zu tun, seine Entwicklung zu fördern. Sie haben aber keine absolute Sicherheit, daß ihre Maßnahmen erfolgreich sein werden und das Kind später als Erwachsener diese Maßnahmen schätzen wird (vgl. Brezinka 1977, S. 87 ff.).

Abb. 5: Unbeabsichtigte Nebenfolgen von Erziehung		
erzieherische Absicht		*unbeabsichtigte Nebenwirkungen*
Schutz des Kindes vor Gefahren und Überforderung	→	Überbehütung, Ängstlichkeit, Unselbständigkeit des Kindes
Fördermaßnahmen	→	Kind macht trotzdem Rückschritte
Freiheit; gewähren lassen	→	geringe Belastungsfähigkeit des Kindes, kann sich über nichts freuen
Kind soll es gut haben; ein bequemes Leben führen	→	Kind wird unselbständig

Versuchscharakter der Erziehung bedeutet, daß ein Scheitern möglich ist und die Bemühungen des Erziehenden unfruchtbar bleiben.
Die Möglichkeit des Scheiterns verlangt vom Heilerziehungspfleger und Erzieher Weitsicht, eine Beschäftigung mit sinnvollen Lebensmöglichkeiten in der Zukunft, den Mut, mit dem Kind zusammen die Zukunft bewältigen zu wollen, und Hoffnungsfähigkeit. Ohne Vertrauen in das Kind und in die Zukunft, ohne die Hoffnung auf dessen Entfaltungsmöglichkeiten, ist eine pädagogische Beziehung und der Erziehungsprozeß kaum möglich.

2. Wissenschaftliche Leitdefinition

Es gilt zu beachten, daß der Begriff Erziehung einem historischen Wandel unterliegt und sich je nach der Intention des Definierenden verändert. Bokelmann legt eine *Leitdefinition* vor, die nicht alle Merkmale der Erziehung und ihre vielfältigen Erscheinungsformen einbezieht, aber in wesentliche erziehungswissenschaftliche Fragestellungen, Begriffe und Bedingungszusammenhänge einführt:

> „Erziehung ist dasjenige Handeln, in dem die Älteren (Erzieher) den Jüngeren (Educanden) im Rahmen gewisser Lebensvorstellungen (Erziehungsnormen und -ziele) und unter konkreten Umständen (Erziehungsbedingungen) sowie mit bestimmten Aufgaben (Erziehungsinhalte) und Maßnahmen (Erziehungsmethoden) in der Absicht einer Veränderung (Erziehungswirkungen bzw. realisierte Ziele) zur eigenen Lebensführung verhelfen und zwar so, daß die Jüngeren das erzieherische Handeln der Älteren als notwendigen Beistand für ihr eigenes Dasein erfahren, kritisch zu beurteilen und selbst fortzuführen lernen" (Bokelmann 1971, S. 185).

Welche Elemente beinhaltet diese Definition und welche Zusammenhänge stellt der Autor heraus?

(a) Es wird von einem *Prozeß zwischen zwei Generationen* ausgegangen. Ältere geben Jüngeren Entwicklungshilfe und damit Wissen und Erfahrungen weiter. Diese Hilfe (Beistand) ist zeitweise notwendig (anthropologische Hilfsbedürftigkeit) und endet mit der Selbständigkeit der Jüngeren.
(b) Die Älteren bezeichnet man als Erzieher. Es lassen sich *natürliche Erzieher* (Eltern, Pflegeeltern) und *Berufserzieher* (Erzieher/innen, Jugend- und Heimerzieher/innen, Heilerziehungspfleger/innen, Arbeitserzieher/innen, Sozialpädagog/innen, Betreuer/innen) unterscheiden. Eltern erhalten als natürliche Erzieher in der Bundesrepublik Deutschland ihre Berechtigung zur Erziehung durch das Grundgesetz. Art. 6, Absatz 2, Grundgesetz bestimmt:

> „Pflege und Erziehung der Kinder sind das natürliche Recht der Eltern und die zuvörderst ihnen obliegende Pflicht. Über ihre Betätigung wacht die staatliche Gemeinschaft."

Die Aufgaben des Lehrers werden in Art. 7, Abs. 1 Grundgesetz geregelt: „Das gesamte Schulwesen steht unter der Aufsicht des Staates." Heilerziehungspfleger, Erzieher u. a. bekommen ihren gesellschaftlichen Auftrag durch eine staatliche Prüfung und staatliche Anerkennung.
(c) Die Jüngeren bezeichnet man als *Educanden* bzw. als *Zu-Erziehende.* Bei den Zu-Erziehenden wird eine anthropologisch bedingte Erziehungsbedürftigkeit und Erziehungsfähigkeit angenommen.
(d) Erziehung geschieht auf dem Hintergrund von *Lebensvorstellungen,* die sinnvolle Lebensmöglichkeiten, das *Menschenbild* und gesellschaftliche Normen und Wertvorstellungen umfassen (vgl. Kapitel V, Erziehungsziele).
(e) Der Erziehungsprozeß wird beeinflußt durch *Bedingungsfaktoren,* die man als gesellschaftliche, kulturelle, ökologische, ökonomische und politische Einflüsse unterscheiden kann (vgl. Kapitel IV, Der Erziehungsprozeß).
(f) Als *Erziehungsziele* sind pädagogische Absichten zu verstehen. Erziehungsziele formulieren künftige, erstrebenswerte Fähigkeiten, Kenntnisse, Fertigkeiten des Zu-Erziehenden. Sie können sich auf bestimmte *Lebensbereiche* beziehen, wie auf die Handlungsfähigkeit im Bereich der Kultur, Sorge für die Gesundheit des Körpers, Wirtschaft, des sozialen Zusammenlebens der Geschlechter und der Mitglieder der Gesellschaft, Wissen, Sprache, Beruf, Politik, Religion u. a. (vgl. Kapitel V, Erziehungsziele).

(g) *Erziehungsinhalte* sind *Bildungsinhalte* der Kultur, wie lesen und schreiben, Tischsitten, einen Bankautomaten bedienen, moralische Haltung usw. Sie spiegeln sich im Bildungskanon der Schulen wider und in den Vorstellungen der Menschen, was ein Kind erfahren, wissen und lernen soll.
(h) *Erziehungsmaßnahmen* lassen sich genauer unterscheiden: Erziehungsmaßnahmen im engen Sinn sind der Erziehungs- und Unterrichtsstil, persönliche Hilfestellung, Einzelunterricht, Pflege, Betreuung, Unterweisung, Lob, Strafe usw.; Erziehungsmaßnahmen im weiten Sinn sind Erziehungsinstitutionen (Kindergarten, Hort, Heim, Therapiegruppen, Schule), also Institutionen, Organisationen, Erziehungs- und Bildungsprogramme.
(i) Der Prozeß muß so gestaltet sein, daß die Zu-Erziehenden die Maßnahmen der Erzieher als sinnvoll akzeptieren, sich damit kritisch auseinandersetzen und ihre Bildung und Entwicklung selbst in die Hand nehmen. Erziehung ist in diesem Sinn notwendige *Entwicklungshilfe,* ein „ins Leben helfen".

3. Übungsfragen

1. Erklären Sie die etymologische (sprachgeschichtliche) Bedeutung des Wortes Erziehung.
2. Der Erziehungsbegriff wird in der Alltagssprache und in wissenschaftlichen Definitionen unterschiedlich verwendet. Wodurch ist dies begründet?
3. Unterscheiden Sie einen *engen* und einen *weiten* Begriff von Erziehung. Zeigen Sie Folgen für die Fachdiskussion und für die Erziehungspraxis auf.
4. Definieren Sie „intentionale Erziehung" und „funktionale Einflüsse". Was bedeutet die Aussage, daß es einen integrativen Zusammenhang gibt? Belegen Sie Ihre Aussagen durch Beispiele der selbst erlebten Erziehung oder durch Erlebnisse Ihrer Erziehungspraxis.
5. In der Pädagogik wird behauptet, daß Erziehende (Eltern und Berufserzieher) sich an Leitbildern orientieren. Warum benutzen Heilerziehungspfleger/innen diese Bilder? Begründen Sie.
6. In der Erziehungspraxis werden nach Kron folgende Bilder verwendet:
   Erziehung als Ziehen
   Erziehung als Führen

Erziehung als Regierung und Zucht
Erziehung als Wachsenlassen
Erziehung als Anpassung
Erziehung als Lebenhelfen

Welche Grundannahmen bzw. „Alltagstheorien“ stehen hinter diesen Bildern? Welchen Beitrag leisten die Bilder zur Erweiterung des pädagogischen Wissens und der Handlungsorientierung in der Praxis?

7. Beschreiben Sie den Zusammenhang von anthropologisch bedingter Erziehungsbedürftigkeit des Kindes und dem Ziel der Mündigkeit.

8. Begründen Sie die These: „Erziehung hat Förderungscharakter“ und grenzen Sie Handlungen ab, die nach dieser These *nicht* als pädagogische Handlungen bezeichnet werden dürfen.

9. Giesecke behauptet, daß in jedem Erziehungsprozeß ein „Machtgefälle“ zwischen Erzieher und Kind bestehe. Wodurch ist dies begründet und was kann der Erzieher tun, um das „Gewaltverhältnis“ positiv für das Kind zu lösen?
Machen Sie dies am Beispiel eines Kindergartens, einer Wohngruppe oder einer Freizeitgruppe deutlich.

10. Es gibt einen Zusammenhang zwischen Mündigkeit und Erwachsensein. Der Zustand des Erwachsenseins wird von verschiedenen Kulturen und Gesellschaften unterschiedlich früh erreicht. Wodurch ist dies begründet?

11. Brezinka definiert Erziehung als ein bewußtes Eingreifen in psychische Dispositionen eines Kindes.
a) Was sind psychische Dispositionen?
b) Auf welche Persönlichkeitsbereiche können sich diese Dispositionen beziehen?
c) Welche Formen der Änderungen der Dispositionen sind denkbar?

12. Begründen Sie, ob ein gezielter Eingriff in das Leben und in die Persönlichkeitsentwicklung eines Zu-Erziehenden ethisch statthaft ist. Welche Gründe sprechen dafür und welche dagegen?

13. Was bedeutet die These: „Erziehung hat Versuchscharakter“ und was sind in diesem Zusammenhang sogenannte „unbeabsichtigte Nebenwirkungen“?

14. Betrachten Sie die Leitdefinition von Bokelmann:
a) Welches Erziehungsverständnis wird deutlich?
b) Woran orientiert sich der Heilerziehungspfleger bzw. der Erzieher?

c) Handelt es sich um einen *engen* oder um einen *weiten* Begriff?
d) Welches Ziel hat die Erziehung?
e) Was bedeuten Erziehungsinhalte und Erziehungsmethoden?

4. Literatur

Badry, E./Buchkamp, M./Knopp, R.: Pädagogik. Grundlagen und Arbeitsfelder, Neuwied 1992

Braun, W.: Einführung in die Pädagogik, Bad Heilbrunn, ^{3}1983

Brezinka, W.: Grundbegriffe der Erziehungswissenschaft, München ^{3}1977

Bokelmann, H.: Pädagogik, Erziehung, Erziehungswissenschaft, in: Speck, J. und Wehle, G.: Handbuch Pädagogischer Grundbegriffe, Band 2, München 1971, S. 185 ff.

Fend, H.: Sozialisierung und Erziehung, Weinheim, Berlin/Basel ^{4}1971

Gamm, H. J.: Einführung in das Studium der Erziehungswissenschaft, Reinbek 1978

Gudjons, H.: Pädagogisches Grundwissen, Bad Heilbrunn 1993

Giesecke, H.: Einführung in die Pädagogik, Weinheim/München ^{2}1991

Hierdeis, H., Hug, T.: Pädagogische Alltagstheorien und erziehungswissenschaftliche Theorien, Bad Heilbrunn 1992

Kron, F. W.: Grundwissen Pädagogik, München/Basel ^{3}1991

Lassahn, R.: Pädagogische Anthropologie, Heidelberg 1983

Potthoff, W. / Wolf, A.: Einführung in die Strukturbegriffe der Erziehungswissenschaft, Freiburg 1974

II. Kindheit und Jugend im Wandel der Jahrhunderte

Lernziele:
Der Studierende soll einen historischen Überblick über die Entwicklung und den Wandel des Verständnisses von Kindheit erhalten.
Er soll erkennen, daß der Wandel des Kindheitsverständnisses im Zusammenhang mit gesellschaftlichen Veränderungen und dem Wandel der sozioökonomischen Rahmenbedingungen der Familien gesehen werden muß.
Der Studierende soll heutige Lebensräume von Kindern beschreiben, positive und negative Auswirkungen auf ihre Entwicklung einschätzen können.
Er soll Merkmale einer heutigen „Kinder- und Jugendkultur" benennen und Einflüsse von Medien, Urbanisierung und sozioökologischen Bedingungen aufzeigen können.

Was heute als Kindheit bezeichnet wird, eine Phase relativer Schonung und der Ausbildung, Heranführung an das Berufs- und Erwachsenenleben, ist ein relativ modernes Phänomen. Das heutige Verständnis von Kindheit und Jugend entsteht erst ab etwa dem 18. Jahrhundert mit der bürgerlichen Gesellschaft und einem sich langsam entwickelnden öffentlichen Schulwesen.
Ein Blick in die Geschichte zeigt, daß das Leben der Kinder alles andere als leicht und unbeschwert war. Solange eine hohe Kindersterblichkeit und eine große Geburtenzahl die Regel waren, viele Kinder erst gar nicht erwachsen werden konnten, galt der Wert des einzelnen Kindes weit weniger als heutzutage.
Indizien dafür, was Kindheit vor ca. 2000 Jahren bedeuten konnte, liefert auch die Bibel, in die historische Gegebenheiten, in zuweilen drastischer Darstellung, Eingang fanden.

1. Die Welt der Antike

Ein Blick auf das klassische Griechentum (ca. 500 v.Chr.) ist von besonderer Bedeutung, da hier viele Quellen der abendländischen Bildung und Kultur liegen und auch Beschreibungen der Lebenssituationen von Kindern vorhanden sind. Kern des Lebens war die *Polis,* ein Kleinstaat. Das soziale Leben wurde geprägt durch Adelsgeschlechter, die eine Herrschaftsklasse bildeten, daneben gab es das Bauerntum. Der Kulturkreis der Antike (Athen, Sparta) war militärisch ausgerichtet, eine reine Männerwelt. Von der Geburt bis zum 6. Lebensjahr lebten die Kinder, Jungen wie auch Mädchen, in der Obhut der Mutter oder einer Amme. Ab dem 7. Lebensjahr nahmen z. B. in Sparta die Söhne der Adeligen an einer sportlichen und militärischen Ausbildung in gesonderten öffentlichen Trainingslagern teil.

> „Die *gymnastischen* Übungen bestehen im Laufen, Springen, Ringen, Speerwerfen und Diskuswerfen, dem klassischen Fünfkampf, außerdem im Faustkampf, die *musischen* im Chorgesang, in Marschliedern, im Spiel und im Kriegstanz." (Russ, 1968, S. 14)

Ziel der Erziehung war die Ertüchtigung des Kriegers, Tapferkeit, Selbstbeherrschung, völlige Unterordnung unter die Gesetze und unsterblicher Ruhm im Heldentod für die Heimat (vgl. Russ, 1968, S. 13). Die Ausbildung der Mädchen konzentrierte sich auf die Mutterschaft und Rolle als Hausherrin.
Anders als der Militärstaat Sparta entwickelte sich Athen zu einem führenden Handels- und Industriezentrum, sowie zu einem Zentrum des geistigen Lebens. Elementarschulen, Gymnasien und Rhetorikschulen standen für die Heranbildung des aristokratischen Nachwuches zur Verfügung.

> „Neben der *Gymnastik*, der *Musik* (Singen, Saiten- und Flötenspiel) und dem *Tanz* werden *Lesen, Schreiben, Grammatik* (von graphein = Schreiben), *Zeichnen* und *Rechnen,* sowie *sachkundliche* Kenntnisse gefordert ... Der Knabe wird vom paidagogos (pais= der Knabe, agein= führen), dem Knabenführer, der Sklave ist, beaufsichtigt und zum Unterricht geführt" (Russ, 1968, S. 14).

Für die Kinder der Bauern und Sklaven gab es diese Bildung nicht. Sie erlernten die Alltagstechniken durch Mittun im Haus, auf dem Acker, auf der Jagd oder im väterlichen Handwerk. Allgemein galt das Bildungsideal der *Kalokagathie,* der schöne, mutige und gebildete Krieger, die schöne und fruchtbare Frau, die Harmonie der Schönheit von Körper und Geist ... Ein Kind, das diesem Ideal nicht entsprach, weil es körperlich beeinträchtigt oder behindert war, hatte in dieser Welt keine Chance. Es konnte ausgesetzt oder straffrei getötet werden. Der Wert eines Kindes wurde unter dem Gesichtspunkt des Nutzens für die Familie oder den Staat beurteilt, wobei Mädchen einen niedrigeren Wert hatten und schneller beseitigt wurden. In Sparta gab es einen eigenen Tötungsfelsen für unerwünschte Kinder.

2. Der römische Kulturkreis

Das römische Reich war ebenfalls militärisch geprägt. Kindheit war auch hier keine eigene Lebensphase. Kinder dienten dem Machtzuwachs der Familie. Plessen und Zahn illustrieren die Vorgänge in einer Wohnstube eines höheren römischen Haushalts:

> „Während der Schwangerschaft ist pünktlich der für die Entbindung zuständigen Schutzgöttin geopfert worden. Böse Geister werden aus der Wöchnerinnenstube und von dem Neugeborenen ferngehalten, indem ein Eselskopf am Bettpfosten befestigt wird. Die Mutter hofft, daß die Hebamme das Kind bei der Geburt nicht verletzt und daß es dem Ehemann und Vater möglichst ähnlich sieht" (Plessen/Zahn, 1979, S. 14).

Der Vater im römischen Rechtsbereich war Herr über seine Familie und seine Sklaven und ausgestattet mit Richtergewalt (patria potestas = väterliche Gewalt). Er entschied über Leben und Tod. Nach der Geburt eines Kindes konnte er die Annahme des Säuglings verweigern. Die Aufnahme des von der Mutter dargebotenen Kindes war ein Anerkennungsakt verbunden mit Erbrecht. In Rom warf man Kinder mit Organdefekten in den Velabrensischen See, eine Kloake der Stadt oder in einen anderen Fluß.

Die großen Philosophen der Antike rechtfertigten in ihren Schriften diese Haltung. Sokrates sah es als das „größte Übel an, minderwertige Kinder zu haben" (Kuhn, 1977, S.74). Platon forderte in seinem Werk über den „Staat" eine strikte Eugenik durch staatliche Auswahl der Zeugungspaare und rechtfertigte den Kindesmord. Aristoteles empfahl in seiner Schrift „Politik" kein verkrüppeltes Kind aufzuziehen (Hensle, 1979, S. 36).

Kinder wurden in vielen Erdteilen als Besitz der Eltern gesehen. („Wem gehörst Du?"). Sie galten als kleine, unreife Erwachsene, die den Eltern Achtung und Gehorsam schuldeten. Sie waren für die Geschichtsschreiber kaum erwähnenswert und wurden bei Volkszählungen oft nicht mitgezählt.

3. Das Christentum

Mit dem Wirken Jesu und der Entfaltung der christlichen Gemeinden bekommt die Einstellung zum Kind neue Impulse. „Die Gleichheit aller Menschen vor Gott", die Pflicht zur Barmherzigkeit gegenüber der Not des anderen Menschen und eine veränderte positive Bewertung des Kindes („Wenn ihr nicht werdet wie die Kinder ..." und „Was ihr dem geringsten meiner Brüder tut, das habt ihr mir getan") führen zur Verbesserung der Lebenssituation von Kindern, aber auch von Menschen mit Behinderungen. Beispiele für die Sorge um das Kind sind die im Jahr 330 erfolgten ersten Waisenhausgründungen durch Bischof Zotikos in Konstantinopel und die Hospitalgründungen in Cäsarea/Kappadokien 369 durch Bischof Basilius (vgl. Heitkamp 1984, S. 23). Es sollte aber noch lange dauern, bis Kinder als gleichwertige Persönlichkeiten geachtet und Kindheit als eigenständige Lebensphase anerkannt wurde.

4. Das Mittelalter

Das Mittelalter (9.–14. Jahrhundert) ist dadurch gekennzeichnet, daß die römischen Herrschafts- und Verwaltungszentren zerbrochen waren und neue Feudalherren in ihren Burgen und Schlössern ihre Macht ausweiteten.
In bäuerlichen Familien lebten die Kinder bis zum siebten oder achten Lebensjahr zu Hause und wurden dann häufig als Arbeitskräfte vermietet. Der körperliche Zustand der Kinder war sehr schlecht, die Kindersterblichkeit sehr hoch; von allen Kindern wurden hohe Arbeitsleistungen gefordert. In kleinen Häusern lebten viele Menschen auf engem Raum. Zeugung, Geburt, Krankheit und Tod wurden von den Kindern unmittelbar erlebt. Säuglinge wurden so gewickelt, daß die Arme eingebunden waren (Mumifizierung). Die Mütter konnten so ihre Kinder hinter dem Ofen zurücklassen und der Arbeit nachgehen. Die Kinder lagen lange in ihren Ausscheidungen und erkrankten häufig.
Die Kinder der Adligen wurden durch Hauslehrer erzogen oder in Klosterschulen gebildet und auf weltliche und kirchliche Ämter vorbereitet.
Kirchliche Kräfte begannen in den Städten, sich um nichteheliche und verlassene Kinder zu kümmern. Klöster und Ordensgemeinschaften nahmen sich der Aufgabe an, für verlassene und beeinträchtigte Kinder zu sorgen. Auch hatten viele Klöster ein Spital angegliedert, in dem nicht nur kranke, sondern auch behinderte Menschen gepflegt

wurden. Diese christlich motivierten Einrichtungen gaben durch ihre Existenz wichtige Impulse für die Schaffung von Hilfe-Einrichtungen in Europa; diese Spitäler und andere Einrichtungen waren regional unterschiedlich stark verbreitet und erreichten oft nur einen kleinen Teil der Menschen, die in Armut und Elend lebten. Da nichteheliche Kinder als „ehrlos" galten, wurden sie oft heimlich getötet oder vor einer Kirchentür ausgesetzt. Im Hospital St. Spiritus in Rom wurde 1198 erstmals die „Rota", eine Drehlade aus Holz, eingesetzt. Zog man an der Findelglocke, so wurde das Kind durch das Drehen der Holzmulde ins Kloster aufgenommen und dort erzogen. In Frankreich wurde die Drehlade bis 1862, in Italien bis 1923 und in Spanien bis 1931 verwendet (vgl. Heitkamp 1984, S. 25).
In der Zeit des Hochmittelalters entwickelten sich in Europa langsam Spitäler, Krankenhäuser, Anstalten für Aussätzige, Alte und Waisenkinder. Reiche Kaufleute und Fürstenhäuser errichteten zu diesem Zweck Stiftungen.

5. Renaissance und Aufklärung

Im ausgehenden Mittelalter (15. Jahrhundert) veränderte sich das Denken. In der Kunst bekam das Kind Bedeutung. Die Marienverehrung, die Vorstellung der Gotteskindschaft, mit zarten Beziehungen zwischen Eltern und (Jesus-)Kind, fand Eingang in die Malerei und in die Gedanken der Menschen.
Ab 1500 wurde die Aufzucht von Kindern zum Gegenstand wissenschaftlicher Forschung; es erschienen in Europa Handbücher über Geburt und Säuglingspflege (vgl. Plessen/von Zahn 1979, S. 54 ff.).
Erasmus von Rotterdam (1469–1536) betonte in seinen Werken die Erziehbarkeit des Kindes und die Bedeutung der frühkindlichen Erziehung. Ganz im Sinne der humanistischen Aufklärung formuliert er, daß „Menschen nicht geboren, sondern erzogen werden. Die Vernunft macht den Menschen. Gleich nach seiner Geburt beginnt für den kleinen Menschen der Lernprozeß" (vgl. Plessen/von Zahn 1979, S. 66 ff.).
Die Zeit des Dreißigjährigen Krieges, mit den europäischen Glaubenskriegen zwischen Katholiken, Lutheranern, Calvinisten u. a., brachte auch für die Kinder Not und Elend.

> „Pest und Cholera, Krieg und Mißernten hatten in Frankreich und Deutschland im 17. Jahrhundert ganze Provinzen verödet. Landstreicher starben am Wegesrand, tote Säuglinge lagen auf den Straßen. Verbrecher, Ketzer und Hexen wurden öffentlich hingerichtet. Kinder wurden zu solchen Volksver-

gnügen wie selbstverständlich mitgenommen“ (Plessen/von Zahn 1979, S. 70).

Eine Londoner Hebamme schildert im Jahre 1687 ihre Erfahrungen:

> „In den letzten 20 Jahren sind mehr als 6 000 Frauen im Kindsbett gestorben. Über 13 000 Kinder starben bei der Geburt und etwa 5 000 wurden im ersten Monat nach der Geburt wieder begraben. Zwei Drittel von diesen allen, also ungefähr 16 000 Seelen, kamen aller Wahrscheinlichkeit nach um, weil es den Frauen, die als Geburtshelfer fungierten, an Kenntnissen und Sorgfalt gebricht“ (Plessen/von Zahn 1979, S. 70).

Zur gleichen Zeit erschien das Buch „Einige Gedanken über Erziehung“ von John Locke, einem Arzt, Diplomaten und Philosophen (1693), der sich gegen das totale Einwickeln von Kindern, das Prügeln und die Anwesenheit von Kindern bei Erhängungen wandte und die Erziehbarkeit des Kindes betonte. „Die Menschen sind, was sie sind, zu neunzig Prozent durch Erziehung.“
Jean Jacques Rousseau veröffentlichte 1762 seinen Erziehungsroman „Emile“. „Die Natur will, daß die Kinder Kinder seien, bevor sie Männer sind. Die Kindheit hat ihre eigene Art zu sehen, zu denken, zu empfinden. Nichts ist unvernünftiger, als unsere Art an dessen Stelle zu setzen“ (Plessen/von Zahn 1979, S. 93).
Johann Heinrich Pestalozzi, geb. 1746 in Zürich, begann damit, verwaiste und arme Kinder aufzunehmen, zu unterrichten und auszubilden (Spinnen, Weben, Krappanbau), damit sie sich später selbst erhalten konnten. Sein Ziel war es, die Kräfte der Selbsthilfe bei jedem Kind zu wecken; das Milieu der „Kinderstube“ wurde entdeckt. Pestalozzis neue pädagogische Sichtweise war, daß der ganze Mensch gebildet werden müsse, mit Kopf, Herz und Hand.

> „In den häuslichen Verhältnissen, in der Familie, in der Wohnstube, in der Verbundenheit mit Vater und Mutter, den Schwestern, Brüdern und Nachbarn, in seiner Individuallage, in seinen Lebensverhältnissen können sich die inneren Kräfte des Menschen am besten bilden.“ (Russ 1968, S. 98)

Es erschienen illustrierte Lesebücher, man entwickelte spezielle Kinderkleidung und Schulmaterialien, die aber überwiegend nur für bürgerliche Kinder in den Städten zugänglich waren.

6. Industriezeitalter und Waisenhausbewegung

Das 18./19. Jahrhundert war das Zeitalter der Industrialisierung, der Webstühle und Tuchfabriken. Viele zogen vom Land in die Stadt, um

Arbeit zu suchen. Es bildete sich rasch ein Proletariat in ärmsten Verhältnissen. Kinderarbeit in Fabriken und Kohlebergwerken war an der Tagesordnung. Kinder dienten als Zofen, Pagen, als Hütebuben für Tiere, Pilzsammler, Wäschearbeiter und mußten 14–16 Stunden am Tag arbeiten. Die Bezahlung war sehr schlecht. Eine Schulpflicht bestand in England und in Europa weitgehend nicht.
1839 waren in England 420 000 Menschen in Fabriken beschäftigt, die Hälfte davon unter 18 Jahren. Die Kinderarbeit, vor allem in der Landwirtschaft, blieb bis ins 20. Jahrhundert bestehen.
Im 18. Jahrhundert entstand in Deutschland eine größere Zahl von Waisenhäusern. Religiöse Gruppen, wie z. B. die Pietisten, nahmen sich der Kinder an; die seelische Rettung der Kinder war das Ziel (Rettungshäuser). Die pietistische Pädagogik war gekennzeichnet vom Prinzip der Zucht, der Behütung, der Brechung des eigenen Willens. Waisenhäuser lebten häufig von Spenden, oftmals verbunden mit der Auflage, daß die Waisen Fürbittgebete für die Spender leisten sollten. Der Tagesablauf war gekennzeichnet von Beten und Erledigung bestellter Gesänge. Alles Spielen war untersagt. Das Leben spielte sich durchweg in geschlossenen Räumen ab.
Um die materielle Grundlage des Waisenhauses zu verbessern, war in der Regel eine Waisenhaus-Fabrik angegliedert. In einem großen Raum spielten sich religiöse Unterweisung, schulischer Unterricht und die Arbeit der Kinder ab, die an Webereimaschinen arbeiten mußten. Die Kinder standen die meiste Zeit unter Aufsicht des Spinnmeisters bzw. eines ausgedienten Offiziers, der nur einen Teil der Besoldung von der Anstalt, den anderen Teil vom Fabrikanten bekam. Körperliche Strafen waren an der Tagesordnung. Die Verpflegung bestand überwiegend aus einem Standardessen: Suppe und Brot. Die Krätze war sehr verbreitet, Ungeziefer und Krankheiten die Regel.
Pädagogisch motivierte Gegenbewegungen entstanden, man versuchte, die Kinderarbeit zu verbieten und die Schulpflicht zu etablieren. 1816 waren von den schulpflichtigen Kindern in Deutschland immerhin 60 % an öffentlichen Schulen registriert; 1848 waren es bereits 82 % (vgl. Herrlitz 1981). In einer Zustandsbeschreibung der Volksschulen von 1811 heißt es:

> „Überall entweihen verdorbene Schneider, Garnweber etc. und abgedankte Soldaten das heilige Geschäft der Erziehung. Die Bildung des Volkes war in den Händen unwissender, roher, unsittlicher, halb verhungerter Menschen. Die Schulen waren zum Teil wirkliche Kerker und Zuchthäuser" (Gudjons 1993, S. 88).

Nur langsam kam die Lehrerbildung voran. Viele Kinder blieben im Sommer der Schule fern, um in der Landwirtschaft zu arbeiten (Kartoffelferien). Klassenstärken von 70 Kindern, auch bis zu 200, waren keine Seltenheit.

7. Erziehungsideen des 20. Jahrhunderts

Mit der Entstehung der Psychoanalyse, den Forschungen Sigmund Freuds seit Ende des 19. und Beginn des 20. Jahrhunderts, beginnt ein modernes, tiefgreifendes Verständnis der kindlichen Psyche und deren Entwicklung. Im ersten Jahrzehnt des 20. Jahrhunderts richtete Maria Montessori in Rom ihr „Casa dei bambini" (Kinderhaus) ein, wo sie geistig behinderte und verwahrloste Kinder mit eigens für sie entwikkelten Materialien (Montessori-Übungsgeräte) unterrichtete.
Die schwedische Schriftstellerin Ellen Key rief im Jahr 1900 das „Jahrhundert des Kindes" aus und forderte, in der Erziehung radikal vom Kind her zu denken. Sie kritisierte falsche Amtsautoritäten, die Wort-, Buch- und Lernschule und das stupide Auswendiglernen. Kinder sollten als eigenständig anerkannt und beachtet werden.
Freie Waldorfschulen wurden gegründet, die als Alternativschulen Lebensnähe und Ganzheitlichkeit im Unterricht zu verwirklichen suchten. Dazu gehörten z. B. der Wegfall von Noten, der epochale Unterricht und die Beschäftigung mit künstlerischen und ästhetischen Inhalten.
Die sog. Landerziehungsheimbewegung war eine Reaktion auf Probleme moderner Großstadtzivilisation. Eine Einheit von Schule und Heim, Erziehung vor Unterricht, Förderung der Handarbeit und Tätigkeit in Werkstätten, Koedukation und Familienprinzip (Lehrerehepaar) bildeten die Elemente dieser Pädagogik (vgl. Gudjons 1993, S. 96).
In Summerhill, einem privaten Landschulheim in Suffolk, gründete 1924 Alexander S. Neill eine Heimschule, deren Konzeption in den sechziger Jahren in Deutschland als „antiautoritäre Erziehung" bekannt wurde. In Summerhill herrschte völlige Lernfreiheit, kein Kind mußte zur Schule und beschäftigte sich mit Dingen, für die es sich selbst entschieden hatte (Töpfern, Umgang mit Farben, Theater usw.). Neill vertraute darauf, daß sich ein Kind selbst regulieren kann. Demokratie, Selbstverwaltung, sexuelle Freiheit und Selbstorganisation waren seine Prinzipien (vgl. Neill 1969).

Seit dem Zweiten Weltkrieg ist ein Wandel der traditionellen Familie feststellbar, der als „Funktionsverlust der Familie" beklagt oder als „qualitative Wende" akzeptiert wird. Welche Änderungen im Bild der heutigen Familie sind feststellbar? Einige exemplarische Merkmale:
– Die *Heiratsneigung* nimmt seit 1960 stetig ab, damit verbunden ist ein *Geburtenrückgang* und der Trend zur *Zwei-Kinder-Familie.* Es verändert sich der *familiäre Erfahrungsraum* im Sinne einer Reduktion von Beziehungserfahrungen.
– Die Zahl der *Ehescheidungen* nimmt zu (in Großstadtbereichen 20–35 %), und damit steigt die Zahl der Ein-Eltern-Familien, der Alleinerziehenden.
– Die Ehe wird zunehmend abgelöst durch *quasi-eheliche Lebensgemeinschaften* (auch als Ehen ohne Trauschein bezeichnet).
– Der Wunsch nach einem Kind wird mehr bewußt realisiert, auch von unverheirateten Personen. Diese Planung führt zu einer Intensivierung der Beziehung von Eltern und Kind, das Wissen über Erziehung (Erziehungsliteratur) nimmt zu.
– Männer engagieren sich stärker in der Pflege und Erziehung der Kinder, Frauen versuchen bewußter, *Beruf und Familie* zu verbinden (vgl. Nave-Herz 1988).
– Der hohe Grad der Technisierung der Haushalte führt zu einer *Reduktion* „sinnlich-unmittelbarer *Erfahrungsmöglichkeiten"* im Umgang mit Dingen und Menschen (z. B. Zentralheizung statt Feuermachen, Strom kommt aus der Steckdose) (vgl. Gudjons 1993, S. 105).
– Kinder werden als *Konsumenten* entdeckt (Taschengeld, Kleidung, teure Sportkleidung und -geräte, game boy, Musikunterricht, Kinderzimmer sind mit Spielzeug überhäuft).
– *Erlebnis- und Spielräume verschwinden,* z. B. ist das Spiel auf der Straße fast unmöglich geworden, Wiesen wurden bebaut, freie Flächen sind nicht mehr begehbar; sozialpädagogische Hilfe ist kompensatorisch notwendig (Spielplätze, Bauspielplätze).
– Es kommt zu einer *„Verinselung"* von Kindern (Wohninsel), d. h. durch die immer geringer werdende Eignung der Umwelt für Spiel und Erfahrung kommt es zu einem Rückzug in die Wohnung (schönes Zimmer mit Computer); Kinder halten ihre Kommunikation durch das Telefon aufrecht und Eltern fahren ihre Kinder mit dem Auto zu Freunden, zu Terminen und zu Parties.
– Kinder *leben* schon früh *in Institutionen;* Kindergarten, Kindertagesstätte, Musikschule, Ballettunterricht, Vereine realisieren Erzie-

hungseinflüsse neben der Familie. Die kindlichen Beziehungen sind organisiert und vorstrukturiert.

– Kinder erleben die *Zeitrhythmen* der Eltern (Wechselschicht, gesellschaftliche Verpflichtungen), kennen aber oft die Arbeitsplätze der Eltern nicht. Eine Verbindung von Produktionsstätte und Familie ist kaum mehr gegeben.

– *Elterliche Autorität* ist reduziert, Kinder „gehorchen" nicht mehr, sondern „verhandeln" mit ihren Eltern. Gleichzeitig werden hohe Erwartungen bezüglich des Bildungs- und Berufserfolges an sie gestellt, was leicht zu Überforderungen führt.

– Die Ausstattung der Haushalte mit elektronischen Medien (Fernseher, Video, Computer) hat den Erfahrungsbereich von Kindern verändert. Es kommt zu einem *„allmählichen Verschwinden der Wirklichkeit"*, d. h. das Kind macht Erfahrungen aus zweiter Hand, welche die Primärerfahrungen überlagern. Sie haben viele Bilder von der Wirklichkeit zur Verfügung, aber wenig eigene Erfahrungen. „Dabei handelt es sich aber nicht um die unmittelbare Realität, sondern um Abbilder von der Welt. Nicht die Erfahrung der ‚wirklichen Wirklichkeit', sondern vorfabrizierte Deutungen und Botschaften erzeugen eine Vorstellung davon, wie die Welt sei" (Gudjons 1993, S. 105). Neil Postman spricht von einem „Verschwinden der Kindheit", da das Fernsehen keine Geheimnisse bewahrt, die Welt des Kindes und des Erwachsenen eingeebnet wird (Sex und Gewalt im Fernsehen). Kinder werden wieder zu kleinen Erwachsenen, wie sie es vor der Entwicklung der bürgerlichen Familie im 16. und 17. Jahrhundert waren (Postman 1983).

1. Zeigen Sie das Bild des Kindes in der Bibel auf. Welches Rollenverständnis erkennen Sie und was bedeutet die Aussage: „Das Kind wurde instrumentalisiert“?
2. Welchen gesellschaftlichen Wert hatten Kinder im griechisch-römischen Kulturkreis, und wie beurteilen Sie die rechtliche Beziehung zwischen Vater und Kind?
3. Wie verändert sich das Bild des Kindes im Christentum? Belegen Sie Ihre Aussagen durch Textstellen der Bibel.
4. Welche Entwicklungen erkennen Sie in der institutionellen Hilfe für beeinträchtigte und schutzbedürftige Menschen durch die Ausbreitung des Christentums?
5. Beschreiben Sie den Wandel der Familie im Mittelalter und die Rolle des Kindes in dieser Zeit.
6. Was bedeutet „Drehlade“ bzw. „Rota“?
7. Im 16. Jahrhundert kommt es zur „Entdeckung der Kindheit“. Begründen Sie diese These und zeigen Sie die Gründe für das Interesse an der Kindheit in dieser Zeit auf.
8. Erklären Sie den Zusammenhang von Industrialisierung im 18. und 19. Jahrhundert und dem Problem der Kinderarbeit. Für welche Tätigkeiten wurden Kinder herangezogen, und wie wirkte sich dies auf ihre gesundheitliche und intellektuelle Entwicklung aus?
9. Wie kam es zur „Waisenhausbewegung“? Beschreiben Sie die Lebensbedingungen von Kindern in Waisenhäusern im 18./19. Jahrhundert.
10. Welche Merkmale zeigen Kindheit und Familie heute? Durch welche gesellschaftlichen Veränderungen kam es zum Wandel der Familie, und wie wirkte sich dies auf die Lebensräume von Kindern aus?
11. Manche behaupten heute, daß es zu einem „Verschwinden der Kindheit“ kommt. Wodurch wird dieser Effekt ausgelöst und welche Folgen könnten sich daraus für das Leben von Kindern zukünftig ergeben?

10. Literatur

Ariès, Ph.: Geschichte der Kindheit, München ^{4}1974

Baacke, D. u. a.: Lebenswelten sind Medienwelten, Bd. 1, Lebenswelten Jugendlicher, Opladen 1990

Berg, Chr. (Hrsg.): Kinderwelten, Frankfurt/M. 1989

Engelbert, A.: Kinderalltag und Familienumwelt, Frankfurt/M. 1986

Ernst, A./Stampf, S.: Kinderreport. Wie Kinder in Deutschland leben, Köln 1991

Geulen, D. (Hrsg.): Kindheit. Neue Realitäten und Aspekte, Weinheim/Basel 1989

Gillis, J. R.: Geschichte der Jugend, Weinheim, Basel 1980

Gudjons, H.: Pädagogisches Grundwissen, Bad Heilbrunn 1993

Hausen, K.: Zum Jahr des Kindes 1979, Kindheitsgeschichte, in: Journal für Geschichte, 1979, 1, 3–6

Heitkamp, H.: Sozialarbeit im Praxisfeld Heimerziehung, Frankfurt/M. 1984

Hensle, U.: Einführung in die Arbeit mit Behinderten, Heidelberg 1979

Herrlitz, H. G. u. a.: Deutsche Schulgeschichte von 1800 bis zur Gegenwart, Königstein 1981

Hurrelmann, K. u. a.: Lebensphase Jugend, Weinheim/München ^{2}1989

Kopp, E.: Macht alle Bäume zu Ruten für die Bösen, in: Kinder der Bibel, Sonderdruck Deutsches Allgemeines Sonntagsblatt, 1992

Kuhn, E.: Die Einstellung der Gesellschaft zu Behinderten im Laufe der Geschichte, in: Jansen, G. W.: Sozialwissenschaftliche Aspekte der Rehabilitation, Rheinstetten 1977

Lenzen, D.: Mythologie der Kindheit. Die Verewigung des Kindlichen in der Erwachsenenkultur. Versteckte Bilder und vergessene Geschichten, Reinbek 1985

Marron, H. I.: Geschichte der Erziehung im klassischen Altertum, Frankfurt/M. 1977

Nave-Herz, P.: Wandel und Kontinuität in der Familie in der Bundesrepublik Deutschland, Stuttgart 1988

Neill, A. S.: Theorie und Praxis der antiautoritären Erziehung, Hamburg 1969

Plessen, M. L./von Zahn, P.: Zwei Jahrtausende Kindheit, Köln 1979

Postman, N.; Das Verschwinden der Kindheit, Frankfurt/M. ^{4}1983

Russ, W.: Geschichte der Pädagogik, Bad Heilbrunn 1968

Weber-Kellermann, I.: Die Kindheit. Kleidung und Wohnen. Arbeit und Spiel: Eine Kulturgeschichte, Frankfurt/M. 1979

III. Erziehungsbedürftigkeit und Erziehungsfähigkeit des Menschen

> *Lernziele:*
> Der Studierende soll durch die Beschäftigung mit anthropologischen Fragestellungen die Erziehungsbedürftigkeit und Erziehungsfähigkeit des Menschen begründen und kritisieren können.
> Er soll durch den Mensch-Tier-Vergleich (anthropobiologischer Ansatz) die (Sonder-)Stellung des Menschen unter den Lebewesen begründen und Konsequenzen für die Erziehung ableiten können.
> Er soll die Wirkungen von genetischen Anlagen, möglichen Umwelteinflüssen und die Selbstbestimmungsmöglichkeiten einschätzen und die Interaktion zwischen den verschiedenen Einflußfaktoren begründen können.

1. Anthropologie als Wissenschaft

Das Wort Anthropologie ist zusammengesetzt; „anthropos" (griech. der Mensch) und „logos" (griech. die Lehre). Anthropologie bezeichnet somit die Lehre bzw. die Wissenschaft vom Menschen. Im anthropologischen Fragen und Denken reflektiert der Mensch über sich selbst: Die Kernfrage ist: *Was ist der Mensch?* Alle Human- und Sozialwissenschaften stellen jeweils aus ihrem spezifischen Blickwinkel diese Frage.
Anthropologie als Wissenschaft und Lehre vom Menschen hat eine so starke Differenzierung erfahren, daß sie keine eindeutig mehr zu bestimmende Einzeldisziplin ist, sondern als Grundlage für andere Wissenschaften dient. Wir können eine biologische, philosophische, theologische und natürlich auch eine pädagogische Anthropologie mit eigenen Forschungsgebieten erkennen.
Ein Wandel in der Sichtweise des Menschen ist feststellbar. Sah man ihn lange als Krone der Schöpfung, wohl beeinflußt durch die Vorstellung vom Menschen als Abbild Gottes, so lassen ihn Forschungsergebnisse der Verhaltensbiologie heute eher als Glied in der Evolutionskette erscheinen.

2. Grundfragen einer pädagogischen Anthropologie

Für die Erziehung sind viele Erkenntnisse der Human- und Sozialwissenschaften bedeutsam, da sie den Menschen ganzheitlich verstehen und nicht nur einen Ausschnitt der erzieherischen Wirklichkeit betrachten will.
Die Pädagogik als Wissenschaft verarbeitet und integriert diese Informationen und Forschungsergebnisse, stellt aber selbst folgende Fragen:

Ist der Mensch lern- und erziehungsbedürftig oder kann er sich ohne gezielten Einfluß und Förderung selbständig entwickeln?
Ist der Mensch erziehungsfähig? Verändert er sich durch Lernen, Erfahrung und Milieueinflüsse?
Welche Folgen treten ein, wenn Erziehung, Pflege und Fürsorge ausfallen oder gestört werden?

Die Anthropologie versucht diese Fragen, neben der philosophischen Betrachtung, auch durch den Mensch-Tier-Vergleich (anthropobiologischer Ansatz) zu lösen. In dieser Vorgehensweise wurde der Mensch häufig als Krone der Schöpfung betrachtet.
Es ist die kritische Frage zu stellen, ob man das Wesen des Menschen erfassen kann durch den Vergleich mit Tieren? Welcher Vergleich ist statthaft? Im Vergleich mit den Säugetieren sind auf den ersten Blick anatomische und physiologische Gemeinsamkeiten erkennbar: Blutkreislauf, Atmung, Aufbau der Zellen und Organe, Skelettsystem, lebend geborener Nachwuchs. Der Vergleich mit den Primaten (Menschenaffen) zeigt noch mehr Ähnlichkeiten.
Die nachfolgenden Thesen versuchen, die Sonderstellung des Menschen zu beschreiben und seine Lern- und Erziehungsbedürftigkeit zu begründen.

2.1 Der Mensch – eine physiologische Frühgeburt?

Der Zoologe und Anthropologe Adolf Portmann weist dem Menschen im Vergleich zur Tierwelt eine Mittelstellung zwischen den *Nestflüchtern* und *Nesthockern* zu. Er bezeichnet ihn als „hilflosen bzw. gefesselten Nestflüchter", der aus physiologischer Sicht im Vergleich mit hochentwickelten Säugetieren ein Jahr zu früh zur Welt kommt (vgl. Portmann 1956).

Abb. 6 Die physiologische Geburtssituation des Menschen im Vergleich mit Säugetieren

Nesthocker	*sekundärer Nesthocker*	*Nestflüchter*
niedere Säugetiere (Mäuse Katzen)	Menschen	höhere Säugetiere (Pferde, Affen)
Tragezeit 6 – 8 Wo.	Schwangerschaft 9 Mo.	Tragezeit 11 Monate
kommen völlig hilflos zur Welt, geschlossene Sinnespforten	Sinnesorgane funktionsfähig, Reizverarbeitung im Gehirn noch nicht ausgereift	funktionsfähige Sinnesorgane
unfähig zur Fortbewegung	typische menschliche Verhaltensweisen, wie aufrechter Gang, diff. Sprache, Orientierung des Verhaltens an Werten fehlt	sofort nach der Geburt zur Fortbewegung und Flucht fähig
stark gefährdet	Gefährdung, benötigt Schutz und Pflege	

Welche pädagogischen Konsequenzen lassen sich aus der Portmann-These ableiten?
Der Mensch kommt hilflos zur Welt und benötigt Schutz und Pflege. Er kann auch als „Tragling" (vgl. Hassenstein 1973) bezeichnet werden, d. h. in vielen Kulturen wird der Säugling während des ersten Lebensjahres am Körper der Mutter getragen, die Mutter-Kind-Symbiose wiederhergestellt. (Affenjungen klammern sich unterhalb der Mutter am Fell fest.)
Dem ersten Lebensjahr kommt pädagogisch eine besondere Bedeutung zu. Störungen haben erhebliche Folgen (vgl. Hospitalismus, frühkindl. Schäden).
Im ersten Lebensjahr, dem sogenannten „extrauterinen Frühjahr", macht das Kind einen starken Entwicklungsschub. Die Reifung des Gehirns wird bereits beeinflußt durch soziokulturelle Einwirkungen

(Reaktion der Mutter auf Schreien, Pflegehandlungen, Sprache, Lichtreize, Spielzeug, Hautkontakte usw.).
Die Gefährdung des hilflosen Neugeborenen muß durch Pflege, Fürsorge und unterstütztes Lernen ausgeglichen werden (sozialer Mutterschoß). Das Kind braucht nicht nur Nahrung, sondern genauso Zuwendung und Liebe.
Die Hilflosigkeit des Menschen nach der Geburt ist konstitutiv für das ganze Leben, er bleibt auf andere Menschen angewiesen; der Mensch ist ein soziales Wesen.
Eine lange Kindheits- und Jugendphase ist für den Menschen typisch, er benötigt unterstützende, erzieherische Hilfen. Er ist von Natur aus ein lernendes Wesen, dies ein Leben lang.

2.2 Der Mensch – ein unspezialisiertes biologisches Mängelwesen oder ein Kombinationsspezialist?

Der Soziologe und Anthropologe Arnold Gehlen bezeichnet den Menschen im Vergleich zu den Tieren, die sich in ihrer Art zu *Spezialisten* entwickelt haben, als *Mängelwesen*. Diese These wurde lange Zeit in der Pädagogik als Beleg dafür gesehen, daß der Mensch Erziehung braucht, um diese Mängel auszugleichen.

> „Der Löwe ist stärker, der Adler sieht besser, der Hund riecht besser, die Fledermaus hört besser als der Mensch. Der Mensch hat kein schützendes Fell, keine Krallen, keine Reißzähne, keinen Stachel, kein Gift; er kann nicht im Wasser oder unter der Erde leben, er ist nicht besonders schnell, auch nicht sehr ausdauernd, er kann nicht besonders gut klettern, und fliegen kann er überhaupt nicht" (Funkkolleg Der Mensch, Anthropologie heute, 1993, S. 14).

Diese These vom körperlichen Mängelwesen weist Konrad Lorenz zurück; daß der Mensch beim kombinierten Einsatz seiner Fähigkeiten den Säugetieren überlegen ist, zeigt er durch folgendes Beispiel:

> „Wollte der Mensch die ganze Klasse der Säugetiere zu einem sportlichen Wettkampf herausfordern, der auf Vielseitigkeit ausgerichtet ist und beispielsweise aus den Aufgaben besteht, 30 km weit zu marschieren, 15 m weit und 5 m tief unter Wasser zu schwimmen, dabei ein paar Gegenstände gezielt heraufzuholen und anschließend einige Meter an einem Seil emporzuklettern, was jeder durchschnittliche Mann kann, so findet sich kein einziges Säugetier, das ihm diese drei Dinge nachzumachen imstande ist" (Lorenz 1973, S. 200).

Diese Unspezialisiertheit des Menschen und seine Unabhängigkeit von Instinkten ist seine Chance für ein vielseitiges, variables Verhalten. Wenn er schon in der Kombination verschiedener körperlicher

Fähigkeiten die Leistungsfähigkeit von Tieren übertrifft, so kann er auch die einzelnen biologischen Mängel mit Hilfe der von ihm entwickelten Technik und Kultur ausgleichen.

Abb. 7: Die Organausstattung des Menschen im Vergleich mit der Tierwelt

Organausstattung

Tier	*Mensch*
Spezialist in seiner Bezugswelt	Generalist in seiner Kulturwelt
Maulwurf hat eine Schaufelhand und bewegt ein Vielfaches seines Körpervolumens	Mensch entwickelt Bagger und Lastkraftwagen
Vogel kann fliegen	Mensch entwickelt das Flugzeug als Organersatz
Adler kann weit sehen	Fernrohr zur Beobachtung von Sternen als Organüberbietung
Wal kann lange tauchen	Sauerstoffflaschen oder Taucherglocke als Organentlastung
Krallen des Adlers können festhalten und töten	der Mensch kann mit seinen Händen eine Waffe halten, Klavier spielen, Nägel einschlagen, häkeln, knüpfen, liebkosen usw.

Welche pädagogischen Konsequenzen lassen sich aus dieser These ableiten?

– Der Mensch gleicht seine biologische Unspezialisiertheit durch schöpferisches Handeln (Schaffung von Kultur) und Entwicklung von Technik aus. Diese von Menschen geschaffene Kultur muß er durch Erziehung, Weitergabe von Informationen und Bildung erlernen. Die psychischen Anlagen reifen nicht durch Selbstdifferenzierung, sondern durch Kontakt mit der Umwelt.

– Die Entfaltung der breiten Möglichkeiten der Bildung des Menschen bedürfen der Anregung, des unterstützenden Lernens, der Ausbildung, der Übung und des Trainings (z. B. Klavierspielen lernen, Physikunterricht).

– Die kulturelle Lebensbewältigung erfolgt in Institutionen, wie Familie, Kindergarten, Schule, Peer-group. Das Kind lernt dort, macht Erfahrungen, wird erzogen und in Kultur und Gesellschaft eingeführt.
– Soll der Mensch die Fülle seiner Möglichkeiten entfalten und sich weiterentwickeln, so braucht er Beratung und Erziehung. „Der Mensch ist (...) auf seine höchste Bestimmung hin entworfen, d. h. auf Kultur, Sprache, Denken, Gewissen, Freiheit und Entscheidung angelegt. Wenn wir mit dieser Einsicht ernst machen, ändert sich unsere erzieherische Haltung selbst dem Kleinkind gegenüber." (Roth 1971, S. 147)

2.3 Der Mensch – ein soziales, kulturelles Wesen?

Der Mensch ist ein soziales Wesen. Er kann nicht allein und isoliert von anderen Menschen aufwachsen. Soweit wir Belege über isoliertes Leben (Wolfskinder, Verwahrlosung, Hospitalismus) haben, blieben die betroffenen Menschen in ihrer sozialen und psychischen Entwicklung deformiert.

> „Allerdings kann er mit seinesgleichen nur leben, wenn er ein Netz von Beziehungsnormen errichtet, an denen er sich einerseits orientiert, von denen er andererseits erwartet, daß sie das Verhalten der anderen bestimmen, und denen er schließlich Integrationskraft („Geltung") für das Ganze zuspricht. Als soziales Wesen ist der Mensch offenbar zugleich ein kulturelles Wesen, das kultureller Normen, Gesetze und Institutionen bedarf, um sich im Dasein zu erhalten" (Lampe 1993, S. 14/5).

Das Tier regelt sein Verhalten durch *Instinkte,* die man auch als *Bio-Normen* bezeichnen kann.

> „Unter Instinkten versteht man ererbte Verhaltensweisen. Kennzeichnend für sie ist, daß sie durch artspezifisch ausgerichtete Energien und Bedürfnisse sowie durch entsprechende Auslöseschemata (spezielle, einfache Schlüsselreize) in Gang gesetzt werden, gebrauchsfertig, stets gleichförmig funktionieren, biomechanisch (automatisch) ablaufen sowie der Selbst- und Arterhaltung dienen" (Weber 1982, S. 13).

Abb. 8: Verhaltensregelung bei Tieren durch Instinkte

Instinkte

Nahrung	*Sexualverhalten*	*Brutpflege*	*Feinde*
artspezifische Nahrung und Bearbeitung	Paarungszeit, Hochzeitskleid	Nestbau, Fütterungstechniken	Angriffs- und Fluchtverhalten

Das Tier muß diese Instinkte (komplexe Regelungen für bedeutsame Lebenslagen) nicht erlernen, sondern bekommt diese in seinem biologischen Programm mitgeliefert. Es handelt gemäß seinem Trieb, ist verhaltenssicher und kann daher nicht falsch handeln.
Der Mensch ist *instinktunsicher.* Er hat nur Instinktreste, sogenannte *residuale Instinkte* in Form von Gefühlen für richtiges und unrichtiges Sozialverhalten; auch unterstützen einige Reflexe seine Lebenssicherheit (Lidschlag-, Saug-, Schluckreflex).
Da für das Bestehen in einer komplexen Welt diese Instinktreste und Reflexe nicht ausreichen, muß der Mensch das Zusammenleben durch *Regeln* und *Normen* gestalten und sichern, und dies muß er *lernen.* Triebe werden kultiviert, z. B. der Sexualtrieb in der Institution Ehe, der Machttrieb in demokratischen Formen des Staates. Arnold Gehlen nennt diese Fähigkeit des Menschen „Hiatus“. Er ist als eine Art Zwischeninstanz zwischen Reiz und Handlung zu verstehen, in dem die Antriebe gehemmt und „zurückbehalten“ werden können. Durch die Hemmung der aktuellen Bedürfnisse (Triebverzicht) können „höhere“ wachsen, die zukunftsgerichtet sind (vgl. Gehlen 1978, S. 57 ff.).
Als Kulturwesen schafft sich der Mensch Kultur, wird aber genauso durch das Zusammenleben, durch die Kultur geprägt, er lernt kulturspezifisch zu denken, fühlen und handeln. Der Mensch muß in der Kulturentwicklung nicht immer wieder von vorn beginnen, sondern kann auf dem Ergebnis von Generationen aufbauen (kumulatives Lernen). Das gesammelte Wissen kann durch Bildungsprozesse gezielt und zeitsparend weitergegeben werden.
Er kann Vergangenheit, Gegenwart und Zukunft erleben und reflektieren. Da er sich seiner (Menschheits-)Geschichte bewußt ist, darf man ihn auch als geschichtliches Wesen bezeichnen. Er kann für die Zukunft planen und gedanklich eine noch nicht vorhandene Welt entwerfen (Antizipation).

Welche pädagogischen Konsequenzen lassen sich aus dieser These ableiten?

– Der Mensch muß durch Regeln und Normen das Zusammenleben sichern. Die komplexen Regeln einer Gesellschaft muß er durch Bildung und Erziehung lernen.
– Die weitgehende Unabhängigkeit von Instinkten macht den Menschen relativ frei vom Zwang der Natur. Dafür muß er lernen, sich für das Richtige und Sinnvolle zu entscheiden. Er muß Kriterien kennenlernen, aufgrund derer er sich sittlich orientieren und verantwortlich entscheiden kann. Aufgabe der Erziehung ist Hilfe zur Wertentscheidung, Verantwortung und Gewissensbildung.

– Der Mensch muß die ihn umgebende Kultur kennen und erfassen, ihren sinnvollen Gebrauch und ihre Weiterentwicklung lernen. Erziehung ist in diesem Sinn Einarbeitung in die Kultur (Enkulturation) durch Bildungsprozesse.
– Da das Sozialverhalten, das Zusammenleben der Menschen nicht durch Instinkte (Bio-Normen) gesichert ist, muß der Mensch lernen, Bindungen einzugehen und verantwortlich zu gestalten. Ein Ziel der Erziehung ist somit die Liebes-, Partnerschafts- und Treuefähigkeit.

Exkurs: Verwilderung als Folge des Verlusts sozialer Beziehungen

Es gibt seit Jahrhunderten immer wieder Berichte über Kinder, die von ihren Mitmenschen getrennt wurden und in der Wildnis bzw. unter Tieren aufgewachsen sind. Viele dieser Beispiele sind fiktive Erzählungen, gehören also zur Literatur. Alle kennen die Geschichten von Tarzan, Robinson, Mogli u. a. Wir müssen gegenüber den Informationsgehalten sehr kritisch sein.

Beispiel 1:
Der ägyptische König Psammetich (7. Jhdt. v. Chr.) ließ mehrere neugeborene Kinder in die Wildnis bringen und unter Ziegen aufwachsen, um zu ermitteln, ob sie von sich aus eine Sprache entwickeln und welche das wäre. Aus dem „bek, bek . . .“ das sie von sich gaben, schloß er, sie hätten in phrygischer Sprache um Brot gebettelt. Die Kinder starben in früher Kindheit (Marx 1972, S. 541). Zwei sehr viel später lebende Herrscher, Friedrich II. (13. Jhdt.) und König James IV. von Schottland (16. Jhdt.), sollen ähnliche Experimente wiederholt haben (Weinert u. a. 1974, S. 256).

Beispiel 2:
1976 fand man in Südfrankreich einen zehnjährigen Jungen in Begleitung von drei jungen Wölfen. Er lief auf allen Vieren, mied das Tageslicht, aß nur rohes Fleisch und biß Menschen, wenn er sich bedroht fühlte.
Mutter Teresa, die weltbekannte Ordensfrau, nahm ihn in die Obhut ihrer Pflegeheime. Er starb dort 1985, lernte keine Sprache, ließ sich aber baden und anziehen.

Beispiel 3:
Der indische Missionar J. A. L. Singh erstellte recht ausführliche Tagebuchaufzeichnungen und Fotos über die Entwicklung von zwei Mädchen, die er im Dschungel in einer Wolfshöhle fand (1920). Er nahm sie auf in sein Waisenhaus in Midnapore und versuchte sie dort zu erziehen. Über ihr Vorleben weiß man nichts, vermutlich sind sie in früher Kindheit ausgesetzt worden bzw. verloren gegangen. „Sie konnten rasch auf allen Vieren laufen, aber weder aufrecht gehen noch stehen und wehrten sich durch Beißen und Kratzen. Rohes Fleisch war ihr liebste Nahrung. Wasser schlappten sie mit der Zunge. Tagsüber schliefen sie, während sie nachts herumzustreifen

suchten. Anderen Menschen gegenüber waren sie scheu und furchtsam, spielten jedoch gerne mit Hunden. Sie konnten nur Erregungslaute ausstoßen, aber nicht sprechen. Trotz dauernder Förderung erwarb Kamala erst nach fünf Jahren den aufrechten Gang, ohne je mehr rasch laufen zu lernen. Erst allmählich zeigte sie Freude am Zusammenspiel mit anderen Kindern. Ihr Wortverständnis erwachte früh, während ihr aktiver Sprachgebrauch lange nur aus wenigen Silben bestand, mit denen sie z. B. die Frau des Missionars bezeichnete oder ihren Hunger zum Ausdruck brachte. Bis zu ihrem Tode erlernte sie nur etwa 50 Wörter" (Weber 1974, S. 20 ff.). Das jüngere der beiden Mädchen starb nach einem Jahr. Die ältere Kamal starb 1929 siebzehn Jahre alt.

Welche Schlüsse können wir aus diesen Beispielen ziehen?
Der Mensch ist von seiner Natur her noch nicht festgelegt. Seine Lebensform kann sich in früher Kindheit stabilisieren, läßt sich dann aber nur schwer ändern (sensible Phasen, Prägung). Die Ausprägung der menschlichen Lebensweise ist auf langjährige soziokulturelle Anregungen und Lernhilfen angewiesen. Versäumtes in der Kindheit ist kaum nachzuholen.

2.4 Der Mensch – ein weltoffenes Wesen?

Das Tier ist in seine Welt eingebunden, hat sich seiner spezifischen Umwelt angepaßt, der Mensch dagegen ist nach Portmann „umweltentbunden".

„Es entspricht der geringen Entwicklung vorgebildeter instinktiver Verhaltensweisen beim Menschen, daß uns als Lebensraum nicht eine bestimmte Umwelt, kein bestimmter Naturausschnitt zugeordnet erscheint. Es gibt keine Umwelt für den Menschen, wie man sie für ein Tier meistens angeben kann: etwa die Steppe oder den Wald, Flüsse und Hochgebirge oder gar die noch enger beschriebenen Bezirke wie Baumkronen, Gebüsch oder Felsgrund." (Portmann 1956, S. 64)

Das Tier lebt *konzentrisch* zur Welt. Es erfaßt von der Welt nur einen Ausschnitt und hat sich über viele tausend Jahre seiner spezifischen Umwelt angepaßt. Es lebt im Jetzt und Heute, im Faktischen.
Der Mensch lebt *exzentrisch* zur Welt, ist weltoffen, nicht begrenzt auf eine bestimmte Umwelt. Er kann sich in vielen Klimazonen anpassen, kann der Welt objektiv gegenübertreten und diese betrachten, sich selbst beobachten und in die Welt einordnen, d. h. er hat eine Distanz zu sich. Er lernt aus der Vergangenheit und plant für die Zukunft.

„Die prinzipielle Unbegrenztheit des Erfahrungsfeldes, die Fähigkeit zur Vergegenständlichung und Versachlichung der Welt, die Bestimmbarkeit des menschlichen Erkennens und Handelns durch das So-Sein der Dinge, die Ablösbarkeit vom Druck der biologischen Bedürfnisse und Antriebe, die Entbindung vom Hier und Jetzt, die Potenz zum Denken von Ideen, die Möglichkeit zur Selbstreflexion und Selbstregulation sind Bedingungen der Freiheit und Merkmale des Geistigen, also des spezifisch Menschlichen" (Weber 1982, S. 15).

Welche pädagogischen Konsequenzen lassen sich aus dieser These ziehen?

– Für das Tier ist seine *Umweltgebundenheit* Schicksal, für den Menschen seine *Weltoffenheit* Aufgabe. Diese Aufgabe löst er nicht unbedingt vernünftig und positiv, wenn man die Abholzung des Regenwaldes und die damit verbundenen Klimaveränderungen oder Hungersnöte in Afrika bedenkt.
– Die fehlende Umwelteinpassung macht den Menschen unsicher, er muß lernen, sich *richtig* zu verhalten. Daß er dies nicht unbedingt automatisch tut, sehen wir an Kriegen, Ausländerhaß, Gewalt usw.
– Die Weltoffenheit erweist sich für den Menschen als Aufgabe, mit dieser Schöpfung verantwortlich umzugehen. Er muß durch die Erziehung und Bildung lernen, Verantwortung für Mitmenschen, Umwelt und Welt zu tragen.
– Die geistige Entwicklung (das Geistige als das spezifisch Menschliche) bedarf der Anregung und Bildung.

2.5 Der Mensch – ein religiöses und zur Transzendenz fähiges Wesen?

Mit dem Wissen um seine Geschichtlichkeit ist für den Menschen auch das Wissen um seine Sterblichkeit verbunden. Entwicklungspsychologisch ist ein Kind ab dem achten Lebensjahr in der Lage, ein Verständnis für Tod, Endlichkeit und Unendlichkeit zu entwickeln.

> „Der Mensch wird geboren, er lebt eine gewisse Zeitspanne lang, um dann zu sterben, ein endliches Wesen. Der Tod ist das einzig Sichere unserer Zukunft und dennoch ist er jedem fremd, fragwürdig fremd. Unsere Welt ist begrenzt. Der Mensch weiß um diese Begrenzung und gerade deshalb fragt er nach dem Sinngehalt und den Sinnbezügen, die diese Welt und sein eigenes Leben umgreifen. So überschreitet der Mensch ständig sich selbst und seine Welt, ist er ein transzendierendes Wesen. Die Transzendenz seiner selbst ist die Essenz seiner Existenz" (Koch 1976, S. 12).

Religion gibt es wohl, solange es Menschen gibt. Religion ist ein kulturelles Phänomen, d. h. es gibt Religion in allen Kulturen und diese trägt dadurch kulturspezifische Ausprägungen.

> „Religion ist ein *Symbolsystem,* das aus Glaubenssystemen (eng. belief systems), Handlungssystemen (Kult und Ritual), aus bildlichen Elementen (Ikonographie) und anderen sinnlichen (akustischen, olfaktorischen) Bestandteilen bestehen kann“ (Kehrer 1993, S. 23/8).

Kehrer weist darauf hin, daß bereits die Neandertaler ihre Toten bestatteten, Blumen, Schmuck und Gegenstände mit ins Grab legten (vgl. Kehrer 1993, S. 23/10 u. 11). Auch die Schöpfungsmythen, basierend auf Göttern oder einem Gott, sind als Versuche zu betrachten, die Entstehungsgeschichte der Welt zu erklären.
Der Mensch als transzendentales, religiöses Wesen kann die Fragen stellen:
Woher komme ich?
Wer bin ich?
Wohin gehe ich, was ist meine Bestimmung?
Gibt es ein Leben nach dem Tod?
Wer hat diese Welt geschaffen?
Ist sie Zufall oder bewußte Schöpfung?
Gibt es einen Gott bzw. gibt es Götter?
Gibt es einen Schöpfer?
Habe ich mit diesem Gott etwas zu tun?
Kann ich eine personale Beziehung zu diesem Gott haben?
In der Erziehung einem Kind oder Jugendlichen diese Fragen vorzuenthalten, bzw. ihn damit allein zu lassen, bedeutet, wesentliche Fragen des Lebens auszuklammern. Diese Fragen sind existentiell bedeutsam. Die Pädagogik muß diese Fragen in ihre Konzeptionen einbeziehen.

2.6 Anlage – Umwelt – Selbstbestimmung des Menschen

Die bisher bearbeiteten anthropologischen Thesen und die davon abgeleiteten Konsequenzen haben gezeigt, daß der Mensch Erziehung benötigt und sich ohne Pflege, Fürsorge, Zuwendung und Bildung nicht ausreichend entwickeln kann. Für Heilerziehungspfleger/innen interessant ist die Frage, wie stark der Mensch durch Erziehung und Lernen veränderbar ist und wie weit sein Verhalten, seine Persönlichkeit durch genetische Grundlagen festgelegt (determiniert) ist und sich dadurch dem erzieherischen Einfluß entzieht.
Welche Bedeutung haben Vererbung (genetisch bedingte Anlagen) und die Umwelt/das Milieu auf die Entwicklung und das Verhalten eines Menschen?
Diese Frage hat in der Vergangenheit heftige Kontroversen zwischen biologisch/naturwissenschaftlich orientierten Wissenschaftlern und

den Sozialwissenschaftlern ausgelöst. Dieser Streit wurde vor allem in den sechziger Jahren in der Bundesrepublik Deutschland um den Begriff von Intelligenz geführt.
Ein kurzer Überblick über die kontroversen wissenschaftlichen Positionen soll zur Klarheit beitragen.

2.6.1 Nativismustheorie und pädagogischer Pessimismus
Die Vertreter dieser Richtung (nativ – aus dem lat.: natürlich, angeboren) schreiben den Erbanlagen des Menschen das Hauptgewicht in der Entwicklung zu. Durch die Verschmelzung von Ei und Samenzelle geben die mütterlichen und väterlichen Gene ihre Erbinformationen an das neue Leben weiter. In der DNS (Desoxyribonukleinsäure) wird die genetische Konstitution des Menschen bestimmt. Nativismusvertreter sehen den Menschen erbkoordiniert. Sie streiten zwar nicht einen gewissen Umwelteinfluß ab, sehen aber die genetischen Voraussetzungen als entscheidend an.
Erzieher, die sich diesen Ansatz zu eigen machen, entwickeln einen *pädagogischen Pessimismus.* Einseitige Nativismusvorstellungen sind heute wissenschaftlich nicht mehr haltbar, obwohl sie immer wieder diskutiert werden.

2.6.2 Milieutheorie und pädagogischer Optimismus
Milieutheoretiker sind sozialwissenschaftlich (soziologisch) orientiert und vertreten die Gegenposition zum Nativismus. Nach ihrer Auffassung sind menschliche Eigenschaften, Einstellungen und Persönlichkeitsstrukturen weitgehend umwelt- und milieubedingt. Die extreme Position läßt sich an einem frühen Vertreter (Watson 1878–1958) verdeutlichen, welcher formulierte:

> „Gebt mir ein Dutzend gesunder Kinder und meine eigene, besondere Welt, in der ich sie erziehe. Ich garantiere ihnen, daß ich blindlings eines davon auswähle und es zum Vertreter irgend eines Berufes erziehe, sei es Arzt, Richter, Künstler, Kaufmann oder Bettler, Dieb, ohne Rücksicht auf seine Talente, Neigungen, Fähigkeiten, Anlagen, Rasse und Vorfahren“ (Watson 1930, S. 134).

Vertreter dieser Richtung glauben an die Macht der Erziehung und des Milieueinflusses. „Der Mensch ist Produkt der Erziehung.“

Eine bedeutende Pädagogin dieses Jahrhunderts, Maria Montessori (1870–1952), hat durch ihr Konzept der „vorbereiteten Umgebung“ eindrucksvoll bewiesen, welche förderlichen Einflüsse eine pädagogisch strukturierte Umgebung auf die Entfaltung der kindlichen Anlagen hat.

Der *pädagogische Optimismus,* der eine totale Formbarkeit des Kindes annimmt, wird heute durch Forschungsergebnisse der Verhaltensbiologie in Frage gestellt.
Im Alltag erfährt ein Heilerziehungspfleger ständig die Grenzen seines Einflusses und der „Machbarkeit der Erziehung", wenn er z. B. Menschen mit Mehrfachbehinderungen fördern will.

2.6.3 Anlage-Umwelt-Interaktion und pädagogischer Realismus

Forschungsergebnisse der Erziehungswissenschaft belegen heute, daß die einseitigen und extremen Positionen (Nativismus kontra Milieutheorie) nicht haltbar sind, sondern daß menschliches Verhalten mehrfach bedingt ist. Anlage und Umwelt interagieren in vielfältiger Weise.
Die Zwillingsforschung liefert einige interessante Ergebnisse zur Frage: Ist Intelligenz vererbt oder kann ein Mensch durch Förderung intelligent gemacht werden? Eineiige Zwillinge sind genetisch identisch. Unterschiede im Verhalten und in der Persönlichkeit müssen somit auf Umwelteinflüsse zurückzuführen sein.
Welche Bedingungsfaktoren menschlichen Verhaltens lassen sich unterscheiden? Weber (1986) gibt dazu eine Übersicht, die vom Verfasser durch den Aspekt der Selbstbestimmung des Menschen erweitert wurde:

Abb. 9: Bedingungsfaktoren menschlichen Verhaltens (orientiert an Weber 1986, S. 71)

Genetisch biologische Faktoren
Bei dieser Faktorengruppe geht es um die genetische Ausstattung des Menschen, um vererbte Merkmale von Vater und Mutter wie Körpergröße, Haarfarbe, Mentalität, intellektuelle Anlagen.

Nicht genetisch biologische Faktoren
In diese Faktorengruppe fallen Einflüsse, die während der Schwanger-

schaft oder während der Geburt auf das Kind einwirken. Alkoholgenuß oder Krankheit der Mutter können beispielsweise zu einer Schwangerschaftsvergiftung führen, was eine Schädigung des Kindes, Frühgeburt, lebenserhaltende Maßnahmen im Brutkasten und anschließend eine Entwicklungsverzögerung des Kindes zur Folge haben kann.

Verhalten von Personen, mit denen der einzelne in Kontakt kommt
Diese Faktorengruppe umfaßt die Menschen, die das Kind beeinflussen: Eltern, Verwandte, Freunde, Pflegepersonen. Beispiel: Eine Familie, die sehr früh und gezielt die sprachliche Entwicklung eines Kindes fördern will, wird eine differenzierte, entfaltete Sprache verwenden. Dieses Verhalten fördert nicht nur die Sprachfähigkeit des Kindes, sondern auch seine Intelligenz.

Soziokulturelle und sozioökonomische Faktoren
Die Einkommenssituation der Familie, die Familiengröße, die Erreichbarkeit von Kindergarten, Bildungseinrichtungen spielt eine wesentliche Rolle im Erfahrungshorizont und in den Verhaltensmöglichkeiten des Kindes.

Aktuelle situative Elemente
Hierzu gehören aktuelle Belastungen der Familien wie plötzliche Erkrankung der Mutter, Ausfall einer Erzieherin im Kindergarten, Versetzung einer Lieblingslehrerin in eine andere Klasse, Ermüdungen, ungünstige Lernzeiten u. ä.

Selbstbestimmung und Freiheit des Menschen
Der Mensch ist weder nur instinktgesteuert noch reines Produkt gesellschaftlicher Rollenerwartungen, sondern frei zur Entscheidung und Verantwortung. Je älter und reifer er wird, desto mehr kann der junge Erwachsene von Einflüssen unabhängig einen eigenen Lebensentwurf realisieren.

Interaktion von Anlage und Umwelt
Wir haben gesehen, daß diese vielfältigen Faktoren miteinander ein komplexes Beziehungsgefüge bilden, da menschliches Verhalten nicht eindimensional erklärbar ist. Anlage, Umwelt und Selbstbestimmung des Menschen stehen in permanenter Interaktion.

Welche Konsequenzen lassen sich für Heilerziehungspfleger/innen aus dieser Anlage-Umwelt-Diskussion ableiten?

– Der Mensch ist erziehungsbedürftig und erziehungsfähig, also plastisch und bildbar. Er benötigt Anregung, Information, Zuwendung, Förderung und Pflege.

– Menschliches Verhalten ist durch genetische Anlagen beeinflußt, das Ausmaß ist in Prozentpunkten nicht anzugeben. Diese Anlagen werden permanent kulturell überformt. Hier liegen Chance und Aufgabe für die Heilerziehungspflegerin/den Heilerziehungspfleger.
– Die Beobachtungen in der Praxis zeigen, daß Anlagen verkümmern, wenn sie nicht entfaltet werden. Menschen mit schweren geistigen, körperlichen oder Sinnesbehinderungen scheinen zunächst eine eingeschränkte Ausstattung zu haben, können aber durch frühe und intensive Förderung zu erstaunlichen Leistungen kommen (z. B. basale Förderung von Menschen mit schwerer geistiger Behinderung; sonderpädagogische Förderung von blinden und gehörlosen Kindern; therapeutische Hilfen für autistische Menschen; motopädagogische Förderung für bewegungseingeschränkte und gehemmte Menschen).
– Der Heilerziehungspfleger darf sich also, durch wissenschaftliche Ergebnisse gestützt, von einem *pädagogischen Realismus* leiten lassen. Erziehung und Förderung behinderter Menschen ist notwendig und sinnvoll.

3. Übungsfragen

1. Definieren Sie „Anthropologie" und begründen Sie, warum man Anthropologie nicht als Einzelwissenschaft betreiben kann.
2. Warum benötigen Human- und Sozialwissenschaften anthropologische Grundlagen?
3. Was versteht man unter dem „anthropobiologischen Ansatz"? Welche gemeinsamen Merkmale und welche Unterschiede werden im Mensch-Tier-Vergleich festgestellt?
4. Begründen Sie die These von Portmann „Der Mensch ist eine physiologische Frühgeburt" und welche Konsequenzen erkennen Sie für die Erziehung von Kindern?
5. Ist der Mensch ein „unspezialisiertes, biologisches Mängelwesen (Gehlen) oder ein Kombinationsspezialist (Lorenz)? Welche Konsequenzen erkennen Sie für die Erziehung und Bildung des Menschen?
6. Tiere regeln ihr Verhalten durch Instinkte. Auf welche Lebensbereiche beziehen sich diese?
7. Sind beim Menschen Instinkte oder Instinktreste feststellbar? Welche Bedeutung haben sie für die Lebenspraxis?

8. Welche Folgen hat die Instinktunsicherheit des Menschen für seine Existenz als kulturelles und soziales Wesen?
Definieren Sie Kultur und Gesellschaft.
9. Welche pädagogischen Konsequenzen lassen sich aus der Instinktunsicherheit des Menschen ziehen?
10. Welche Aufgaben ergeben sich für Sie als Heilerziehungspfleger durch die „Weltoffenheit" des Menschen?
11. Begründen bzw. kritisieren Sie die These: Die Weltoffenheit des Menschen ist Chance und zugleich Aufgabe zu einem freien und sittlich mündigen Leben.
12. Definieren Sie „Religion" und zeigen Sie auf, welche Fragen bezüglich seines Lebens der Mensch als „transzendentales" Wesen stellt.
13. Welche Folgen kann es für die Entwicklung von Menschen haben, wenn sie soziale Beziehungen und Kultur total verlieren?
14. Von welchen Annahmen geht die Nativismustheorie aus? Schildern Sie die Folgen eines daraus resultierenden pädagogischen Pessimismus.
15. Begründen Sie, welches Verhalten des Menschen genetisch bedingt erscheint.
16. Von welchen Annahmen geht die Milieutheorie aus? Worauf begründet sich der pädagogische Optimismus?
17. Warum ist es problematisch, das menschliche Verhalten von einer einzigen Ursache her zu erklären?
18. Von welchen Bedingungsfaktoren werden menschliches Verhalten und Entwicklung beeinflußt? Beschreiben Sie verschiedene Faktorengruppen und zeigen Sie verschiedene Einflüsse an einem Beispiel auf.
19. Begründen Sie den Ansatz eines pädagogischen Realismus.
20. Welche Erkenntnisse liefert die Zwillingsforschung bezüglich der Vererbung der Intelligenz? Kann man Intelligenzentwicklung fördern?
21. Welche Bedeutung haben der eigene Wille und die Möglichkeit der Selbstbestimmung des Menschen für seine Entwicklung und Reifung?
22. Begründen Sie, warum die Förderung von Kindern mit Behinderung sinnvoll ist und welche Rolle dabei ein anregungsreiches Milieu spielt.

4. Literatur

Funkkolleg: Der Mensch – Anthropologie heute, Tübingen 1993

Gehlen, A.: Der Mensch. Seine Natur und seine Stellung in der Welt, Wiesbaden ^{12}1978

Hassenstein, B.: Verhaltensbiologie des Kindes, München 1973

Hehlmann, W.: Wörterbuch der Pädagogik, Stuttgart ^{8}1987

Koch, H.: Freiheit. Menschlicher Lebenssinn und Glück, in: Kirche und Gesellschaft, Nr. 36, hrsg. von der Kath. sozialwiss. Zentralstelle, Mönchengladbach 1976

Kehrer, G.: Ich glaube, also bin ich. Mythos, Religion, Ekstase, in: Funkkolleg: Der Mensch – Anthropologie heute, a.a.O., Studienbegleitbrief Nr. 8

Lampe, E. J.: Woran wir uns orientieren. Normen und Gesetze, in: Funkkolleg Anthropologie, 1993, Studienbegleitbrief Nr. 5

Lassahn, R.: Pädagogische Anthropologie, Heidelberg 1983

Lippitz, W.: Lebenswelt oder die Rehabilitation vorwissenschaftlicher Erfahrung, Weinheim, Basel 1980

Lorenz, K.: Die Rückseite des Spiegels, München 1973

Pervin, L. A.: Persönlichkeitspsychologie in Kontroversen, München/Wien/Baltimore 1981

Portmann, A.: Zoologie und das neue Bild des Menschen, Reinbek 1956

Roth, H.: Pädagogische Anthropologie, Bd. I, Bildsamkeit und Bestimmung, Hannover ^{3}1971

Watson, J.: Behaviorismus, Stuttgart/Berlin/Leipzig 1930

Weber, E.: Pädagogik. Grundfragen und Grundbegriffe, Donauwörth ^{7}1982

Weber, M.: Grundfragen der Psychologie, München ^{2}1986

Weinert, F. E. u. a.: Pädagogische Psychologie, Frankfurt/M. 1974

IV. Der Erziehungsprozeß

Lernziele:
Der Studierende soll die existentielle Bedeutung der Beziehung zwischen Kind und Erwachsenen erkennen und die Folgen mißlungener pädagogischer Beziehungen einschätzen können.
Er soll den Menschen als soziales Wesen in einer dialogischen Existenz verstehen und die lebenslange Angewiesenheit des Menschen auf andere als anthropologisch konstitutiv erkennen.
Der Studierende soll Merkmale zur Gestaltung des pädagogischen Verhältnisses kennenlernen und in die heutige Zeit übertragen können.
Er soll einen Überblick über basale Interaktionsformen zwischen Säugling, Mutter und anderen Erwachsenen in ihren biologischen Grundlagen und kulturellen Überformungen gewinnen und Konsequenzen für die Pflege und Erziehung von Kindern in den ersten Lebensjahren ableiten können.
Der Studierende soll die Bedeutung der Erzieherpersönlichkeit und seiner eigenen Entwicklungsgeschichte für den Erziehungsprozeß einschätzen, berufstypische Belastungen und Gefährdungen erkennen und Möglichkeiten der Psychohygiene benennen können.
Er soll einen Überblick über die vielfältigen Einflüsse und Bedingungsfelder der Erziehung erhalten und durch Beispiele ihre Wirkungen belegen können.

1. Die Erwachsenen-Kind-Beziehung

Die Beziehung, das besondere Verhältnis zwischen Eltern und Kind, war und ist für die Pädagogik von besonderem Interesse. Dies gilt auch für die professionelle Erziehung, also für die Beziehung von Erzieherin und Kleinkind im Hort, vom Heimerzieher und jugendlichen Heimbewohner, von Heilerziehungspfleger und Kind mit Mehrfachbehinderung.
Lange dachte man, daß die Initiative, die Interaktionen in der Erziehung allein vom Erwachsenen ausgehen. Heute belegt die Forschung, daß auch angeborene Mechanismen im Kind Reaktionen beim Erzieher auslösen, also eine Wechselwirkung besteht.

Hermann Nohl (1879–1960) hat den Begriff des *pädagogischen Verhältnisses* in der geisteswissenschaftlichen Pädagogik etabliert (1935). Eine Reihe weiterer Begriffe wird verwendet, die Bezeichnung pädagogisches Verhältnis aber weitgehend als Oberbegriff gebraucht.

Abb. 10: Begriffsvielfalt »Pädagogisches Verhältnis« in der Erziehungswissenschaft

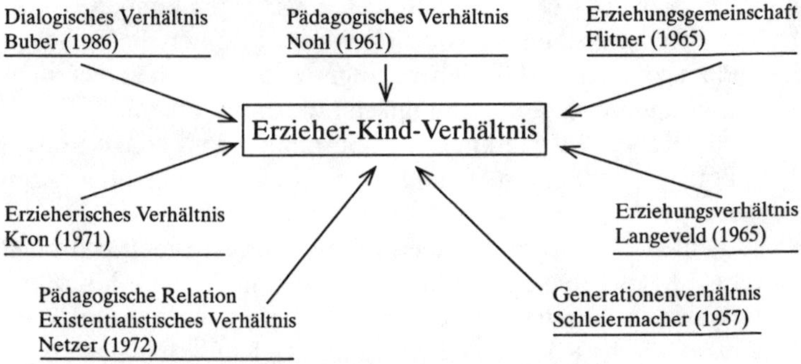

Hermann Nohl sieht die Erzieher-Kind-Beziehung als Kernstück der pädagogischen Theorie und Praxis an. Er geht bei seinen Überlegungen von der Erziehungswirklichkeit aus.

> „Die Grundlage der Erziehung ist (...) das leidenschaftliche Verhältnis eines reifen Menschen zu einem werdenden Menschen, und zwar um seiner selbst willen, daß er zu seinem Leben und zu seiner Form komme" (Nohl 1961, S. 134).

Die radikale Formulierung „um des werdenden Menschen willen" wurde von Nohl 1935 geprägt, in einer Zeit, in der in Deutschland nationalsozialistische Ideen der „Vermassung", der Vorrang des Volkswillens vor dem Wohl des einzelnen Menschen, die Erzwingung von Gehorsam das Denken prägten. Im Werk von Martin Buber (1778 bis 1965), einem jüdischen Religions- und Sozialphilosophen, nimmt der Begriff der *Dialogischen Beziehung* eine zentrale Position ein (Buber 1986, S. 11–50). Der Mensch entfaltet sich, so Buber, überhaupt erst als Partner in einer Du-Beziehung. Er braucht diesen Dialog als Sozialwesen; er ist auf den anderen Menschen angewiesen. Beide, Kind und Erzieher, brauchen *zwischenmenschliche Beziehungen*, die geprägt sind von dem Vertrauen zur Welt.

> „Es sind das Beziehungen der Liebe, genauer: des Liebens und Geliebtwerdens, des Vertrauens, des Anerkennens, des Bejahtwerdens und so fort (...)

Pädagogisch gesehen heißt dies: ein Kind kann nur menschlich aufwachsen, wenn ihm menschliche Zuwendung, menschliches Anerkanntwerden, wenn ihm Liebe und Sorge, Bejahung, Schutz, Vertrauen und Teilnahme entgegengebracht werden“ (Klafki 1970, S. 18/19).

2. Merkmale des pädagogischen Verhältnisses

Das Kind ist Ausgangs- und Mittelpunkt der Erziehung. Alle pädagogischen Maßnahmen müssen dem Wohl des Kindes dienen.
Der Heilerziehungspfleger soll sich bei allen Überlegungen und Handlungen fragen: Kommt das Kind zu seinem Recht? Nützt das, was ich tue, dem Kind? Wird es dadurch reifer, selbständiger, glücklicher, unabhängiger? In der Erziehung geht es oftmals um ganz andere Interessen, oft wollen gesellschaftliche Gruppen Einfluß nehmen, unter Maßgabe ihrer spezifischen Eigeninteressen.

Abb. 11: Das Kind als Mittelpunkt der Erziehung

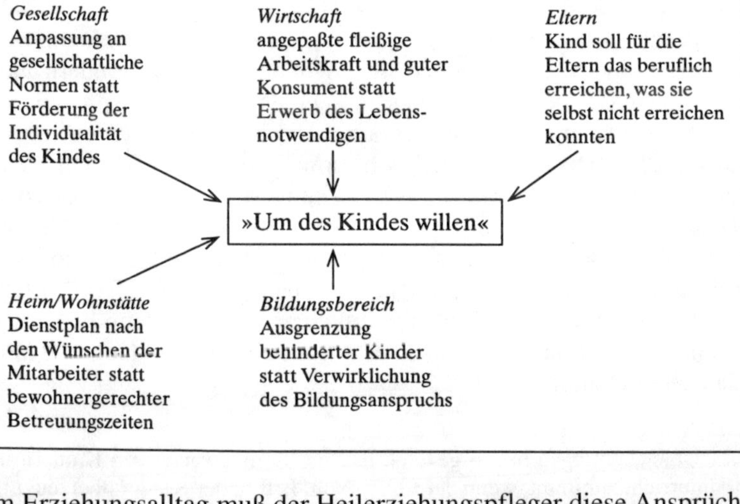

Im Erziehungsalltag muß der Heilerziehungspfleger diese Ansprüche erkennen, zwischen ihnen und dem Kind vermitteln und die Spannung durch *verantwortliches Handeln* lösen.

Das pädagogische Verhältnis unterliegt einem gesellschaftlichen und geschichtlichen Wandel.
Das Kind und der Heilerziehungspfleger leben in einer konkreten gesellschaftlichen Situation. Beide sind „Kinder ihrer Zeit“, beein-

flußt und geprägt durch die Umwelt und den Zeitgeist. Was „um des Kindes willen“ notwendig und richtig ist, muß in der jeweiligen konkreten Situation neu bestimmt werden.

Beispiele:
– Veränderungen in der Rolle der Frau (vom „Heimchen am Herd“ zur selbstbewußten berufstätigen Frau mit eigenem Einkommen und Status)
– längere Schul- und Ausbildungszeiten verändern die Form und Dauer der Abhängigkeit des jungen Erwachsenen von den Eltern (z. B. Studienabschluß mit 28 Jahren)
– veränderte Einstellung zur Sexualität (vorehelicher Geschlechtsverkehr, Zusammenleben ohne Trauschein)
– Autorität der Eltern (früher starkes Autoritätsgefälle mit Gehorsam, heute partnerschaftlicher, gleichberechtigter Umgangsstil)

Heilerziehungspfleger/innen und Erzieher/innen müssen sich fragen: Erziehe ich noch zeitgemäß?
Berücksichtige ich die zukünftig notwendigen Qualifikationen und Verhaltensbereitschaften des Kindes? Biete ich genügend Raum für Spiel, Bewegung, Entfaltung? Wie stark drücke ich (sanft oder direktiv) dem Kind meinen Willen auf?

Das pädagogische Verhältnis ist ein Verhältnis der Wechselwirkung. Im Erziehungsprozeß verändert sich nicht nur das Kind, sondern auch der Erziehende, beide befinden sich in einem Interaktionsprozeß. Sie lernen beide, machen gemeinsame Erfahrungen, werden reifer, obwohl das Kind zunächst einen Informations- und Erfahrungsnachteil hat. Nohl betont, daß diese Beziehung von einem *gegenseitigen Vertrauen* bestimmt sein muß. Die Wechselseitigkeit der Beziehung zeigt sich in der *Bindung,* die durch Qualitäten wie Zuneigung und Hoffnung geprägt ist. Nohl nennt dies „pädagogische Liebe“. Liebe meint in diesem Zusammenhang: um eines anderen Menschen etwas tun, ohne sofort dafür etwas zu verlangen; also Zuwendung und kein „Tauschgeschäft“.

Beispiele:
– Untersuchungen haben gezeigt, daß der Lernzuwachs von Kindern im Unterricht zunimmt, wenn der Lehrer vom Erfolg der Kinder überzeugt ist und sie ermutigt. Diese Einstellung des Pädagogen (Optimismus oder Pessimismus) wird von den Kindern übernommen, sie verhalten sich den Erwartungen entsprechend (Pygmalioneffekt).
– Aggressives Verhalten von Kindern wird oft ausgelöst durch dominantes Verhalten der Erwachsenen. Die scheinbar im Kind liegende Fehlanpassung oder Störung wird durch den Erziehenden ausgelöst.

– Die Behinderung eines Neugeborenen kann zur „narzistischen Kränkung" der Eltern führen, die das Kind nicht annehmen, was wiederum zu Entwicklungsverzögerungen des Kindes führt.

Das pädagogische Verhältnis kann auch als „Klima" oder als „pädagogische Atmosphäre" bezeichnet werden. Diese Atmosphäre wird geprägt durch Erwartungen des Kindes, durch Erwartungen und Einstellungen des Erziehers (vgl. Lassahn 1974, S. 58).

Abb. 12: Die pädagogische Atmosphäre bzw. das pädagogische Klima im Erziehungsprozeß

Erziehender →	Pädagogische Atmosphäre	← *Kind*
erzieherische Liebe Zuwendung Geduld Hoffnung Heiterkeit Humor Güte Bindungsbereitschaft	↑ *Umwelteinflüsse* Wohnverhältnisse Milieueinflüsse ökonomische Situation gesellschaftliche und politische Bedingungen	Vertrauen Gefühl der Geborgenheit Fröhlichkeit Akzeptanz der Wege Liebe, Zuneigung

Diese pädagogische Atmosphäre kann belastet werden – Heilerziehungspfleger/innen kennen dies – durch Angst, Gefahr des Scheiterns, Sorgen, Stimmungen, Verlust der Geborgenheit, Krisen (vgl. Kron 1991, S. 228). Krisen sind aber nicht nur negativ zu bewerten. Werden sie erkannt und bewältigt, können sie zur Reifung von Kind und Erwachsenen beitragen.

Das pädagogische Verhältnis und die damit verbundene Bindung kann nicht erzwungen werden, sondern basiert auf Freiwilligkeit.
Sympathie und Zuneigung können nicht erzwungen oder manipulatorisch erreicht werden; einem Kind darf eine Beziehung nicht aufgezwungen werden. Sie muß *wachsen* und braucht Zeit für die Entwicklung.

Die Bindung des jungen Menschen an den Erwachsenen muß so gestaltet sein, daß sich dieser schrittweise löst, selbständig und mündiger wird und unabhängig leben kann.
Der Wissens- und Erfahrungsvorsprung führt zu einer Abhängigkeit; diese soll aufgehoben, Mündigkeit und Selbständigkeit erreicht werden. Aus diesem Grund ist das pädagogische Verhältnis *vorübergehender Natur.* Der Heilerziehungspfleger muß die schrittweise Ablösung fördern und ermöglichen und von Anfang an in sein Handlungskonzept einbauen.

Beispiele:

starke Bindung und Behütung des Kindes	⟶	Gefahr der Überbehütung (Overprotection), Ängstlichkeit, Unselbständigkeit
übermächtige Vaterfigur	⟶	nicht durchsetzen können, wagt nicht zu widersprechen, sucht starke Autoritäten
Betreutes Wohnen	⟶	gute Möglichkeit der stufenweisen Verselbständigung
Gruppe der Gleichaltrigen (peer group)	⟶	im Jugendalter oft wichtiger als der Einfluß der Eltern

Erziehung muß sich an der Ist-Situation des Kindes und an seinen zukünftigen Möglichkeiten orientieren.
Erziehung darf sich nicht nur in der kurzfristigen Bewältigung des Alltags erschöpfen, sondern muß die zukünftigen Möglichkeiten des Kindes und dessen Entwicklungschancen im Blick haben.
Dies erfordert vom Erziehenden Einfühlungsvermögen in das Kind, Beobachtung und Einschätzung seiner Fähigkeiten, Phantasie und Vision zukünftiger Möglichkeiten. Erziehung hat Versuchscharakter, d. h. die zukünftigen Lebenssituationen sind nicht alle planbar.
Es erfordert Mut, zusammen mit dem Kind die richtigen Ziele und Wege anzugehen.

Beispiele:

Auswahl der richtigen Schule	⟶	Welche Neigungen und Fähigkeiten des Kindes finden dort ihre Förderung?
Wertevermittlung	⟶	Durchsetzungsfähigkeit oder Solidarität?
Berufs- oder Studienwahl	⟶	Welche Berufe werden zukünftig gebraucht? Marktgängigkeit
Förderprogramme für Behinderte	⟶	Erprobung notwendig, ohne daß die Wirkung gesichert ist

3. Interaktionsformen im Säuglings- und Kleinkindalter (Stillen, Körperkontakt, Weinen, Babysprache, Mimik)

Die pädagogische Beziehung im Säuglings- und Kleinkindalter hat große Bedeutung, darauf weisen Ergebnisse der Hospitalismusforschung und Verhaltensbiologie hin. Die Initiative geht dabei nicht nur vom Erwachsenen aus, wie lange angenommen wurde, sondern der

Säugling hat bereits angeborene Interaktionsmechanismen zur Verfügung, um seine *Bezugsperson* an sich zu *binden.*

Abb. 13: Angeborene Interaktionsprogramme bei Säuglingen und Kleinkindern

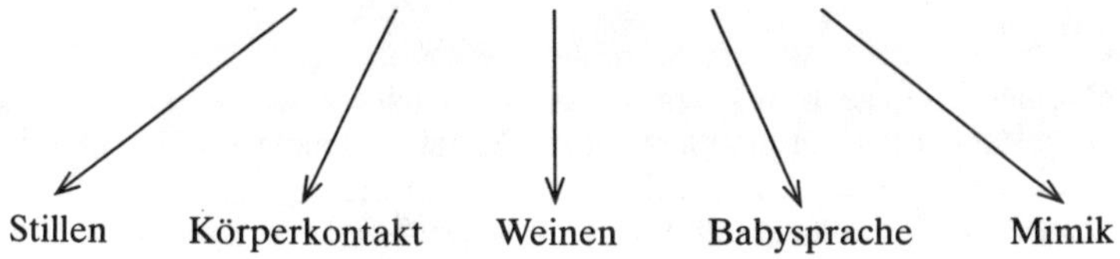

Stillen

Das Saugen (Kind) und Stillen (Mutter) sind einander entsprechende basale Interaktionsformen.

> „Ein hungriger Säugling sucht die Brust der Mutter, indem er seitlich pendelnde Kopfbewegungen macht. Wenn seine Wange irgend etwas berührt, dann dreht er seinen Kopf in diese Richtung, versucht, das ‚Etwas' in den Mund zu nehmen und beginnt zu saugen" (Schleidt 1992, S. 10).

Mit diesen angeborenen Bewegungsmustern findet der Säugling Brust und Brustwarze der Mutter. Es wird angenommen, daß die Brust einen Geruchsstoff aussondert, den das Kind wahrnimmt. Schon nach einer Woche kann der Säugling am Geruch seine eigene Mutter von einer fremden stillenden Frau unterscheiden.

Neben der Ernährung hat das Stillen auch die Funktion der *Beruhigung.* „Stillen nach Bedarf bedeutet, daß auch dieser Beruhigungsfunktion Rechnung getragen wird, denn der ‚Bedarf' des Kindes ist oft nicht die Sättigung des Hungers, sondern Bewältigung von Angstgefühlen" (Schleidt 1992, S. 10). Daumenlutschen, Gummischnuller, Bettzipfel sind Ersatzfunktionen des Stillens.

Körperkontakt

Die Verhaltensbiologen bezeichnen Menschen (aber auch Affen) als „Traglinge" (Hassenstein 1973). Mütter in manchen Naturvölkern tragen ihr Kind ständig am Körper, in Europa tun es Mütter und Väter zunehmend in Tragetüchern.

> „Das Bedürfnis Körperkontakt mit einem Säugling oder Kleinkind herzustellen, ist auch bei anderen Personen als der Mutter zu beobachten: Familien- und Gruppenmitglieder wetteifern oft darum, wer das Baby halten darf. Das ist weltweit so" (Schleidt 1992, S. 11).

Ausreichender Körperkontakt in früher Kindheit mit einer vertrauten Bezugsperson ist für die Ausbildung des *Urvertrauens* notwendig. Erikson bezeichnet mit diesem Begriff ein grundsätzliches Vertrauen in die Welt, das sich auch im Erwachsenenalter als stabil erweist (vgl. Erikson 1950).

Weinen

> „Weinen ist ein auch im Tierreich weit verbreitetes Signal, das in erster Linie ausgelöst wird, wenn Jungtiere von der Mutter getrennt sind. (...) Das Weinen eines menschlichen Säuglings hat eine starke Signalwirkung und löst emotionale Zuwendung selbst bei Personen aus, die keine persönliche Beziehung zu dem Kind haben. Entsprechend stark reagieren die Bezugspersonen mit Zuwendung und Kontaktverhalten: Sie nehmen das weinende Kind auf den Arm, drücken es an sich, schaukeln das Kind und sprechen beruhigend mit ihm oder stillen bzw. füttern es" (Schleidt 1992, S. 13).

Im Laufe der Zeit lernt der Säugling mit seinem Weinen die Mutter zu rufen, und diese lernt zu unterscheiden, wann das Weinen ein „Notsignal" und wann es „Kontaktaufforderung" ist.

Babysprache
Weltweit ist zu beobachten, daß Erwachsene mit Säuglingen in der Babysprache sprechen.

> „Die Tonhöhe liegt ungefähr eine Oktave höher als bei der sonstigen Alltagssprache. Weiter wird die Intonation verstärkt, das heißt, die Satzmelodie ist erweitert, so daß die Sprache übertrieben klingt. Manche Sprachelemente werden verlangsamt, bestimmte Silben werden verlängert, kurz, die Betonung ist sehr auffallend" (Schleidt 1992, S. 14).

Mimik
Eine wichtige Interaktionsform ist die Gesicht-zu-Gesicht-Begegnung, Lächeln, Augenkontakt, Grimassen schneiden, Augenbrauen hochziehen und Versteckspiele („kuckuck – da"). Sogar blind geborene Kinder führen Fixierbewegungen aus. Mütter reagieren auf die Kopfbewegungen ihres Säuglings und antworten entsprechend mit Streicheln, Lächeln, Küssen usw. (vgl. Schleidt 1992, S. 15).

Neuere Erkenntnisse über die vorgeburtliche Zeit des Menschen
Forschungen der pränatalen Medizin und Psychologie der siebziger und achtziger Jahre haben gezeigt, daß der Fötus bereits im Mutterleib auf die Mutter reagiert. Grundmuster des Erlebens und Handelns haben bereits in diesem Stadium ihren Beginn.
Der Fötus nimmt bereits über seine Körperoberfläche Reize wahr und sammelt Erfahrungen. Er hört bereits Geräusche des Körpers der Mut-

ter und aus der Umwelt und registriert das leicht süßlich schmeckende Fruchtwasser. Er bewegt sich im Uterus und ändert eine unbequeme Lage, wenn sich die Mutter bewegt.
Das ungeborene Kind nimmt wahr, fühlt, schmeckt, es registriert, was mit ihm geschieht. Der gesundheitliche und psychische Zustand der Mutter hat eine größere Bedeutung als bisher angenommen. Mutter und Kind sind nicht nur durch die Nabelschnur verbunden, sondern sie bilden eine psychosomatische Einheit (vgl. Freud 1987; Fedor-Freybergh 1983; Schindler 1983; Verney 1981 u. a., alle zitiert in: Janus 1990).
Vorgeburtliche und geburtliche Probleme und Krisen der Mutter müssen als Einflußfaktoren in der Entwicklung einer Mutter-Kind-Beziehung berücksichtigt werden.

4. Exkurs: Die Bedeutung sogenannter „exklusiver Beziehungen" in der Heimerziehung

Eine Forschungsgruppe hat sich 1991 mit der Heimerziehung in Deutschland befaßt und den Erfolg der Heimerziehung aus der Sicht der ehemaligen Jugendlichen untersucht. Die Untersuchung wollte herausfinden, was die Erziehung im Heim den betreffenden Jugendlichen „bringt", d. h. was sie rückblickend als *wesentlich* für ihre Entwicklung betrachten. Ein wichtiges Ergebnis war das Erleben einer sogenannten „exklusiven Beziehung". Die befragten jungen Menschen suchten im Heim nach Menschen, die bereit waren, ausschließlich für sie eine besondere Form der persönlichen Verantwortung zu übernehmen.

Exklusive Beziehung = sich wählen lassen

> „Sich wählen lassen – das heißt, daß ein Heimpädagoge die persönliche Verantwortung für ein bestimmtes Kind übernimmt, eine Verantwortung, die in einer intensiven emotionalen Bezogenheit besteht und die somit ein Angebot für ein ganz bestimmtes Kind darstellt, persönliche Zugehörigkeit zuzulassen. Es handelt sich um eine exklusive Beziehung, die keine unbegrenzte Verfügbarkeit der Heimpädagogen für die Kinder und Jugendlichen bedeutet. Kinder und Jugendliche suchen Beziehungen, die Exklusivität versprechen. Wenn solche Beziehungen fehlen, kann ihr Bedürfnis nach sozialer Zugehörigkeit und persönlicher Geborgenheit nicht gestaltet werden, und dies wiederum bedeutet, daß jene sozialen und beruflichen Motive nicht entwickelt werden können, die soziale Orientierung und Integration ermöglichen" (Wieland u. a. 1992, S. 107).

Was *fördert* eine exklusive Beziehung?
- Kontinuität der Beziehungen zwischen Kindern und Betreuern,
- Betreuer, die „parteilich“ sind und Kinder/Jugendliche vor den Ansprüchen der Institution schützen,
- Verarbeitungsangebote/Gespräche über die „Trennung von Eltern und Familie“.

Was *behindert* eine exklusive Beziehung?
- häufiger Betreuerwechsel und Wechsel der Gruppenmitglieder,
- eigener Gruppenwechsel,
- ohnmächtiges Erleben des Heimes als nicht veränderbare Organisation,
- fehlende frühkindliche Erfahrungen von Bindung,
- fehlendes Einfühlungsvermögen der Betreuer in die Biographie des Kindes/Jugendlichen.

Die heimentlassenen Kinder und Jugendlichen erlebten im Rückblick nicht pädagogische Konzepte, exklusive Programme und schöne Gebäude als wertvoll, sondern die Menschen (Betreuer), die mit ihnen verläßliche, stabile Beziehungen eingegangen waren. „Ich war gemeint.“

5. Folgen gestörter, unzureichender oder fehlender Beziehung

Eine enge, verläßliche Beziehung bietet dem Kind physisch und emotional *Schutz* und *Sicherheit*. Diese Sicherheit ermöglicht dem Säugling wie dem Kleinkind neugierig zu sein und sich die Welt anzueignen. Diese Sicherheit (Urvertrauen) wiederum ist Voraussetzung für die Fähigkeit neugierig zu sein, zu spielen, zu hantieren und soziale Kontakte einzugehen. Wird diese frühe Beziehung gestört, fällt die emotionale Zuwendung unter ein bestimmtes Maß, so kommt es zu irreparablen Schäden (vgl. dazu Hospitalismussyndrom).

5.1 Hospitalismus

> „Hospitalismus ist ein leib-seelischer Störungs- und Verkümmerungskomplex, der sich im frühen Kindesalter bei längerer Anstaltsunterbringung einstellen kann und z. B. durch folgende Symptome charakterisieren läßt: Ernährungsstörungen, Gewichtsabnahme, geringeres Größenwachstum, Entkräftigungszustand, erhöhte Anfälligkeit für Infektionen, reaktionsloses im Bett-liegen, monotones Kopfwackeln, Verzögerung und Verarmung

der Entwicklung der Sprache und des Denkens, gesteigerte Ängstlichkeit und Depressionen, Mißtrauen und Aggressivität" (Weber 1982, S. 21/22).

Die Hospitalismusforschung ist stark von René Spitz geprägt, der 1945 in einer Studie die Gründe für die hohe Sterblichkeit von Kindern in Kliniken und Anstalten untersucht hat.

„Am Anfang dieses Jahrhunderts hatte eines der großen Findelhäuser in Deutschland bei den Säuglingen im ersten Lebensjahr eine Sterblichkeitsquote von 71,5 %. Chapin zählte 1915 zehn Anstalten in den größeren Städten der USA auf, hauptsächlich an der Ostküste, in denen die Sterblichkeitsquote der im ersten Lebensjahr aufgenommenen Kinder am Ende des zweiten Lebensjahres zwischen 31,7 und 75 % lag. Im gleichen Jahr stellte Dr. Knox aus Baltimore anläßlich einer Diskussion im Rahmen der American Pediatric Association fest, daß in den Anstalten der Stadt Baltimore 90 % der Säuglinge vor dem Ende des ersten Lebensjahres starben" (Spitz 1969, S. 77/78).

Diese Todesfälle waren ein Rätsel, da die Kinder trotz guter hygienischer und pflegerischer Versorgung starben. Spitz führte eine eigene wissenschaftliche Untersuchung durch und verglich zwei Einrichtungen, ein Säuglingsheim, angegliedert an ein Frauengefängnis (69 Kinder), und ein Findelhaus (61 Kinder). Obwohl beide Einrichtungen in vielen Punkten, was Hygiene, ärztliche Versorgung und Ausstattung mit Kinderkleidung betraf, gleich waren, gab es gravierende *Unterschiede:*
Im Säuglingsheim hatte jedes Kind Spielzeug, die meisten Kinder hatten sogar mehrere. Im Findelhaus nicht, man fürchtete hygienische Probleme durch aus den Bettchen fallendes Spielzeug.
Der Gesichtskreis war unterschiedlich. Im Säuglingsheim hatten die Kinder in ihren Betten freie Sicht auf Raum und Gang. Sie konnten beobachten, was die anderen Kinder machten und was im Raum geschah. Im Findelhaus dagegen waren die Seitengitter und die Fußenden der Bettchen mit weißen Tüchern verhängt, die Kinder somit von Außenreizen abgeschirmt. Spitz bezeichnete diesen Zustand als „weiße Einzelhaft" der Kinder, da diese nur die weiße Decke als reizlosen Anblick zur Verfügung hatten (vgl. Spitz 1968, S. 88).
Der gravierendste Unterschied wurde aber in der personellen Versorgung festgestellt. Im *Findelhaus* waren sechs Schwestern für 61 Kinder zuständig, die als mütterliche und kinderliebe Frauen beschrieben wurden. Durch den Schichtdienst und eine sogenannte „Fließbandpflege" konnten sich diese Pflegerinnen aber nur ungenügend um jedes Kind kümmern.
Im *Säuglingsheim* betreute jede Mutter ihr Kind selbst, fütterte, badete es und spielte mit ihm. Die Mütter traten fast in einen Wettbewerb, wer

das schönste Kind hat und welches am besten entwickelt ist. Unterstützt wurden sie von einer Schwester und drei Helferinnen.
Spitz beschreibt die unterschiedliche Entwicklung der Kinder recht plastisch:

> *Findelhaus*
> „Sie zeigten alle Symptome des Hospitalismus, und zwar physisch und psychisch. Obwohl die Hygiene und die Vorsichtsmaßregeln gegen Anstekkungen untadelig waren, zeigt sich bei den Kindern vom dritten Monat an eine extreme Anfälligkeit für Infektionen und Erkrankungen jeder Art. Es gab kaum ein Kind, in dessen Fallgeschichte wir keine Angaben über Mittelohrentzündung, Masern, Windpocken, Ekzeme oder die eine oder andere Darmerkrankung fanden ... Angesichts der Schäden, die die Kinder während ihres Aufenthalts in dieser Anstalt in allen Persönlichkeitsbereichen erlitten, halten wir die Annahme für vertretbar, daß ihre Vitalität, ihre Widerstandskraft gegen Krankheiten ebenfalls allmählich untergraben wurde. Auf der Station der Kinder zwischen 18 Monaten und 2 1/2 Jahren sprechen nur zwei von den 26 überlebenden Kindern (ursprünglich waren es 61, Anm. d. Verf.) ein paar Worte. Die gleichen Kinder können auch laufen; ein drittes Kind fängt gerade damit an. Fast keines der Kinder kann allein essen; sie sind noch nicht sauber und nässen noch ein" (Spitz 1968, S. 83).

> *Säuglingsheim*
> „Das Problem ist hier nicht, ob die Kinder gegen Ende des ersten Lebensjahres laufen oder sprechen können; bei diesen 10 Monate alten Kindern ist es ein Problem, wie man die Neugier und Unternehmungslust der gesunden Dreikäsehochs eindämmen soll. Sie klettern an den Gitterstäben ihres Bettchens hoch ... Sie lallen eifrig vor sich hin, und manche sprechen bereits wirklich schon ein oder zwei Wörter. Alle aber verstehen die Bedeutung einfacher sozialer Gebärden. Wenn man sie aus dem Bettchen nimmt, können alle mit Unterstützung laufen, einige können es auch schon allein" (Spitz 1968, S. 84).

Spitz führte die schlechte Entwicklung der Kinder im Findelhaus, die zu massiven psychischen Schäden und in vielen Fällen zum Tode führte, auf die weitgehende *Isolierung von der Umwelt*, auf die *ungenügende Zuwendung* (emotionale Unterversorgung) und *fehlende stabile Primärbeziehungen* zurück. Die mit weißen Tüchern verhängten Betten wirkten auf die Kinder wie „weiße Särge" ohne Leben. Die Findelhauskinder hatten keine Ersatzmutter, sondern mußten sich eine Schwester mit acht anderen Kindern teilen. Die psychischen und korperlichen Symptome (Schaukeln, Weinen, Anfälligkeit für Krankheiten) werden auf eine sogenannte *„anaklitische Depression"* zurückgeführt, die sich beim Ausfall tragfähiger Beziehungen einstellen kann und deren Folgen sehr schwer zu beheben bzw. irreparabel sind.

Exkurs: Anaklitische Depression
René Spitz und andere Forscher haben das auffällige Verhalten der Kinder in vielen Einzelfalluntersuchungen weiter erforscht.
Als „Anaklitische Depression" wird das Verhaltenssyndrom von Kindern bezeichnet, das sich in folgenden Symptomen äußert: Furchtsamkeit, Traurigkeit, Weinerlichkeit, Mangel an Kontakt, Ablehnung der Umwelt, Kontaktverweigerung, Verzögerung der Entwicklung, Verzögerung der Reaktionen auf Reize, Verlangsamung der Bewegung, Schwermut, Stupor, Appetitverlust, Nahrungsverweigerung, Gewichtsverlust, Schlaflosigkeit (vgl. Spitz/Wolf 1969, S. 104 ff.).
Zu dieser Symptomatik gehört auch noch der physiognomische Ausdruck der Trauer, den wir bei erwachsenen Personen als Depression bezeichnen. Beim Krankheitsbild der anaklitischen Depression reagiert das Kind auf den *Verlust des Liebesobjektes,* im Sinne eines narzistischen Schocks. Da der Verlust der geliebten Person in der oralen Phase auftritt, reagiert das Kind auch verstärkt körperlich mit Entwicklungsstillstand, Krankheit und Tod. Eine sprachliche Verarbeitung ist noch nicht möglich, das Kind wird existentiell gefährdet.
Hospitalismus kann im frühen Kindesalter auftreten, aber auch bei langem Krankenhausaufenthalt Erwachsener oder bei langer und schlechter Anstaltsunterbringung geistig behinderter Menschen.
In allen Fällen sind fehlende verläßliche Beziehungen, der Verlust geliebter Personen, der Auslöser für die regressive (zurückschreitende) Entwicklung.

5.2 Verwahrlosung

Kinder und Jugendliche, die ihren Eltern und Erziehern massive Probleme bereiten, durch Drogenkonsum, Aggressivität oder kriminelles Verhalten auffallen, sind seit vielen Jahrzehnten Thema der Jugendhilfe und der Heimerziehung. Die Fragen nach der Lebenswelt bzw. der Lebenswirklichkeit dieser jungen Menschen beschäftigt die Heil- und Sonderpädagogik in hohem Maße. Man kennzeichnet ihr Verhalten als „Verhaltensstörung", „gefährdet", „sozial auffällig", „sozio-emotionale Störung" oder als „Verwahrlosung". Der Begriff der Verwahrlosung soll nachfolgend näher betrachtet werden. Herringer weist in einer Studie darauf hin, daß es keinen eindeutigen Verwahrlosungsbegriff gibt (vgl. Herringer 1979, S. 13; Ammann 1970).

Im alten Jugendwohlfahrtsgesetz wurde der Begriff der Verwahrlosung im Zusammenhang mit der Fürsorgeerziehung gebraucht, im neuen Kinder- und Jugendhilfegesetz wurde er durch den Begriff des „sozial auffälligen Verhaltens“ ersetzt.
Diese sprachlichen Veränderungen können aber nicht verbergen, daß es auch weiterhin Kinder und Jugendliche gibt, die so massive Verhaltensprobleme zeigen, daß sie nur sehr schwer beeinflußt werden können und sich häufig den Erziehungsbemühungen entziehen.
Von Verwahrlosung spricht man, wenn Menschen *stark abweichendes Verhalten* von gesellschaftlichen Normen zeigen; Verwahrlosung ist *Dissozialität.* Verwahrlosung kann sich als „frühkindliche Verwahrlosung“ (körperlich/seelisch), als „jugendliche Verwahrlosung“ (Pubertätszeit, Jugendkriminalität), aber auch als Verwahrlosung im Erwachsenenalter (Landstreicher, Gewaltkriminalität) zeigen.
Das Verwahrlosungsverhalten wird durch verschiedene Theorieansätze erklärt (medizinisch-pathologisch, verhaltenstheoretisch, soziologisch), besonderes Interesse findet heute der systemisch-familientherapeutische Ansatz, der vor allem die Familiengeschichte und die Lebenswirklichkeit der jungen Menschen einbezieht.
Gestörte Familiensozialisation mit der Folge der Bindungsschwäche ist ein wichtiger Grund für Verwahrlosung. Es handelt sich meist um Frühschäden, um Folgen emotionaler Entbehrungen, Verlust von Sicherheit und Halt. Ein Urvertrauen konnte nicht aufgebaut werden, die betroffenen Kinder waren häufig sich selbst überlassen, es handelt sich um einen *Ausfall von Erziehung* (vgl. Kapitel VIII, 6, Verhaltensgestörtenpädagogik).
Verwahrlosung kann sich als vorübergehende Erscheinung (z.B. im Jugendalter), aber auch als verfestigte Dissozialität (extremes abweichendes Verhalten mit gesellschaftsschädigendem Charakter), verbunden mit Delinquenz (Kriminalität) zeigen. Hartmann fand in der Untersuchung bei vielen Kriminellen mit hohen Haftstrafen Störungen in der Familiensozialisation, unterbrochene Primärbindungen in früher Kindheit, Ausfall von Erziehungspersonen und mangelnde Sorge um das Kind (vgl. Hartmann 1970).
Störungen der Primärbeziehungen in früher Kindheit, der Verlust tragfähiger Beziehungen haben gravierende negative Folgen für das betroffene Kind und bieten oftmals sehr geringe Rehabilitationschancen. Viele heilpädagogisch orientierte Heime können diesem Personenkreis nicht helfen, da sie Freiwilligkeit der Mitarbeit und eine gewisse Beziehungsfähigkeit voraussetzen. Bindungs- und Belastungsschwäche sind aber wesentliche Merkmale eines Menschen mit Verwahrlosungsproblematik.

6. Die Bedeutung der Persönlichkeit des Heilerziehungspflegers

Erziehung kann als eine lebendige Wechselbeziehung verstanden werden. Der Erwachsene beeinflußt im Erziehungsprozeß das Kind nicht einseitig, sondern durch das gemeinsame Zusammenleben wird auch er beeinflußt. Es verändert sich auch seine Persönlichkeit, was Reifung, aber auch Belastung und Krise bedeuten kann.
Die Person des Erwachsenen bildet, vor allem in früher Kindheit, in vielen Lebensbereichen für das Kind die primäre Orientierung. Das Kind erfährt die konkret erlebbare Welt durch die Person der Mutter, des Vaters oder z. B. einer Berufserzieherin. Das Kind ist vielfach von diesen Einflüssen abhängig; auf das darin enthaltene Machtgefälle wurde bereits in den einführenden Kapiteln hingewiesen.
Welche Bedeutung kann die Erzieherpersönlichkeit haben?

Heilerziehungspfleger/innen bzw. Erzieher/innen repräsentieren durch ihre Persönlichkeit die Welt.
Besonders in frühem Kindesalter stellt die Mutter bzw. eine andere primäre Bezugsperson für das Kind die totale Welt dar. Ein Säugling auf dem Rücken in seinem Bettchen liegend, erlebt das hereinschauende Gesicht als die Welt, mehr kennt er nicht, mehr nimmt er zunächst nicht wahr. Die Mutter repräsentiert grundlegende Erfahrungen des Urvertrauens oder des Urmißtrauens, der Ermutigung oder Depression, von Hoffnung oder Angst. Die hohe Verantwortung in dieser frühen Phase liegt auf der Hand. Auch in den weiteren Entwicklungsphasen eröffnet der Erwachsene häufig den Zugang zur Welt. An ihm ist Welt erkennbar, begreifbar. Er ist Verhaltensmodell und wird nachgeahmt.

Der Heilerziehungspfleger bzw. der Erzieher ist Bezugsperson.
Eine Bezugsperson ist ein Mensch, der für das Denken, Handeln und für die Wertorientierung eines Kindes eine zentrale Bedeutung hat. Bezugsperson sein bedeutet mehr, als Ansprechpartner sein. Ansprechpartner können frei gewählt werden, sie können antworten oder auch nicht, den Kontakt selbst wieder lösen. Bezugspersonen stellen oft die Brücke zur Welt und zum Dasein existentiell bedeutsam dar, sie ermöglichen den *Dialog* in einer „menschlichen Welt“.

Das Kind macht durch die Person des Betreuers „Qualitätserfahrungen“.
Im Umgang mit dem Erwachsenen macht das Kind Erfahrungen, die es nicht theoretisch oder schulisch vermittelt bekommen kann. Es

erfährt Zuverlässigkeit und Unzuverlässigkeit, Zuversicht und Ratlosigkeit, Sinn und Sinnlosigkeit des Lebens. Das Kind kann sich kaum dagegen wehren, solange es auf die Erwachsenen angewiesen bleibt. Diese frühen Qualitätserfahrungen prägen es bis weit ins Erwachsenenalter hinein.

6.1 Eigene Biographie

Die individuelle Biographie des Heilerziehungspflegers ist Kapital und Hindernis zugleich. Alle natürlichen Erzieher (Eltern) erziehen – oftmals unreflektiert – auf dem Hintergrund der eigenen Erziehungserfahrungen. Die eigenen Kindheits- und Erziehungserfahrungen sind auch für den Berufserzieher (Heilerziehungspfleger) prägend, müssen von ihm aber reflektiert werden, um mögliche Probleme im eigenen erzieherischen Handeln zu reduzieren.
Schon während der Ausbildung muß ein zukünftiger Heilerziehungspfleger in der Arbeit mit behinderten Menschen für sich selbst einige Grundeinstellungen klären, die in seiner täglichen Arbeit über Jahre hinweg große Bedeutung haben werden. Dieter Fischer (Würzburg) hat 1989 in einem Vortrag vor Schulleitern von Fachschulen für Heilerziehungspflege einige Fragen präzisiert:

> Welche Bedeutung haben für mich *Geld* und *Besitz?* Geldverdienen und Streben nach materieller Sicherheit sind legitime Bedürfnisse. Heilerziehungspfleger und Heilerziehungshelfer sind aber Berufe mit beschränkten finanziellen Aufstiegsmöglichkeiten. Steht das Geldverdienen an oberster Stelle, so ist der Konflikt vorprogrammiert. Dies schließt auf keinen Fall aus, daß Berufserzieher für eine bessere Bezahlung kämpfen, aber auch eine oder zwei Gehaltsgruppen mehr würden an diesem Grundproblem wenig ändern.
> Wieviel *Macht* brauche ich über andere Menschen? Wie weit kann ich mich bemächtigen lassen? Wie weit kann ich ertragen, daß ich Anweisungen ausführen muß, daß jemand über mich bestimmt?
> Wieviel *Zeit* brauche ich? Unsere Lebenszeit ist begrenzt, Zeit ist kostbar. Wieviel von meiner Zeit will ich für die Arbeit abgeben? Wieviel Zeit (Freizeit) brauche ich zur Erholung? Welchen Stellenwert hat für mich das Wochenende und wie weit kann ich meine Freizeitwünsche auf andere Tage übertragen? Viele Menschen sind heute bereit, nur noch 50 % der Wochenarbeitszeit zu arbeiten, um mehr Zeit für sich selbst zu haben. Sie schrauben ihre Privatausgaben und ihren Konsum drastisch zurück, um z. B. zu reisen oder anderen Interessen nachzugehen. Das Zusammenleben im Heim kann aber nicht durch die Verdoppelung des 50 %-Personals gelöst werden. Will ich eine andere Zeitteilung akzeptieren?

Wieviel *Verantwortung* will ich übernehmen und tragen? Wir leben in einer Zeit, in der immer mehr Menschen Verantwortung abgeben wollen, z. B. auch durch Teilzeit-Arbeitsverträge.

6.2 Berufliche Kompetenzen (Professionalität)

Welche fachlichen und persönlichen Fähigkeiten muß ein Heilerziehungspfleger mitbringen bzw. in seiner Ausbildung entwickeln, damit er den vielfältigen Aufgaben in der Erziehung und Betreuung gewachsen ist?
Neben primär pädagogischen, heilerzieherischen Kompetenzen sind auch andere professionelle Fähigkeiten zu nennen, die eher dem politischen, administrativen und ökonomischen Bereich angehören (vgl. Giesecke 1987, S. 32 ff.).

Abb. 14: Berufliche Kompetenzen eines Heilerziehungspflegers

pädagogisch	*sozial/ethisch*	*politisch/administrativ*
Beziehung gestalten	Sensibilität für Menschen und ihre Befindlichkeit	ökonomisch handeln
Erziehen	Echtheit des Verhaltens	Planen, Koordinieren, Verwalten
Fördern/Anleiten	Zuverlässigkeit, Korrektheit, Konsequenz, Abstandsfähigkeit	Evaluieren
Beraten	Treue gegenüber Menschen und Ideen	politisch Einfluß nehmen
Betreuen/Begleiten	Handeln können auf einer geklärten Wertebasis	Innovationen durchsetzen
Pflegen	Zuneigung und Liebesfähigkeit	Berufsinteressen wahrnehmen
	Lernbereitschaft	
	Kooperations-/Teamfähigkeit	
	Verantwortung übernehmen	
	Sinn stiften	

Beachtet werden muß, daß diese Kompetenzen nicht sofort und komplett zur Verfügung stehen, sondern von der Sozialisation des Heilerziehungspflegers abhängig sind und durch Einübung in der Ausbildung, durch Praxisreflexion und Praxisanleitung (Supervision) erlangt werden.
Dieser Entwicklungsprozeß ist offen und dauert ein ganzes Berufsleben lang; die Fähigkeiten können auch wieder verloren gehen (vgl. dazu 6.4, Persönlichkeitsentwicklung und Psychohygiene).

6.3 Berufliche Krisen

Buchka und Hackenberg haben zukünftige Berufserzieher nach ihren beruflichen Einstiegsmotiven befragt:

1. Sozialkontakte (Umgang mit Menschen)	34,4 %
2. Soziales Engagement (die gesellschaftlichen Zustände müssen verändert werden)	28,7 %
3. Ethisches Engagement (hilfsbedürftigen Menschen muß geholfen werden)	15,9 %
4. Persönlichkeitsbezogene Gründe (Beruf ist eine persönliche Herausforderung)	10,7 %
5. Sonstige Gründe (Zufall, Freunde, Verwandte als Modell)	10,3 %
N = 58 (Buchka und Hackenberg 1988)	

Da bei Berufserziehern und anderen helfenden Berufen altruistische Motive (für die Gesellschaft, für andere Menschen etwas tun wollen) häufig im Vordergrund stehen, ist im Berufsvollzug mit Enttäuschungen, Erschütterungen und Krisen zu rechnen. Die Motivation ändert sich im Laufe der Ausbildung und des Berufslebens und stabilisiert sich erst nach einigen Jahren. Die Burn-out-Syndrom-Forschung hat eindeutig nachgewiesen, daß die berufliche Motivation, besonders in den ersten 5 Jahren, hart erprobt wird und es zu beruflich bedingten persönlichen Katastrophen kommen kann, wenn der Berufsanfänger in dieser Zeit auf eine kompetente und sensibel begleitende Hilfe verzichten muß (vgl. Buchka/Hackenberg 1988).

Welche Probleme können sich für einen Heilerziehungspfleger in der Erziehungsarbeit bzw. im Berufsalltag ergeben?

– Pädagogische Ziele lassen sich nicht realisieren, da z. B. ein Mensch mit einer Behinderung in seiner Entwicklung abbaut, erlernte Verhaltensweisen wieder verlernt werden und der Heilerziehungspfleger keine Erfolgsrückmeldungen bekommt.
– Hohe berufliche Anfangsideale lassen sich aus verschiedenen Gründen nicht oder nicht sofort verwirklichen. Die Aufgabe der Ideale beeinträchtigt die berufliche Identität.
– Die reale Praxissituation kommt mit dem vermittelten Bild in der Ausbildung nicht überein, es kommt zu einem „Praxisschock“.

– Die Kommunikation mit schwer- oder mehrfachbehinderten Menschen bereitet Probleme, man kann sich nicht „verständlich" machen, das Feed-back kann nicht eingeordnet werden, man fühlt sich nicht verstanden.
– Durch häufige zeitliche Überlastung kann die Erholungsfähigkeit verloren gehen, der Heilerziehungspfleger kann keine neue Kraft schöpfen; er fühlt Erschöpfung und innere Leere.
– Die unregelmäßige Arbeitszeit/Schichtarbeit kann zu Störungen des Rhythmus im Privatleben führen und Partnerschaft und Familie beeinträchtigen. Freundschaftliche und gesellschaftliche Kontakte können nicht mehr gehalten werden, man fühlt sich zunehmend isoliert.
– Die permanente Vermischung von Privatleben und Arbeitssituation führt dazu, daß die Erkennbarkeit und Präzision der beruflichen Arbeit verloren geht (einmal ist das Putzen eine pädagogische Förderung, ein anderes Mal eine private Tätigkeit).
Man sieht den Wert der beruflichen Arbeit nicht mehr und fühlt das Privatleben, die Freizeit nicht mehr als Erholungsraum.

Nähe und Distanz werden in der beruflichen Arbeit vermischt. Man muß sich um Nähe zu schwierigen Personen bemühen, zu denen man privat keine Nähe suchen würde. Man muß sich bewußt um Distanz bemühen, um planvoll arbeiten zu können. Rationalität der Arbeit und menschliche Nähe müssen ständig in Einklang gebracht werden.
Der Beruf des Heilerziehungspflegers ist extrem komplex (Pflege, Alltagsbewältigung, Zeitmanagement, Bildung, Förderung, Hilfen in allen Lebensbereichen). Er muß ständig in verschiedenen Lebensbereichen und Fachgebieten tätig werden und sich weiterbilden. Das kann zu einer Belastung führen, zum Gefühl, alles nur oberflächlich und nicht richtig tun zu können; aber hier liegt eine große Chance, das Leben in Fülle zu erleben und zu leben.

6.4 Persönlichkeitsentwicklung und Psychohygiene

Was kann ein Heilerziehungspfleger als Berufserzieher tun, um seine Persönlichkeitskompetenz zu erweitern und psychisch gesund zu bleiben?

Entwicklung der Fähigkeit, Beratung annehmen zu können
Heilerziehungspfleger müssen während ihrer Ausbildung ermutigt werden, Beratung anzunehmen. Die permanente Beziehungsarbeit, Aufbau, Gestaltung, Konfliktlösungen und Ablösung von Beziehun-

gen brauchen professionelle Begleitung. Supervision ist hier eine wesentliche Hilfe und eine unverzichtbare Form der Fortbildung.

Lernen, über positive Erfahrungen und Erlebnisse zu sprechen und nicht nur über Probleme
Eine „Berufskrankheit" sozialarbeiterischer/sozialpädagogischer Berufe ist die Fixierung auf Probleme. Klienten werden häufig als „defizitär" und als Problembündel gesehen. Berufliche Gespräche handeln überwiegend von Berufsproblemen und Konflikten; der Blick für Erfolge, für Möglichkeiten, für das Schöne verstellt sich, der Berufsalltag wird als ein Problemfeld erlebt. Hilfreich ist, im Rahmen regelmäßiger Supervisions- und Beratungsrunden die „normale Arbeit" zu besprechen und nicht nur die Probleme, um so die Normalität und die Entlastungsmöglichkeiten im Alltag neu zu entdecken.

Gegenseitige Rollenstützung
Heilerziehungspfleger zeigen wenig Neigung, sich zu organisieren, was die kleine Zahl der Berufsvertreter belegt, die sich im Berufsverband zusammenschließen. Für eine gute fachliche Arbeit sind gesellschaftliche Anerkennung und entsprechende Bezahlung zu fordern und gemeinschaftlich Wege der Durchsetzung zu suchen. Gemeinsames berufliches Handeln kann das „Gefühl des Ausgeliefertseins" zu einer „Gewißheit des Einfluß-nehmen-Könnens" wandeln. Einzelkämpfer haben gesellschaftspolitisch schlechte Chancen.

Sorge für die Qualität der Arbeit durch Fortbildung
Die Heilerziehungspflege ist in den vergangenen Jahren zu einem differenzierten Arbeitsfeld geworden; das Wissen hat sprunghaft zugenommen. Dies erfordert eine laufende Weiterqualifikation und regelmäßige Fortbildung. Der Verzicht auf Fortbildung ist der Verzicht auf Weiterentwicklung der Fach- und Persönlichkeitskompetenzen und zugleich der Anfang beruflicher Resignation.

Akzeptanz der Grenzen
Grenzen gibt es nicht nur im ökonomischen Bereich, sondern auch beim Heilerziehungspfleger selbst (intellektuell, psychisch, fachlich), bei den betreuten Menschen mit Behinderungen und bei den Kollegen. Soll die berufliche Arbeit über viele Jahre geleistet werden, kann nicht nur die Orientierung an hohen Idealen der Weg sein, sondern die Akzeptanz der Grenzen aller Beteiligten ist notwendig.

Zeitmanagement
Für die Erziehungsarbeit steht nur begrenzte Zeit zur Verfügung (Pflegesatzbegrenzung, Personalnot, Budgetierung). Der Heilerziehungs-

pfleger muß lernen, daß er nicht alles angehen kann, sondern Prioritäten setzen muß. Er muß ein System entwickeln, anfallende Arbeiten zu planen, zu organisieren, um Chaos und das Gefühl der Unzulänglichkeit zu vermeiden.

Trennung von Beruf und Privatleben
Die permanente Vermischung von Beruf und Privatem kann zu Orientierungsproblemen führen. Für den Heilerziehungspfleger kann es wichtig und sinnvoll sein, Fähigkeiten und Hobbys in seine Arbeit miteinzubringen und die berufliche Arbeit damit zu bereichern. Bewußt sollten aber auch Interessengebiete neben dem Beruf ausgebaut werden. Sport und Spiel, handwerkliche und kulturelle Interessen dürfen nicht einseitig methodisiert und nur beruflich eingesetzt, sondern sollten auch als „Privatbesitz" bewußt gepflegt werden.

7. Erziehung in ökonomischem, ökologischem, gesellschaftlichem, politischem und kulturellem Kontext

Erziehung geschieht nicht abseits von der Welt in einer Art „pädagogischem Reservat", sondern ist eingebettet in ein mehrschichtiges und mehrdimensionales Geflecht von Einflüssen und Abhängigkeiten der Umwelt (Potthoff/Wolf 1974, S. 55).
Erziehung ist ein Prozeß, der von vielen Bedingungsfeldern beeinflußt wird.

> *Definition: Erziehungsprozeß*
> Vorgang der Vermittlung der Mündigkeit; der Vorgang des Lernens von Selbständigkeit in grundlegenden Lebensbereichen; der Vorgang der Emanzipation aus der Unfreiheit, mangelnder Selbständigkeit im Urteilen, Entscheiden, Handeln (Potthoff/Wolf 1974, S. 55).

Der Erziehungsprozeß ist ein dynamisches Geschehen, Menschen verändern sich in einem zeitlichen Ablauf. Prozeß bedeutet auch, daß keiner der Beteiligten genau weiß, wo er endet, ob die angestrebten (Erziehungs-)Ziele erreicht werden. In einem Prozeß können sich Dinge ereignen, die man nicht will (unerwünschte Nebenwirkungen) und deren Gründe man nicht kennt.
Ein Heilerziehungspfleger muß sich mit den Bedingungsfeldern der Erziehung beschäftigen, wenn die Erziehungsarbeit erfolgreich sein soll.

Abb. 15: Bedingungsfelder der Erziehung

Gesellschaftliche Bedingungen

Erziehung geschieht in einer konkreten Gesellschaft (Naturvolk, bäuerliche Kultur, Industriegesellschaft). Die Gesellschaft regelt ihr Zusammenleben durch Normen. Das Kind und der Erzieher (Eltern, Berufserzieher) sind Mitglieder dieser Gesellschaft und werden von ihr beeinflußt.

> *Definition: Normen*
> Verhaltensregeln, Verhaltenserwartungen; Verstöße gegen die Normen werden sanktioniert
> Muß-Norm, z. B. das Tötungsverbot
> Soll-Norm, z. B. Bildung, jugendliches Aussehen
> Kann-Norm, z. B. Modeströmungen, Kleidung

Die Gesellschaft erwartet, daß der Erziehende den Zu-Erziehenden in die gesellschaftlichen Normen einführt, der Zu-Erziehende die gesellschaftlichen Erwartungen verinnerlicht und sich an die Normen hält. Gesellschaftliche Funktionsträger (Staat, Schulaufsichtsbehörde, Jugendamt, Mitmenschen) kontrollieren den Prozeß und greifen gegebenenfalls ein.

Da Gesellschaften unterschiedlich sind, gibt es auch unterschiedliche Normen und Werte, die in die Erziehungsziele eingehen; je nach Gesellschaft und historischer Situation werden z. B. das Sexualverhalten, der Umgang mit Privateigentum, die Rolle der Frau unterschiedlich bewertet.

Politische Bedingungen

Die politischen Herrschaftsverhältnisse nehmen Einfluß auf die Erziehung. In der Bundesrepublik ist die Schulausbildung Aufgabe des Staates (Kulturhoheit der Länder). Politische Einflüsse lassen sich in Parteiprogrammen und in (Erziehungs-)Gesetzen erkennen.

Beispiele:
– Ausbildungsgänge, Studienordnungen, Bildungspolitik
– Gesetzliche Garantie eines Kindergartenplatzes für jedes Kind
– Programm „Mutter und Kind" als flankierende Maßnahmen zur Verhinderung von Abtreibungen
– Streit um die Errichtung von Gesamtschulen (CDU-regierte Länder nein, SPD-regierte Länder ja)
– Sicherung der Rechte behinderter Menschen
– ideologische Beeinflussung der Jugend in totalitären Systemen (Jugendorganisationen u. a.).

Kulturelle Bedingungen

Als Kultur bezeichnet man die vom Menschen selbstgeschaffene sekundäre Umwelt, die Gesamtheit der vom Menschen hervorgebrachten Werte in Form von Religion, Brauchtum, Sprache, Recht, Kunst, Wissenschaft, Musik, Werkzeuge, Technik, Wohnformen, Verkehr, Erziehung u. a. (vgl. Hehlmann 1987, S. 314).
Die Einarbeitung in die Kultur bezeichnet man als Enkulturation. Die Kultur nimmt bereits sehr früh Einfluß auf den sich entwickelnden Menschen.

> „Keine Handlungskette innerhalb primärer Pflegehandlungen wie Stillen, Abstillen, Füttern, Reinlichkeitsgewöhnung, Regulierung der Äußerungen des Säuglings oder Kleinkindes (Zulassen oder Beschränken von Schreien, Strampeln, Bewegen überhaupt) beginnt ‚spontan' oder läuft ‚spontan' ab. Daß sie zum großen Teil ‚selbstverständlich' sind, bekräftigt nur, daß sie nicht ‚natürlich', sondern ‚kultürlich' sind – sie sind ‚kulturgetränkt'" (Claessens 1962, S. 102).

Klafki verweist darauf, daß die Entwicklung der Gefühle, die Art und Weise seine Emotionen auszudrücken, die Denkweise, die Sprache, moralische Haltungen, Weltanschauung stark durch die Kultur geprägt sind (vgl. Klafki 1970, S. 273).

Ökonomische Bedingungen

Menschen haben nicht unbegrenzt finanzielle Mittel zur Verfügung, so hat ein begrenztes Familieneinkommen, die Höhe des Pflegesatzes eines Heimes und die wirtschaftliche Entwicklung eines Landes Auswirkungen auf Erziehung und Bildung.

Beispiele:
– die Höhe des Taschengeldes eines Kindes kann sich konstruktiv, aber auch als Verwöhnung des Kindes auswirken
– das Einkommen der Eltern wirkt sich auf die Größe der Wohnung, Spielmöglichkeiten, Musikunterricht usw. aus

– der Anspruch auf Bafög oder der monatliche Scheck der Eltern kann die Ausbildung an einer Fachschule für Sozialpädagogik ermöglichen oder verhindern
– die Berufstätigkeit der alleinerziehenden Mutter eines Säuglings kann negative Folgen für die emotionale Sicherheit des Kindes haben
– die Kürzung von Pflegesätzen eines Heimes kann sich als Verringerung der Betreuungszeiten niederschlagen
– Industrie und Wirtschaft versuchen Einfluß auf die Lehrpläne zu nehmen (z. B. mehr Kopfrechnen statt Ethik).

Ökologische Bedingungen

Ökologische Bedingungen sind sozialräumlicher Art, d. h. Lebens-, Erfahrungs- und Spielräume der Kinder werden durch Umgebung, Landschaft, Stadtbausituation, Wohngebiet, ländliche Lage und Verkehrsanbindungen beeinflußt.

Beispiele:
– der Erfahrungsraum eines Kindes auf einer Nordseehallig unterscheidet sich von der Lebenswelt einer Großstadt (Solidarität, Überschaubarkeit, Bewegungsmöglichkeiten; Anonymität, Betonsiedlung)
– das dichtbesiedelte Wohngebiet einer alten Bergarbeitersiedlung im Ruhrgebiet ermöglicht dichtere Kontakte und Beziehungen als ein dünnbesiedeltes Gebiet des Emslandes, in dem ein Kontakt nur per Moped oder Auto gehalten werden kann
– eine dichtbefahrene Straße kann ein Hindernis für den Besuch eines Abenteuerspielplatzes eines Stadtgebietes sein
– enge Wohnverhältnisse können zu „Pferchschäden" mit Folgen für die Entwicklung der Emotionalität des Kindes führen.

Institutionelle Faktoren

Das Leben in einer Kleinfamilie läßt andere Erfahrungen zu als in einer Großfamilie. Die betreute Wohngruppe mit 3 – 4 Bewohnern fördert in einer anderen Form die Selbständigkeit von Menschen mit Behinderungen, als eine Lebensgruppe mit 20 Personen des gleichen Geschlechts in einer Anstalt. Die flächendeckende Versorgung mit Kindergärten oder ganztägigen Horten beeinflußt die Sozialisation eines Kindes anders, als die Situation eines Einzelkindes, welches ganztägig bei seiner Mutter lebt.

Individuelle Faktoren

Dies sind die individuellen Voraussetzungen des Zu-Erziehenden (Alter, Intelligenz, Persönlichkeitsstruktur, Behinderung, Belastbarkeit u. a.) und die individuelle Situation des Erziehenden (Alter, Geschlecht, Ausbildungsqualität, soziale Fähigkeiten, Belastbarkeit u. a.). Die Vorerfahrungen, Sozialisationserfahrungen und individuelle Konstitutionen bedingen den Erziehungsprozeß.

1. Definieren Sie das „Pädagogische Verhältnis“ nach Hermann Nohl. Was sind die Kerngedanken bei Nohl?
2. Martin Buber sieht das Zusammenleben der Menschen durch eine „dialogische Beziehung“ bestimmt. Welche Merkmale und Qualitäten zeigt eine dialogische Beziehung?
3. Nennen Sie die sechs Merkmale des pädagogischen Verhältnisses nach H. Nohl und zeigen Sie die Bedeutung für die heutige Erziehung auf.
4. Zeigen Sie an Beispielen den historischen Wandel des pädagogischen Verhältnisses auf.
5. Das pädagogische Verhältnis ist ein Verhältnis der Wechselwirkung. Zeigen Sie an Beispielen auf, wie sich Kind und Erwachsener gegenseitig beeinflussen und zu Handlungen anregen. Was bedeutet in diesem Zusammenhang der „Pygmalioneffekt“?
6. Säuglinge haben angeborene Interaktionsformen zur Verfügung, um den Kontakt mit ihren Bezugspersonen zu sichern. Welche Interaktionsformen verwenden Säuglinge und wie reagieren Erwachsene darauf?
7. Zeigen Sie an Beispielen, wie diese Interaktionsmuster kulturell überformt werden.
8. Das Kind braucht in früher Kindheit verläßliche Bezugspersonen und ausreichend emotionale Zuwendung. Welche Folgen können eintreten, wenn Halt und Sicherheit in dieser Lebensphase nicht erfahren werden?
9. Beschreiben Sie die Untersuchung zum Hospitalismusproblem von René Spitz und zeigen Sie die Ergebnisse auf. Welche Konsequenzen können Sie als Pädagoge für das Leben von Kleinkindern und Säuglingen im Heim ableiten?
10. Definieren Sie Verwahrlosung und zeigen Sie mögliche Symptome auf.
11. Begründen Sie die These: „Verwahrlosung ist generalisierte Dissozialität“.

12. Welches pädagogische Konzept ist für die Erziehung und Behandlung von Verwahrlosten sinnvoll und erfolgversprechend?
13. Wieland u. a. haben die Bedeutung der sogenannten „exklusiven Beziehung“ untersucht.
a) Was versteht man unter einer exklusiven Beziehung?
b) Was fördert und was hemmt die Entwicklung einer exklusiven Beziehung?
14. Zeigen Sie Elemente eines Bezugspersonenkonzepts auf. Begründen Sie Ihre Vorschläge an den Forschungsergebnissen von Wieland u. a.
15. Was bedeutet Psychohygiene und welchen Zusammenhang sehen Sie bezüglich der Berufsausübung von Heilerziehungspfleger/innen?
16. Nennen Sie Gründe, wodurch psychische Belastungen bei Berufserziehern auftreten können.
17. Woraus können Betreuer Freude, Hoffnung und Perspektive für ihre Berufsarbeit schöpfen?
18. Was kann ein Berufserzieher für seine eigene Persönlichkeitsbildung und seine Psychohygiene tun? Nennen Sie konkrete Möglichkeiten, die bereits während der Ausbildung und in der späteren Berufspraxis gegeben sind.
19. Erziehungsprozesse werden durch Bedingungsfelder beeinflußt.
a) Was bedeutet „Prozeß“ und „Erziehungsprozeß“?
b) Beschreiben Sie politische, gesellschaftliche, ökonomische, ökologische und kulturelle Einflüsse. Verdeutlichen Sie diese Einflüsse durch Beispiele aus den Bereichen Familie und Einrichtungen für Behinderte.

9. Literatur

Adam, H.: Das burn-out-Syndrom, in: Korrespondenzblatt Evang. Schulen und Heime, 1/1981

Ammann, L.: Der Verwahrlosungsbegriff in der Heilpädagogik und Schicksalsanalyse, Bern 1970

Buchka, M., Hackenberg, J.: Das burn-out-Syndrom bei Mitarbeitern in der Behindertenhilfe. Ursachen, Formen, Hilfen (Studienarbeiten aus der Kath. Fachhochschule Nordrhein-Westfalen, Bd. 30), Dortmund 1988

Buber, M.: Reden über Erziehung, Heidelberg 1986

Claessens, D.: Familie und Wertesystem, Berlin 1962

Erikson, E. H.: Childhood and Society, Norton, New York 1950

Flitner, W.: Allgemeine Pädagogik, Stuttgart ^{10}1965

Fischer, D.: Psychohygiene. Zur Psychohygiene des Erziehers und Lehrers in der sonderpädagogischen Arbeit mit schwerbehinderten Menschen, in: Behinderte, 3/1983

ders.: Das befremdliche Vertraute und das vertraute Fremde, in: Zusammen, 14. Jg., 1994, Heft 1, S. 2–7

Freud, W. E.: Pränatale Beziehung, in: Kind und Umwelt, 7, 1987

Giesecke, H.: Pädagogik als Beruf. Grundformen pädagogischen Handelns, Weinheim/München 1987

Hartmann, K.: Theoretische und empirische Beiträge zur Verwahrlosungsforschung, Berlin, Heidelberg, New York 1970

Hassenstein, B.: Verhaltensbiologie des Kindes, München 1973

Hehlmann, W.: Wörterbuch der Pädagogik, Stuttgart ^{8}1987

Herringer, N.: Verwahrlosung. Eine Einführung in Theorien sozialer Auffälligkeit, München 1979

Janus, L.: Die Psychoanalyse der vorgeburtlichen Lebenszeit und der Geburt, Pfaffenweiler 1990

Klafki, W.: Funkkolleg Erziehungswissenschaft, Studienbegleitbriefe, Bd. 1, Weinheim/Berlin/Basel ^{2}1970

Kloehn, E.: Schwierige Kinder, München 1977

Kron, F. W.: Theorie des erzieherischen Verhältnisses, Bad Heilbrunn 1971

ders.: Das erzieherische Verhältnis, Bad Heilbrunn 1970

ders.: Grundwissen Pädagogik, München/Basel ^{3}1991

Langefeld, M. J.: Einführung in die theoretische Pädagogik, Stuttgart ^{5}1965

Lassahn, R.: Einführung in die Pädagogik, Heidelberg 1974

Marx, O.: Die Geschichte der Ansichten über die biologischen Grundlagen der Sprache, in: Lenneberg, E. H.: Biologische Grundlagen der Sprache, Frankfurt/M. 1972, S. 541–574

Netzer, H.: Erziehungslehre, Bad Heilbrunn ^{10}1971

Nohl, H.: Die pädagogische Bewegung in Deutschland und ihre Theorie, Frankfurt/M. ^{6}1961

Pines, A. M., Aronson, E., Kafry, D.: Ausgebrannt. Vom Überdruß zur Selbstentfaltung, Stuttgart ^{2}1985

Potthoff, W./Wolf, A.: Einführung in die Strukturbegriffe der Erziehungswissenschaft, Freiburg 1974
Schmidbauer, G.: Die hilflosen Helfer, Hamburg 1977
Schleiermacher, F. D. E.: Pädagogische Schriften, hrsg. v. Weniger, E., Erster Band. Die Vorlesungen aus dem Jahre 1826, Düsseldorf, München 1957
Schleidt, H.: Halt mich fest, laß mich los, in: Funkkolleg: Der Mensch – Anthropologie heute, a.a.O., Studienbegleitbrief 3
Spitz, R.: Hospitalismus I, in: Bittner, G., Schmid-Cords, E.: Erziehung in früher Kindheit, München 1969
ders.: Die anaklitische Depression, in: Bittner/Schmid-Cords, a.a.O.
Weber, E.: Pädagogik, Bd. 1, Donauwörth [7]1982
Weinert, F. E., Graumann, C. F., Heckhausen, H., Hofer, M. u. a.: Funkkolleg: Pädagogische Psychologie 1, Frankfurt/M. 1974
Wieland, N. u. a.: Ein Zuhause – kein Zuhause. Lebenserfahrungen und -entwürfe heimentlassener junger Erwachsener, Freiburg 1992
Verband katholischer Einrichtungen der Heim- und Heilpädagogik: Kleine Kinder im Heim, Freiburg 1994

V. Erziehungsziele

Lernziele:
Der Studierende soll erkennen, daß Erziehungsziele nicht allein vom Heilerziehungspfleger festgelegt werden, sondern durch gesellschaftliche und politische und ökonomische Bedingungen beeinflußt sind.
Er soll den Zusammenhang von Freiheit des Menschen, Notwendigkeit der Auswahl von Handlungsalternativen und Verantwortung erfassen.
Der Studierende soll einen Überblick über verschiedene Problemkreise der Erziehungsziele, ihren Bezug zur Lebenswelt und Persönlichkeitsentwicklung bekommen.
Anhand eines Kriterienkataloges soll er pädagogische Konzeptionen, Festschriften, Lernzielkataloge u. ä. hinsichtlich der enthaltenen Erziehungsziele analysieren und bewerten können.

Eltern, Heilerziehungspfleger und andere Berufserzieher/innen haben die Aufgabe, den gesellschaftlichen Nachwuchs zu erziehen und in das Leben, in Welt und Gesellschaft einzuführen. Um diese Aufgabe erfüllen zu können, müssen sie konkrete Antworten finden auf die Frage:

> „Welche *Fähigkeiten* und *Tugenden,* welches *Wissen* und *Können,* welche *Haltungen* und *Überzeugungen* soll der Nachwuchs erwerben, damit er tauglich wird, sich unter den gegebenen Umständen selbständig am Leben zu erhalten und zugleich auch den Fortbestand der Gemeinschaft zu sichern, der er angehört?" (Brezinka 1994)

Eltern und beruflich tätige Pädagogen befinden sich in einer Unsicherheit: Was ist *richtig* und *wichtig?* Woran können sie sich orientieren? Übereinstimmend wird in der pädagogischen Fachwelt die *Mündigkeit* als das zentrale Ziel aller erzieherischen Bemühungen gesehen; Mündigkeit kennzeichnet aber zugleich auch das Ende der Erziehung (z. B. mit Erreichen der Volljährigkeit).
Als mündig bezeichnet man einen Menschen, der „sein Leben aktiv und aus Einsicht gestaltet und frei und autonom am politischen, kulturellen und gesellschaftlichen Leben teilnimmt, der nicht nur seine Pflichten, sondern auch seine Rechte (vor allem seine Grundrechte) wahrzunehmen in der Lage ist" (vgl. Giesecke 1982, S. 77 ff.).

Auf eine Beschäftigung mit Erziehungszielen können die Erziehungswissenschaft und die in der Erziehungspraxis Tätigen nicht verzichten, denn jeglichem menschlichen Handeln, auch dem erzieherischen, liegen bereits Intentionen bzw. Ziele zugrunde, die mehr oder weniger bewußt sind und bestimmte Wirkungen verursachen.

Für Heilerziehungspfleger/innen sind folgende Fragen wichtig:

- *Was* sind Erziehungsziele und welchen *Sinn* haben sie?
- Wie *entstehen* Erziehungsziele und *wer beeinflußt* ihre Entwicklung?
- Kann man *richtige* bzw. *gute* Erziehungsziele finden und wie kann man sie legitimieren?
- Gibt es *überdauernde* Ziele oder *wandeln* sich diese ständig?
- Sind alle Erziehungsziele gleich wichtig oder kann man eine Rangfolge erstellen?

1. Entstehung von Erziehungszielen

Erziehung beinhaltet immer funktionale und intentionale Einflüsse (vgl. Kap. I). Oft ist allein das *Dasein eines Menschen,* seine Nähe, die Sicherheit, die er ausstrahlt, von großer Bedeutung für die Erziehung und Entwicklung eines Kindes, obwohl diese Faktoren vom Erziehenden nicht bewußt eingesetzt werden. Verantwortete Erziehung beinhaltet aber immer ein zielgerichtetes Handeln; somit gehört der Begriff *Erziehungsziel* zu den zentralen Grundbegriffen der Pädagogik.
Der Mensch ist in seinem Handeln relativ frei (nicht durch Instinkte gebunden). Er kann unterschiedliche Ziele verfolgen, muß sich aber für ein Ziel entscheiden, wenn er handeln will (nachfolgende Ausführungen sind orientiert an Hammer 1979).
Entscheidet er sich für ein Ziel, so gibt er seinem Handeln einen *Sinn,* sein Handeln bekommt eine Orientierung.
Die Auswahl der Handlungsmöglichkeit bedarf der *Bewertung,* diese geschieht auf dem Hintergrund der *Wertorientierung.*
Ein Ziel anzustreben, ist nur dann *sinnvoll,* wenn das Ziel auch erreicht werden kann, wenn Mittel und Wege zur Realisierung zur Verfügung stehen.
Der Heilerziehungspfleger muß seine Ziele legitimieren und den Wert der Ziele für den betroffenen Menschen begründen und verantworten. Er muß auswählen (Ziele setzen) und gibt dadurch seinem erzieherischen Handeln einen *Sinn,* er handelt *verantwortlich.* Sein Handeln

vollzieht sich in der Spannung von *Freiheit* und *Notwendigkeit*, in der *Suche nach Sinn* und in *Verantwortung*, er muß Vorstellungen über die wertvollen Lebensmöglichkeiten besitzen, die das Kind/der Jugendliche bzw. ein Mensch mit Behinderung jetzt oder später verwirklichen können soll. Ohne solche *„weltanschauliche Orientierung“*, ohne *„Wertorientierung“* ist Erziehung *nicht* sinnvoll.
Nun gibt es verschiedene Vorstellungen darüber, welche Lebensmöglichkeiten für einen Menschen *wertvoll* und welche *sinnvoll* durch Erziehung anzustreben sind.

> *Beispiele:*
> *„Konservativ-christlich-soziale Traditionen:*
> Grundwerte: Partnerschaft, Gemeinschaft (Betonung des Individuums und kleiner Verbände wie Familie, Kommune), Subsidiarität, verstanden als Hilfe zur Selbsthilfe.
> *Sozialdemokratisch-sozialistische Traditionen:*
> Grundwerte: Solidarität als gemeinsames Klassenbewußtsein, Gleichheit im Sinne gleicher materieller Chancen, Demokratisierung als umfassender politisch-sozialer-ökonomischer Prozeß (Demokratisierung aller Lebensbereiche), Konflikt als Antagonismus zwischen Kapital und Arbeit.
> *Liberale Traditionen:*
> Grundwerte: Entfaltung und Erhaltung des Individuums, Pluralität von Gruppen und Anschauungen, Beschränkung des staatlich-administrativen Eingriffs auf den gesellschaftlich-ökonomischen Bereich, Leistung und Wettbewerb.“
> (Kaiser/Kaiser 1989, S. 56 ff.)

Neben diesen traditionellen Werthaltungen spielen seit den achtziger Jahren andere (alternative) Werte eine zunehmend bedeutsame Rolle, wie z. B. eine ökologisch verantwortete Lebensqualität und eine weltumfassende Verantwortung für das Leben der Menschen. Diese geänderten Werthaltungen passen nicht in die traditionellen Muster.
Wer formuliert, bzw. welche Instanzen formulieren Erziehungsziele? Wer hat ein Interesse daran, daß seine Ziele beachtet und umgesetzt werden?

(1) Erzieher (Eltern, Heilerziehungspfleger, Sozialpädagogen)
(2) Gesellschaftliche Gruppen (Parteien, Gewerkschaften, Kirchen, Familienorganisationen, Wohlfahrtsverbände)
(3) Staat (Schulgesetze, Kinder- und Jugendhilfegesetz)
(4) Verfasser von Lehrbüchern der praktischen Pädagogik
(5) Kinder, Jugendliche, Menschen mit Behinderungen

Die Grundwerte und Ideale unterliegen einem gesellschaften und historischen Wandel. Dieser Wandel kann durch verschiedene Einflußfaktoren ausgelöst werden:

Abb. 16: Grundwerte im Wandel politischer, ökonomischer und kultureller Bedingungen

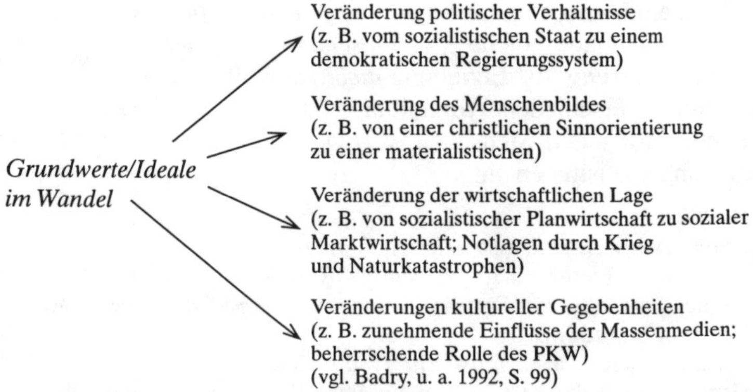

Erziehungsziele, die als richtig erkannten pädagogischen Aufgaben, müssen vom Heilerziehungspfleger mehrdimensional begründet werden:

– *ethisch,* im Sinne der Achtung der Menschenwürde des Kindes, der verfaßten Grundrechte und der geltenden sittlichen Normen
– *pädagogisch-normativ,* im Sinne allgemein anerkannter und verfaßter Leitbilder
– *fachlich-differenziell,* im Sinne der Beachtung individueller (spezieller) Erziehungs- und Förderungsbedürfnisse eines Menschen
– *pragmatisch* im Sinne der Praktizierbarkeit unter gegebenen Lebensbedingungen (vgl. Speck 1993, S. 168).

Speck wendet sich gegen den Versuch, behinderte Kinder von allgemeinen gesellschaftlichen Leitzielen in der Erziehung auszuschließen.

> „Nichtsdestoweniger gelten allgemeine Erziehungsziele selbstverständlich für alle zu Erziehenden. Es ist davon auszugehen, daß die Ideen, die der Mensch verwirklichen möchte, im Grunde die gleichen sind, sei er ansonsten behindert oder nicht. Spezielle Erziehung (Heilpädagogik, Anm. d. Verf.) hat die Aufgabe, das Erreichen solcher Ziele möglich zu machen, auch wenn spezielle Hindernisse vorliegen, mit anderen Worten: die von der Gesellschaft verlangten Lernziele zur Lebensbemeisterung auch unter erschwerten Bedingungen zu realisieren und dem Edukanden zur Möglichkeit zu verhelfen, ‚seine' Mündigkeit durch die Verwirklichung der ihm adäquaten Ziele freizusetzen“ (Speck 1993, S. 263/264).

Die personale und soziale Integration des Menschen gilt als weitgehend anerkanntes Leitziel in der Pädagogik und schließt den Men-

schen mit einer Behinderung ein. Seine psychophysische und soziale Gefährdung entsteht nicht aus der vorhandenen Schädigung heraus, sondern aus der Interaktion mit seiner sozialen Welt. Diese Interaktion kann Depersonalisation und Desozialisation bewirken, aber auch positiv verlaufen.
Die Integration eines Kindes mit einer Behinderung ist eine wesentliche Aufgabe des Heilerziehungspflegers. Das Ziel der Integration beinhaltet: „Ein Ganzwerden, ein In-Einheit-bringen von Gegensätzlichkeiten und von Getrenntem, ein Überwinden von Spaltungen. Der Sinn der integrativen Tendenz kann darin gesehen werden, daß lebenstragende und produktive Zusammenhänge hergestellt werden, bzw. daß lebenszerstörende Auseinanderentwicklungen des Menschlichen verhindert werden." (Speck 1993, S. 264)

2. Problemkreise der Erziehungsziele

In der erziehungswissenschaftlichen Literatur wie auch in der Erziehungspraxis werden für den Begriff „Erziehungsziel" auch vielfältige andere, ähnliche Begriffe verwendet. Eine allgemeinverbindliche Definition ist aber zur Zeit nicht vorhanden.
Beispiele für die Begriffsvielfalt: Bildungsziel, Bildungsideal, Erziehungsideal, pädagogisches Ziel, Zweck der Erziehung, Erziehungsaufgabe, Aufgabe der Erziehung, Erziehungsabsicht, Lernziel, Unterrichtsziel, Norm, Zielvorstellung, Leitbild, Ideal, Zielbild, Zielformel, Grundwert, Zielbild, Zielvorstellungen, pädagogische Zielsetzung, Bestimmung des Menschen (vgl. Brezinka 1977, S. 103 ff.).
Bei vielen pädagogischen Aktivitäten, die wir im Alltag beobachten können, werden die dabei verfolgten Ziele nicht ausdrücklich benannt:

- Viele Heime und Einrichtungen haben keine schriftlich formulierten Erziehungsziele, *man tut es* (Orientierung an einer abgesprochenen Norm).
- In der Familie gibt es in der Regel keine schriftlichen Erziehungsziele, befragt man Eltern, so müssen sie sich zunächst besinnen.
- Ein Heilerziehungspfleger geht in der Praxis mit seinen behinderten Bewohnern viel wandern (Ziel: ein Mensch mit einer Behinderung soll sich möglichst viel bewegen, um mobil zu bleiben).

2.1 Erziehungsziele und Persönlichkeitsstrukturen

Als Erziehungsziel kann eine Norm (Ideal) für einen zu Erziehenden oder für viele Menschen (die Jugend) bezeichnet werden, die fordert, daß eine bestimmte Persönlichkeitsstruktur bzw. psychische Disposition erreicht werden soll.

Definition: Psychische Disposition
„Nicht beobachtbare, aufgrund beobachteten Verhaltens eines Individuums diesem zugeordnete relativ stabile Verhaltensbereitschaft, in ähnlichen Situationen ein ähnliches Verhalten zu zeigen" (vgl. Rössner 1977, S. 15).

Die Dispositionen bzw. Verhaltensbereitschaften beziehen sich auf:
- Haltungen (z. B. Einsatz für Recht und Ordnung)
- Einstellungen (z. B. Solidarität mit Schwächeren)
- Erlebnisbereitschaften (z. B. Offenheit für neue Erfahrungen)
- Gefühlsbereitschaften (z. B. Mitschwingungsfähigkeit bei Freude oder Trauer)
- Fähigkeiten (z. B. Alltagsprobleme systematisch lösen)
- Fertigkeiten (z. B. schnitzen können, Kulturtechniken beherrschen)
- Interessen (z. B. an Kommunikation mit anderen Menschen)
- Wissen (z. B. Kenntnisse über die Funktion von Haushaltsgeräten)

Erziehung als zielgerichtetes Handeln zielt darauf ab, psychische Verhaltensdispositionen *aufzubauen, zu stabilisieren bzw. zu verändern.*

Beispiele:

Aufbau:
- Aufbau des Gewissens
- Erlernen der Sprache
- Erlernen von gutem Benehmen
- schulisches Lernen, Erlernen von Grundrechenarten usw.

Stabilisierung:
- Übung, Training
- Wiederholtes Erklären von Normen
- Einsatz von Lob und Tadel, um ein Verhalten zu erhalten bzw. zu stabilisieren

Änderung:
- Umerziehung; Verhaltenskorrektur
- schlechte Gewohnheiten ändern
- Sanktionen

2.2 Erziehungsziele und Verhaltens- und Erlebnisdimensionen

Erziehungsziele können sich auf verschiedene Verhaltens- und Erlebnisdimensionen des Menschen beziehen. Weinschenk unterscheidet:

Kognitive Dimension:	Wissen, Verstehen, Analyse, Synthese, Bewertung, Anwendung
Affektive/emotionale Dimension:	Erleben, werten können, Aufbau einer Werthierarchie, fühlen
Psychomotorische/pragmatische Dimension:	Bereitschaft, Fertigkeit, Gewohnheit zu, Bewegungsformen
Soziale Dimension:	Anpassung, Miteinander, Gemeinsinn, Verhalten zu, Einordnung in Gruppen, Kommunikation
Ethische Dimension:	Einstellung, Offenheit, Reflexion, Werthaltung zu, Gewissensentwicklung

(vgl. Weinschenk 1976, S. 48 ff.)

Die Gliederung Weinschenks ist theoretisch sinnvoll und notwendig, um eine differenzierte fachliche Diskussion zu führen. Es darf aber hieraus keine Rangfolge der Bereiche abgeleitet oder eine Priorität bei den kognitiven Erziehungsaufgaben gesetzt werden, wie es in den siebziger Jahren häufig in der (schulischen) Pädagogik der Fall war.
Soziale Ziele wie Solidarität oder ethische Ziele wie Gerechtigkeit treten in heutiger Zeit stärker in den Vordergrund. Vor allem ist zu beachten, daß der Mensch nicht in einzelne Verhaltens- und Erlebnisdimensionen zerfällt, sondern eine Einheit ist.

2.3 Erziehungsziele und Lebenswelt

Erziehungsziele können sich auf verschiedene Bereiche der Lebenswelt des Menschen beziehen. Der Begriff Lebenswelt wird in letzter Zeit immer häufiger im Zusammenhang mit der Erziehung von Kindern (z. B. in der Kindergartenpädagogik), aber auch der Förderung und Lebensbegleitung von behinderten erwachsenen Menschen verwendet (vgl. Lippitz 1980). Erziehung beabsichtigt, durch Lernen und Bildungsprozesse das Kind für die Lebenswelt auszustatten.

Folgende Dimensionen von Lebenswelt lassen sich unterscheiden:
- das Körperliche (Gesundheit, Lebenserhaltung, Sexualität);
- das Psychische (Gefühle, Erleben, Freude, Trauer);
- das Kulturelle (Kultur, Geschichte, Tradition, Brauchtum, Kunst);

Abb. 17: Aspekte einer Lebenswelt eines behinderten Menschen und Lebensbegleitung durch Heilerziehungspfleger/Heilerziehungshelfer

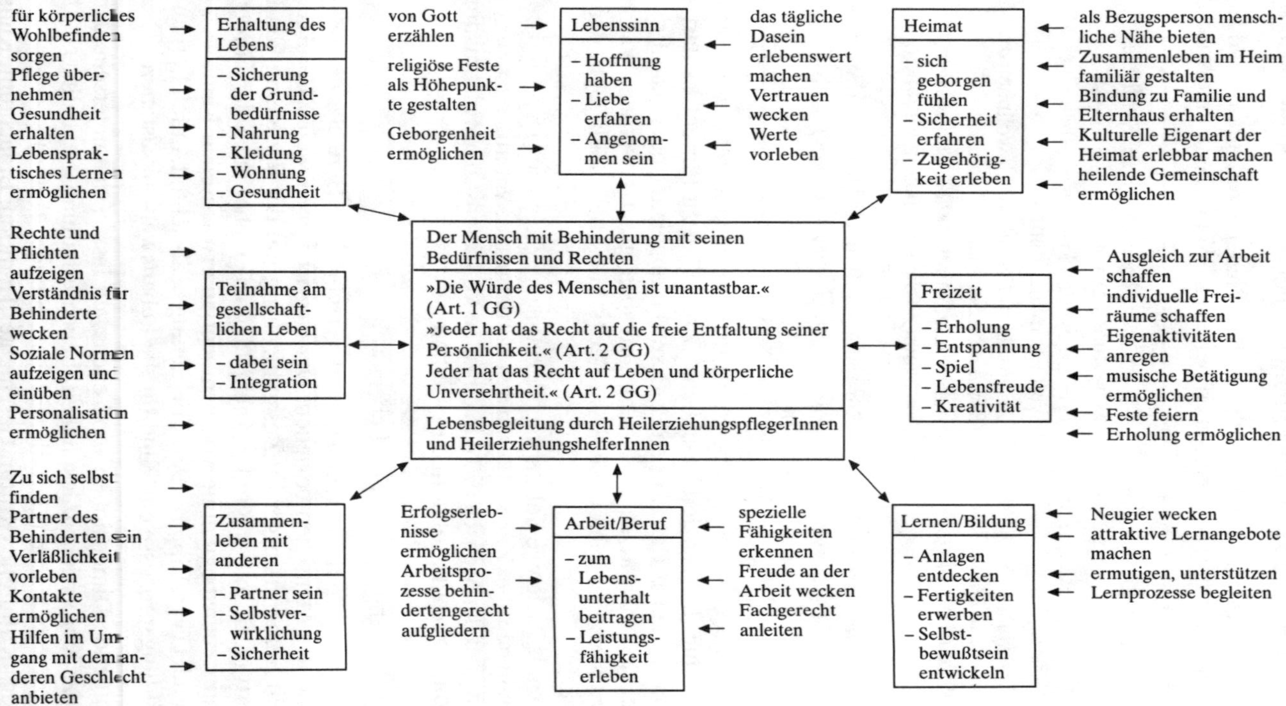

– das Geistige (Denken, Ideen, Kommunikation, Begegnung, Wissen);
– das Musische (Spiel, Tanz, Theater, Gestalten);
– das Technische (Technik, Handwerk, Naturwissenschaft);
– das Produktive (Arbeit, Beruf, Schaffen von Neuem, Bearbeitung);
– das Politische (Macht, Mitwirkung, Freiheit, Staat);
– das Zeitliche (Zeit, Vergangenheit, Geschichte, Zukunft);
– das Religiöse (Gott, Lebenssinn, Gotteserfahrung, Ewigkeit).

2.4 Abstraktionsebenen

Erziehungsziele können *eindeutig* oder *vieldeutig* sein.
Folgende Abstraktionsgrade lassen sich unterscheiden:

Richtziel (relativ abstrakt) = z. B. mündige Persönlichkeit
Grobziel (weniger abstrakt) = z. B. Selbständigkeit im hauswirtschaftlichen Bereich
Feinziel (relativ konkret) = z. B. sich ohne fremde Hilfe ein Schnitzel braten können.

In den siebziger Jahren stand die Lernzieldiskussion im Bereich des schulischen Lernens stark im Vordergrund der pädagogischen Diskussion. Operationalisierte Lernziele, Lernzieltaxonomie, Kontrolle von Eingangs- und Endverhalten, der Glaube an die Machbarkeit und Kontrollierbarkeit der Erziehung bestimmten auch das Denken im sozialpädagogischen Bereich.
Was bedeutet „Operationalisierung"? Der Begriff stammt aus der Didaktik- bzw. Curriculumsdiskussion. Durch eine genaue Verhaltensbeschreibung soll ein hoher Grad an Überprüfbarkeit des Erreichens eines Zieles und eine optimale Kontrolle des gesamten Lernweges erreicht werden. Man war der Meinung, daß möglichst genau formulierte Feinziele die pädagogische Arbeit optimieren könnten. Knapp betont, daß sich dieser Weg als unrealisierbar und falsch, ja als unpädagogisch erwiesen hat.

> „Der damit einhergehende reduzierte Lernbegriff auf behavioristischer Grundlage mit Lernen als meßbarer Verhaltensäußerung muß als einseitig abgelehnt werden, da Lernen komplex als von einer Vielzahl von Faktoren abhängiger Interaktionsprozeß zu sehen ist. Nur wenige, in der Regel kognitive Ziele, können operationalisiert, d. h. in Handlungsformen beschrieben werden. Mit operationalisierten Formulierungen kann man nicht dem ganzen Menschen gerecht werden und alle Dimensionen erfassen" (Knapp 1992, S. 97).

Heute werden sehr viel stärker *Intentionen (Absichten)* formuliert, die zwar keine Feinziele darstellen, aber dafür ausdrücken, was man *für*

und *mit* einem Menschen erreichen will. Der Zu-Erziehende ist nicht mehr Adressat von Veränderungsbemühungen, sondern Subjekt in einem partnerschaftlichen Dialog.
Ziele lassen sich auch bezüglich ihrer *zeitlichen Reichweite* unterscheiden.

Abb. 18: Reichweite von Zielen

Nahziel →	*Zwischenziel* →	*Fernziel*
ein behindertes Kind soll erfahren, daß die Durchsetzung des eigenen Willens mit Gewalt zur Benachteiligung der anderen Kinder führt	ein behindertes Kind soll Spielgeräte, Vesper und Getränke gerecht verteilen können	solidarisches Verhalten im gesellschaftlichen Zusammenleben

2.5 Erziehungsziele und Erziehungsergebnis

Erziehungsziele zu formulieren garantiert noch keinen Erziehungserfolg. Es besteht ein Unterschied zwischen sogenannten Idealzielen (auch Konzeptziele genannt) und dem tatsächlich eingetretenen Erziehungsergebnis. Ziele und Realität können weit auseinanderfallen.

Abb. 19: Diskrepanz zwischen Idealzielen und Erziehungsergebnis

Beispiel A:

Sonderschule für Geistigbehinderte → Idealziel = Optimale Förderung des behinderten Kindes, Rehabilitation

↓

→ Ergebnis = Ausgrenzung, mangelnde Kontakte mit nichtbehinderten Menschen

Beispiel B:

Heim → Idealziel = Erziehung zur Selbständigkeit und Autonomie

↓

→ Ergebnis = unselbständig, nicht lebensfähig

Mögliche Gründe für diese Diskrepanz:
– der Versuchscharakter der Erziehung,
– der eigene Wille des Zu-Erziehenden,

– funktionale Einflüsse („geheime Miterzieher"),
– Idealziele sollen in einigen Fällen vielleicht die wirklichen Ziele verschleiern (statt Förderung der Person – ökonomischer Gewinn des Unternehmers).

Ziele zu formulieren ist dennoch wichtig, da sie ein Maßstab für eine Erfolgskontrolle sein können. Viele Ziele lassen sich aber nur schwer oder überhaupt nicht kontrollieren, weil sie erst nach vielen Jahren bzw. Jahrzehnten überprüft werden können.
Der Erfolg der Sozialerziehung in einem Heim zeigt sich erst im Erwachsenenalter. Ethische und moralische Ziele lassen sich nicht kurzfristig operational überprüfen.

3. Kriterien für die Analyse und Bewertung von Erziehungszielen

Erziehungsziele müssen informativ sein. Man muß z. B. von einem Prospekt oder der Konzeption einer Einrichtung verlangen können, daß Eltern nach dem Studium des Papiers wissen, welche Ziele dort für ihr Kind angestrebt werden und welche Hilfe es konkret bekommen wird. Um die Qualität formulierter Ziele beurteilen zu können, benötigt man Kriterien.

Übung: Kriterien für die Analyse und Bewertung von Erziehungszielen einer pädagogischen Institution (Konzeption, Prospekt)

1. Sind die Erziehungsziele *schriftlich* festgelegt oder müssen sie erst *erschlossen* werden?
2. Ist eine Diskrepanz zwischen den *Idealzielen (Konzeptzielen)* und den *tatsächlichen Erziehungsergebnissen* erkennbar? Auch schriftlich formulierte Ziele sind nicht schon Realität, sondern müssen von den Erziehern diskutiert werden.
3. Auf welche *Lebensbereiche* beziehen sich die Ziele? Sind die Bereiche repräsentativ oder fehlen wesentliche?
4. Auf welche Verhaltensdimensionen beziehen sich diese Ziele? (kognitiv, emotional, sozial, psychomotorisch, ethisch)
5. Auf welcher *Abstraktionsebene* sind die Erziehungsziele formuliert? (Eindeutigkeit, Vieldeutigkeit)
6. Welche *Reichweite* haben die Ziele? Handelt es sich um Fernziele oder Nahziele? Sind Richtziele, Teilziele oder Feinziele genannt?
7. Sind die Ziele *sinnvoll?* (Grundsätzlich realisierbar; in einer konkreten Realität realisierbar; menschlich sinnvoll?)

8. Welches *Menschenbild* ist hinter den Erziehungszielen erkennbar?
9. Sind die Ziele von *Erziehern, Repräsentanten* von *Erziehungsinstitutionen* oder von *Erziehungspolitikern* formuliert worden? Was ist die damit verbundene Absicht?
10. Entwerfen die Erziehungsziele ein *Ideal* (ein Bild einer reifen Persönlichkeit) oder sind nur einige Verhaltensbereiche genannt? Welche Bereiche fehlen?
11. Nennen die Erziehungsziele Persönlichkeitsbereiche, die *aufgebaut, stabilisiert oder geändert* werden sollen?
12. Welche *theoretischen Annahmen* bzw. Hypothesen werden in den Zielen genannt (z. B. die Familie als Grundzelle des Staates, oder: das Heim als letzte Station)?
13. Auf welchem *historischen Hintergrund* wurden diese Ziele formuliert? Welcher Zeitraum besteht zwischen der Formulierung der Ziele und der heutigen Situation?
14. Welche *ungewollten Nebenwirkungen* können bei der Realisierung der Ziele auftreten?

4. Übungsfragen

1. Definieren Sie den Begriff „Erziehungsziel“ und zeigen Sie auf, welche ähnlichen Begriffe in der Erziehungswissenschaft und in der pädagogischen Praxis verwendet werden.
2. Wer bzw. welche Institution formuliert Erziehungsziele und welches Interesse hat sie?
3. Definieren Sie, was man unter „Mündigkeit“ des Menschen versteht und begründen Sie, wie weit der Begriff informativ oder eine Leerformel ist.
4. Zeigen Sie den Zusammenhang zwischen Freiheit der Entscheidung, Notwendigkeit der Wahl und Verantwortung auf.
5. Wann ist eine Handlung sinnvoll? Welche Rolle spielt dabei die Realisierbarkeit einer Absicht?
6. Welche unterschiedlichen Wertauffassungen bzw. Wertetraditionen erkennen Sie und wie schlagen sich diese Auffassungen in Erziehungszielen nieder?
7. Was sind psychische Dispositionen? Zeigen Sie an Beispielen auf, welche Verhaltensdispositionen aufgebaut, stabilisiert oder verändert werden können.

8. Unterscheiden Sie kognitive, affektive, psychomotorisch-pragmatische, soziale und ethische Zieldimensionen. Begründen Sie, wie die Differenzierung mit der Ganzheitlichkeit des Menschen vereinbar ist.
9. Begründen Sie die These: Erziehungsziele sind oft nicht direkt erkennbar, sondern müssen erschlossen werden.
10. Definieren Sie „Lebenswelt" und beschreiben Sie, auf welche Lebensbereiche sich Ziele beziehen können.
11. Wann sind Erziehungsziele eindeutig und wann mehrdeutig? Was können Sie tun, um den Informationsgehalt von Zielen zu erhöhen?
12. Auf welchen Abstraktionsebenen können Ziele formuliert werden? Unterscheiden Sie Ziele nach ihrer zeitlichen Reichweite. Welche Bedeutung hat der Begriff der „Intention"?

5. Literatur

Badry, E. u. a.: Pädagogik. Grundlagen und Arbeitsfelder, Neuwied 1992

Brezinka, W.: Wer erziehen will, muß sich auf Ziele verpflichten, in: Die Welt, Nr. 18, 21. 1. 1994

ders.: Erziehungsziele, Erziehungsmittel, Erziehungserfolg, München 1976

ders.: Grundbegriffe der Erziehungswissenschaft, München ³1977

Giesecke, H.: Einführung in die Pädagogik, Bad Heilbrunn ⁹1991

Hammer, G.: Die Begründung der Erziehungsziele. Grundzüge einer philosophischen und pädagogischen Anthropologie, Freiburg 1979

Kaiser, A., Kaiser, R.: Studienbuch Pädagogik. Grund- und Prüfungswissen, Königstein ⁴1989

Knapp, R.: Konstruktive Momente pädagogischer Situationen, in: Badry, E., a.a.O.

Lippitz, W.: Lebenswelt oder die Rehabilitierung vorwissenschaftl. Erfahrungen, Weinheim, Basel 1980

Rössner, L.: Erziehungs- und Sozialarbeitswissenschaft, München 1977

Speck, O.: System Heilpädagogik. Eine ökologisch reflexive Grundlegung, München/Basel 1993

Weinschenk, R.: Didaktik und Methodik für Sozialpädagogen, Bad Heilbrunn 1976

VI. Erziehungsstile und Erziehungspraktiken

Lernziele:
Der Studierende soll einen Überblick über Konzepte der Erziehungsstilforschung erhalten und die Relevanz für die Erziehung und Förderung von Menschen mit Behinderung einschätzen lernen.
Er soll verschiedene Dimensionen des Erzieherverhaltens kennenlernen und dem eigenen beruflichen Verhalten zuordnen können.
Der Studierende soll erkennen, daß viele Erziehungspraktiken durch die eigene Erziehung geprägt wurden und häufig unreflektiert in der Erziehung von Kindern tradiert werden.
Er soll lernen, seinen eigenen Erziehungsstil zu beschreiben, zu legitimieren und die Bedeutung der Kommunikation und des gemeinsamen Konzeptes im Erzieherteam erklären können.
Der Studierende soll einen Überblick über verschiedene Straftheorien und -intentionen erlangen und die pädagogische Problematik von Strafe erkennen können.

Der junge Mensch benötigt auf seinem Weg der Reifung Begleitung und Förderung durch Erwachsene. Heilerziehungspfleger kommen aber auch in die Lage, „gegenwirken" und „führen" zu müssen, wenn Kinder falsche Wege gehen oder sie müssen „verbieten", wenn andere Menschen beeinträchtigt oder gefährdet werden. Die Erziehungswissenschaft kennzeichnet diesen Fragenkomplex als „Erziehungsstile" und „Erziehungspraktiken". Kernfragen sind dabei:

Gibt es ein Erziehungsverhalten, das nachgewiesen förderlich für die Entwicklung von Kindern ist?
Gibt es falsche Handlungen und Praktiken, die ein Kind in seiner Entwicklung hemmen oder es sogar schädigen können?
Kann man verschiedene Praktiken zu einem Stil zusammenfassen?
Kann man einen positiven, förderlichen Erziehungsstil erlernen?

Erziehungspraktiken
Als Erziehungspraktiken sind die Verhaltensweisen eines Heilerziehungspflegers zu bezeichnen, mit denen er seine erzieherischen Absichten (Ziele, Intentionen) zu erreichen sucht. Dies können Formen

von Lob, Strafe, Unterstützung, Auswahl und Bereitstellung von Materialien, Herbeiführen von Lernsituationen, aber auch das „Ziehen am Ohr" eines Kindes, ein „Klaps auf den Po" oder ein Hausarrest sein.
Da natürliche Erzieher (Eltern, Pflegeeltern u. a.) in der Regel nur ihre eigenen Lebenserfahrungen als Maßstab zur Verfügung haben, reproduzieren sie häufig zunächst dieses Verhalten. Sie handeln wie ihre Eltern, d. h. Erziehungspraktiken werden oft unreflektiert übernommen. Der Begriff „Erziehungspraktiken" ist zunächst wertneutral zu verstehen. Er umfaßt pädagogisch sinnvolle sowie erziehungswissenschaftlich ungeklärte Handlungen, und auch für das Kind negativ wirkende Erziehungsmaßnahmen.

Erziehungsstile
Das Wort „Stil" wurde im Mittelalter (15. Jhdt.) für ein Schreibgerät gebraucht, für einen Griffel, mit dem man auf eine Schiefertafel schreiben konnte. Die Vorstellung, daß die Seele eines Kindes wie eine Wachstafel sei, in die der Erzieher mehr oder weniger stark mit einem harten Griffel einpräge, ist alt. Im 18. Jahrhundert wandelte sich der Begriff, er wurde eher für Brauch, Sitte, Mode oder Kunstrichtung gebraucht. In der heutigen erziehungswissenschaftlichen Diskussion wird der Begriff folgendermaßen verwendet:

> „Erziehungsstile sind relativ sinneinheitlich ausgeprägte Möglichkeiten erzieherischen Verhaltens, die sich durch typische Komplexe von Erziehungspraktiken charakterisieren lassen" (Weber 1976, S. 33).

1. Die Führungsstile nach Kurt Lewin

Kurt Lewin, ein bekannter Vertreter der Berliner gestaltpsychologischen Schule, mußte als Jude nach der Machtergreifung der Nationalsozialisten 1933 in die USA emigrieren. Er wurde später durch Forschungen und Gruppenexperimente bekannt, in denen er menschliche Interaktionen in Gruppen als „soziale Felder" untersuchte.
Lewin erforschte, warum im nationalsozialistischen Deutschland so viele Menschen einem autoritären Führer folgten. Er sah einen Grund in der Familienerziehung, in der der Vater als autoritärer Herrscher seine Familienmitglieder befehligte. Diese Familienstruktur erkannte er auch in anderen gesellschaftlichen Bereichen wieder, in Betrieben, in der Verwaltung, im Militär. Die Familienerziehung bereitete seiner Ansicht nach den Boden für totalitäre Staatssysteme. Die amerikanische Lebensweise, die er mit dem demokratischen Stil gleichsetzte,

erschien ihm als Alternative. So ging er davon aus, daß die Erfolge eines Lehrers in seiner Klasse oder eines Erziehers in seiner Gruppe nicht nur von seiner Intention und Geschicklichkeit abhängen, sondern auch von der Atmosphäre, die in einer Gruppe herrscht.
In Experimenten wurden der autoritäre bzw. der autokratische Stil mit einem demokratischen bzw. sozialintegrativen verglichen. Eine Laissez-faire-Gruppe war zunächst nur als reine Kontrollgruppe im Experiment gedacht, entwickelte sich aber im Laufe der Forschung zu einem eigenen Erziehungsstil.

Untersuchungsverlauf:

„Zwei Gruppen von Jungen und Mädchen von 10 und 11 Jahren wurden aus einer Gruppe daran interessierter freiwilliger Teilnehmer zweier verschiedener Schulklassen für einen Klub ausgewählt, der Masken herstellen sollte. Mit Hilfe von (...) Tests wurden beide Gruppen soweit wie möglich angeglichen, was die Führung und die unter den einzelnen Mitgliedern vorhandenen Beziehungen betraf. Es fanden elf Gruppenzusammenkünfte statt, wobei die demokratische Gruppe sich jeweils zwei Tage vor der autokratischen traf. Die demokratische Gruppe wählte ihre Betätigung frei. Die autokratische Gruppe wurde danach angewiesen das zu tun, was die demokratische jeweils gewählt hatte. Auf diese Weise wurden die Tätigkeiten der Gruppen angeglichen. Führer war in beiden Gruppen ein erwachsener Student“ (Lewin 1969, S. 94).

Der Leiter sollte die Atmosphäre in seiner Gruppe durch folgende Variablen herstellen:

demokratisch (sozialintegrativ)

„1. Alle Maßnahmen sind Sache einer Gruppenentscheidung, angeregt und herausgeholt durch den Führer.
2. Übersicht über die Tätigkeit durch eine im Laufe einer Diskussion bei der ersten Zusammenkunft gegebenen Erklärung der allgemeinen Stufen des Vorgangs (Tonerde, Gips, Papiermaché usw.). Wo es technischen Rates bedurfte, versuchte der Führer, auf zwei oder drei verschiedene Verfahren hinzuweisen, aus denen eines gewählt werden konnte.
3. Die Mitglieder durften nach eigenem Befinden mit jedem zusammenarbeiten, mit dem sie es wollten, und die Teilung einer Aufgabe wurde der Gruppe überlassen.
4. Der Führer versuchte, der geistigen Haltung nach und bei Diskussionen Gruppenmitglied zu sein, aber nicht viel von der tatsächlichen Arbeit auszuführen. Er äußerte objektives Lob und objektive Kritik“ (Lewin 1969, S. 94).

autoritär (autokratisch)

„1. Jede Entscheidung über Maßnahmen durch die stärkste Person (Führer).
2. Die Verfahren und die einzelnen Abschnitte bis zum Ziel hin (die vollständige Maske) von der Autorität immer nur für einen Arbeitsgang

diktiert, so daß die künftige Richtung in einem hohen Grade stets ungewiß war.
3. Die Autorität bestimmte gewöhnlich autokratisch, was jedes Mitglied tun sollte und mit wem es arbeiten sollte“ (Lewin 1969, S. 95).

Der Führer bzw. der Leiter der Gruppe kritisierte und lobte die Tätigkeiten des einzelnen Gruppenmitgliedes, ohne objektive Gründe anzugeben und hielt sich in der aktiven Teilnahme zurück. Er verhielt sich unpersönlich, weder erkennbar feindlich noch freundlich. Dies war eine notwendige methodische Anweisung in diesem Experiment.

Ergebnisse der autokratisch geführten Gruppe:

– bei den Kindern zeigte sich ein höheres Maß an psychischen Spannungen, wie z. B. aggressives, gereiztes und dominantes Verhalten
– Spannungen richteten sich gegen den Leiter, einige Kinder schlossen sich gegen ihn zusammen
– die Arbeitsaktivität hing vom Leiter ab, verließ er den Raum, hörten viele Kinder auf zu arbeiten
– starke Anlehnung an den Leiter, Kinder forderten verstärkt von ihm Anerkennung und Aufmerksamkeit
– Kinder demonstrierten Gehorsam und Apathie, sie konnten wenig Frustrationen ertragen
(vgl. Huppertz/Schinzler 1983, S. 104)

Ergebnisse der demokratisch geführten Gruppe:

– die Kinder zeigten ein breites Spektrum an Verhaltensweisen und suchten eigenständige Lösungsmöglichkeiten
– sie waren schöpferischer und konstruktiver im Hinblick auf ihre Arbeitsprodukte
– es herrschte eine zufriedene Arbeitsatmosphäre, geringe Spannungen, mehr Zufriedenheit mit dem Leiter
– Kinder bildeten freie Untergruppen, die längere Zeit stabil blieben
– Beziehungen der Kinder untereinander waren spontaner, freundlicher, sachbezogener
– die Arbeitsaktivität ließ nicht wesentlich nach, wenn der Leiter den Raum verließ
– die Chance, daß die Kinder selbständiger und kritikfähiger werden, war größer.
(vgl. Huppertz/Schinzler 1983, S. 104–105)

Sind die Ergebnisse hilfreich für die Erziehung und Förderung von Menschen mit Behinderungen? Kann der Erziehungsstil auf die Arbeit in der Heilerziehungspflege übertragen werden?
Die Ergebnisse zeigen, daß sich ein sozialintegrativer Stil positiv auf das psychische Verhalten von Menschen auswirken kann, vor allem,

wenn Einsicht, Mitschwingungsfähigkeit und soziale Fähigkeiten bei Kindern vorhanden sind. Die Grenzen werden dort deutlich, wo ein behindertes Kind geführt werden muß, Orientierung und Anleitung benötigt, oder durch sein Verhalten sich oder andere gefährdet.
Die Erfahrung zeigt, daß ein ausschließlich demokratischer Stil, der sich nur an den Impulsen und Wünschen des Kindes orientiert, in der Erziehungspraxis nicht durchhaltbar ist.
Die ideologische Hinwendung zu einem Stil (demokratisch = gut; autoritär = schlecht) wird dem individuell sehr unterschiedlichen Erziehungsbedarf von Kindern und Jugendlichen nicht gerecht. Lewins Stile können aber einer Grundorientierung dienen und kooperativem Verhalten den Weg weisen.

2. Dimensionen des Erzieherverhaltens

Die Gesprächstherapeuten Annemarie und Reinhard Tausch haben im Rahmen ihrer wissenschaftlichen Untersuchungen die Dimensionen

Abb. 20: Dimensionen des Erzieherverhaltens nach Tausch/Tausch und Lokalisierung der Führungsstile nach Lewin (Tausch/Tausch 1973, S. 17)

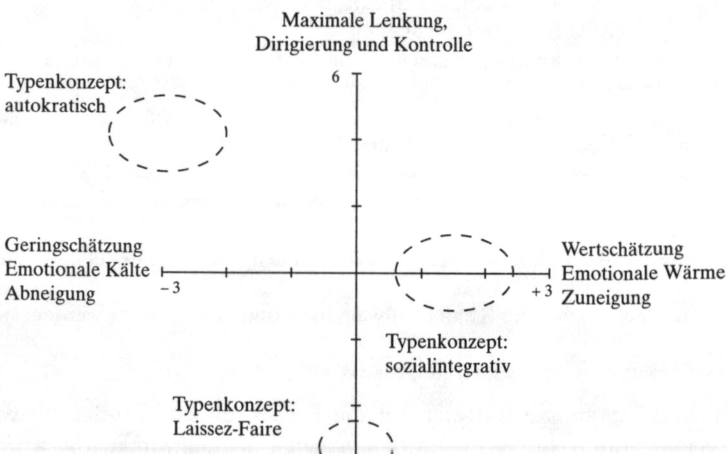

des Erzieherverhaltens (sozialintegrativ bzw. autoritär) weiterentwickelt (vgl. Tausch/Tausch 1973). Sie weisen als Psychologen und Psychotherapeuten vor allem auf folgende bedeutsame Faktoren im Erziehungsprozeß hin:

(1) Emotionale Dimension (Wertschätzung)
(2) Lenkungsdimension
(3) Echtheit bzw. Kongruenz

2.1 Wertschätzung bzw. Geringschätzung des Kindes

Im Erzieherverhalten sind vor allem die Faktoren emotionale Wertschätzung und Wärme bzw. emotionale Geringschätzung und Kälte bedeutsam. Zur Haltung der emotionalen Wertschätzung gehören Verständnis, Vertrauen, Reversibilität (Umkehrbarkeit) von Äußerungen und Formen der Ermutigung. Diese Haltung fördert die emotionale Stabilität des Kindes und die pädagogische Beziehung. Zur Haltung der emotionalen Geringschätzung gehören Äußerungen der Verständnislosigkeit, die Irreversibilität erzieherischer Äußerungen, Äußerungen mit Machtgefälle. Sie führt eher zur Entmutigung des Kindes und belastet die pädagogische Beziehung.

Lob und Bestätigung
Im Rahmen der Wertschätzung des Kindes sind auch die Wirkungen von Lob und Bestätigung zu beachten. Lob ist aus der Sicht der Lernpsychologie ein „positiver Verstärker“, ein erwünschtes Verhalten wird vom Erzieher belohnt. Wird ein Verhalten kontinuierlich belohnt, nimmt die Häufigkeit des Verhaltens zu, da das Kind die damit verbundene Zuwendung als positiv und angenehm erlebt. Lob darf nicht „mit der Gießkanne“ (globaler Verstärker) verteilt werden, sondern muß echt und gezielt (gezielter Verstärker) eingesetzt werden. Zu bedenken ist auch, daß Lob zu einer gewissen Abhängigkeit des Kindes vom Erwachsenen führen kann. Ist Autonomie und Selbständigkeit ein wichtiges Ziel der Erziehung, so muß auch die Unabhängigkeit des Kindes vom Lob des Erwachsenen und eine intrinsische Motivation angestrebt werden.
Die Belohnung oder das Lob müssen vom Kind auch als solches erkannt und angenommen werden. Nicht alles, was Pädagogen als Belohnung ansehen, ist auch für das Kind mit einem Wert verbunden. Die Belohnung muß regelmäßig und möglichst unmittelbar nach Auftreten des gewünschten Verhaltens erfolgen. Dies setzt eine gute Beobachtungsgabe des Erziehers und eine genaue Kenntnis des Kindes und seiner Lebenssituation voraus.

Beispiel:
Das Kind macht die Freischwimmerprüfung, Lob und Anerkennung dürfen nicht erst nach zwei Wochen erfolgen, sondern man muß sich unmittelbar mit dem Kind freuen.

Der Erzieher sollte dem Kind beim Aufbau positiven Verhaltens behilflich sein, damit Strafanlässe vermieden werden können.
Belohnung und Anerkennung bedeuten für jeden Menschen ein Erfolgserlebnis, welches zur Wiederholung drängt. Erfolgserlebnisse stärken das Ich des Kindes, sein Selbstwertbewußtsein, und dies ist wichtig für die Lebensbewältigung. Wichtig ist auch, daß das Kind lernt, zunehmend unabhängiger vom Lob des Erwachsenen zu werden. Beim Lob in einer sozialen Gruppe muß beachtet werden, „wen" man lobt, nur „auffällige" Kinder oder auch die „stillen"; der Erziehende muß sich kontrollieren. Lob ist eine Form der menschlichen Zuneigung, der Anerkennung, der Zuwendung und muß in eine Beziehung eingebettet und echt sein. Das Kind darf nicht zum „Objekt" erzieherischer Verstärkermechanismen werden.

Kritik und Ermahnung
Das Kind hat ein Recht darauf, daß der Heilerziehungspfleger bzw. der Erzieher seine Erwartungen klar formuliert. Es muß erkennen können, was an seinem Verhalten oder Lernen als richtig oder falsch, gut oder schlecht bewertet wird. Hier erweist sich die Operationalisierung im Erziehungs- oder Lernprozeß als äußerst sinnvoll.

2.2 Lenkung des kindlichen Verhaltens

Die Aspekte der Lenkung durch das Erzieherverhalten umfassen „maximale Lenkung" mit autoritärer Kontrolle des kindlichen Verhaltens bis hin zur „minimalen Lenkung" und Kontrolle, die eine verstärkte Autonomie des Kindes fördern will. Die maximale Lenkung ist vergleichbar mit dem autoritären Stil bei Lewin, während die minimale Lenkung dem Laissez-faire-Stil entspricht; aber auch der sozialintegrative Stil versucht die Lenkung weitgehend zurückzunehmen (vgl. Abb. 20). Die Lenkung erfolgt durch Verstärkung und Sanktionen der kindlichen Verhaltensweisen:

Formen der lernpsychologischen Verstärkung

Positive Verstärker

primäre Verstärker: alles, was der Reduktion primärer Bedürfnisspannungen dient, z. B. Nahrung, Süßigkeiten usw.
soziale Verstärker: Anerkennung, Beachtung, Geltung, Lob, Prestige, Zuwendung, Zustimmung
materielle Verstärker: Geld, Kleidung, Fleißbildchen, Geschenke
symbolische Verstärker: Schulnoten, Urkunden, Ausweise, Preise, schriftliche Belobigungen

Sanktionen

primäre Sanktionen: Entzug von Essen, Freizeitbegrenzung, unangenehme körperliche Folgen, körperliche Strafen
soziale Sanktionen: Liebesentzug, Tadel, Vorwürfe, Ausschluß, Isolieren, Verspottung, Statusschwächung
materielle Sanktionen: Entzug von Spielzeug, Schadenswiedergutmachung, Taschengeldentzug
symbolische Sanktionen: schriftlicher Tadel, Entzug von Privilegien, Degradierung
(vgl. Schenk-Danzinger 1972)

2.3 Echtheit des Verhaltens

Die „Echtheit" des Verhaltens läßt sich beschreiben als Übereinstimmung von Erleben, Fühlen und tatsächlichem Handeln. „Unechtheit" liegt dann vor, wenn eine Person ein äußeres Verhalten widersprechend zu ihrem inneren Erleben realisiert, wobei häufig eine Fassade zur Täuschung aufgerichtet wird. Tausch/Tausch bezeichnen Echtheit als Kongruenz, Unechtheit als Inkongruenz.

Welche *Auswirkungen* sind durch echtes Verhalten zu erwarten?
Je echter und transparenter Erziehende in ihrem Verhalten sind, desto größer ist die Wahrscheinlichkeit, daß Kinder sofort oder später ebenso reagieren und psychisch stabile Persönlichkeiten werden.
Können Kinder echtes Verhalten beobachten und selbst erlernen, besteht die Wahrscheinlichkeit, daß sie sich später weniger kritiklos an Situationen und Mißstände anpassen.
Ein extremes Maß an Echtheit kann auch zerstörerisch sein, der Erziehende muß ein richtiges Maß finden. (*Beispiel:* Ein Vater äußert schonungslos seine Meinung über die Schwimmfähigkeiten seines Kindes und entmutigt es dadurch.)

Welche Auswirkungen sind durch unechtes Verhalten zu erwarten?
Unechtes Verhalten erschwert die Kommunikation, da der Partner

über reale Erlebnisse und Gefühle getäuscht wird. Nähe und Vertrauen werden erschwert.
Unechtes Verhalten darf als das größte Hindernis im Aufbau eines vertrauensvollen pädagogischen Verhältnisses gewertet werden.

3. Idealtypische Grundstile der Erziehung – Hilfen für eine erste Orientierung in der pädagogischen Praxis

Die Grundstile der Erziehung bei Eduard Spranger (1882–1963), einem geisteswissenschaftlichen Pädagogen, sind keine durch die empirische Sozialforschung überprüften Stile wie die Lewins, sondern *idealtypische* Gedankenkonstruktionen, die dem Erziehenden helfen sollen, sich in der Erziehungspraxis zu orientieren. Der Heilerziehungspfleger muß oft handeln, ohne wissenschaftlich gesichertes Wissen zur Verfügung zu haben. Die Grundstile stellen *grundsätzlich realisierbare Wege* der Erziehungsgestaltung dar. Obwohl extrem gegensätzlich, sind die beiden Polen zugeordneten erzieherischen Verhaltensweisen pädagogisch vertretbar. Die pädagogische Bedeutung liegt in der fruchtbaren Spannung, in dem Begründungsprozeß.
Die Grundstile eignen sich für eine erste Orientierung, lösen aber nicht alle Fragen einer erzieherischen Praxis. Die idealtypischen Formen kommen in der Praxis kaum in Reinkultur vor.
Die Erziehungspraxis steht zwischen diesen Polen und verlangt vom Heilerziehungspfleger und seinem Team Entscheidungen. Es reicht nicht, sich ideologisch auf eine Seite zu schlagen (autoritärer Stil = böse; demokratischer Stil = gut), sondern der Pädagoge muß sein Handeln konkret *begründen.* Wenn Heilerziehungspfleger/innen ihre *Motive offenlegen,* ihr *Verhalten reflektieren, Entscheidungen* sachlich *abwägen,* sich *am Kind* bzw. *am Behinderten orientieren,* so ist pädagogisch für die Klienten viel gewonnen. Spranger nennt folgende Grundstile bzw. Stilpaare:

(1) der *weltnahe* und der *isolierende* Stil
(2) der *freie* und der *gebundene* Stil
(3) der *vorgreifende* und der *entwicklungsgetreue* Stil
(4) der *uniforme* und der *individualisierende* Stil

> „Jeder Grundstil wird von einem einseitig vorherrschenden Erziehungsprinzip geprägt, dem ein alternativ entgegengesetzter Stil zugeordnet wird, dessen bestimmendes pädagogisches Postulat die extreme Gegenposition bildet, wobei von jeder der beiden Seiten ein berechtigter Erziehungsgrundsatz vertreten wird. Zwischen den beiden Extremen lassen sich dann in der Erziehungswirklichkeit die weniger radikalen Mischformen kontinuierlich einordnen" (Weber 1976, S. 66/67).

3.1 Der *weltnahe* und der *isolierende* Stil

Der weltnahe Stil fordert ein Lernen und Erfahren des Kindes mitten in der Welt, man hält die vorgegebene Kultur und Gesellschaft für gut und übernehmenswert. Der isolierende Stil, besser der „herauslösende" Stil, geht eher auf Distanz zur Welt und will den Nachwuchs in einem (guten) Schonraum erziehen, bevor er mit der Welt und Kultur konfrontiert wird.

Stil	
weltnaher	isolierender
Bewährung in der Welt	*Bewahrung* vor der Welt (zumindest zeitweise)
mitmachen, nachmachen, mittun mit den Erwachsenen (z. B. in bäuerlichen vorindustriellen Kulturen)	Vorbereitung in der Schule, systematische und methodische Vorbereitung
einfache Theorie, Handeln nach dem gesunden Menschenverstand	anspruchsvolle theoretische Lernaufgaben, Orientierung an Wissenschaft und Forschung
Ritterakademien des Mittelalters waren lebensnah, Festungsbau, Reiten, Fechten, Tanz, Gesang	Klosterschulen des Mittelalters waren sprachlich und theorieorientiert, Mauern, Klausur, interner Lernbetrieb
Fachschulen heute, theorie- und praxisverbunden	Ganztagsschulen, Gefahr: Kinder haben nur eine „Schulwelt"
gute Umsetzbarkeit des Gelernten in das reale Leben	Gefahr des „Verbalismus", man kann über alles sprechen, kennt die Welt aber nur aus Büchern
selbständige Erprobung im Alltag (Praktikum)	Schutz vor widersprüchlichen, verwirrenden Erfahrungen (z. B. Internat)
Normalisierung und Integration	Separation, Schutz, Sondereinrichtungen
betreute Wohngruppe	Anstalt, alle Hilfen an einem Ort, Überschaubarkeit
Wohnen und arbeiten in einem Gemeinwesen, Benutzung öffentlicher Verkehrsmittel	Werkstatt für Behinderte basale Kommunikation
integrativer Kindergarten	Sonderkindergarten, Sonderschule

3.2 Der *freie* und der *gebunde* Stil

Hintergrund dieser Grundstile ist das alte pädagogische Grundproblem von „Wachsenlassen“ oder „Führen“ (vgl. Litt 1958). Das Prinzip Wachsenlassen vertraut darauf, daß im Menschen, im Kind Entwicklungskräfte vorhanden sind, die sich entfalten, wenn man das Kind nicht stört. Diese Annahme finden wir in der nonverbalen Spieltherapie; das Kind findet im Spiel seinen eigenen Weg der Heilung; ähnliches gilt für die freie Maltherapie. Beim Prinzip Führung wird das Kind dort abgeholt, wo es steht, aber durch Forderungen und Anreize zum Erfolg geführt; hier sind eher autoritäre Elemente enthalten (vgl. autoritärer Führungsstil bei Lewin).

Stil	
freier	gebundener
Freiheit	Bindung
Wachsen lassen, Reifung	Führung, Anregung, Formung, Bindung
Freiheitsgewährung mit dem Ziel der Selbstbeherrschung	Strenge, Zucht, die erst die „echte“ Freiheit wachsen läßt
provoziert Selbstverantwortung, stimuliert Eigeninitiative	Gefahr des blinden Gehorsams, Untertanengeist und Unselbständigkeit
wenn Freiheit als Freisein von Bindung und Verantwortung verstanden wird, stellt sich Willkür und Zügellosigkeit ein	Orientierung durch Gebote und Verbote, vormundschaftliche Erziehung, äußerer Halt
Selbsterziehung	Fremderziehung, Aufsicht
Universitätsbildung: Verantwortung des Studierenden für seinen Lernerfolg	Militärische Ausbildung, Befehl und Gehorsam
Lernen durch Versuch und Irrtum	systematische Unterweisung
Gewährenlassen kann einen Mangel an Wissen oder mangelndes Engagement des Erziehers kaschieren	zu enge Bindung kann die Ängstlichkeit des Erziehers verdecken und zu Überbehütung führen
Beratung, Begleitung	Anweisung, Führung
freie Besuchsregelung	Hausordnung, Kontrolle
Freizeitgruppen als Angebot	strukturiertes Freizeitprogramm
Männer und Frauen leben in einer Wohnung	beratende Begleitung von behinderten Paaren
freies Malen, freies Spiel	gezielte Beschäftigung, Malprogramme

Die Grundstile zeigen aber auch die Spannung von *Freiheit* und *Bindung* auf. Der Mensch ist auf Freiheit hin angelegt, es ist wesenhaft für sein Menschsein, verwirklicht sich aber in der Bindung an einen anderen Menschen. Ohne menschliche Bindungen kann der Mensch nicht human existieren. Frage: Wieviel Freiheit braucht ein Mensch und wieviel Bindung verträgt er?

3.3 Der *vorgreifende* und der *entwicklungsgetreue* Stil

Die vorgreifende Erziehung oder auch „vorantreibende“ Erziehung will den Entwicklungsprozeß des Kindes beschleunigen, anreizen und fördern. Sie sieht „Kindheit und Jugend lediglich als Durchgangsstadien, die möglichst rasch zu durchlaufen sind, in denen man unter weitergehender Aufopferung der Gegenwart zu lernen hat, was für das künftige Erwachsenendasein bedeutsam ist“ (Weber 1976, S. 83). Sie zielt auf das Erwachsensein, auf die Kompetenzen, Fähigkeiten und das Wissen des Erwachsenen und will die Zeit bis dahin optimal nutzen.

Stil	
vorgreifender	entwicklungsgetreuer
vorantreiben, beschleunigen (z. B. Kurs, um möglichst schnell etwas zu können) es werden heute Dinge gelernt, die erst später gebraucht werden, der Lernende weiß nicht, wofür er das Wissen später einmal braucht	abwarten, bis das Kind entwicklungspsychologisch soweit ist und selbst Hilfestellung fordert Gewährung einer glücklichen Kindheit und Jugend Haltung: Wenn das Kind weiß, wofür es lernt, holt es einen Wissensrückstand schnell auf
Lernfähigkeit des Kindes wird früh geweckt (z. B. Schulkinder lernen den Umgang mit Computern) sensible Phasen der Entwicklung werden genützt (z. B. Sprachentwicklung, soziales Lernen)	Kinderprogramm, Auswahl kindgerechter Fernsehsendungen einen Menschen mit Behinderung so lassen, wie er ist und wie er sein will (Achtung der Individualität)
Förderprogramme, Training Gefahr der Vertherapeutisierung Gefahr der Verfrühung (z. B. kleine Kinder werden durch Fernsehen und Medien schonungslos mit der Welt der Erwachsenen konfrontiert)	Altersgemäße Wohnformen Gefahr der Unterforderung Gefahr der Infantilisierung und Niveausenkung, Entwicklungsverzögerungen

Die entwicklungsgetreue Erziehung oder der „entwicklungs- und altersgemäße“ Stil orientiert sich an der Ist-Situation des Kindes. Das Prinzip heißt „Alles vom Kinde aus“ oder „Alles um des Kindes willen“. Er möchte „den Kindern und Jugendlichen noch Schonzeit zum Ausreifen, eine glückliche Gegenwart gewähren, in der sich in Ruhe jene Kräfte entfalten können, die später zur Meisterung des Erwachsenenlebens erforderlich sind“ (Weber 1976, S. 83).

3.4 Der *uniforme* und der *individualisierende* Stil

„Die uniforme Erziehung bewahrt den Blick für das Ganze, erstrebt Anpassungs- und Kooperationsfähigkeit, gewährleistet die für das Zusammenleben erforderliche Konformität. Die individualisierende Erziehung bewahrt

Stil	
uniformer	individualisierender
alle gleich behandeln, von allen Gleiches fordern	Berücksichtigung der Besonderheit des Einzelfalles
Prinzip der Gleichheit und Gerechtigkeit	Individualisierungsprinzip
Gruppe, Klasse, Gruppenpädagogik	Einzelfallhilfe
Einführung in die gemeinsame Kulturwelt	Entfaltung der persönlichen Eigenwelt
in einfachen und einheitlichen Kulturen dominiert der Gruppenzweck über den einzelnen	in differenzierten Gesellschaften tritt die Individualität, der Wert des einzelnen Menschen in den Vordergrund
kollektivistische Pädagogik	Pädagogik vom Kinde aus
sozialistische Staatsformen oder z. B. Nationalsozialismus betonen die Volksgemeinschaft und das Kollektiv	pluralistische Staatsformen lassen die Vielfalt und das Individuelle zu
militärische Ausbildung	
Leben in Gruppen, Gruppenregeln	individueller Erziehungs- und Hilfeplan
Mehrbettzimmer, Schlafraum	Einzelzimmer, individuelle Gestaltung
Gruppenpädagogik	Individualpädagogik; jedes Kind bekommt das, was es pädagogisch benötigt
frühere Anstaltskleidung	modische individuelle Kleidung
Zentraleinkauf, Zentralversorgung	selbst auswählen können

die Einmaligkeit, Unvertauschbarkeit und Unvertretbarkeit der Personalität, erstrebt die Ausprägung der je eigentümlichen Daseinsmöglichkeiten und die Erfüllung des persönlichen Lebensglücks“ (Weber 1976, S. 90).

4. Strafe als pädagogisches Problem

Die Strafe als Erziehungsmittel ist in der Erziehungswissenschaft und in der Erziehungspraxis umstritten. Solange es Erziehung gibt, gibt es auch schon die Strafe. Die Frage, ob Strafe sinnvoll, notwendig, abzulehnen oder gar schädlich ist, konnte bisher erziehungswissenschaftlich nicht geklärt werden.

Wenn wir diese Fragen stellen, so müssen wir dies im Bewußtsein tun, daß wir schon alle bestraft worden sind und selbst gestraft haben. Wenn ein Heilerziehungspfleger straft, so hofft er, daß durch diese Intervention ein unerwünschtes Verhalten des Kindes in seiner Häufigkeit abnimmt oder ganz verschwindet. Strafe ist nicht allein eine pädagogische Frage, sondern sie ist Bestandteil unseres gesellschaftlichen Zusammenlebens und der Justizpraxis. „Je nach zugrunde liegender Straftheorie soll die Strafe Vergeltung, Abschreckung, Sühne, Wiedergutmachung oder Besserung bewirken“ (Huppertz/Schinzler 1975, S. 133).

Vergeltung
Die Vergeltungsstrafe ist motiviert durch Rachegefühle. Sie will eine Tat rächen und ist pädagogisch nicht zu rechtfertigen.

Abschreckung
Die Abschreckungsstrafe zielt nicht auf den aktuellen Täter, sondern will mögliche Täter abschrecken; sie ist motiviert durch die Schutznotwendigkeit einer Gesellschaft. Abschreckung ist nur wirkungsvoll, wenn die verhängte Strafe sehr hoch ist. Es besteht die Gefahr der Unverhältnismäßigkeit der Mittel; Abschreckung ist daher individualpädagogisch fragwürdig.

Sühne
Sühne für eine Tat ist eine Ausgleichshandlung des schuldig gewordenen Menschen gegenüber der verletzten sittlichen Norm oder Gerechtigkeit, sie setzt Selbsterkenntnis des Täters und den Willen zur Besserung voraus. Da sie die Entlastung des Täters, Einsicht, Besserung und Vergebung signalisiert, ist hier die pädagogische Akzeptanz größer.

Unschädlichmachung

Fühlt sich eine Gesellschaft durch einen Rechtsbrecher bedroht, so erwägt sie, den gefährlichen Täter zeitweilig oder auf Dauer unschädlich zu machen (Ausschluß, Gefängnis, Ausweisung u. ä.). Da sozialpädagogisches Denken eher an der Resozialisierung orientiert ist, ist die Intention der Unschädlichmachung pädagogisch sehr bedenklich.

Besserung

Das Strafziel der Besserung kennzeichnet eine pädagogische Absicht, die wir als Resozialisierung bezeichnen können und die pädagogisch sinnvoll ist. Die Besserung will nicht die oberflächliche Anpassung des Kindes, sondern seine sittliche Weiterentwicklung, die Einsicht und Bejahung des Kindes beinhaltet.

Betrachten wir die verschiedenen Strafansätze, so wird deutlich, daß eine Übertragung auf den erzieherischen Alltag problematisch ist. „Erziehung soll positiv fördern, und dabei soll gerade die Strafe, die doch einschränkt und drückt, helfen; widersprechendes soll also denkbar und ausführbar werden" (Netzer, 1959, S. 5). Strafe ist kein positives Erziehungsmittel, sondern ein pädagogisches Problem. Im Laufe dieses Kapitels sind folgende Fragen zu klären:

Warum strafen Eltern und Heilerziehungspfleger (Strafanlässe und Motive)?
Sind Strafen vermeidbar oder notwendig? Kann man in der Erziehung völlig ohne Strafen auskommen?
Wir wirken Strafen? Sind Strafen schädlich für das Kind?
Welche unerwünschten Nebenwirkungen können Strafen haben?
Welche Strafformen sind pädagogisch vertretbar und welche Regeln sind zu beachten?

4.1 Strafanlässe/Motive

Warum wird gestraft? Durch die Analyse einiger Beispiele soll eine Klärung versucht werden.

Beispiele aus dem Alltag einer Familie:

Beispiel 1:
Zwei Jungen (fünf und sechs Jahre alt) spielen draußen auf der Straße mit einem Fußball. Der Ball fliegt durch die Fensterscheibe des Nachbarn, ein Schaden von ca. 500 DM ist entstanden. Der Vater kommt verärgert aus dem Haus, haut beiden Buben ein paar hinter die Ohren und schickt sie auf ihr Zimmer. Als Strafe bekommen sie eine Woche Stubenarrest.

Fragen:
Warum straft der Vater? Fühlt er sich vor dem Nachbarn blamiert? Will er zeigen, daß er „durchgreifen“ kann?
Haben die Jungen Strafeinsicht? Dürfen sie bestraft werden, wenn man ihren Entwicklungsstand berücksichtigt?
Ist ein Zusammenhang zwischen Tat und Strafform erkennbar? Ist die Strafform angemessen? Kann es sinnvoll sein, die Jungen an der Beseitigung des Schadens zu beteiligen, praktisch oder finanziell?

Beispiel 2:
Ein zweijähriges Kind geht an der Hand der Mutter auf dem Gehweg einer Straße entlang. Plötzlich reißt es sich los und will auf die Straße laufen, ein Auto bremst heftig und die Mutter reißt das Kind zurück. Sehr erregt haut sie dem Kind mehrere Schläge auf den Po und schimpft laut.

Fragen:
Warum straft die Mutter das Kind durch Schläge?
Welche Rolle spielt das Erschrecken, die plötzliche Angst der Mutter? Ist das mütterliche Verhalten der Entwicklungssituation des Kindes angemessen?
Welche Möglichkeit der Verkehrserziehung sehen Sie bei einem zweijährigen Kind?
Welches Verhalten von Mutter und Kind im Straßenverkehr würden Sie empfehlen?

Beispiel 3:
Die Mutter hat Spinat gekocht, den sie für sehr gesund hält, den das Kind aber nicht mag. Die Mutter fordert: „Es wird gegessen, was auf den Tisch kommt. Du bleibst solange sitzen, bis der Teller leer ist.“ Das Kind macht ein fürchterliches Geschrei, spuckt den gefütterten Spinat wieder aus, muß aber am Tisch sitzen bleiben.

Fragen:
Welche Rolle spielt in dieser Mutter-Kind-Interaktion die Macht? Kann man von einem Kind verlangen, daß es die vorgesetzten Speisen ißt?
Welche Rolle spielt die Enttäuschung der Mutter?
Darf man im Bereich der Nahrungsaufnahme Druck anwenden? Welche unerwünschten Nebenwirkungen wären denkbar? Wäre eine kleinere Portion Spinat eine sinnvolle Lösung? Darf man das Kind ohne Essen vom Tisch schicken?

Strafen und Sanktionen im Heim

Junge Pädagogen kommen nach ihrer Ausbildung in ein Heim mit dem besten Willen, repressionsarm bzw. repressionsfrei zu erziehen. Sie haben in den Lehrveranstaltungen kaum einen Pädagogiklehrer erlebt, der keine repressionsfreie Erziehung lehrte. Sie begegnen verhaltensauffälligen Jugendlichen als Partner, stellen deren Bedürfnisse in den

auffälligen Jugendlichen als Partner, stellen deren Bedürfnisse in den Vordergrund und versuchen sich non-direktiv zu verhalten.
Die Jugendlichen reagieren in der Gruppe darauf oft mit Disziplinlosigkeit oder Aggressivität; gänzlich unverständlich für den Erziehenden, der nur das Beste wollte. Er reagiert verunsichert und fragt sich: Ist meine angestrebte Haltung nicht durchführbar, sind es anfängliche Orientierungsschwierigkeiten, muß ich „härter durchgreifen", um Autorität und Disziplin in der Gruppe wieder herzustellen? Er erlebt sehr schnell, daß er ohne Reaktion, ohne Verhaltenskorrektur nicht erziehen kann. Wie kommt er aus diesem Dilemma heraus?
Es kann angenommen werden, daß Berufserzieher in der Arbeit mit verhaltensschwierigen Menschen häufig strafen.
Aus welchem Anlaß wird im Heim gestraft und welche Formen von Sanktionen werden eingesetzt?
Diese Fragestellung wurde in einem Heim für verhaltensauffällige Jugendliche durch eine schriftliche Befragung von Erzieherinnen und Erziehern untersucht (vgl. Thesing 1980). Die Ergebnisse sind nicht repräsentativ, sondern sollen Grundlage für eine fachliche Diskussion sein.

Frage:
Schildern Sie bitte drei Beispiele für Anlässe von Bestrafungen oder Sanktionen, die Sie in den letzten Tagen oder Wochen vornehmen mußten!

	Nennungen N = 25
Schul- und Arbeitsversäumnisse	14
Ordnung und Sauberkeit (Gruppendienste)	13
Aggressives und provozierendes Verhalten gegenüber dem Erzieher	10
Überschreiten der Ausgangsregelung	7
Verletzung interner Gruppennormen	6
Kontakte zu Homosexuellen	3
Diebstahl	3
Sachbeschädigung	3
Unwirtschaftliches Verhalten des Jugendlichen	3
Sucht ständig Streit mit dem Schwächsten der Gruppe	1
Keine Antwort	5
	68

Reaktionsformen und Sanktionsformen

	Nennungen N = 25
Zurechtweisung und Tadel	11
Taschengeldentzug	10
Zuwendungsentzug	9
Provozierung von Reaktionen der Gruppenmitglieder (Gruppendruck)	6
Ausgangsverbot	5
Wegnehmen von Gegenständen	4
Verbote	3
Körperliche Strafen	2
Kein Frühstück	2
Selbständige Behebung des angerichteten Schadens	1
Keine Antwort	5
	58

Zur Verdeutlichung werden die Antworten der Erzieher zu den Reaktions- und Sanktionsformen ausführlich dargestellt:

Zurechtweisung und Tadel
Sich mit dem Jugendlichen auseinandergesetzt
Dabeigeblieben, bis aufgeräumt war
„Pack Deinen Koffer“
Verstärkte Kontrollen
Versuch, im Gespräch dem Jugendlichen sein Fehlverhalten aufzuzeigen
Aussprache mit dem Jugendlichen und Ausgangsverbot
Verbale Zurechtweisung und Androhung von Repressalien
Tadel und Kritik an seinem Verhalten, Lob, wenn er es schafft
Erst versucht, Konsequenzen aufzuzeigen, dann ständig ins Zimmer gegangen, bis ich ihn schließlich draußen hatte (Arbeitsverweigerung)
Hinweis auf Folgen, verstärkter Kontakt mit Lehrern, Hinzunahme zum Beratungsgespräch mit dem Gruppenberater

Taschengeldentzug
Der Erzieher säubert den Tagesraum für den Jugendlichen, dieser zahlt 5 DM in die Gruppenkasse
Wiedergutmachung von Schäden
Scheibe selbst einsetzen und Material bezahlen
Nach 3 Monaten Abzug des Betrages vom Taschengeld (Nichtbezahlen von Schulden)
Mit Pkw nachgefahren, km-Geld bezahlen lassen

Zuwendungsentzug
Nichtbeachten über einige Tage hinweg, dann erst ein Gespräch ermöglicht
Liebesentzug
Nach Warnung Zeichen der Ablehnung
Aus dem Büro rausgeworfen, nachdem das Stören unerträglich wurde

Zurückhaltung bei Bedürfnissen des Jugendlichen
Bei Äußerungen analer Art – „das sind unbekannte Fremdwörter", danach keine Kommunikation mehr
Erzieher spielt am nächsten Tag nicht mit (Tischtennis)

Provozieren von Reaktionen der Gruppenmitglieder
Gruppe eingeschaltet
Gemeinsames Säubern der Räume als Bedingung, um miteinander essen zu können (starke Verschmutzung)
Der Dienst wurde von anderen Mitgliedern erledigt, Gruppe erzeugte Druck gegen ihn, mußte dafür anderen Dienst übernehmen (Tischdienst verweigert)
Die Jugendlichen setzen sich mit dem Problem auseinander, Erzieher bringt im Höchstfall Lösungsvorschläge

Ausgangsverbot
Ausgangserlaubnis verkürzt
Ausgangsverbot

Wegnehmen von Gegenständen
Bastelobjekt abgenommen und für einige Tage weggeschlossen
Abnehmen des Radio-Gerätes bis zum Abend (Arbeitsverweigerung)
Keine Herausgabe des Hausschlüssels für eine bestimmte Zeit (spätes Heimkommen)

Verbote
Keine Spätfilme im Fernsehen ab 21.30 Uhr
Der Jugendliche darf nicht mehr vor den Erziehern rauchen (Rauchen eines 14jährigen)
Fernsehsperre (allgemeine Gruppenregelung)

Körperliche Strafen
Ohrfeigen, später verbale Auseinandersetzung und Klärung
Androhung einer Ohrfeige, Mangel an Gelegenheit, da Flucht des Jungen

Kein Frühstück
Zu spät aufgestanden – Frühstückstisch abgeräumt

Selbstbehebung des Schadens

4.2 Sinn und Unsinn der Strafe

Wir haben an den vorhergehenden Beispielen gesehen, daß in die Strafpraxis ungeklärte Ängste und Gefühle des Erziehenden eingehen, ebenso Angst vor Prestigeverlust, Rachegefühle u. a. mehr. Eltern und Berufserzieher haben Strafe in der eigenen Kindheit erfahren und geben diese Erfahrungen oft unreflektiert weiter, sie tradieren Strafe. Erlittene Strafe wird häufig nachträglich positiv interpretiert. „Eine

Ohrfeige zur rechten Zeit hat mir gut getan, denn aus mir ist etwas geworden", negative Gefühle werden verdrängt.

Welche Strafformen sind pädagogisch vertretbar und welche Regeln sind zu beachten, wenn Strafe nicht vermieden werden kann?

Berücksichtigung der Individualität des Kindes.
Bei jedem Einsatz der Strafe ist zu fragen, ob sie dem Entwicklungsstand des Kindes entspricht und ob sie die Möglichkeit impliziert, seine Fähigkeiten zu verbessern. Was bezweckt das Kind mit seinem Verhalten, welche Motivation liegt vor? Fürnstratt macht geltend, „daß auch starke Formen der Strafe bei besonders intensiv motiviertem Verhalten wenig vermögen, während schwach motiviertes Verhalten durch Bestrafung oder ihre Androhung bereits unterbunden werden kann" (Fürnstratt 1977). Manche Kinder und Jugendliche suchen aufgrund ihrer früheren Erziehung die körperliche Strafe, durch dic Strafprovokation soll das Über-Ich entlastet werden.
Wie geht man damit um? Ist das Kind überhaupt kognitiv in der Lage, das gewünschte Verhalten zu zeigen?

Positive Verstärker haben Vorrang.
Der Erziehende sollte zunächst nach den positiven Ansätzen suchen, die er verstärken kann. Die Vermittlung von Erfolgserlebnissen ist zielgerichtct und beinhaltet Entwicklung. Strafe sagt nur, was nicht getan werden darf, sie sagt noch nicht, was getan werden soll. Es fehlt ihr das Merkmal der Richtungsangabe (Domke 1991, S. 41).

Strafe soll begrenzt und gezielt eingesetzt werden.
Da die Strafe kein Erziehungs-, sondern ein Disziplinierungsmittel ist, muß sie begrenzt eingesetzt werden. Der Erziehende muß nach anderen Erziehungsmöglichkeiten suchen, um Strafen zu reduzieren. Die Frage, ob Strafe überhaupt notwendig ist, ist entscheidend.

Strafe setzt dauernde und genaue Verhaltensbeobachtung voraus.
Der Heilerziehungspfleger muß beim Einsatz einer Strafe abschätzen, wie diese Sanktion auf den anderen Menschen wirkt. Ist der Anlaß für eine Disziplinierungsmaßnahme im Verhalten des Kindes zu suchen oder liegt der Grund in der aktuellen Situation (Überforderung des Betreuers, Schwierigkeiten in der Gruppe)? Welche Erfahrung liegt beim Zu-Erziehenden bezüglich einer Korrekturmöglichkeit vor? (Vgl. Manertz 1978, S. 137 ff.)

Welche Nebenwirkungen sind bei dem Einsatz der Strafe möglich?
Das Kind muß den Sinn der Strafe einsehen. Unerwünschtes Verhalten wird durch negative Verstärkung häufig nicht gelöscht, sondern lediglich unterdrückt.

„Die bekämpften Verhaltensformen bleiben latent (verborgen) vorhanden, um sich bei entsprechender Gelegenheit erneut zur Geltung zu bringen“ (Stark 1973, S. 69).

Straferwartung verursacht Angst.
„Hartes und permanentes Strafen kann zu Angst, Unsicherheit und Minderwertigkeitsgefühlen führen, vor allem wenn keine Chance eingeräumt wird, das bestrafte Fehlverhalten stufenweise zu verändern“ (Domke 1991, S. 42). Das kann bei Kindern zum Weglaufen oder zur Vermeidung von Kontakten führen.

Strafe soll das pädagogische Verhältnis zwischen Erziehendem und Kind möglichst gering belasten.
Die Aggressionsbereitschaft der Kinder kann sich durch Strafe erhöhen, wenn sich die Strafabsicht ins Gegenteil verkehrt. Besteht die Möglichkeit, daß der Erziehende nach der Sanktion weiter mit dem Kind arbeiten kann? Anlaß für Strafe sollten niemals Rachegefühle sein; der Betreuer muß seine Motivation reflektieren.

Permanentes Strafen gibt dem Kind das Gefühl der Ohnmacht.
Häufiges Strafen wird vom Kind als feindseliges Verhalten erlebt. Es kann dies ohnmächtig erleben und sich depressiv zurückziehen oder offen seine Aggression gegen den Betreuer abreagieren (vgl. Frustrations-Aggressions-Theorie). Für die Ausbildung des Über-Ich ist es aber notwendig, daß das Kind die Sanktion versteht und weiß, daß es die Zuneigung des Erziehenden nicht verliert (vgl. Huppertz/Schinzler 1983, S. 135).

Strafe soll das Ehrgefühl des Kindes nicht unnötig verletzen.
Bei jeder Strafform ist zu überlegen, ob das Kind diese Sanktion überhaupt annehmen kann, so wenn es z. B. vor einer Gruppe lächerlich gemacht wird. Strafen sollten deshalb möglichst verhaltens- und nicht personenzentriert sein.

Verzicht auf körperliche Strafen.
Huppertz/Schinzler nennen vier Argumente, warum auf körperliche Strafen verzichtet werden soll:
Es wird die Würde des Menschen verletzt.
Die möglichen Schädigungen des Körpers sprechen dagegen.
Wer den Körper schlägt, der schlägt auch die Seele.
Körperliche Strafe ist ein Konfliktlösungsmuster, das der Erzieher an sich nicht befürwortet. (Huppertz/Schinzler 1983, S. 136 ff.)

Es muß ein Zusammenhang zwischen Thematik und Inhalt der Strafe erkennbar sein.
Der Zeitraum zwischen Anlaß und Reaktion sollte kurz sein, damit für das Kind der Zusammenhang erkennbar bleibt. Die angekündigte Reaktion sollte konsequent durchgeführt und klar formuliert werden.

Kontrolle der Affekte.
Umstritten ist, ob sich der Erziehende kontrolliert und affektfrei bei der Strafe verhalten soll. Die Überkontrolle des Verhaltens, oft auch eine falsch verstandene therapeutische Haltung, kann zu einer Lähmung der Entscheidungsfreudigkeit führen (spöttische Stimmen nennen dieses Verhalten „wandelnde akzeptierende Haltung"). Deshalb ist es sinnvoll, daß der strafende Erwachsene auch Affekte zeigt, seine Erregung oder auch seine Enttäuschung; das Kind soll den Betreuer als Menschen erleben.

Eltern bzw. Heilerziehungspfleger und Kinder müssen sich verzeihen können.
Wenn wir von Strafe sprechen, so benutzen wir Begriffe wie „Unrecht", etwas „falsch" machen, etwas „Böses" tun, jemand „verletzen". Man wird „schuldig", das Kind gegenüber seinen Eltern, die Eltern gegenüber dem Kind. „Mir ist die Hand ausgerutscht, es tut mir leid." – „Ich habe niemand beleidigen wollen, bitte verzeih mir."
Wichtige Akte in diesem Prozeß sind die „ehrliche Entschuldigung", die ehrlich gemeinte „Vergebung" und nicht das einfache „Schwamm drüber".
Die Vergebung und die damit verbundene Entlastung muß ausgesprochen werden. Wenn Eltern, Betreuer und Kinder diese Akte der Vergebung und Verzeihung ehrlich üben, werden Strafen geringer werden und die pädagogische Beziehung wird reifen.

5. Übungsfragen

1. Definieren Sie „Erziehungspraktiken" und zeigen Sie an Beispielen auf, wodurch diese von Erziehern begründet werden.
2. Definieren Sie „Erziehungsstil". Zeigen Sie die sprachgeschichtlichen Wurzeln und das heutige erziehungswissenschaftliche Verständnis auf.
3. Nennen Sie die drei Führungsstile nach Lewin und beschreiben Sie seine Untersuchungsanordnung.
4. Wodurch war die Erziehungsstilforschung bei Lewin motiviert?

5. Welche Folgerungen lassen sich aus den Untersuchungsergebnissen ziehen für die Erziehung
a) in der Familie
b) im Kindergarten
c) im Heim
d) behinderter Kinder
e) in einer Werk- und Malgruppe?
6. Welche Dimensionen des Erzieherverhaltens haben Tausch/Tausch untersucht?
7. Erläutern Sie an einem Beispiel, wie sich Äußerungen der Wertschätzung auf Kinder auswirken können.
8. Problematisieren Sie den Einsatz von Lob in der Erziehung von Kindern. Mit welchen unerwünschten Nebenwirkungen müssen Sie rechnen?
9. Benennen Sie Regeln, nach denen Lob sinnvoll eingesetzt werden kann.
10. Lob und Sanktionen sind lernpsychologische Verstärker. Benennen Sie verschiedene Verstärkerarten (z. B. symbolische Verstärker) und verdeutlichen Sie diese durch Beispiele.
11. Diskutieren Sie die Phänomene „Echtheit" und „Inkongruenz" des Erzieherverhaltens. Welche Auswirkungen auf das Erleben von Kindern sind denkbar? Verdeutlichen Sie durch Beispiele.
12. Spranger entwickelte sogenannte „idealtypische Grundstile". Was heißt idealtypisch?
13. Nennen Sie die Grundstile bzw. Stilpaare nach Spranger und erklären Sie, welches Erziehungsprinzip im jeweiligen Stil enthalten ist.
14. Zeigen Sie am freien und gebundenen Stil Grundmöglichkeiten des erzieherischen Handelns auf.
15. Sie wollen in einem Team ein gemeinsames Erziehungskonzept entwickeln und die Grundstile nach Spranger als Grundlage nehmen. Wie können Sie vorgehen?
16. Benennen Sie verschiedene Straftheorien bzw. Strafansätze. Zeigen Sie auf, wo diese Ansätze im gesellschaftlichen Zusammenleben und im pädagogischen Handeln aufzufinden sind.
17. Vergleichen Sie die Strafintentionen „Besserung" und „Resozialisierung".
18. Benennen Sie häufig vorkommende Strafanlässe und diskutieren Sie die Anteile des Kindes und des Erziehenden.

19. Nennen Sie drei Thesen, die den Sinn bzw. Unsinn von Strafen in der Erziehung belegen.
20. Welche unerwünschten Nebenwirkungen können sich durch die Anwendung von Strafe ergeben?
21. Nennen Sie vier Argumente, warum auf körperliche Strafen völlig verzichtet werden sollte.
22. Begründen Sie, warum man Strafe nicht als Erziehungsmittel, sondern als pädagogisches Problem auffassen muß.
23. Setzten Sie sich mit den Begriffen „Unrecht“ und „Schuld“ auseinander und zeigen Sie auf, welche Bedeutung „Verzeihung“ und „Vergebung“ haben können.

6. Literatur

Bach, H.: Die Strafe in der Erziehung. Grundüberlegungen zum erzieherischen Umgang – auch bei geistig behinderten Kindern und Jugendlichen, in: Geistige Behinderung, 3/84

Domke, H.: Pädagogik, Bd. 2, Erziehungsmethoden, Donauwörth ^{6}1991

Flitner, A./Scheuerl, H.: Einführung in pädagogisches Sehen und Denken, München 1969

Fürnstratt, E.: Zwang und Repression im Schulunterricht, Weinheim 1977

Huppertz, N./Schinzler, E.: Grundfragen der Pädagogik, München ^{7}1983

Litt, T.: Führen oder Wachsenlassen, Stuttgart ^{7}1958

Lewin, K.: Führungsstile in der Gruppe, in: Flitner/Scheuerl, a.a.O.

Manertz, R.: Strafen oder nicht, Freiburg 1978

Netzer, H.: Die Strafe in der Erziehung, Weinheim 1959

Schumacher, J.: Zwang – ein Erziehungsprinzip für Geistigbehinderte? Vierteljahreszeitschrift für Heilpädagogik, 1983, S. 297–303

Schenk-Danzinger, L.: Entwicklungspsychologie, Wien ^{6}1972

Stark, W.: Grundfragen der Erziehung, Hamburg 1973

Spranger, E.: Pädagogische Perspektiven, in: Weber, E., Erziehungsstile, Donauwörth ^{6}1976

Tausch, R./Tausch, A.: Erziehungspsychologie, Göttingen ^{7}1973

Thesing, T.: Strafen und Sanktionen im Heim, in: Jugendwohl, 9/1980

Weber, E.: Erziehungsstile, Donauwörth ^{6}1976

ders.: Pädagogik, Bd. 4, Erziehungsprobleme in der modernen Gesellschaft, Donauwörth ^{2}1978

Zulliger, H.: Helfen statt Strafen, Stuttgart 1967

VII. Allgemeine Heilpädagogik und Heilerziehung

Lernziele:
Der Studierende soll den Begriff der Behinderung unter mehreren pädagogisch bedeutsamen Perspektiven erläutern können. Er soll dazu befähigt werden, diese allgemeinen Erkenntnisse zum Phänomen der Behinderung auf den von ihm betreuten Personenkreis behinderter Menschen zu übertragen. Er soll weiter in die Lage versetzt werden, diese Erkenntnisse in seinem konkreten pädagogischen Handeln zu konkretisieren und zu aktualisieren.
Er soll die Entwicklung pädagogischer Hilfen vor dem Hintergrund sich verändernder Normen und Werte in der europäischen (abendländischen) Sozial- und Kulturgeschichte verstehen und die aktuelle Situation der Behindertenhilfe in unserer pluralistischen Gesellschaft – einschließlich der Bedrohung des Lebensrechtes behinderter Menschen – angemessen einschätzen können. Er soll sich mit pädagogischen und medizinischen Grundfragen und Grundproblemen kritisch auseinandersetzen. Er soll dadurch in die Lage versetzt werden, seinen professionellen Standort als Heilerzieher/Heilerziehungspfleger zwischen den wissenschaftlichen Disziplinen der Allgemeinen Pädagogik, der Sonder- und Heilpädagogik und der Medizin und Krankenpflege angemessen zu erkennen und einschätzen zu können.

1. Begriff und Bedeutung von „Behinderung"

1.1 Sprachgeschichtliche Wurzeln des Begriffs „Behinderung"

Sowohl das Substantiv „Behinderung" als auch das Verb „behindern" sind sprachgeschichtlich relativ junge Begriffe. In Werken des frühen 18. Jahrhunderts lautete der sinngemäße Ausdruck von „behindert" noch „gehindert". Das Wort, von dem der Begriff abgeleitet ist („hindern"), hatte dabei ursprünglich die räumliche Bedeutung von „eine Sache nach hinten stellen", so etwa im Mittelhochdeutschen und noch bei Luther (Hensle 1982, S. 15–16).
Später fand „Behinderung" als juristischer Begriff Eingang in die Prozeßordnung und spielt noch heute im § 1 der Straßenverkehrsordnung

(StVO) eine wichtige Rolle. Dort heißt es in Absatz 2: „Jeder Verkehrsteilnehmer hat sich so zu verhalten, daß kein anderer geschädigt, gefährdet oder mehr, als nach den Umständen vermeidbar, behindert oder belästigt wird." (Mühlhaus 1993, S. 78–79)
Erst zu Beginn des 20. Jahrhunderts wurde der Begriff „Behinderung" auf den Bereich der Heil- und Sonderpädagogik angewandt. Noch 1906 hatte Biesalski nicht etwa eine Körperbehinderten-, sondern eine „Krüppelzählung" durchgeführt, um alle von Geburt an mit körperlichen Mängeln Behafteten zu erfassen. Ein wesentlicher Anstoß für die begriffliche Neubestimmung waren nach 1918 die Kriegsbeschädigten, die es nach ihrem Dienst am Vaterland als diskriminierend empfanden, als „Krüppel" bezeichnet zu werden. Auch deckte der „Krüppel"-Begriff nicht die ebenfalls im Krieg erlittenen Seh- und Hörschädigungen ab, wie Biesalski 1915 schrieb:

> „Denn auch ein Mann, der ein Auge oder sein Gehör verlor oder sich ein dauerndes inneres Leiden zugezogen hat, ist beschädigt und doch nicht verkrüppelt. Hierunter versteht man eine schwere Beeinträchtigung der Bewegungsmöglichkeiten und der Körperhaltung"(zitiert nach Schworm 1975, in: Hensle 1982, S. 15).

1950 ersetzte die Kasseler Fassung eines 1957 verabschiedeten Körperbehindertengesetzes das Wort „Krüppel" konsequent durch „Körperbehinderte". Allmählich setzte sich der Begriff auch für die anderen Behindertengruppen durch. Auf Initiative der Elternvereinigung „Lebenshilfe für das geistig behinderte Kind" wurde im Jahre 1958 die Bezeichnung „geistig behindert" geprägt. Der Begriff der „Geistigen Behinderung" soll Begriffe wie „Geistesschwäche", „Schwachsinn" oder „Idiotie" ersetzen (Hensle 1982, S. 15 f.; Speck 1993, S. 30).
Im Zuge der Angleichung des Sprachgebrauchs sprach man in den vergangenen Jahren auch von „Verhaltensbehinderung", „Sprachbehinderung", „Lernbehinderung". Um eine Nebeneinanderstellung von körperlich, sinnesmäßig, geistig und seelisch Behinderten zu erzielen, wurden auch die psychisch Kranken miteinbezogen („Psychische Behinderung"). Hensle bezweifelt, ob eine solche Erweiterung des Begriffs sinnvoll ist:

> „bekanntlich nimmt mit steigender Extension (= Ausdehnung, Anmerk. d. V.), dem Geltungsbereich eines Begriffs, seine Intension, sein spezifischer Singehalt, ab. Eine angemessene Vertretung der Interessen von Schwerbehinderten könnte damit eher verwässert als gefördert werden" (Hensle 1982, S. 16).

Eine Abkehr vom Behinderungsbegriff zeichnet sich für die „Lernbehinderung" ab: Der Landtag von Baden-Württemberg hat am 17. April

1991 das Schulgesetz geändert. Die 275 öffentlichen Sonderschulen für Lernbehinderte („L“), bis 1965 Hilfsschulen genannt, mit insgesamt 22 000 Schülern, wurden umbenannt und werden jetzt als Förderschulen bezeichnet (Kultus und Unterricht, 31. 5. 91; Schwäbische Zeitung, 25. 6. 91). Im Gesetzentwurf der Landesregierung zur Änderung des Schulgesetzes für Baden-Württemberg, das am 1. August 1991 in Kraft getreten ist, heißt es: „In § 15 Abs. 1 Satz 3 werden die Worte ‚Schulen für Lernbehinderte‘ durch das Wort ‚Förderschulen‘ ersetzt“ (Landtag von Bad.-Württ., Drucksache 10/3989, 12. 9. 90).

Pädagogische Bedeutsamkeit
Über die Sprache findet Wertung und Bewertung statt. Sprache ist ein Prozeß. Durch unseren Sprachgebrauch gestalten wir die sozialen Maßstäbe unserer Gesellschaft mit. Sprachliche Inhalte unterliegen dem soziokulturellen Wertewandel unserer Gesellschaft.
Der Begriff der Körperbehinderung z. B. gilt als sprachneutraler und ist weniger negativ besetzt als der Krüppel-Begriff; das gleiche gilt für den Begriff der „Geistigen Behinderung“ gegenüber dem Begriff „Schwachsinn“.
Heilerziehungspfleger/innen und andere Fachkräfte in der Behindertenhilfe sollten sich bemühen, diskriminierende oder stigmatisierende Begriffe zu vermeiden.

1.2 Behinderung als Lebenserschwerung und Lebensgefährdung

Lebenserschwerung

Ulrich Bleidick, Professor am Institut für Behindertenpädagogik der Universität Hamburg, faßt den Begriff der Behinderung folgendermaßen zusammen:

> „Als behindert gelten Personen, die infolge einer Schädigung ihrer körperlichen, seelischen oder geistigen Funktionen soweit beeinträchtigt sind, daß ihre unmittelbaren Lebensverrichtungen oder ihre Teilnahme am Leben der Gesellschaft *erschwert* werden. Behinderung hat damit eine individuelle und eine soziale Seite. Persönliche *Lebenserschwerungen* liegen etwa dann vor, wenn der Körperbehinderte sich durch die Einschränkung seiner Bewegungsfähigkeit nicht frei bewegen kann und auf Hilfe angewiesen ist; der Gehörlose akustische Signale nicht wahrnimmt und im Straßenverkehr dadurch gefährdet ist, der Blinde sich optisch nicht zu orientieren vermag. Ebenso folgenreich sind die Erschwerungen, die der Behinderte im sozialen Feld erfährt, und die seine Eingliederung in das öffentliche Leben, in die Bildungsinstitutionen, in die Berufs- und Arbeitswelt und in die Familie erschweren“ (Bleidick 1994, S. 650).

Nach einer international anerkannten Einteilung der Weltgesundheitsorganisation (world health organization, Abkürzung: WHO) von 1980 werden drei Dimensionen von „Behinderung“ unterschieden:

(1) *Schädigung* (impairment) von Organen oder Funktionen des Menschen;

(2) *Beeinträchtigung* (disability) des Menschen, der aufgrund seiner Schädigung in der Regel eingeschränkte Fähigkeiten im Vergleich zu nichtgeschädigten Menschen gleichen Alters besitzt;

(3) *Benachteiligung* (handicap) des Menschen im körperlichen und psychosozialen Feld, in familiärer, beruflicher und gesellschaftlicher Hinsicht aufgrund seiner Schädigung und Beeinträchtigung.

Genau genommen kommt der Begriff „Behinderung“ aus der deutschen Alltagssprache in diesen Definitionen nicht vor. Das bedeutet auf der anderen Seite: „Behindertsein eines Menschen ist ein *komplexer Prozeß* von Ursachen und Folgen, unmittelbaren Auswirkungen, individuellem Schicksal und sozialen Konsequenzen.“ (Bleidick 1994, S. 650).
Die Beispiele lassen erkennen, daß Behinderung ein abstrakter Oberbegriff ist, der in einer näheren Bestimmung weiter zu differenzieren und zu konkretisieren ist:

1. Nach Schädigungsarten
Behinderung ist fast immer die *Folge einer Schädigung,* eines Mangels oder eines Defekts, wie einer frühkindlichen Hirnschädigung, einer angeborenen Gliedmaßenfehlbildung, eines Ausfalls im Bereich der Sinnesorgane etc.
Die Schädigung kann im körperlich-biologischen, aber auch im seelisch-geistigen Bereich aufgetreten sein. Eine Schädigung im körperlich-biologischen Bereich kann leichter von ihren Ursachen her erkannt und diagnostiziert werden als eine Schädigung im emotional-kognitiven Bereich, z. B. eine massive frühkindliche Vernachlässigung, die zu einer späteren Verhaltensstörung führt.

2. Nach Gebieten des Behindertseins
Körperliche und psychische, medizinisch auffällige Behinderungen beeinträchtigen den Behinderten in seinen Aktionen und Reaktionen und in seiner Unversehrtheit (z. B. Körperbehinderung).
Soziale Behinderungen erschweren die sozialen Beziehungen in der Familie, der Klassengemeinschaft, der Freundesgruppe, im öffentlichen Verkehr (z. B. schweres Stottern).
Berufliche Behinderungen verhindern eine Beschäftigung des Behinderten in der Berufs- und Arbeitswelt, die seinen Fähigkeiten und Neigungen entsprechen würde (z. B. Gehörlosigkeit).

Schulische Behinderungen hemmen die Erziehung und Bildung des Behinderten und bilden die Veranlassung dafür, in „besonderer" Weise nach geeigneten Erziehungs- und Bildungsmaßnahmen zu suchen (z. B. Lernbehinderung).

3. Nach Schweregraden

Das Ausmaß des medizinischen Befundes ergibt einen meßbaren Schweregrad einer Behinderungsart, z. B. blind oder sehbehindert, gehörlos oder schwerhörig, schwer geistig behindert oder mäßig geistig behindert. Diese quantitative Abstufung einer Behinderung ist sinnvoll, um einen angemessenen Hilfebedarf oder entsprechende Fördermaßnahmen zu ermitteln.

Für das subjektive Selbsterleben eines behinderten Menschen ist sie dagegen kein Maßstab: Ein an den Rollstuhl gebundener, „objektiv" schwer körperbehinderter Mensch kann mit seinem Defekt unter Umständen fertig werden, ein nur leicht körperlich Versehrter, der sich am Bild des Unversehrten mißt, kann in diesem sozialen Bezugssystem sein Anderssein stärker empfinden und insofern „schwer behindert" sein. Der Leidensdruck ist subjektiv (Bleidick, 1994, S. 650–657).

Lebensgefährdung

Gefährdete Vitalität

Formen schwerer und schwerster Behinderung eines Menschen stellen immer eine aktuelle Gefährdung der Vitalität dar. Eine große Zahl von lebenswichtigen Funktionen kann immer wieder in Krisen geraten.

Die häufige Auseinandersetzung mit gesundheitlichen Krisen bedeutet für schwerstbehinderte Menschen eine Existenz am „Rande des Lebens". Diese Existenz ist immer von Angst und Unsicherheit, von Schmerzen, von Aufregung und medizinischer Intervention gekennzeichnet (Fröhlich 1994, S. 17).

Verminderte Aktivität

Menschen, die so gut wie nie das Gefühl haben können, vital und gesund zu sein, befinden sich auch in ihren kommunikativen Bezügen in einer besonderen Situation. Ihr Interesse an den Objekten und Geschehnissen der Umgebung vermindert sich immer wieder, da das eigene Leben, der eigene Körper so wenig verfügbar ist, daß kaum Schritte in Richtung Aktivität gewagt werden können (Fröhlich 1994, S. 18).

Verminderte Zukunftsplanung

Die Entwicklung einer gemeinsamen zukunftsorientierten Lebensplanung ist für die Beteiligten – auch für die professionellen Betreuer –

schwierig oder nicht möglich. Dies ist eine belastende Situation, die auch die Beziehungen der Betroffenen beeinflußt (Fröhlich, 1994, 18).

Persönliches Leid und persönliche Not
Die Situation behinderter Menschen läßt sich nicht nur beschreiben durch den Ausfall einer Funktion oder die Schädigung eines Organs und die damit zusammenhängende Beeinträchtigung und Benachteiligung, sondern sie wird vor allem als persönliches Leid und persönliche Not erlebt. Ihre Situation ist unter anderem gekennzeichnet durch folgende Faktoren:
- dauernde *Einschränkungen* und *Verzicht* in den verschiedenen Lebensbereichen
- *erhöhte Abhängigkeit* von anderen im Bereich der persönlichen Versorgung und der sozialen Kontakte, Fremdbestimmung
- Konfrontation mit *negativen Reaktionen der Umwelt* wie: Vermeidungsverhalten und Isolation, Überforderung, Überbehütung, Demütigung
- Mitbetroffensein der *Familienangehörigen und Betreuer* durch Mehrbelastungen, Beeinträchtigungen der Freiheit, Verarmung sozialer Kontakte, Aushalten negativer Einstellungen der Umwelt, ständig wiederkehrende Gefühle wie Angst, Wut, Enttäuschung, seelische Schmerzen

Aus dieser extremen Lebensproblematik schwerstbehinderter Menchen ergeben sich für Heilerziehungspfleger/innen und andere Mitarbeiter in der Behindertenhilfe zwei herausragende Aufgaben:
(1) Wir müssen schwerstbehinderten Menschen Lebensräume und Lebenszeiten persönlichen Glücks erschließen und für sie, so gut es geht, verfügbar machen.
(2) Wir müssen ihren Angehörigen helfen, einen Sinn in ihrem Leben zu erkennen.

1.3 Interaktionales Modell der Entstehung von Behinderung

Auch Otto Speck, Professor am Institut für Sonderpädagogik der Universität München, geht von einem komplexen Begriff von „Behinderung" aus, der
(1) aus einer organischen Schädigung des Zentralnervensystems,
(2) aus individuellen Persönlichkeitsfaktoren,
(3) aus sozialen Bedingungen und Einwirkungen resultiert (Speck 1993, S. 40).
Er verdeutlicht am *Beispiel der geistigen Behinderung,* welche Faktoren bei ihrer Entstehung beteiligt sind.

Abb. 21: Interaktionales Modell der Genese und des Prozesses geistiger Behinderung (Speck 1993, S. 61)

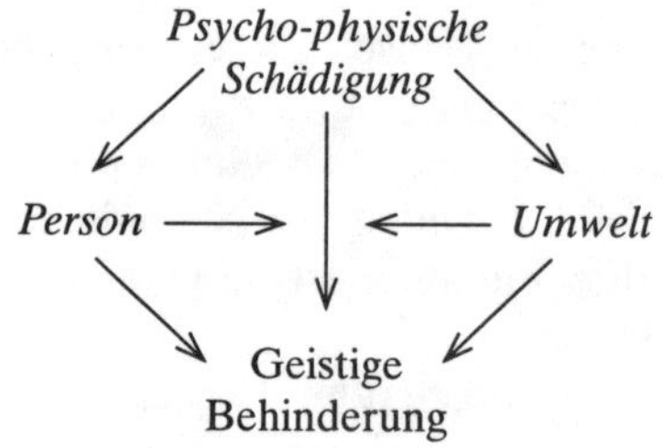

Psycho-physische Schädigung

Die *psycho-physische Schädigung* bezieht sich in der Regel auf das Zentralnervensystem. Sie beeinträchtigt einerseits mit dauerhafter Wirkung die Funktionen des Organismus und führt so zu direkten Lebenserschwerungen. Andererseits gilt die Schädigung auch als soziale Abweichung von den gesellschaftlichen Normen. Gerade die geistige Behinderung ist für die soziale Umwelt erkennbar. Der amerikanische Soziologe Goffman hat in diesem Zusammenhang den Begriff der *„Visibilität"* geprägt (Goffman 1974). Visibilität bedeutet in etwa Erkennbarkeit. Angesichts ihrer besonderen Visibilität können Menschen mit einer geistigen Behinderung *sozialen Abwehrmechanismen* in Form von *Stigmatisierungen und Sanktionen* ausgesetzt sein (Speck 1987, S. 142–144). Umgekehrt können diese ausbleiben, wenn eine tatsächliche Schädigung nicht erkannt wird. Die *Erziehung zu Unauffälligkeit und Angepaßtheit* kann u. a. auf der Grundlage dieser sozialen Prozesse erklärt werden.

Beispiele:
– Augenoperation oder Frischzellenkur bei Menschen mit Down-Syndrom (Wunsch, *es* ungeschehen zu machen, „Kosmetik");
– Wunsch, daß der geistig behinderte Sohn lesen und schreiben kann („Kompensation");
– Verstecken vor der Öffentlichkeit, Töten („Extremform der Bewältigung").

Umwelt

Für den geschädigten Menschen ist es von größter Bedeutung, wie die *soziale Umwelt* seine Schädigung bewertet (Normen, Konventionen, Sanktionen) und beantwortet (Einwirkung). Historisch gesehen rei-

chen die Bewertungsmaßstäbe „von integrierender Toleranz bis zu physischer Vernichtung. Dazwischen liegt eine ganze Skala der verschiedensten Einstellungen, wie z. B. degradierendes Mitleid (= herabsetzendes Mitleid, Anm. d. V.), Achtlosigkeit, soziale Distanz, Vernachlässigung, Feindseligkeit“ (Speck 1993, S. 62).
Diese Einstellungen finden ihren objektiven Ausdruck in den Institutionen, mit denen eine Gesellschaft auf eine so elementare Beeinträchtigung und Abweichung reagiert. Das Schulsystem spiegelt in seiner Geschichte deutlich diese verschiedenen Positionen gegenüber geistig behinderten Menschen wider: Absonderung, Schulbefreiung, Bildungsunfähigkeit, Schulpflicht, Integration. „Behindertsein hängt somit entscheidend davon ab, welche gesellschaftlichen Erwartungen gegenüber Menschen mit abweichendem Verhalten erhoben und welche Hilfen ihnen gegeben werden, um diesen Erwartungen entsprechen zu können“ (Bleidick 1994, S. 651). Die Einwirkungen der sozialen Umwelt entscheiden letztlich darüber, ob ein geschädigter Mensch als behindert gilt oder ob er als nicht behindert gelten kann.

Person

> „Der geistig behinderte Mensch ist auch *Person,* d. h. Eigeninstanz für Werte und Handeln. Er ist Selbst und erfährt sich damit auch in Abgehobenheit von seiner Umwelt als ‚autonomes System‘. Als Person erlebt er eigene Bedürfnisse, kann er seine Beeinträchtigung erkennen und bewerten, auf Einstellungen und Handlungen der anderen von seinem Selbstkonzept her antworten. Das Selbst konstituiert sich in der sozialen Interaktion. Es wird um so stärker, je mehr es gestützt, geachtet und aktiviert wird. Es wird gefährdet, Selbstentfremdung und unbegrenzte Manipulierbarkeit sind die Folge, wenn die anderen sich nicht auf ihn, seine Bedürfnisse, seine Subjektivität und damit auf seine Autonomie einstellen und einrichten“ (Speck 1993, S. 62).

Konsequenzen für die Pädagogik

> „Erst aus der Wechselwirkung der genannten Faktoren ergibt sich die ganze Komplexität dessen, was unter geistiger Behinderung im Sinne einer pädagogisch-sozialen Aufgabe zu verstehen ist. Sie ist interaktionales Ergebnis und interaktionaler Prozeß zugleich. Die pädagogische Aufgabenstellung darf sich nicht nur auf das einzelne Kind und sein Lernen beziehen, sondern muß als dreidimensioniert gesehen werden: Sie ist bezogen auf das sich selbst aufbauende Subjekt, auf die zu berücksichtigende physische (materiale) Schädigung und auf die Umwelt zugleich“ (Speck 1993, S. 62).

1.4 Behinderung als soziale Abhängigkeit

Das Ausgeliefertsein an die Mitmenschlichkeit der anderen ist keine ausschließliche Besonderheit behinderter Menschen. Jeder Mensch ist als soziales Wesen auf den anderen angewiesen. Andere Menschen sichern nicht nur sein Überleben nach der Geburt, sondern führen ihn über Pflege, Erziehung und Bildung zu jener Selbständigkeit, die wir als „Erwachsensein" bezeichnen.

Bedürfnisbefriedigende Abhängigkeit
Zur Befriedigung seiner lebensnotwendigen Bedürfnisse bleibt jeder Mensch sein Leben lang von anderen Menschen abhängig. Diese „bedürfnisbefriedigende Abhängigkeit" begrenzt die Freiheit und Unabhängigkeit des Menschen. Da sie aber an seine Bedürfnisse geknüpft ist, bejaht er sie. Diese Form der Abhängigkeit kann zum Beispiel als Sicherheit und Geborgenheit positiv erlebt werden (Hahn 1983, S. 132–141).

Aufgezwungene Abhängigkeit
Im Gegensatz dazu besteht eine aufgezwungene Abhängigkeit, die der Mensch als Unfreiheit erlebt und bekämpft. Im Falle einer schweren Behinderung kann diese *„Produktion von Unfreiheit"* ein extremes Ausmaß erreichen.
Abhängigkeit wird zu einer Erfahrung, die den ganzen Alltag ein Leben lang bestimmt, z. B. im Bereich der täglichen Verrichtungen zur Versorgung der eigenen Person (Kleider, Toilette, Körperpflege, Ernährung) oder bei der Gestaltung des privaten Interessenfeldes (Hahn 1981).

Identitätsgefährdung
Martin Hahn hat in vielen Gesprächen und Interviews mit geistig behinderten und körperbehinderten Menschen das Phänomen der sozialen Abhängigkeit näher untersucht und dessen pädagogische Bedeutsamkeit herausgearbeitet. Schwerbehinderte Menschen werden abhängiger gemacht, als sie tatsächlich sein müßten. Ihre schweren Schädigungen können in der sozialen Umwelt Reaktionen hervorrufen, welche verbliebene Freiheitsräume noch mehr verkleinern oder ganz beseitigen und die Identität dieser Menschen gefährden. Diese Abhängigkeit rührt nur zum Teil von der vorliegenden Schädigung her, während ein anderer Teil durch die soziale Umwelt oder durch den einzelnen selbst verursacht ist (Hahn 1981).

Abb. 22: Behinderung als soziale Abhängigkeit. Modifiziert nach Hahn (1981)

	Stigmatisierung *Etikettierung*	*Isolation* *Macht, Sanktion*	
Angst *Unsicherheit*		*Weitere* *Faktoren* ⟶	*Behinderung* *= als Unfreiheit* *erlebte* *Abhängigkeit*
	Überfürsorge *Infantilisierung*	*Mangelndes* *Problembewußtsein*	

Erklärung zur Abbildung

(1) Behinderung ist eine extreme Form sozialer Abhängigkeit, welche der behinderte Mensch als einen Zustand subjektiver Unfreiheit erlebt.

(2) Behinderung ist ein komplexes Phänomen und darf niemals „monokausal" erklärt werden. Behinderung ist das Ergebnis des Zusammenwirkens vieler Faktoren. Diese am Prozeß beteiligten Faktoren sind unter anderem:

Ängste: Begegnungen mit behinderten Menschen können vielfältige Ängste auslösen. Nichtbehinderte Menschen können nach dieser Theorie das „Fremdartige" an behinderten Menschen nicht in Einklang bringen mit ihren gängigen Vorstellungen. Sie fühlen sich bedroht und reagieren mit sozialer Abwehr. Typische Formen sozialer Abwehr sind Aggression und Rückzug/Vermeidungsverhalten.
Überfürsorgliche erzieherische Haltung: „Overprotection" = Überbehütung. Erziehungsstil, bei dem nahezu alle Wünsche, Bedürfnisse und Ansprüche des Kindes erfüllt werden. Das Kind macht keine Erfahrungen, mit Grenzen angemessen umgehen zu können. Es lernt nicht, berechtigte soziale Ansprüche zu formulieren und sich in die Gemeinschaft einzugliedern („Der kleine Tyrann").
Mangelndes Problembewußtsein: Mangelnde Sensibilität und mangelndes Einfühlungsvermögen in die psychosoziale Lebenssituation behinderter Menschen („Stammtischmentalität").
Stigmatisierung/Etikettierung: stigma (gr.) Brandmal; ursprünglich ein Zeichen, das in den Körper geschnitten oder gebrannt wurde und jedem anzeigte, daß der Träger ein Sklave, ein Verbrecher oder ein Verräter war – also eine gebrandmarkte, rituell für unrein erklärte Person, die gemieden werden sollte. In der Soziologie verstehen wir unter Stigmatisierung die negative Kennzeichnung eines Menschen (Hensle, 1982, S. 206–217); Etikettierung bedeutet in etwa das gleiche.

Infantilisierung: infans (lat.) Kind; erzieherische Einstellungen und Einwirkungen, die es einem Heranwachsenden erschweren, sich aus der Rolle des Kindes zu lösen und in eine Erwachsenenwelt hineinzuwachsen. Im pädagogischen Spannungsfeld von „Festhalten und Loslassen" dominieren die Motive, welche das Kind festhalten wollen.
Isolation, Desintegration: Prozeß der Ausgrenzung oder Ausgliederung eines Menschen aus der sozialen Gemeinschaft.
Sanktionen: Unangemessene erzieherische Maßnahmen, die häufig den Charakter einer Strafmaßnahme haben. Negative Sanktionen beobachten wir oft innerhalb von Beziehungen, in denen ein Machtgefälle besteht und die Macht mißbraucht wird.

Ängste, überfürsorgliche erzieherische Haltung, mangelndes Problembewußtsein, Sanktionen und Machtmißbrauch sind *soziale Einstellungen oder Motive,* die den Prozeß beeinflussen. Stigmatisierung, Isolation und Infantilisierung sind *soziale Prozesse* oder das *Ergebnis dieser Prozesse.*

(3) Die genannten Faktoren stehen zueinander in vielfältigen Beziehungen und können sich gegenseitig beeinflussen oder verstärken.

(4) Das Modell ist mehrperspektivisch, wie das Fallbeispiel des zwanzigjährigen geistig behinderten Klaus M. verdeutlicht: Es geht um seine Familie, welche die geistige *„Behinderung"* ihres zwanzigjährigen Sohnes unter verschiedenen Perspektiven erlebt, verarbeitet und damit – im Sinne Martin Hahns – *„produziert".*

Perspektive 1:
Die Mutter sorgt sich um ihn, wenn er alleine in die Stadt gehen will. „Was willst du denn alleine in der Stadt?" („Overprotection", „Infantilisierung"). Vielleicht hat sie Angst davor, daß Klaus von einem rechtsradikalen Schlägertrupp bedroht, beschimpft oder sogar geschlagen wird.

Perspektive 2:
Der Vater sorgt sich um den guten Ruf der Familie. Er möchte nicht, daß sich sein Sohn so oft in der Öffentlichkeit zeigt. Er befürchtet, daß die Leute beim Anblick des jungen, geistig behinderten Mannes Vermutungen anstellen, wohin er wohl gehört. Er hört die Leute sagen: „Was? *Die* haben einen Behinderten in der Familie?" Er hört die gleichen Leute denken: „Mit denen will *ich* nichts zu tun haben ..." Der Vater hat Angst, daß die ganze Familie durch Klaus stigmatisiert und als Folge davon gemieden wird. Um dies zu verhindern, ergreift er Maßnahmen zur Isolation von Klaus.

Es geht darüber hinaus auch darum, daß viele Menschen aus dem engeren und weiteren sozialen Umfeld von Klaus – „gute Bekannte“, „schlechte Bekannte“, aber auch unbekannte Personen – an diesem Prozeß, der letztlich zu seiner „erlebten Behinderung“ führt, beteiligt sind und Mitverantwortung tragen.

Abb. 23: Rollenzuweisung „Behindertenfamilie“

Antizipierte negative Rollenzuweisung „Behindertenfamilie“

↓

Stigmatisierungsprozeß

↓

Isolation/Desintegration

Pädagogische Konsequenzen

In der Angehörigen- und Elternarbeit werden Heilerziehungspfleger/innen mit diesen Problemen der Stigmatisierung und Desintegration der „Behindertenfamilie“ immer wieder konfrontiert. Es gilt hier, das eigene Auftreten und Handeln gegenüber diesen Familien zu reflektieren und dem Stigmatisierungs- und Desintegrationsprozeß aktiv entgegenzuwirken.

1.5 Behinderung als pädagogisches Problem

Behinderung als intervenierende Variable der Erziehung

Gemeint ist damit, daß eine Behinderung die Lernbedingungen in entscheidender Weise erschwert. Bildlich gesprochen: Der blinde Schüler kann die Tafel nicht sehen, auf der der Lehrer für die übrigen Schüler der Klasse etwas anschreibt. Der Gehörlose ist im buchstäblichen Sinne nicht „ansprechbar“. Aus diesen Sachverhalten bezieht die Sondererziehung ihren Auftrag. Mit der Erschwerung des Lerngeschehens soll nicht gesagt sein, daß ein Defekt oder eine funktionelle Störung die Ziele der Erziehung oder des Unterrichts dauerhaft verstellt oder ihr Erreichen unmöglich macht (Bleidick 1992, S. 27/28).

> „Ein pädagogischer Begriff von Behinderung liegt dann vor, wenn sich der Educandus aufgrund seiner Behinderung nicht mit den ‚üblichen‘ Mitteln erziehen und unterrichten läßt und spezieller, ‚besonderer‘ pädagogischer Verfahrensweisen bedarf“ (Bleidick 1992, S. 28).

In seiner Empfehlung „Zur pädagogischen Förderung behinderter und von Behinderung bedrohter Kinder und Jugendlicher“ definiert der Deutsche Bildungsrat Behinderung folgendermaßen:

„Als behindert im erziehungswissenschaftlichen Sinne gelten alle Kinder, Jugendlichen und Erwachsenen, die in ihrem Lernen, im sozialen Verhalten, in der sprachlichen Kommunikation oder in den psychomotorischen Fähigkeiten so weit beeinträchtigt sind, daß ihre Teilhabe am Leben der Gesellschaft wesentlich erschwert ist. Deshalb bedürfen sie pädagogischer Förderung. Behinderungen können ihren Ausgang nehmen von Beeinträchtigungen des Sehens, des Hörens, der Sprache, der Stütz- und Bewegungsfunktion, der Intelligenz, der Emotionalität, des äußeren Erscheinungsbilds sowie von bestimmten chronischen Krankheiten. Häufig treten auch Mehrfachbehinderungen auf" (Deutscher Bildungsrat 1973, S. 32).

Ulrich Hensle ergänzt diese Definition durch folgenden Gedanken:

„Behinderung ist nicht durch die bloße Funktionsbeeinträchtigung bereits eine Behinderung, sondern erst durch die Erschwerung der gesellschaftlichen Partizipation, die diese mit sich bringt. Merkmale des Behinderten und Merkmale seiner Gesellschaft bewirken also erst gemeinsam das Phänomen der Behinderung" (Hensle 1982, S. 16–17).

Problematisierung des pädagogischen Behinderungsbegriffs nach Ulrich Bleidick

Bleidick stellt einen direkten Zusammenhang zwischen „Behinderung" und unserem institutionalisierten Bildungs- und Erziehungswesen her, wenn er schreibt:

„Es ist nicht allgemein bekannt, daß etwa die Hälfte der körperbehinderten oder sehbehinderten Kinder und Jugendlichen Allgemeinbildende Schulen besucht, den Anforderungen dieser Schulen genügt und nicht in besonderem Maße auffällig ist.
Erst wenn geschädigte Schüler mit den üblichen pädagogischen Mitteln nicht oder nicht hinreichend gefördert werden können und zusätzlicher, spezieller, „sonderpädagogischer" Maßnahmen bedürfen, wird ihre Behinderung gleichsam pädagogisch relevant: Als behindert im pädagogischen Sinne gelten Kinder, Jugendliche und Erwachsene, deren Lernen und deren soziale Eingliederung erschwert sind" (Bleidick 1994, S. 652).

Zusammenfassend läßt sich sagen, daß eine Behinderung im pädagogischen Sinn dann vorliegt:
(1) wenn einem Menschen eine Schädigung widerfuhr,
(2) wenn daraus Lebenserschwerungen erwuchsen,
(3) und wenn Entwicklungsabweichungen hervorgingen bzw. noch zu erwarten sind.

Diese drei Phänomene erschweren für gewöhnlich die Erziehbarkeit und die Bildbarkeit des betroffenen Menschen. Wenn dies der Fall ist, wird die Erschwerung zur Behinderung der Erziehbarkeit und Bildsamkeit und gewinnt dadurch eine pädagogische Dimension.

2. ANTHROPOLOGISCHE ASPEKTE

In diesem Abschnitt befassen wir uns mit Gedanken über das „Dasein“ oder das „Sosein“ behinderter Menschen. Das Thema hat etwas mit Achtung bzw. Mißachtung, mit Einstellungen zu, Erwartungen an und dem Umgang mit behinderten Menschen zu tun. Im ersten Teil soll diese „existentiell-anthropologische Problematik“ am Beispiel der historischen Entwicklung der sozialen und erzieherischen Hilfen aufgezeigt werden.
Der zweite Teil ist allgemeiner und grundsätzlicher gehalten und befaßt sich mit ethischen Fragen zum Problemkreis „Behinderung“.

2.1 Historische Entwicklung der sozialen und erzieherischen Hilfen für behinderte Menschen

> „Menschen mit geistigen Behinderungen gab es zu allen Zeiten. Die Sozialgeschichte ist auch eine Geschichte der verschiedenen Positionen, die die jeweilige Gesellschaft diesen Menschen zuwies, die sie als wunderlich und verehrenswert oder als unbrauchbar und lebensunwert ansah. Die Fachtermini, mit denen eine relativ ratlose Wissenschaft sie zu klassifizieren suchte, waren u. a. ‚Blödsinn‘, ‚Idiotie‘, ‚Schwachsinn‘, ‚Geistesschwäche‘“ (Speck 1993, S. 13).

Es sollen hier in Anlehnung an Speck (1993) einige historische Orientierungsdaten aufgezeigt werden, soweit sie grundlegend sind zum Verständnis der Entwicklungslinien einer Pädagogik behinderter Menschen. Die Geschichte behinderter Menschen war jahrhundertelang die Geschichte ihrer Verfolgung und Mißachtung. Erst seit Beginn des 19. Jahrhunderts sind Ansätze ihrer Bildung und Erziehung erkennbar.

2.1.1 Mythische Abwehr und soziale Auslese: Altertum – Mittelalter – Frühe Neuzeit

Altertum

Im griechisch-römischen Kulturkreis herrschte das Ideal der „Kalokagathia“ (körperliche und geistige Tüchtigkeit). Man orientierte sich am Idealbild der schönen Frau und des schönen und starken Kriegers. In antiken Quellen finden wir wenig Hinweise zum Schicksal behinderter Menschen. „Ganz allgemein läßt sich sagen, daß dieses im wesentlichen von mythisch-religiösen Abwehrmechanismen bestimmt war. Allzu fremd und naturwidrig war ihr Bild. Der hilflos ausgelieferte Mensch des Altertums sah Götter und Dämonen im Spiel.

Seine soziale Antwort war Selektion" (Speck 1993, S. 13). Die Spartaner setzten mißgebildete Neugeborene in den Schluchten des Taygetos-Gebirges aus. In Rom warf man unerwünschte Kinder mit Sinnes- oder Organdefekten in den Velabrensischen See, eine Kloake der Stadt. Auch im antiken Athen galt die Tötung dieser „Nutzlosen" als ein Erfordernis im Sinne des Gemeinwohls. Die großen Philosophen der Antike rechtfertigten solche Bräuche: Nach Sokrates war es das größte Übel, minderwertige Kinder zu haben. Platon rechtfertigte in seinem utopischen „Staat" den Kindesmord und empfahl eine strikte Eugenik (= Erbgesundheitslehre) durch staatliche Auswahl der Zeugungspaare. Und Aristoteles sprach in seiner Nikomachischen Ethik von den „Erscheinungsformen eines tierischen Wesens", entstanden durch Krankheit oder Verkrüppelung.
In der Regel gab es in der Antike keine Anerkennung des Lebensrechtes und der Menschenwürde behinderter Menschen. Die einzigen Perspektiven, die sich einem behinderten Neugeborenen mitunter öffneten, war ein Leben als Bettler oder Hofnarr.

Christianisierung und Mittelalter

Die erste entscheidende Wandlung erfuhr das Verhältnis zu behinderten Menschen mit dem Aufkommen des Christentums. Die Nächstenliebe als zentrale Forderung und die Gleichheit aller Menschen gegenüber dem göttlichen Erlösungsangebot machten die Bemühung um Behinderte nun zu einer sinnvollen Aufgabe, der sich im Mittelalter die Klöster annahmen. *Behinderung und Krankheit war als von Gott gesandt hinzunehmen.*
Die belgische Stadt Geel ist ein lebendiges Beispiel für die Verwirklichung eines echten Miteinanders von Behinderten und Nichtbehinderten. Seit Jahrhunderten werden hier in mehr als tausend Pflegefamilien behinderte Menschen betreut. Das außergewöhnliche an diesem Beispiel ist die Tradierung einer sozialintegrativen Einstellung der Bewohner einer ganzen Stadt gegenüber Menschen, die der Außenseiterdiskriminierung ausgeliefert sind. Das Pflegefamilienwesen von Geel ist das älteste von Europa. Es geht auf ein im Spätmittelalter abgelegtes Gelübde der Kirchengemeinde zurück. Man muß allerdings einräumen, daß neben dem ursprünglichen Motiv christlicher Fürsorglichkeit seit langem ökonomische Motive für das Aufnehmen der „zinnelosen" eine Rolle spielen. Diese Tradition hat dem Ort einen allgemeinen wirtschaftlichen Aufschwung gebracht.
Das christliche Mittelalter konnte sich beim Umgang mit geistig und körperlich schwer geschädigten Kindern nicht ganz von *heidnischen Überlieferungen* trennen. Dies fand seinen Niederschlag im Begriff

der „untergeschobenen“ Kinder, der „Wechselbälge“. Nach dem mittelalterlichen Volksglauben nahm man an, daß der Teufel ein gesundes Kind gegen ein mißgestaltetes austausche. Gegen diese vom Teufel besessenen „Idioten“ und „Blödsinnigen“ gingen die Menschen mit Beschwörungen vor.
Häufig zitiert wird in diesem Zusammenhang aus einer „Tischrede“ Martin Luthers von 1540. „Es handelt sich um nachträgliche Niederschriften über Tischgespräche. Dabei ging es um den Fall eines offensichtlich geistesschwachen Kindes, eines ‚Kielkropfes‘, also eines ‚Wechselbalgs‘, von dem gesagt wurde, daß der Teufel dies gemacht habe, daß solche Kinder eine ‚massa carnis‘, ein Klumpen Fleisch ohne Seele, seien“ (Speck 1993, S. 13–14, 72–73; Hensle 1982, S. 36–39).
Bachmann (1985) behauptet, daß die jahrhundertelange grausame Verfolgung dieser Menschen als „Teufelswerk“ von ihrem Ursprung her christlich sei. Nähere Untersuchungen belegen, daß der primitive Aberglaube frühgeschichtlich-heidnischen Ursprungs, durch kirchliche Instanzen zusätzlich sanktioniert, einem akzeptierenden Verständnis für diese Menschen im Wege gestanden hat. (Bachmann 1985, in: Speck 1993, S. 14)
Aberglaube, Mythen und Selektion können als Ausdruck der Hilflosigkeit des Menschen der Antike gedeutet werden. Durch das Mittelalter und bis in die frühe Neuzeit wirkten diese frühgeschichtlich-archaischen Mythen weiter und haben die Menschen in ihrem Handeln beeinflußt. Es darf aber nicht ignoriert werden, daß der Grundansatz der christlichen Nächstenliebe schon damals zur Annahme, Seelsorge und Pflege geistig schwacher Menschen geführt hat, wie viele Zeugnisse belegen.

2.1.2 Aufklärung – Erste pädagogische Ansätze

Eine Abkehr von den mythischen und irrationalen Vorstellungen setzte mit der Rationalisierung und der Aufklärung (17./18. Jahrhundert) ein.

Philosophische Impulse

Von den großen Denkern der „Aufklärung“ gingen die Impulse aus, die allmählich zur Überwindung des Aberglaubens beitrugen. Daß diese sich zunächst noch schwer taten, zeigt sich u. a. bei Comenius, Rousseau und Kant:
Johannes Comenius (1592–1670) sträubte sich in seiner *„magna didactica“*, die Gottähnlichkeit des Menschen auch für „solche, denen Gott den Verstand versagte“, gelten zu lassen und empfahl „das knorrige Holz liegen zu lassen“ (Comenius 1627, in: Speck 1980, S. 14).

Jean-Jacques Rousseau (1712–1778) bekannte sich in seinem *„Emile"*, seinem „Evangelium der Natur", zu seinen Problemen mit siechen Kindern. Die Sorge um sie sei zum Schaden der Gemeinschaft verschwendet.

> „Mag ein anderer sich statt meiner dieser Schwachen annehmen. Ich billige es und seine Nächstenliebe. Ich kann nicht jemanden das Leben lehren, der nur darauf bedacht ist, sein Sterben zu verhindern" (Rousseau 1762, in: Speck 1980, S. 14).

Für *Immanuel Kant* (1724–1804) bedeutete Blödsinnigkeit „Seelenlosigkeit". In seiner *„Anthropologie"* spricht er von „gänzlicher Gemütsschwäche, die entweder selbst nicht zum tierischen Gebrauch der Lebenskraft (wie bei den *Kretinen* des Walliserlandes), oder auch nur eben zur bloß mechanischen Nachahmung äußerer durch Tiere möglichen Handlungen (Sägen, Graben etc.) zureicht" (Kant 1798, in: Speck 1993, S. 15).
Philosophisch-anthropologisch bedeutsam sind in diesem Zusammenhang zwei Gedanken, die sich aus den weiteren Ausführungen Kants ableiten lassen: Wenn Kant von Seelenlosigkeit spricht, dann verneint er damit nicht diese besondere Form des Menschseins und er intendiert damit auch keine endgültige Selektion! (Speck 1993, S. 15)

Pädagogische Hilfen

Ein wichtiger pädagogisch-sozialer Anstoß ging von *Johann Heinrich Pestalozzi (1746–1827)* aus. Er setzte sich in einer „Anrufung der Menschlichkeit" für die in der „niedrigsten Menschheit" vergessenen Kinder und ihre Erziehung ein. Er war überzeugt davon, „daß auch Kinder von äußerstem Blödsinn, die durch gewohnte Härte dem Tollhaus aufgeopfert werden, durch liebreiche Leitung zu einem ihrer Schwachheit angemessenen, einfachen Verdienst vom Elend eines eingesperrten Lebens errettet und zur Gewinnung ihres Unterhalts und zum Genuß eines freien und ungehemmten Lebens geführt werden können" (Pestalozzi 1927, S. 188). Pestalozzis Einstellung war völlig unzeitgemäß. Seine Berichte über zwei Kinder auf dem Neuhof sind nach allem, was wir heute wissen, die einzigen über eine erfolgreiche Erziehung geistig behinderter Kinder im 18. Jahrhundert (Speck 1993, S. 15).

Abbé de l'Epée gründete 1770 die erste Taubstummenschule, *Valentin Haüy* schuf 1784 die erste Blindenschule in Paris.

Das klassische Beispiel für den neuen wissenschaftlichen Zugang zum Phänomen der Behinderung sind die Erziehungsversuche des Pariser

Taubstummenlehrers und Arztes *Jean Itard* mit *„Victor, dem Wildkind von Aveyron"*. 1799 hatten Jäger den ungefähr zehn bis zwölf Jahre alten Jungen nackt in einem abgelegenen Wald gefunden, wo er sich von Eicheln ernährt hatte. In den Jahren 1801–1805 war es Itard gelungen, dem verwilderten, geistig behinderten Knaben durch systematische pädagogische Maßnahmen zu einem erstaunlichen Grad an sozialer Anpassung zu verhelfen. Viktor konnte schließlich mit Itard in einem Pariser Restaurant speisen, obwohl er vorher in der Wildnis dahinvegetiert hatte.
Das Beispiel von Viktor ist in mehrfacher Hinsicht bedeutsam:
Es gilt als sicher, daß es sich um einen *geistig behinderten Jungen* handelte. Systematische Sinnesschulung und gemüthafte Bildung haben wesentlich zum Erziehungserfolg im Bereich der Lebensfertigkeiten beigetragen. Itard legte der Erziehung von Victor fünf Leitsätze zugrunde:

> „*Erster Leitsatz:* Er soll dadurch an das Leben in zwischenmenschlichen Beziehungen gebunden werden, dass er es als angenehmer als sein vorheriges Leben empfindet.
> Bevor Victor von Itard aufgenommen wurde, hatte er das neue Leben unter Menschen vorwiegend als etwas Negatives erlebt. Man hatte ihn vorerst in ein Heim für Taubstumme gebracht, wo man für sein gestörtes Verhalten kein Verständnis aufbrachte. In diesem Heim hatte sich seine anfängliche Überaktivität zu einer schweren Apathie gewandelt. Itard veränderte den Umgang mit dem Jungen völlig und versuchte, sich den Regungen des Jungen anzupassen und darauf einzugehen.
> *Zweiter Leitsatz:* Die Sinnestätigkeit und das Empfindungsvermögen sollen durch starke Stimulierungen geweckt werden.
> Nachdem er festgestellt hatte, daß Victor auf Sinnesreize reagierte, verstärkte er die Reizung der Sinne auf manchmal gewaltsame Weise, um den Jungen zur Sinneswahrnehmung zu zwingen. Itard hatte anfänglich allergrößte Schwierigkeiten, Victors Aufmerksamkeit auf bestimmte Töne, auf Gegenstände oder auf Personen zu lenken.
> *Dritter Leitsatz:* Die Vorstellungen und Gedanken sollen dadurch erweitert werden, dass neue Bedürfnisse geweckt und die Beziehungen zur Umwelt verstärkt werden.
> Itard versuchte, Victor für Gegenstände, für Spielzeuge und Leckereien zu interessieren. Er machte ihn auch mit neuen Menschen bekannt. Durch all diese Bemühungen gelang es ihm, dass Victor erste Zeichen von sozialem Verhalten zeigte.
> *Vierter Leitsatz:* Er soll zum Gebrauch der Sprache geführt werden, dass er die Nachahmung von gesprochener Sprache als absolute Notwendigkeit erlebt.
> Bezüglich des Spracherwerbs auf dieser Grundlage musste Itard Misserfolge akzeptieren. Victor begann zwar Wörter zu imitieren, aber er verwendete

diese nicht, um etwas zu verlangen. Aber es bedeutete schon einen Erfolg, dass Victor auf menschliche Sprache zu reagieren begann.
Fünfter Leitsatz: Er soll während einiger Zeit einfachste Denkprozesse bezogen auf Probleme der unmittelbaren Bedürfnisse üben; anschließend soll es zur Anwendung auf andere Lehrinhalte kommen" (Haeberlin 1985, S. 57–58).

Mit diesen Leitsätzen hatte Itard wesentliche heilpädagogische Grundgedanken formuliert, ohne welche die heutige Heilpädagogik nicht vorstellbar wäre.
Der Erziehungserfolg blieb jedoch begrenzt: Viktor konnte weder sprechen lernen noch sich in die bestehende „Ordnung der Moral" integrieren. Für Itard, der den Jungen zunächst nicht als einen „Idioten" angesehen hatte, war es ein Mißerfolg.

Das Konzept von *Edouard Sequin (1812–1880)* richtete sich – im Gegensatz zu Itard – direkt auf die Erziehung idiotischer Kinder. Er erkannte die Bedeutung der *sensualistischen Methode* für die Bildung des Intellekts, zugleich widmete er sich aber auch der affektiven und moralischen Erziehung. Sein methodischer Ansatz wurde bekannt als *„Physiologische Erziehung"*. Die Betonung der sensorischen und motorischen Schulung deutet schon auf die späteren Ansätze von Jean Piaget und Maria Montessori hin. 1846 erschien sein *„Lehrbuch der Idiotenerziehung"*, das erste systematische Lehrbuch dieser Art (Speck 1993, S. 14–17; Speck 1987, S. 35).

Sensualistische Methode: Schulung und Übung der Sinnesorgane und der Wahrnehmungskräfte. Durch den Aufbau von Kompetenz im Bereich der Sinne und der Wahrnehmung soll die Grundlage geschaffen werden für den Aufbau von geistigen (kognitiven) Kompetenzen.
Physiologische Erziehung: Erziehung, die ihre Grundlage in der konsequenten Anwendung der sensualistischen Methode hat.

2.1.3 Anstaltsgründungen und Hilfsschulen des 19. Jahrhunderts

Die ersten speziellen Gründungen von Schulen und Anstalten für „Schwachsinnige" fallen in das 19. Jahrhundert. Dieses Jahrhundert kann aus heutiger Sicht als das Gründerjahrhundert der Geistigbehindertenpädagogik betrachtet werden. Es wurde eine ganze Reihe von Anstalten gegründet, die es sich zur Aufgabe machten, geistig behinderte Menschen nicht nur zu bewahren, sondern auch zu *erziehen, zu bilden und sinnvoll zu beschäftigen*. Pfarrer Probst nannte seine 1852 in Ecksberg gegründete Anstalt eine „Weltläufigmachungsanstalt" und stellte seine sozialen und erzieherischen Programme auf der Weltausstellung 1872 in Wien vor (Speck 1993, S. 15). Zu nennen wäre auch die „Rettungsanstalt für schwachsinnige Kinder", 1838 von Pfarrer Haldenwang in Wildberg bei Nagold gegründet. Die Anstalten in Liebenau, Stetten, Ursberg, Mariaberg, Heggbach, Wilhelmsdorf, Schönbrunn etc. gehören mit in diese *Gründerwelle* (Thesing 1994, S. 18–28). Der Errichtung von Einrichtungen für „Schwachsinnige" im vorigen Jahrhundert lagen im wesentlichen drei Motive zugrunde:

(1) Christlich-caritatives Ethos,
(2) Pädagogischer Optimismus,
(3) Wissenschaftliches Erkenntnisinteresse.

Das Vordringen des geisteswissenschaftlich-philosophischen und des naturwissenschaftlich-kausalen Denkens im Zuge der weiter fortschreitenden Aufklärung gaben starke Anstöße für eine systematische Entfaltung der Arbeit mit „geistesschwachen Menschen" (Speck 1993, S. 15).
Auch staatliche „Idiotenanstalten" dieser Zeit verstanden sich nicht nur als Bewahranstalten, sondern bemühten sich um die Erfüllung eines pädagogischen Auftrags. In den *Preußischen Bestimmungen zum Hilfsschulwesen* von 1859 lesen wir über „Erziehung und Unterricht der Blödsinnigen", daß es möglich sei, Kinder dieser Kategorie durch „sorgfältigste, physische und moralische Pflege, unter Anwendung geeigneter Hilfsmittel der Erziehung und des Unterrichts allmählich wieder zu einigermaßen brauchbaren Mitgliedern der menschlichen Gesellschaft heranzubilden" (zitiert nach Klink 1966, in: Speck 1993, S. 25).

Menschen mit einer geistigen Behinderung werden zum erstenmal in der Geschichte als prinzipiell erziehungsfähig und bildungsfähig anerkannt. Soziale und erzieherische Programme des 19. Jahrhunderts befassen sich mit der Erziehung, Bildung, Förderung und sinnvollen Beschäftigung geistig behinderter Menschen. Neben den caritativ-kirchlichen Aktivitäten kommen auch von staatlicher Seite Impulse, u. a. zum Aufbau eines staatlichen Hilfsschulwesens.

2.1.4 Der Begriff der Bildungsunfähigkeit im Nationalsozialismus

In der Zeit des Nationalsozialismus steigerte sich die Brauchbarkeitsideologie (= „Utilitarismus") ins Extreme:

> „Es darf im Dritten Reich keinen Erzieher auf sog. verlorenem Posten geben und keine Stunde umsonst vertaner Kraft oder unverhältnismäßig starken Ringens um einen ganz kleinen, für die Volksgemeinschaft nur unwesentlichen Erfolg." (Bartsch 1934, in: Speck 1993, S. 27)

Mit der Machtergreifung der Nationalsozialisten im Jahre 1933 wurden die Kampagnen zum Abdrängen schwerbehinderter Menschen aus der Hilfsschule stärker. Es wurden zum Beispiel die Kosten für die Fürsorgeerziehung eines „geistig minderwertigen" Jugendlichen mit der Wohlfahrtsunterstützung eines „gesunden erwerbslosen Volksgenossen" verglichen, um die Bevölkerung gegen den Personenkreis geistig behinderter Menschen aufzustacheln. Im Beiblatt des „Völkischen Beobachters" vom Februar 1934 las sich das dann so:

> „Dreierlei Maß.
> Erster Maßstab: ein *gesunder* erwerbsloser Volksgenosse erhält für sich, seine Frau und vier Kinder – also *sechs* Personen – an Wohlfahrtsunterstützung wöchentlich 19,50 RM. Zweiter Maßstab: ein *geistig minderwertiger* Erwachsener, der in geschlossener Pflege untergebracht ist – also *eine* Person –, erfordert an Anstaltspflegekosten wöchentlich 28,00 RM. Dritter Maßstab: Ein *geistig minderwertiger* Jugendlicher in *Fürsorgeerziehung* – also *eine* noch nicht voll erwachsene Person – verursacht an Kosten der Fürsorgeerziehung wöchentlich 42,00 RM. Der neue Staat wird für den rechten Maßstab sorgen" (Römer 1986, S. 26).

Mit dem Erlaß des *„Reichsschulpflichtgesetzes"* 1938 wurde dem Personenkreis geistig behinderter Menschen die Bildungsfähigkeit abgesprochen. Dieses Reichsschulpflichtgesetz bestimmte in § 11:

> „Bildungsunfähige Kinder und Jugendliche sind von der Schulpflicht befreit. Als bildungsunfähig sind solche Kinder und Jugendliche anzusehen, die körperlich, geistig oder seelisch so beschaffen sind, daß sie auch mit den vorhandenen Sonderschuleinrichtungen nicht gefördert werden können" (Speck 1993, S. 27).

Als bildungsunfähig galt, wer die klassischen Kulturtechniken Lesen, Rechnen und Schreiben nicht erlernen konnte. „Die konsequente Auslegung der Begriffe ‚unwertes Leben' und ‚Bildungsunfähigkeit' führte allerdings unerbittlich – vor allem im Krieg – zur massenweisen systematischen Tötung dieser im Sinn der Nazi-Ideologie ‚unbrauchbaren' Kinder und Jugendlichen" (Speck 1993, S. 29).
Die verhängnisvollen Konsequenzen des nationalsozialistischen „Euthanasieprogramms" (vgl. Klee 1983) geben Anlaß zu folgenden *Thesen:*

– Die Trennung zwischen Bildungsfähigkeit und Bildungsunfähigkeit ist eine willkürliche gedankliche Konstruktion, die mit aller Entschiedenheit abzulehnen ist!
– Wo einem Menschen das Recht auf Bildung abgesprochen wird, da ist es nur noch ein ganz kleiner Schritt, daß ihm auch das Recht auf Pflege und schließlich das Recht auf Leben abgesprochen wird.

– Die Stigmatisierung als *„Bildungsunfähige“* und die damit verbundene *Ausstoßung* geistig behinderter Menschen aus dem kulturellen Leben der Gesellschaft ebnete und öffnete den Weg zur planmäßigen *Euthanasie!*

Abb. 24: Von der »Bildungsunfähigkeit« zur »Euthanasie« – oder – Der Mechanismus totalitären Denkens

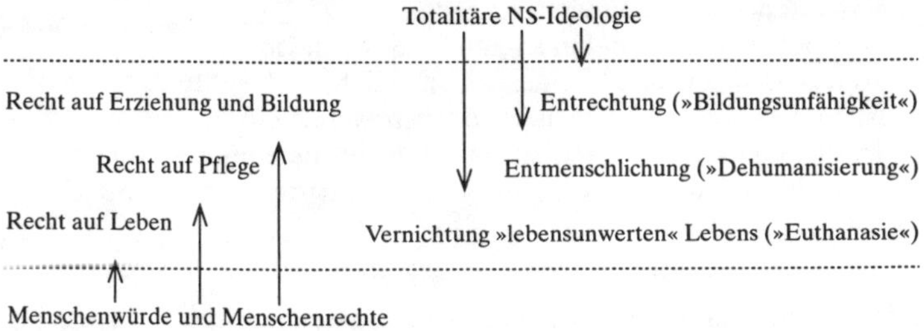

Die geschichtliche Tatsache ist Grund genug, den schwer belasteten Begriff der „Bildungsunfähigkeit“ völlig aus dem Sprachgebrauch auszuschalten, auch wenn schulrechtlich gesehen lediglich *Schul*bildungsunfähigkeit gemeint sein kann.
Die *„Einheit von Erziehung und Pflege“* muß als der oberste Grundsatz einer ganzheitlichen Pädagogik behinderter Menschen gelten (Speck 1993, S. 26–29; Hahn 1985/86).

2.2 Ethische Fragen

Peter Singer, ein australischer Bio-Ethiker, hat in seiner *„Praktischen Ethik“* den Versuch unternommen, ein neues Paradigma zu begründen. Er vertritt die These, daß nicht alles menschliche Leben in gleichem Maße wertvoll und unverletzlich ist und das Töten eines behinderten Kindes unter Umständen gerechtfertigt sei. Singer formuliert seine ethischen Argumente auf dem Hintergrund des sogenannten „Präferenz-Utilitarismus“ (Singer 1984).
Weite Teile der Öffentlichkeit und viele behinderte Menschen, z. B. die Mitglieder der „Krüppelbewegung“, sind schockiert darüber, daß Singers Ideen bereits an deutschen Hochschulen Eingang gefunden haben. An einer deutschen Hochschule gibt es eine aktuelle Diskussion über eine „Vorgeburtliche Qualitätskontrolle“ von Föten. Es wird von einem „Ethos der Manipulation“ gesprochen. Aus diesem neuen ethischen Denken heraus wird eine „Behinderung der Forschung als ethisch verwerflich“ bezeichnet. In das „Roulette der Natur korrigie-

rend einzugreifen“ ist nach dieser Logik eine ethische Verpflichtung für den Forscher ... „Bei rechtzeitigem Eingriff in die Keimbahn können Idioten verhindert werden.“ – Gedanken und Zitate von Prof. Hans Martin Sass, Mitglied des Bioethik-Komitees der Deutschen Unesco-Kommission (Frontal, ZDF, 30. 5. 95).
Es ergeben sich folgende Fragen zum Problemkreis „Behindertes Leben und ethisches Handeln“:

„– Was ist der Sinn behinderten Lebens?
– Wie läßt sich in der Behindertenhilfe Sinn finden?
– Welche Leitziele und Normen sollen erzieherisch vertreten werden?
– Ist ein Down-Kind im Mutterleib lebenswertes Leben?
– Ist es ökonomisch vertretbar, in schwerbehindertes Leben ebenso viel oder mehr zu investieren als in nicht behindertes Leben“ (Speck 1987, S. 181)?

Abb. 25: Ethische Fragen zum Problemkreis Behinderung

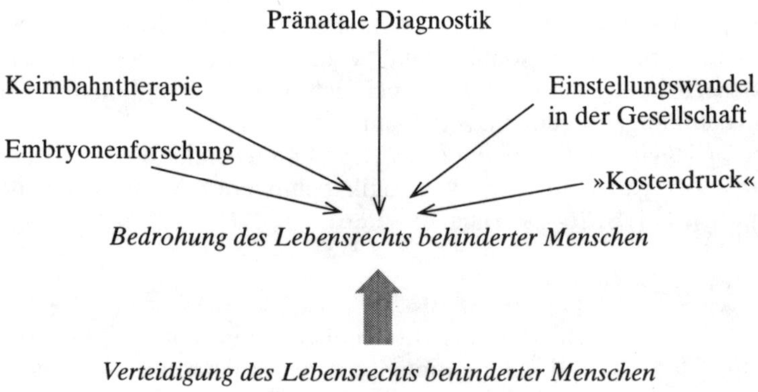

Impulse für ein ethisch begründetes Handeln

Für den Philosophen Hans Jonas ist *Verantwortung* „die als Pflicht anerkannte Sorge um ein anderes Sein, die bei Bedrohung seiner Verletzlichkeit zur Besorgnis wird“ (Jonas 1980, S. 391).
Nach christlichem Verständnis wird *Liebe* zum zentralen Gebot, wobei *Gottes- und Nächstenliebe* gleichzusetzen sind. Bei Teilhard de Chardin ist *Liebe* eine kosmische Energie, eine Anziehungskraft, die die Lebewesen aufeinander ausüben. „Mit den Kräften der Liebe suchen die Fragmente der Welt einander, auf daß die Welt sich vollende.“ (Teilhard de Chardin 1959, in: Speck 1988, S. 180).

Für Martin Buber verwirklicht sich Menschsein im personalen *Dialog*, in der ICH-DU-Beziehung. In, mit und unter der ICH-DU-Beziehung verwirklicht sich für ihn die Gottesbeziehung, die Beziehung zum „absoluten DU“, zum „ewigen DU“ (Buber 1979).
Weitere Kriterien ethischen Handelns: Selbsterkenntnis, Partizipation, Bekenntnis zur Leidensfähigkeit, normativer Konsens (Speck 1988, S. 194–207).

Abb. 26: Begründungsansatz für eine »Ethik des Lebens«

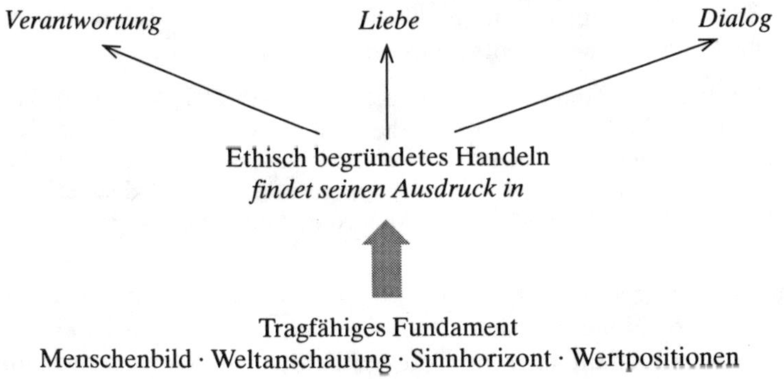

Urs Haeberlin, ein Schweizer Heilpädagoge, benennt als Fundament einer christlich zu begründenden Heilpädagogik folgende Wertpositionen:

> „1. Der Wert der Unverletzlichkeit allen menschlichen Lebens, ohne den es zur Infragestellung und Vernichtung ‚lebensunwerten Lebens‘ kommt,
> 2. der Wert der grundsätzlich gleichen Würde allen menschlichen Lebens, ohne den es zu unwürdigen Lebensbedingungen für behinderte und benachteiligte Menschen kommt,
> 3. der Wert der gleichen Rechtsstellung aller Menschen, ohne den es zu rechtlichen Benachteiligungen, z. B. zur Zuschreibung von Unmündigkeit an behinderte Menschen kommt, und
> 4. der Wert der im Christentum begründeten Nächstenliebe, ohne den alle vorgenannten Werte permanent in Frage gestellt werden“ (Haeberlin 1980, S. 12).

3. Pädagogik und Medizin

Der Konflikt zwischen Medizin und Erziehung reicht weit zurück. Lehrer, Priester und Arzt bildeten bereits in vorchristlichen Hochkulturen eine spannungsgeladene Trias. Die Konflikte zwischen Arzt und Erzieher verschärften sich von der Renaissance und dann deutlich vom Aufklärungszeitalter an im Zusammenhang mit der zunehmenden Professionalisierung und berufsständischen Organisation im Bildungs- und im Medizinalsystem.
Jean Jacques Rousseau (1712–1778) verachtete die Heilkunst (Medizin), da diese seiner naturgemäßen Erziehung im Rahmen seiner „Naturlehre" diametral entgegenstand:

> „Ein kraftloser Körper schwächt auch die Seele. Daher kommt die Herrschaft der Heilkunst, einer Kunst, die gefährlicher ist als alle Übel, die sie zu heilen vorgibt. Ich meinerseits weiß nicht, von welcher Krankheit uns die Ärzte heilen, aber ich weiß, daß sie uns schlimme Krankheiten zuziehen: Feigheit, Kleinmut, Leichtgläubigkeit und die Furcht vor dem Tod" (Rousseau, in: Kobi 1986, S. 83).

Eine aus der Sicht der Erziehungswissenschaften radikal idealisierte Gegenüberstellung, die sich an Kobi (1986, S. 82–93) orientiert, soll das Spannungsfeld zwischen diesen beiden Humanwissenschaften zum Ausdruck bringen.

3.1 Merkmale des pädagogischen Systems und kritische Anmerkungen aus medizinischer Sicht

Die folgenden Stichpunkte sollen in groben Umrissen die typischen Charakteristika des Erziehungs- und Bildungssystems zum Ausdruck bringen:

– Gestaltungs-, Entwicklungs-, Umgestaltungsbemühungen stehen im Vordergrund der Erziehung und Bildung des Menschen.
– Ansatz am Vorhandenen, d. h. jemandem etwas *bei*-bringen.
– Arbeit *mit* dem Menschen im Subjektstatus seiner Personenhaftigkeit, personale statt instrumentale Ebene: Das „Werkzeug" der pädagogischen Arbeit ist die eigene „Person"; Prozeßorientierung.
– Das geisteswissenschaftlich-anthropologisch-ethisch fundierte Menschen- und Weltbild ermöglicht ein „Subjekt-Subjekt-Verhältnis" (Martin Buber) zwischen Erzieher und Zu-Erziehendem.
– Von medizinischer Seite wird der radikalen pädagogischen Seite der Vorwurf gemacht, daß sie die Lebens- und Daseinsgestaltung zu sehr in die personale Verantwortung einzelner stelle und die „Subjekt-Subjekt-Ebene" als die allein gültige verherrliche (verabsolutierte Erziehung).

– Das Leben, so die Medizin, wird viel zu sehr als eine Schule, Prüfung oder Aufgabe gesehen, die der einzelne gemäß „schicksalshafter Fügung“ anzutreten habe.

3.2 Merkmale des medizinisch-therapeutischen Systems und kritische Anmerkungen aus pädagogischer Sicht

– Herstellungs-, Wiederherstellungs-, Erhaltungsbemühungen stehen im Vordergrund der medizinischen Maßnahmen (= „Rehabilitation“ von Leistung, Arbeitskraft); Orientierung am Krankheitsbegriff: Behandlung des kranken Menschen.
– Ansatz am Ausfall einer Funktion, d. h. störendes Etwas *weg*-bringen („defizitorientierter Ansatz“).
– Arbeit *am* Menschen auf der Basis von Fachkompetenz und Spezialistentum; Beziehungsfeld zwischen dem Arzt/Therapeut und dem kranken oder behinderten Menschen wird zunehmend *„instrumentalisiert“* und *„funktionalisiert“*.
– Das naturwissenschaftlich-technische Menschen- und Weltbild befördert ein „Subjekt-Objekt-Verhältnis“ zwischen Arzt und Patient.
– *Pragmatismus (Machbarkeitsglaube):* Der Mensch wird durch den Menschen vom Gang der Natur und seiner Natur, zu der auch Krankheit, Leiden, Gebrechen, Behinderung, Schmerz, Verzweiflung, Hinfälligkeit und Tod gehören, entfremdet.
– *Omnipotenz (Allmachtsansprüche):* Hier finden Ängste vor den Allmachtsansprüchen des Systems, das der einzelne Arzt vertritt, ihren Ausdruck. Die definitorische Macht der Zusprechung von Krankheit und Gesundheit hat vor allem in jüngerer Zeit zu Protest- und Alternativbewegungen Anlaß gegeben.
– *Illusionismus:* Der Anspruch, in weiterer Perspektive ein Leben ohne Leiden und Leid bieten zu können, erweist sich als uneinlösbar.
– *Totalitarismus:* Die Tendenz, sämtliche Daseinsbereiche zu durchdringen, als heilungsbedürftig zu erklären und sie auf diese Weise von der Medizin abhängig zu machen, wird als Eingriff in die Freiheit und Selbstbestimmung des Menschen erlebt.

Wir geraten in Gefahr, bemerkt Walter Thimm hierzu, „durch die Brille des Spezialisten immer mehr Funktionen des Menschen zu isolieren und durch dann genau definierte Funktionseinschränkungen immer mehr Verhaltensweisen zu pathologisieren, d. h. zu therapiebedürftigen Verhaltensweisen hochzustilisieren“ (Thimm 1983, S. 206). Als Folge davon erlebt sich der Betroffene nicht mehr in seiner körperlich-seelischen Integrität, sondern als „parzelliert“, also zerstückelt.

Auch Speck macht einige kritische Anmerkungen zur „Rehabilitation" aus pädagogischer Sicht: Der enorme Ausbau des Reha-Systems hat zugleich die Einseitigkeit dieses Ansatzes von Behindertenhilfe deutlich gemacht. Der Rehabilitationsansatz folgt dem medizinischen Modell. Er hebt zu sehr auf außengesteuerte, organisierte Lernprozesse, auf organisierte Hilfeleistung ab. Ein Apparat, ein Rehabilitationsmanagement organisiert die „Versorgung" von Menschen mit Störungen und Behinderungen. Der Behinderte wird zum Versorgungsobjekt, zum Empfänger von Reha-Leistungen. Ein eingleisiger Prozeß, denn die Eigeninitiative des Rehabilitanten kommt zu kurz und die Gesellschaft der Nichtbehinderten ist nicht direkt herausgefordert. Erfolgreiche Reha-Maßnahmen, so Speck (1988, S. 44) weiter, „sind nicht gleichbedeutend mit wirklicher sozialer Eingliederung". Seligman (1986) spricht in diesem Zusammenhang von der „Erlernten Hilflosigkeit".

Der Vergleich macht deutlich, daß Pädagogen und Mediziner eine unterschiedliche „professionelle Sozialisationsgeschichte" durchlaufen, die sich auf ihr Rollen- und Statusverständnis und ihre Beziehungen zur Klientel (hier Schüler, dort Patient) auswirkt (Kobi 1986, S. 85).

Für die Praxis favorisiert Kobi ein „kooperatives Konzept", bei dem Pädagogen und Mediziner bzw. Therapeuten nicht nur zeitlich nebeneinander arbeiten („additiv"), sondern auch auf inhaltlicher Ebene zusammenarbeiten (Kobi 1986, S. 90).

3.3 Sonderpädagogik, Behindertenpädagogik, Heilpädagogik

Sonderpädagogik

Der intensive Ausbau der Sonder*schul*pädagogik, ausgehend von der früheren Hilfs*schul*pädagogik, führte in den sechziger Jahren zur Konstituierung der „Sonderpädagogik". So erklärt sich ihr starkes schulisches Profil. Bestehende Institute für Heilpädagogik zur Ausbildung von Sonderschullehrern wurden in „Institute für Sonderpädagogik" umbenannt. Sonderpädagogik konstituierte sich als „Besonderung" der Allgemeinen Pädagogik angesichts von vorliegenden Behinderungen (Bleidick 1969). Als „Sonderpädagogik" hatte sie alles, was den Unterschied zur allgemeinen Pädagogik ausmachte, im Blickfeld: die „Andersartigkeit" und die „Sonderstellung" des behinderten Menschen.

Zugleich spezialisierte sich die Sonderpädagogik in neun verschiedene Teilgebiete: Geistigbehinderten-, Lernbehinderten-, Körperbehinderten-, Sprachbehinderten-, Verhaltensgestörten-, Sehbehinderten-,

Blinden-, Schwerhörigen-, Gehörlosenpädagogik. Vor lauter Besonderung wurde das pädagogisch Verbindende vernachlässigt: Aus- und Absonderungstendenzen können sich so aus der „Sonderpädagogik“ ableiten lassen, auch wenn der ursprüngliche Ansatz die beste Förderung ermöglichen sollte (Speck 1988, S. 40–41). Die „Sonderpädagogik“ wurde zu einem institutionellen Phänomen, das von Speck folgendermaßen beschrieben wird:

> „Eine fatale Nebenwirkung entstand dadurch, daß in der Regel nur Sonder*schul*pädagogen in der Bundesrepublik den Wechsel zur ‚Sonderpädagogik‘ nachvollzogen, nicht – im ganzen – die ‚außerschulische‘ Heilpädagogik, auch nicht in Österreich und in der Schweiz. Die DDR gebraucht den Terminus ‚Rehabilitationspädagogik‘. Das Kuriosum besteht bei uns heute darin, daß zwei Begriffe unterschieden werden, sogar nach Berufsgruppen, die ursprünglich den gleichen Inhalt hatten. Dabei behauptete sich der ausgetauschte Begriff (Heilpädagogik) offensichtlich weniger angefochten, als der neuere. Eine ‚Sonderpädagogik‘ stieß in zunehmendem Maße auf Kritik, vor allem im Zusammenhang mit der aktuellen Integrationsthematik“ (Speck 1988, S. 41).

Behindertenpädagogik
Dieser Begriff wurde 1972 von Bleidick neu eingeführt. Der Begriff sollte alle Mißverständnisse vermeiden: Behinderung bewirkt eine Veränderung des Erziehungsprozesses (Bleidick 1992, S. 27–32).
Der Nachteil dieser Bezeichnung liegt in der Verabsolutierung von Behinderung und damit in der übergangslosen Grenzsetzung gegenüber „Nichtbehinderung“. Die etwa 25 % unserer Schulkinder, bei denen sich heute Verhaltens- und Lernstörungen feststellen lassen, können nicht einfach als „Behinderte“ bezeichnet werden (Speck 1988, S. 41). Es gilt in diesem Zusammenhang auch zu beachten, daß Gastarbeiterkinder, die mit vierzehn Jahren nach Deutschland kamen und massive Schulprobleme zeigten, häufig in Sonderschulen für Lernbehinderte aufgenommen wurden. Im Begriff der „Behinderung“ ist eine negative Personifizierung und Generalisierung und damit ein Ansatz für Stigmatisierung angelegt. Die erkennbare Ausweitung des Behinderungsbegriffs widerspricht dem allgemeinen Bedürfnis nach „Stigma-Reduzierung“ (Speck 1988, S. 41–42).

Heilpädagogik
Der Begriff *Heilpädagogik* ist 1861 durch die praktizierenden Pädagogen Johann Daniel Georgens und Heinrich Marianus Deinhardt eingeführt worden. In ihrem Buchtitel *„Die Heilpädagogik mit besonderer Berücksichtigung der Idiotie und der Idiotenanstalt“* ist bereits angedeutet, daß die erste Verwendung des Wortes *Heilpäd-*

agogik auf den Bereich der Erziehung von Geistigbehinderten zugespitzt war. Georgens und Deinhardt hatten 1857 in Baden bei Wien die „Heilpflege- und Erziehungsanstalt Levana“ für geistig zurückgebliebene und auch verwahrloste Kinder gegründet. Ihre Leitgedanken waren folgende:

– Sie wollten in ihrer heilpädagogischen Praxis ein „medizinisches und pädagogisches Doppelwirken“ erreichen: Arzt und Pädagoge bilden eine Arbeitsgemeinschaft, in der sich die Behandlungen begleiten und ergänzen.
– Die Heilpädagogik hat ihre Mittel und Methoden aus dem Begriff der allgemeinen Erziehung zu gewinnen. Es geht um ein verfeinertes und gründliches Bewußtsein für das hilfsbedürftige Kind, um „Modificationen“ pädagogischen Helfens.
– Die Heilpädagogik ist auch Teil der allgemeinen Erziehung, die es zeitweise mit körperlichen und geistigen Störungen, mit krankhaften Neigungen, mit Verwahrlosung und Verwilderung zu tun hat.
– Der Heilpädagogik stellt sich hier die Frage nach der Gesundheit in einem umfassenden Sinn; sie ist vor allem auch auf die gesellschaftlichen Ursachen und Bedingungen ausgerichtet (Haeberlin, 1985, 53; Meinertz/Kausen/Klein 1987, S. 14).

In der ersten Hälfte unseres Jahrhunderts war es noch nicht klar, ob Heilpädagogik primär Pädagogik, Medizin oder Theologie sei. Von den Vertretern der Züricher Heilpädagogik, Heinrich Hanselmann (1885–1960) und Paul Moor (1899–1977), wurde jedoch immer klarer herausgearbeitet, daß Heilpädagogik in erster Linie Pädagogik sei (Haeberlin 1985, S. 54/55). Hanselmann, der den ersten Lehrstuhl für Heilpädagogik an der Universität Zürich innehatte, setzte sich bereits 1930 gegen alle Versuche, das Pädagogische unter das Medizinische zu subsumieren, energisch zur Wehr.

> „Mit aller Bestimmtheit aber weisen wir Heilpädagogen jene Hybris zurück, die auf psychiatrischer Seite hie und da zum Ausdruck kommt und in welcher der Heilpädagoge nur als eine Art Unterassistenz oder als besserer Wärter betrachtet wird, der nichts anderes tun sollte, als ärztliche Befehle ausführen.“ (Hanselmann 1930, in: Speck 1988, S. 37)

Moor, der Nachfolger von Hanselmann, formuliert deutlich: „Heilpädagogik ist Pädagogik und nichts anderes!“ (Moor 1965) Die Züricher Heilpädagogen haben immer eindeutiger verlangt, daß man auf eine Überinterpretation der Vorsilbe „Heil“ verzichten soll. Moor selbst schlug sogar vor, statt von „Heilpädagogik“ von „Spezieller Pädagogik“ zu sprechen (Moor 1965, in: Haeberlin 1985, S. 55).

In den wissenschaftlichen Begriff der Heilpädagogik gingen drei ursprünglich getrennte Ansätze ein:

1. Die heilende Erziehung

Dieser Ansatz basiert auf der Lehre von den „Kinderfehlern" des 18. und des frühen 19. Jahrhunderts und den „Heilmitteln" der Erziehung. Es ist ein originär *pädagogischer* Ansatz. Von „Kinderfehlern" sprachen u. a. Comenius (1627) in seiner *„Großen Didaktik" (magna didactica)*, John Locke (1693) in *„Gedanken über Erziehung"*, Salzmann (1805) in seinem *„Krebsbüchlein über falsche Erziehung"* (hier ist von „Erziehungsfehlern" die Rede, die zu „Kinderfehlern" führen) und Vinzenz Eduard Milde (1813) in seinem *„Lehrbuch der allgemeinen Erziehungskunst"*.

Ludwig v. Strümpel, ein Schüler von Herbart, entwickelte dann die erste systematische Lehre von den Kinderfehlern. Er nannte sie „Pädagogische Pathologie oder die Lehre von den Fehlern im Kinde" (1890). Unter den mehr als 300 Kinderfehlern findet man solche wie ablehnendes, affektiertes, albernes, altkluges, aufgeregtes Verhalten, aber auch „Aberglaube", „Zwangshandlungen", „Blindheit", „Stottern" u. a. Er sprach von Störungen der Bildsamkeit (Speck 1988, S. 36; Haeberlin 1985, S. 53).

2. Die Medico-Pädagogik

Diese Ansätze versuchen Medizin und Pädagogik, also Heilen und Erziehen, in eine Verbindung zu bringen. Die wichtigsten Vertreter dieser Richtung sind:

Die beiden französischen Ärzte Itard und Sequin („Physiologische Erziehung") (vgl. oben, S. 142/43; in Frankreich gibt es bis heute noch die „médico-pédagogie".

Der Schweizer Arzt Johann Jakob Guggenbühl. Er gründete 1841 auf dem Abendberg bei Interlaken eine „Heilanstalt für Kretinen und blödsinnige Kinder". Die Mittel seiner „Heilung" waren u. a. Erziehung und Unterricht und die besondere Betonung der Sinnesschulung, kombiniert mit ärztlichen Maßnahmen.

Der österreichische Arzt Hans Asperger (1952) rückte seine Heilpädagogik in die Nähe der „Psychopathologie des Kindes".

Der Arzt Theodor Hellbrügge (1977) entwickelte eine Sozialpädiatrie und spricht von einer ärztlich begründeten Heilpädagogik mit dem Schwerpunkt einer „Montessori-Heilpädagogik".

Die Medico-Pädagogik erweist sich als eine Form der „Heilpädagogik" mit eindeutigen medizinischen Schwerpunkten. Sie steht inhaltlich in der Nähe der Kinder- und Jugendpsychiatrie (vgl. Remschmidt 1979; Harbauer/Lempp/Nissen/Strunk 1971), welche sich seit den siebziger Jahren zu einer eigenständigen wissenschaftlichen Richtung entwickelt hat. Auch mit der Psychopathologie hat sie vieles gemeinsam (Nissen 1977).

Speck zieht – mit Bleidick (1984) – folgendes Fazit aus pädagogischer Sicht:

> „Weder auf einer Addition noch einer Vermischung von Medizin und Pädagogik in der Art einer ‚ärztlichen Pädagogik' (Hellbrügge) läßt sich eine Theorie der Behindertenerziehung begründen" (Speck 1988, S. 37–38).

3. Die Heilserziehung

Dieser Ansatz wird von kirchlicher und theologischer Seite vertreten. Kirchliche Einrichtungen haben die längste heilpädagogische Tradition. Der bekannteste Vertreter einer Heilpädagogik als „Heilspädagogik" war der katholische Theologe Linus Bopp (1930): „Alles Erziehenwollen ist zuerst Heilswille am Kinde." Für den evangelischen Pfarrer L. Schlaich (1967) ist Heilpädagogik letztlich „Seelsorge". Heilpädagogik führt zum „Heil der Seele". Auch in neuerer Zeit ist die Bedeutung einer anthropologischen und religiösen Begründung der Heilpädagogik herausgestellt worden, z. B. von Kobi, Haeberlin, Thimm und Schuchardt. (Speck 1988, S. 38)

3.4 Heilerziehung/Heilerziehungslehre

Heilerziehung

Zur Definition und Abgrenzung der Begriffe „Heilpädagogik" und „Heilerziehung" findet man in der Literatur unterschiedliche Auffassungen.

Kobi: Heilpädagogik im Abriß

> „Heilpädagogik umfaßt Praxis, Erforschung/Reflexion, Theorie und Lehre der Erziehung und Bildung in beeinträchtigten Erziehungs- und Bildungsverhältnissen.
> Wissenschaftstheoretisch können unterschieden werden:
> Die *Allgemeine Heilpädagogik,* welche sich mit den Grundfragen dieses Wissensgebietes befaßt, die *Spezielle* (oder Differentielle) *Heilpädagogik,* die sich nach den verschiedenen Behinderungsformen aufgliedert . . .,
> die *Heilerziehung* als praxisorientierte Lehre und Anwendung heilpädagogischer Erkenntnisse und Einsichten in verschiedenen Funktionsbereichen . . ." (Kobi 1977, S. 5, 6, 15).

Haeberlin: Allgemeine Heilpädagogik

> „. . . Heilerziehung. Darunter verstehen wir alle Erziehungshilfen, welche in der Praxis den Kindern, Jugendlichen und Erwachsenen zuteil werden, welche als Folge einer im Organismus befindlichen (endogenen) Schädi-

gung oder/und einer problematischen sozialen Lebenslage (exogenen Schädigung) in der Entwicklung zur Selbstbestimmung und Gesellschaftsfähigkeit behindert sind.

Heilerziehungswissenschaft. Darunter verstehen wir die systematische Gewinnung von Erkenntnissen über die Erziehung zur Selbstbestimmung und Gesellschaftsfähigkeit, welche durch endogene oder/und exogene Merkmale so behindert sind, daß die üblichen durch besondere Erziehungsmaßnahmen ergänzt werden müssen, welche auf die behindernden Merkmale abgestimmt sind.

Heilpädagogik. Diesen Begriff verwenden wir alltagssprachlich, so daß er von Fall zu Fall Heilerziehung, Heilerziehungswissenschaft oder beides zusammen meinen kann." (Haeberlin 1985, S. 23/24)

Meinertz/Kausen/Klein: Heilpädagogik

„Wenn ‚Heilpädagogik und Heilerziehung nahezu das gleiche' *(Meinertz)* bedeuten und das Buch einer gemeinsam zu verantwortenden Aufgabe dienen will, wenn es also um das Bewußtmachen des kooperativen ‚helfenden Tuns' *(Meinertz)* geht, so ist kein zureichender Grund mehr für eine Unterscheidung von Heilpädagogik (als Theorie, Lehre und Wissenschaft) und Heilerziehung (als Praxis) gegeben. Außerdem kann – wie die Geschichte der Heilpädagogik lehrt – die Bezeichnung ‚Heilerziehung' mißverständliche Assoziationen wecken oder nicht einlösbare Erwartungen suggerieren. Daher wird von nun an auf diese Bezeichnung verzichtet. – (...) *Heilpädagogik* ist also die Theorie und Praxis der Erziehung derjenigen Kinder und Jugendlichen, bei denen angesichts der erschwerenden Bedingungen die landläufige übliche Erziehung nicht oder nicht mehr ausreicht" (Meinertz/Kausen/Klein 1987, S. 14–17).

Wenn im weiteren Text die Begriffe „Pädagogik", „Heilpädagogik", „Sonderpädagogik" oder „Heilerziehung" weitgehend bedeutungsgleich verwendet werden, dann soll damit zum Ausdruck gebracht werden, daß verantwortungsvolles heilpädagogisches oder heilerzieherisches Handeln sich nicht in Theorie und Praxis aufspalten läßt.

„Nicht der Streit um Begriffe ist für das Bewußtmachen und Verbessern des Handelns im heilpädagogischen Feld von Bedeutung. Vielmehr stellt das wirkliche Kind mit seinen Schwierigkeiten eine heilpädagogische Aufgabe, auf die hier und jetzt durch gemeinsames Handeln zu antworten ist" (Meinertz/Kausen/Klein 1987, S. 16).

Heilerziehungslehre

In vielen Bundesländern wird an den Fachschulen für Heilerziehungspflege das pädagogische Grundlagenfach als „Pädagogik/Heilerziehungslehre" bezeichnet. Die Inhalte der Heilerziehungslehre orientieren sich an der Theorie und Praxis der deutschsprachigen und internationalen Sonder-, Heil- und Behindertenpädagogik.

Die Landesarbeitsgemeinschaft (LAG) der Fachschulen für Sozialpädagogik – Berufskolleg – Fachrichtung Heilerziehungspflege in Baden-Württemberg hat im Oktober 1994 einen neuen Bildungsplan vorgelegt und das Fach definiert:

> „Der Unterricht in Pädagogik/Heilerziehungslehre hat neben der Vermittlung von Fachinhalten eine besondere Verantwortung für die Entwicklung von Kompetenzen in der pädagogischen Arbeit mit behinderten und psychisch kranken Menschen.
> Die Fachschülerin soll durch die theoretische Auseinandersetzung die Möglichkeit erhalten, eigene Erfahrungen mit Erziehung zu reflektieren. Durch die Begegnung mit eigenen Anliegen und Problemen und derer von Menschen mit Behinderungen oder psychischen Erkrankungen, werden Grundhaltungen, pädagogische Einstellungen und Handlungsweisen entwickelt. Die Reflexion persönlicher Sozialisationsbedingungen und Erziehungshaltungen ermöglicht in Verbindung mit Fachlichkeit Kompetenzen, durch die die anvertrauten Menschen zu einem würdigen und sinnerfüllten Leben kommen sollen." (LAG-HEP-Baden-Württemberg, Bildungsplan, 1994, S. 4)

3.5 Heilerziehungspflege

> „Heilerziehungspflege ist ganzheitliche Hilfe für Menschen mit einer Behinderung oder psychischen Erkrankung und umfaßt sowohl pflegerische als auch erzieherische und sinngebende Tätigkeiten und Inhalte.
> In der Behindertenhilfe und Sozialpsychiatrie wird multidisziplinäre Hilfe angeboten. Die hierfür speziell ausgebildeten Heilerziehungspfleger/innen arbeiten eng mit anderen Fachkräften zusammen; sie lernen deshalb während ihrer Ausbildung die wichtigsten Grundlagen aller Fachgebiete kennen. Heilerziehungspflege ist persönliche Hilfe: In die berufliche Tätigkeit mit behinderten Menschen fließt die Fachlichkeit, die soziale Kompetenz und die Auseinandersetzung mit der eigenen Persönlichkeit mit ein. Entsprechend sind daher alle grundlegenden Bestandteile der Ausbildung definiert. Diese Sicht weist auf die vielschichtige wechselseitige Bedingtheit der einzelnen Fachgebiete hin, die an der Fachschule für Sozialpädagogik, Fachrichtung Heilerziehungspflege unterrichtet werden. Daher ist eine fächerübergreifende und schwerpunktbezogene Unterrichtsgestaltung, z. B. in Form von Projekt- und Seminararbeit hilfreich, die durch die fachpraktische Ausbildung in der Begegnung der Fachschülerinnen mit behinderten und psychisch kranken Menschen ergänzt wird. Die Schülerinnen üben dabei die Hilfen umfassend ein und reflektieren diese." (LAG-HEP-Baden-Württemberg, Bildungsplan, 1994, S. 3)

Aufgabenfelder in der Heilerziehungspflege (HEP)
Neben administrativen, verwaltungstechnischen und anderen beruflichen Aufgaben (z. B. Angehörigenarbeit) kommt der *pädagogischen Beziehung* zum behinderten oder psychisch kranken Menschen eine

überragende Bedeutung zu: *Heilerziehungspfleger/innen sind primär Lebensbegleiter/innen.* Sie vermitteln Nähe und Verbindlichkeit und handeln aus Verantwortung zum Leben. Heilerziehungspflege wird heute als eine ganzheitliche, sinnstiftende professionelle Aufgabe verstanden. Die klassischen Gegensätze zwischen Medizin und Pädagogik und zwischen Theorie und Praxis gelten in diesem Berufsfeld als weitgehend überwunden.

4. Übungsfragen

1. Wann spricht man von einer Schädigung, wann von einer Behinderung?
2. Erklären Sie den Zusammenhang zwischen Behinderung und sozialer Abhängigkeit! (Martin Hahn) Warum ist dieser Aspekt pädagogisch so bedeutsam?
3. Erklären Sie das Interaktions-Modell von „Behinderung" (Otto Speck) und zeigen Sie seine pädagogische Bedeutsamkeit auf!
4. Was meint Bleidick, wenn er von „Behinderung als Lebenserschwerung" spricht?
5. Was meint Fröhlich, wenn er von „Behinderung als Lebensgefährdung" spricht?
6. Diskutieren Sie den Begriff „Behinderung"
a) unter allgemein pädagogischen Gesichtspunkten,
b) unter sonder- und heilpädagogischen Aspekten,
c) unter institutionell-pädagogischen Aspekten.
7. Was leistete die „Aufklärung" für den Personenkreis geistig behinderter Menschen?
8. Welche heilpädagogischen Leitsätze formulierte Jean Itard in seiner Arbeit mit Victor, dem Wildkind von Aveyron?
9. Welchen Wandel erfuhr das Verhältnis zu geistig behinderten Menschen
a) im Verlauf des 19. Jahrhunderts?
b) in der Zeit des Nationalsozialismus?
c) in der Nachkriegszeit?
10. Welche Konsequenzen hatte die Kennzeichnung geistig Behinderter als „Bildungsunfähige" durch das NS-Regime?
11. Formulieren Sie einige wichtige Gedanken zum Problemkreis „Behindertes Leben und Ethisches Handeln".

12. Pädagogik und Medizin als Spannungsfeld. Diskutieren Sie diese Problematik unter sonder- und heilpädagogischen Aspekten.
13. Warum ist die Auseinandersetzung mit formalen Begriffen wie Sonder-, Behinderten- und Heilpädagogik und Heilerziehung für Heilerziehungspfleger/innen von professioneller und persönlicher Bedeutung?
14. Welche Kompetenzen sollte ein/e Heilerziehungspfleger/in haben und in welche Kategorien lassen sie sich sinnvoll einordnen?

5. Literatur

Bartsch, P.: Meine Berufskameraden im Anstaltsdienst, in: Die Deutsche Sonderschule, 1934, S. 48

Bildungsplan, erarbeitet von der Landesarbeitsgemeinschaft der Fachschulen für Sozialpädagogik – Berufskolleg – Fachrichtung Heilerziehungspflege in Baden-Württemberg, Oktober 1994

Bleidick, U.: Einführung in die Behindertenpädagogik, Bd. I: Allg. Theorie der Behindertenpädagogik, Stuttgart [4]1992

ders.: Informationen über die Sonderpädagogische Förderung in der Bundesrepublik Deutschland, in: Zeitschrift für Heilpädagogik, 10/1994, S. 650–657

Buber, M.: Das dialogische Prinzip, Heidelberg 1979

Deutscher Bildungsrat, Empfehlungen der Bildungskommission: Zur pädagogischen Förderung behinderter und von Behinderung bedrohter Kinder und Jugendlicher, Bonn 1973

Frankl, V. E.: Der leidende Mensch. Anthropologische Grundlagen der Psychotherapie, Bern/Stuttgart/Toronto 1984

Fröhlich, A.: Basale Stimulation, Düsseldorf 1991

Goffman, E.: Stigma. Über Techniken der Bewältigung beschädigter Identität, Frankfurt/M. [8]1974

Haeberlin, U.: Allgemeine Heilpädagogik, Stuttgart 1985

ders.: Die wissenschaftliche Wende in der Heilpädagogik. Vierteljahreszeitschrift für Heilpädagogik und ihre Nachbargebiete, 49, 1980, S. 2–14

Hahn, M.: Behinderung als soziale Abhängigkeit. Zur Situation schwerbehinderter Menschen, München 1981

ders.: Von der Freiheit schwerbehinderter Menschen: anthropologische Fragmente, in: Hartmann, N. (Hrsg.): Beiträge zur Pädagogik der Schwerstbehinderten, Heidelberg 1982, S. 132–141

ders.: Kulturtechniken in der Sonderschule für Geistigbehinderte. Seminar an der Pädagogischen Hochschule Reutlingen, Wintersemester 1985/86

Hanselmann, H.: Einführung in die Heilpädagogik. Praktischer Teil, Zürich [5]1958

Harbauer/Lempp/Nissen/Strunk: Lehrbuch der speziellen Kinder- und Jugendpsychiatrie, Berlin/Heidelberg/New York 1971
Hensle, U.: Einführung in die Arbeit mit Behinderten, Heidelberg [2]1982
Jonas, H.: Das Prinzip Verantwortung, Frankfurt/M. 1980
Kobi, E.: Grundfragen der Heilpädagogik und der Heilerziehung, Bern/Stuttgart [4]1983
ders.: Heilpädagogische Daseinsgestaltung, Luzern/Biel 1988
ders.: Therapie und Erziehung. Ein chronischer Beziehungskonflikt?, in: ders.: Heilpädagogische Daseinsgestaltung, Luzern/Biel 1988, S. 227–246
Klee, E.: „Euthanasie" im NS-Staat, Frankfurt/M. 1983
Kultus und Unterricht, 31. 5. 1991
Landtag von Baden-Württemberg, Drucksache 10/3989, 12. 9. 1990
Meinertz, F./Kausen, R./Klein, F.: Heilpädagogik, Bad Heilbrunn [7]1987
Moor, P.: Heilpädagogik, Bern 1965
Mühlhaus/Janiszewskie: StVO Straßenverkehrsordnung, München [13]1993, S. 56–80
Nissen, G.: Psychopathologie des Kindesalters, Darmstadt 1977
Pestalozzi, J. H.: Sämtliche Werke (S. W.), hrsg. von Buchenau, Spranger, Stettbacher. 1. Bd., Berlin/Leipzig 1927, 13. Bd., 1932
Pindl, M.: Zum Stellenwert behinderten Lebens – die Wertigkeit von behinderten Menschen in der Gesellschaft, in: HEP-Informationen, 4/94, S. 23–38
Prinzler, J.: Zur Problematik der „Pränatalen Diagnostik", in: HEP-Informationen 3/94, 4/94, 1/95
Remschmidt, H. (Hrsg.): Kinder- und Jugendpsychiatrie, Stuttgart 1979
Römer, G.: Die grauen Busse in Schwaben. Wie das Dritte Reich mit Geisteskranken und Schwangeren umging, Augsburg 1986
Schworm, E.: Behinderung, Störung, Beeinträchtigung als sonderpädagogische Begriffe, in: Heilpädagogische Forschung 6, 1975, 66–105
Seligman, M. E. P.: Erlernte Hilflosigkeit, München [3]1986
Singer, P.: Praktische Ethik, Stuttgart 1984
Speck, O.: Geistige Behinderung und Erziehung. 4. völlig neubearbeitete Aufl. von „Der geistigbehinderte Mensch und seine Erziehung", München 1980
ders.: Menschen mit geistiger Behinderung und ihre Erziehung. Ein heilpädagogisches Lehrbuch, München [7]1993
ders.: System Heilpädagogik. Eine ökologisch reflexive Grundlegung. München 1988
Teilhard de Chardin, P.: Der Mensch im Kosmos, München 1959
Thesing, Th.: Heilerziehungspflege. Ein Lehrbuch zur Berufskunde, Freiburg [3]1994
Thimm, W.: Tendenzen der Professionalisierung in der Arbeit mit geistig Behinderten aus soziologischer Sicht, in: Geistige Behinderung, 3/1983

VIII. Menschen mit Behinderungen und pädagogische Aufgaben

Lernziele:
Der Studierende soll einen Überblick über den Personenkreis der Menschen mit Behinderungen und psychischen Erkrankungen geben können.
Er soll die verschiedenen Schädigungen/Behinderungen in ihren Erscheinungsformen und Ursachen erkennen und verstehen können, welche Auswirkungen diese Schädigungen/Behinderungen für die psychosoziale Lebenssituation und die individuelle Lebensgestaltung der betroffenen Personen haben.
Der Studierende soll in Grundzügen aufzeigen, welche pädagogischen Aufgaben sich bei den verschiedenen Gruppen behinderter Menschen daraus ergeben können.

Um Menschen mit Behinderungen besser verstehen und pädagogisch angemessen auf sie eingehen zu können, stellen wir folgende *Leitfragen* für dieses Kapitel:

(1) Welche Behinderungsformen bzw. Behinderungsarten lassen sich unterscheiden? Welche Erscheinungsformen und Ursachen können sie haben?
(2) Welche Auswirkungen hat die individuelle Schädigung auf die psychosoziale Lebenssituation des betroffenen Menschen?
(3) Welche spezifischen pädagogischen Aufgaben können sich aus dieser besonderen psychosozialen Lebenssituation ergeben?

Die nachfolgenden Informationen sind als Einführung zu verstehen. Eine differenzierte Beschäftigung mit diesen Fragen erfolgt im Rahmen der Ausbildung zum Heilerziehungspfleger im Fach „Medizinische Lehre der Behinderungen". Auf weiterführende Literatur wird nach jedem Abschnitt dieses Kapitels verwiesen.

1. Geistigbehindertenpädagogik

Die Geistigbehindertenpädagogik wird in Kapitel IX und X ausführlich und differenziert dargestellt.

Personenkreis, Erscheinungsformen und Ursachen, psychosoziale Situation

Für die Entwicklung des einzelnen Menschen, seinen Berufsweg und seine Eingliederung in die Gesellschaft sind Lernprozesse von größter Bedeutung. Diese *Lernprozesse* laufen bei den verschiedenen Menschen *nicht einheitlich* ab.
Von einer *Lernbehinderung* sprechen wir dann, wenn ein Kind bei der gegenwärtig üblichen Schulorganisation nicht in der Lage ist, die angebotenen Lerninhalte angemessen aufzunehmen, zu verarbeiten und wieder anzuwenden. Die Erscheinungsformen des schulischen Lern- und Leistungsversagens sind vielfältig. Typische Probleme:

– Der Lernprozeß, insbesondere beim Erfassen von Zusammenhängen und bei Problemlösungen, ist verlangsamt.
– Vor allem bei den Kulturtechniken Lesen, Rechnen und Schreiben wird ein erheblicher Leistungsrückstand erkennbar (Abstraktionsprobleme).
– Labile, zeitlich und thematisch eng begrenzte Motivation, Desinteresse, Schulverdruß.

Der Begriff „Lernbehinderung“ meint, daß für ein solches Kind ein *besonderer Förderbedarf* besteht, der von den Allgemeinen Schulen mit den ihnen zur Verfügung stehenden Möglichkeiten in der Regel nicht erbracht werden kann. „Lernbehinderung“ sagt zunächst noch nichts über eine etwaige Schädigung aus, z. B. eine Schädigung der Sinne, des Körpers, der Sprache oder der Hirnfunktionen (Kanter 1994, S. 687–690).
Im Vergleich zu allen anderen Arten der Behinderung ist besonders bei der Lernbehinderung der Zusammenhang mit sozialen Faktoren offensichtlich: 80–90 % der Lernbehinderten entstammen den *unteren Sozialschichten*. Die sozialen Merkmale dürfen aber nicht vorschnell und monokausal als Ursache für das Entstehen einer Lernbehinderung angenommen werden, sondern sie sind Bestandteile eines komplexen Bedingungsgefüges, das am Zustandekommen von Lernstörungen beteiligt ist (Bleidick 1989, S. 96–122).
Es lassen sich *soziale Einwirkungen* nachweisen, die den *Lernprozeß hemmen und erschweren:*

Primäre soziale Umwelt: z. B. Vernachlässigung affektiver frühkindlicher Bedürfnisse nach „Nestwärme“ und Vertrauen, Heimerfahrung, Verlust von Bezugspersonen.

Soziokulturelle Umwelt: z.B. die mangelnde Qualität des „geistigen Klimas“ im Elternhaus, geringes elterliches Interesse an Schule und Bildung, fehlende Unterstützung. Sprachprobleme von Ausländerkindern, die in zwei verschiedenen Sprachkulturen aufwachsen, führen in unserem Schulsystem oftmals dazu, daß diese Kinder die Lerninhalte nur ungenügend aufnehmen, Klassen mehrfach wiederholen und der Förderschule zugewiesen werden.
Sozioökonomische Umwelt: z.B. niedriges Einkommen, niedriger Berufsstatus der Eltern, schlechte Wohnqualität.
Soziale Zuschreibungsprozesse: z.B. Prozeß der Stigmatisierung/Etikettierung, Zuschreibung unerwünschter sozialer Merkmale, *self fulfilling prophecy* (Klein 1985).

Durch die Erfahrung einer *schulischen Außenseiterposition* und anderer *Versagenserlebnisse* können bei den Kindern und Jugendlichen zusätzliche Verhaltensauffälligkeiten entstehen. Sie werden manchmal aggressiv, versuchen sich auf anderen Gebieten, z.B. im Spielhallenmilieu, Anerkennung zu verschaffen oder ziehen sich resigniert zurück.

Pädagogische Maßnahmen und Hilfen

Die besonderen pädagogischen Fördermaßnahmen können in einer besonderen Schule (Schule für Lernbehinderte/Förderschule), aber auch integriert in den Unterricht der Allgemeinen Schule erfolgen. In der Bundesrepublik werden 90 % der betroffenen Schüler/innen in Schulen für Lernbehinderte/Förderschulen unterrichtet. Es besteht ein wachsendes Interesse von seiten der Eltern und der Fachwelt, den Anteil der integrierten Förderformen auszuweiten (Kanter 1994, S. 689).

Abb. 27: Entwicklung der Förderschule

Hilfsschule	*Sonderschule für Lernbehinderte*	*Förderschule*
1859	1961	1991
Preußische Bestimmungen zum Hilfsschulwesen	Hessisches Schulpflichtgesetz	Neues Schulgesetz für Baden-Württemberg

Die *pädagogische Förderung* von lernbehinderten Schülern zielt in zwei Richtungen:

(1) Entfaltung von Selbstvertrauen, Kontaktbereitschaft und Lebensfreude
Zunächst müssen die Schüler von Versagensängsten entlastet und zum Lernen motiviert werden. Schulisches Lern- und Leistungsinteresse muß geweckt werden. Dazu bedarf es der sorgfältigen Beobachtung jedes Kindes, des Eingehens auf seine spezifischen Probleme und der Auslotung seiner Möglichkeiten (Prozeß der Förderdiagnostik).

(2) *Hilfen bei der Entwicklung von Verhaltensweisen im Sozial- und Leistungsbereich*
Weiter sind dann diejenigen Verhaltensweisen im Sozial- und Leistungsbereich zu entwickeln, die es dem jungen Menschen ermöglichen, sein Leben selbst zu gestalten und seine Existenz zu sichern.

Berufsvorbereitende Maßnahmen und Berufsausbildung

Man muß bei einem Großteil der jungen Menschen mit Lernbehinderungen davon ausgehen, daß nach Absolvierung der allgemeinen Schulpflicht weder die Berufswahlreife noch die Berufsreife gegeben ist. Deshalb werden bei zwei Drittel der Absolventen *berufsvorbereitende Maßnahmen* vorgeschaltet, die von der Bundesanstalt für Arbeit im Rahmen des Arbeitsförderungsgesetzes (AFG) von 1969 finanziert werden.

Diese Hilfen werden durch Berufsbildungswerke (BBW) angeboten. Berufsbildungswerke sind spezielle Einrichtungen zur beruflichen Bildung und Eingliederung junger Menschen mit Behinderungen. Sie bieten *berufsvorbereitende* und *berufsbildende* Maßnahmen für junge Menschen mit Körper-, Lern-, Sinnes- oder psychischen Behinderungen an. Berufsbildungswerke sind vor allem für junge Menschen eingerichtet worden, die ohne eine kontinuierliche ausbildungsbegleitende Betreuung durch Ärzte, Psychologen, Sonderpädagogen und ande-

Abb. 28: Berufliche Bildung und Eingliederung im Rahmen des Berufsbildungswerkes

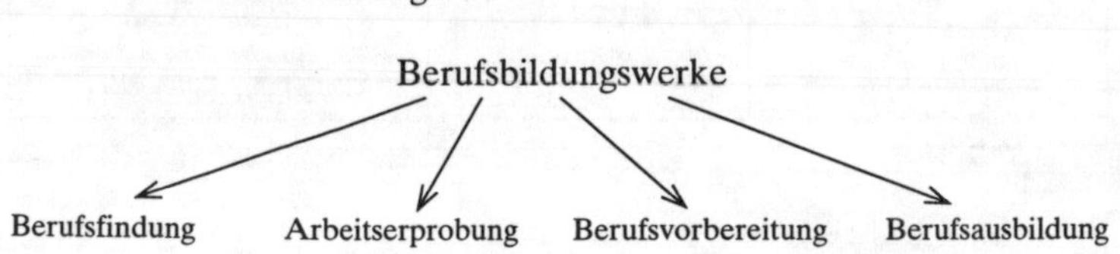

re Fachkräfte der Rehabilitation zu keinem Ausbildungsabschluß, im Sinne des Berufsbildungsgesetzes, befähigt werden können.
Die Berufsausbildung erfolgt in enger Absprache mit der Bundesanstalt für Arbeit in anerkannten Ausbildungsberufen. Es können auch *Stufenabschlüsse* (Werkerausbildung) erworben werden (vgl. dazu: Bundesminister für Arbeit und Sozialordnung, 1991).

Literatur:

Bleidick, U.: Lernbehindertenpädagogik, in: Bleidick u. a.: Einführung in die Behindertenpädagogik, Bd. II, Stuttgart ^{3}1989

Bundesminister für Arbeit und Sozialordnung, Berufsbildungswerke, Bonn 1991

Kanter, G.: Lernbehinderung, in: Zeitschrift für Heilpädagogik, 10/94, S. 687–690

Kanter G./Speck O. (Hrsg.): Handbuch der Sonderpädagogik. Pädagogik der Lernbehinderten, Berlin 1979

Klein, G.: Lernbehinderte Kinder und Jugendliche. Lebenslauf und Erziehung, Stuttgart 1985

3. Körperbehindertenpädagogik

Personenkreis, Erscheinungsformen und Ursachen

Für einen angemessenen Umgang mit körperbehinderten Menschen ist es hilfreich, wenn wir die persönliche Lebenserschwerung von der schwierigen medizinischen Problematik her in Grundzügen verstehen.

Abb. 29: Körperbehinderungen im Überblick

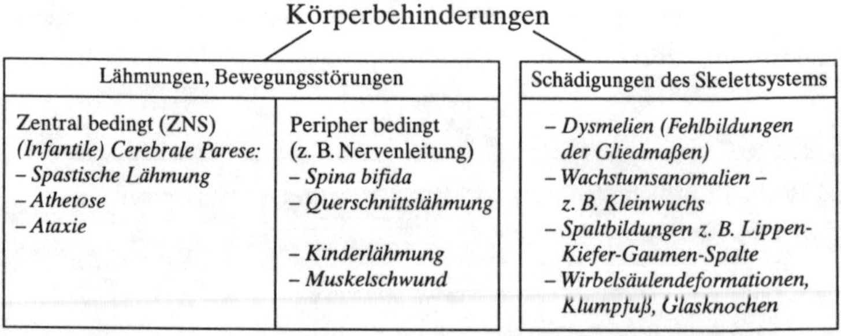

Lähmungen oder Bewegungsstörungen

(1) Frühkindliche zerebrale Bewegungsschädigung (Infantile Cerebrale Parese)
Im Volksmund wird häufig der Begriff „Spastiker" verwendet. Die Ursache für diese oder ähnliche Formen der frühkindlichen Körperbehinderung ist eine in der Schwangerschaft, während der Geburt oder im Säuglings- bzw. Kleinkindalter erworbene Schädigung der Regionen des noch nicht ausgereiften frühkindlichen Gehirns, die für willkürliche Bewegungen verantwortlich sind. Man bezeichnet dies als eine *Infantile Cerebrale Parese" (ICP).*
Die *„Spastische Lähmung"* ist mit achtzig Prozent die häufigste von mehreren Erscheinungsformen dieser Infantilen Cerebralen Parese. Dabei verkrampft sich die Muskulatur der Hände, Arme, Beine und Füße, oft auch die des Mundes und Gesichts.
Andere Erscheinungsformen sind erkennbar an verzerrten Bewegungen des Kopfes und des Gesichts und „wurmförmigen" Bewegungen der Arme und Beine *(Athetose),* wieder andere an unkoordinierten, torkelnd erscheinenden Bewegungsmustern *(Ataxie).* Häufig gibt es Mischformen.
Die zerebrale Bewegungsschädigung kann sich auf nur eine Gliedmaße *(Monoplegie)* oder auf beide Gliedmaßen *(Diplegie)* auswirken, sie kann auch die Einbuße der Bewegungsfähigkeit aller vier Gliedmaßen *(Tetraplegie)* sowie der Sprechorgane *(Dysarthrie)* zur Folge haben. Bei einer Halbseitenlähmung *(Hemiplegie)* sind Arme und Beine einer Körperhälfte betroffen.

(2) Im Leben erworbene zerebrale Bewegungsstörung (Cerebrale Parese)
Die im späteren Leben erworbene zerebrale Bewegungsstörung *(„Cerebrale Parese" = CP)* ähnelt in ihrer Erscheinung den frühkindlichen Formen. Als Ursachen kommen in Betracht: Hirnhautentzündungen, Schädel-Hirn-Verletzungen, Hirntumore, Schlaganfälle u. a.
Das *Apallische Syndrom* ist eine cerebrale Parese im Zustand eines „wachen Komas". Es gibt viele junge Menschen, die nach schweren Motorradunfällen und schweren Schädel-Hirn-Traumen oft jahrelang in einem „wachen Koma" gepflegt werden müssen.
Eine krankengymnastische Behandlung im Rahmen der Voijta-Therapie oder der Bobath-Therapie kann das Ausmaß der Spastik, Athetose oder Ataxie beeinflussen. Da mit diesen Therapien in der Regel nur im Säuglings- und Kleinkindalter Erfolge erzielt werden, richten sich die Hoffnungen seit einigen Jahren auf neue therapeutische Ansätze, die auch Jugendliche und Erwachsene ansprechen. Zu nennen wäre hier

das Petö-Institut in Budapest (Bobath 1983; Vojta 1984; Müller-Fehling/Rochel 1995).

(3) Querschnittslähmung durch angeborene oder erworbene Schädigungen des Rückenmarks
Als angeborene Ursache ist der mangelnde Verschluß des embryonalen Rückgrats zu nennen, der bei der Geburt als Spaltbildung in Form eines offenen Rückens erkennbar ist *(Spina bifida)*.
Trotz operativer Maßnahmen können die Bereiche unterhalb des Wirbelspaltes teilweise oder ganz gelähmt bleiben. Häufig ist der Kreislauf der Flüssigkeit gestört, die das Gehirn und das Rückenmark umgibt (Liquor), so daß die Gefahr besteht, daß sich ein „Wasserkopf" *(Hydrocephalus)* bildet. Auch dieser Gefahr wird operativ vorgebeugt; ein kleines Ventil reguliert den Liquordruck.
Die *unfallbedingte Querschnittslähmung* kann sich ähnlich wie die Spina bifida, außer auf die Lähmung der Gliedmaßen, auch auf innere Organe, z. B. auf Blase, Darm und Sexualorgane, auswirken.
Weitere Ursachen vollständiger oder teilweiser Querschnittslähmung können u. a. sein: *Spinale Kinderlähmung (Poliomyelitis):* Virusinfektion des Rückenmarks oder Stammhirns; überall, wo die aktive Schutzimpfung abgelehnt wird, können neue Polio-Erkrankungen auftreten. *Multiple Sklerose* (frühestens im jungen Erwachsenenalter): degenerative Hirnerkrankung.

(4) Lähmungen als Folge von Muskelerkrankungen
Progressive Muskeldystrophie: Hier handelt es sich um eine Muskelerkrankung, die zum Schwund der quergestreiften Muskulatur führt (Muskelschwund), das Muskelgewebe wird *zersetzt*. Die Krankheit ist erblich, beginnt allerdings erst im Kleinkindalter. Sie wird durch ein mutiertes Gen auf dem X-Chromosom ausgelöst. In der Regel sind nur Jungen betroffen. Ihr krankes X-Chromosom wird durch kein gesundes dominiert. Der Krankheitsprozeß ist von den Beinen zum Schultergürtel hin aufsteigend und mit *fortschreitender* Lähmung verbunden. Man spricht auch von einer *progredienten* Erkankung (Schmeichel 1983, 221–230).
Beim Typ *Duchenne* sterben die Kranken im allgemeinen vor dem 20. Lebensjahr, bei den anderen Typen ist der Verlauf langsamer.
Bei einer *Muskelatrophie* kommt es zu einer *Verringerung* und Verkümmerung des Muskelgewebes, z. B. dann, wenn der Muskel nicht mehr arbeitet, weil der zuführende Nerv tot ist.

Schädigungen des Skelettsystems

Während Kobi (1977, S. 42) noch von Mißbildungen und Verstümmelungen sprach, verwendet Oskamp (1994, S. 680) diese Begriffe nicht mehr. Statt dessen spricht er von angeborenen oder erworbenen *Schädigungen des Skelettsystems* (Knochen und Gelenke).

Erklärung / Etymologie der medizinischen Fachbegriffe:

Ataxie: Gestörte Bewegungskoordination
Athetose: Überbeweglichkeit
Dysarthrie: Störung der Sprechweise (Artikulation)
Infantile Cerebrale Parese: infantil: infans (lat.): Kind – cerebral: cerebrum (lat.): Gehirn – Parese: Motorische Schwäche, unvollständige Lähmung
Dysmelie: Angeborene Fehlbildung an den Gliedmaßen
Dystrophie: Ernährungsstörung (im Gewebe), dys (gr.): Fehler, Störung – a (gr.): nicht; Verneinungsform – troph (gr.): die Ernährung betreffend
Hemiplegie: Halbseitige Lähmung, plegie (lat.): Lähmung, hemi (gr.): halb – mono, di, tetra (gr.): eins, zwei, vier
Hydrocephalus (gr.): „Wasserkopf“
pallium (gr.): Mantel, hier Großhirnrinde
progredient: fortschreitend, progredere (lat.): voranschreiten
spasmus (gr.): Krampf, Verstärkte Muskelspannung
spina (lat.): Dorn
bifida (lat.): gespalten
tonus (gr.): Spannung

Psychosoziale Situation

Ulrich Oskamp, Professor für Körperbehindertenpädagogik an der Universität Dortmund, definiert Körperbehinderung folgendermaßen:

> „Als körperbehindert gelten Kinder, Jugendliche oder Erwachsene, deren Bewegungsfähigkeit aufgrund einer Schädigung des Gehirns, der Nerven, der Muskeln oder des Skelettsystems nicht nur vorübergehend beeinträchtigt ist. Neben der Auswirkung auf die Funktionsfähigkeit der Bewegungsorgane kann die Schädigung als Mitschädigung oder als psychosoziale Folgewirkung das Wahrnehmen, das Denken, das soziale Verhalten, das emotionale Empfinden oder die Kommunikationsfähigkeit beeinträchtigen. Dennoch ist die Körperbehinderung nicht als unveränderbar anzusehen. Sie resultiert aus körperlichen, psychischen und sozialen Wechselbeziehungen und wirkt sich, je nach Bewegungsanforderungen und verbliebenen Restfunktionen oder Kompensationsmöglichkeiten, in verschiedenen sozialen Situationen bei jedem Betroffenen anders aus“ (Oskamp 1994, S. 678).

Wahrnehmungsprobleme (Perzeptionsstörungen)

Wenn die körperliche Schädigung seit der Geburt bzw. seit der frühen Kindheit vorhanden ist, kann es zu *Störungen bei den senso-motorischen Lernprozessen* in der weiteren Entwicklung kommen:
– Die Wahrnehmungsfähigkeit ist nicht altersgerecht.
– Die Koordination der Wahrnehmungsleistungen verschiedener Sinnesgebiete ist häufig gestört.
– Der *Aneignungsprozeß* der Welt ist fundamental gestört, der Aufbau von *Handlungsplänen* ist dadurch behindert.

Erfahrungsmangel

Auf der Basis unzureichender motorischer Leistungen können wesentliche Umwelterfahrungen nicht erworben werden, so daß insbesondere die Raumauffassung, die Formauffassung, Größen- und Mengenbegriffe retardiert sind. Daraus ergeben sich Orientierungsprobleme in Raum und Zeit. Als Folge unzureichender Gegenstandserfahrungen kann die Abstraktionsfähigkeit begrenzt bleiben.

Umwelterleben

> „Das Umwelterleben dieser Kinder (Contergan-geschädigte Dysmelie-Kinder, Anmerk. d. V.) ist von Anfang an verschoben. Z. B. muß ein solches Kind – will es etwas aus einem Schrank nehmen – in diesen hineinkriechen und kann nicht aus der Distanz handeln …
> Es kann einen anderen Menschen nicht umarmen, sondern sich nur anschmiegen; und wo andere beim Sprechen mit den Armen gestikulieren, kann es nur versuchen, durch Bewegungen des Kopfes und Rumpfes sein Sprechen zu begleiten. So müssen oft Rumpf und Füße anstatt der fehlenden Arme tätig werden und übernehmen damit andere Funktionen als bei anderen Menschen.
> Der Gegensatz im Gebrauch von Händen und Füßen, der dem Menschen sonst eine bestimmte Beziehung zur Umwelt schafft, ist verwischt: wo sonst der Rumpf in einer relativen Ruhe dem Menschen zu innerer Ausgeglichenheit verhilft und Distanz halten läßt, muß er hier oft wie eine Gliedmaße bewegt werden (…)
> Die Kinder fühlen sich entweder abgeschnitten von der Welt wegen der mangelnden Greif- und Tastmöglichkeit, oder sie verbinden sich sehr intensiv mit den Gegenständen, weil sie sie ganz eng an ihren Körper herannehmen müssen. So kommen sie zu eigenartig veränderten Distanz- und Raumerlebnissen … Wegen des Fehlens vieler mit dem Greifen und Tasten verbundener Wahrnehmungserlebnisse können sie ihr Denken nicht so eng mit der Welt verbinden wie andere Kinder“ (Rist/Schneider 1990, S. 141/142).

Psychische Probleme

„Sehr häufig ist seine (des körperbehinderten Kindes, Anm. d. Verf.) Bindungsfähigkeit dadurch beeinträchtigt, daß die Eltern-Kind-Beziehung unzureichende emotionale Intensität hat und mehr von rationalem, ethischem oder religiösem Wollen getragen ist" (Kunert 1972, S. 44/45).

Abb. 30: Die Psychosoziale Lebenssituation körperbehinderter Kinder und Jugendlicher (Modifiziert nach Ortmann 1995, S. 163)

Körperbehinderte Kinder und Jugendliche

↓

erleben
Einschränkungen
seelische Erschütterungen, Schmerz, Verzicht, Trennung

↓

diese Belastungen wirken sich aus auf
Persönlichkeitsentwicklung
Familie, Schule, Freunde, Freizeit (Lebenswelt)

↙ ↘

Psychische Folgen:
Aggressionen
Ängste: Verlust, Schmerz, Tod
Antriebsverluste
Störungen der Identität
(Selbstwertzweifel, Resignation,
Frustration, Minderwertigkeitsgefühle)
Psychische Isolierung
Depressionen, Trauerreaktionen
Drohende Auflösung des Ich-Du-Bezuges

Soziale Folgen:
Störungen oder Verlust der
Freundschaftsbeziehungen
Kommunikationsbarrieren
Drohende Desintegration
in sozialer Umwelt

Auf die Sprache der *Psychoanalyse* übertragen heißt das, daß (körper-) behinderte Kinder häufig vor allem von den rationalen Motiven des elterlichen „Über-Ichs" getragen werden, aber nicht aus der Substanz des elterlichen „Ichs/Es", also einen Mangel an Empathie erfahren.
Auf die Sprache der *Pädagogik* übertragen bedeutet es, daß die Kinder wenig *äußeren Halt* (Paul Moor) erfahren.
Erschwerend wirken sich Klinikaufenthalte aus: sie vermindern soziale Erfahrungen im Kindesalter (verlorene Kindheit), auch wenn die Motive der Eltern (Hoffnung auf Heilung) verständlich sind.

„Minderwertigkeitsgefühle sind praktisch unvermeidlich, weil sich das behinderte Kind mit den Gesunden vergleicht. (...) Zu den an sich schon kaum vermeidbaren Minderwertigkeitsgefühlen kommt hinzu, daß die Mitwelt dem Körperbehinderten gegenüber nur selten unbefangen ist. Einerseits ist man überfürsorglich und zeigt Mitleid, was im Kind das Gefühl des Ungenügens verstärkt. Andererseits sind Körperbehinderte oft Objekte für Projektionen und Vorurteile" (Meinzertz/Kausen/Klein 1987, S. 145).

Das Schema zur psychosozialen Lebenssituation muß für das einzelne Kind konkretisiert und differenziert werden. Eine Verallgemeinerung ist nicht zulässig; verallgemeinernde Aussagen über das psychische/emotionale Erleben, aber auch über die soziale und kognitive Entwicklung körperbehinderter Menschen sind prinzipiell abzulehnen.
Die Auffassung, daß gewisse Körperbehinderungen mit bestimmten Verhaltensstörungen gekoppelt sind (These der „Behindertenpersönlichkeit", vgl. Hensle 1982, S. 44–48; „Krüppelseele"), ist ebenfalls als ein unhaltbares und diskriminierendes Vorurteil zurückzuweisen (Meinzertz/Kausen/Klein 1987, S. 145).

Pädagogische Aufgaben

Bewegungserziehung
Inwieweit die Förderung der Eigenbewegung gelingt, ist abhängig vom *Schweregrad der Schädigung,* von der *Motivierbarkeit* des Kindes und von seinem *Lebenswillen.* Die pädagogische Förderung der Bewegungsfähigkeit muß in jedem Fall *individuell* auf den körperbehinderten Menschen abgestimmt sein.

Beispiel 1
Bei Dysmelie-Kindern steht die Kräftigung der Bauch- und Rückenmuskulatur im Vordergrund. Sie bildet die Grundlage für alle Ersatzfunktionen, die das Kind für die fehlenden Arme entwickeln muß. Für den Gebrauch eines Beines als Hand-Arm-Ersatz, z. B. zum Tür öffnen oder Haare kämmen, ist eine gute Beweglichkeit des Hüftgelenkes nötig (vgl. Rist/Schneier 1990, S. 144).

Beispiel 2
Bei vielen Krankheiten ist der Halteapparat so sehr geschwächt (z. B. bei progressiver Muskeldystrophie, bei schwerer Wirbelsäulendeformation), daß eine selbständige Fortbewegung nicht mehr möglich ist, weil die Kraft nicht ausreicht, sich gegen die Schwerkraft der Erde zu behaupten. Im Wasser ist die Wirkung der Schwerkraft nahezu aufgehoben. Wasser bietet deshalb als einziges Medium die Chance, daß der Kranke sich in aktiver Bewegung selbst erleben kann. Es ist eine wichtige *pädagogische Aufgabe,* diesen Selbsterfahrungsraum „Wasser" für den behinderten Menschen kontinuierlich verfügbar zu machen. Die Erfahrung der selbständigen Fortbewegung im Wasser ist ein wesentlicher Autonomiegewinn auch im Alltag.

Praktische Probleme, die Mitarbeiter in der Behindertenhilfe daher lösen müssen:
– Es gibt kein Schwimmbad in der Einrichtung oder das Schwimmbad ist dauernd „ausgebucht“.
– Ein behinderter Mensch kann/darf nicht ins Bewegungsbad, weil er einkotet und einnäßt.
– Für die „Wasserwelt“ sind die Therapeuten zuständig, als pädagogische Fachkraft mische ich mich hier nicht ein, sonst verbrenne ich mir die Finger.

Prinzipien in Erziehung und Bildung
Die hier genannten Grundsätze sind allgemein gültige pädagogische Prinzipien. In der Erziehung und Bildung von *Menschen aller Behinderungsarten* müssen diese Prinzipien konkretisiert, individualisiert und differenziert werden.

(1) *Prinzip der Anschaulichkeit:* Aktivierung aller Sinne, lebens- und wirklichkeitsnahe Anschauungshilfen zum Ausbau der Vorstellungsfähigkeit, z. B. Gegenstände betasten lassen, anschauen, riechen.
(2) *Prinzip der Selbsttätigkeit:* Anerkennung und Verstärkung von Selbsttätigkeit ist eine wichtige pädagogische Hilfe für den Autonomie-Erwerb. Heilerziehungspfleger/innen sollten sinnvolle realisierbare Aufgaben stellen, die der behinderte Mensch ohne fremde Hilfen alleine bewältigen kann. Bevor eine Überforderung auftritt, muß man die nötigen Impulse zur Bewältigung der Aufgabe bzw. des Problems geben.
(3) *Prinzip der abnehmenden Hilfe:* Gemeint sind motorische Hilfen, aber auch emotionale und kognitive Hilfen. Der Wunsch nach Autonomie erfährt dort seine Grenzen, wo die körperliche Schwäche eine weitere Verselbständigung nicht zuläßt. Dem Kind soll erfahrbar gemacht werden, daß es einen legitimen Anspruch darauf hat, in solchen Situationen Hilfe zu bekommen, ohne diese Hilfeleistungen als Beeinträchtigung für sein Selbstwertgefühl erleben zu müssen.
(4) *Prinzip der Individualisierung:* Anpassung aller pädagogischen Hilfen, so z. B. der Lernangebote, an die individuellen Möglichkeiten und Fähigkeiten des behinderten Menschen.
(5) *Prinzip der Verstärkung:* Vielfältige Formen der Verstärkung anwenden, um Kraftquellen für neue Aktivitäten zu erschließen (vgl. Kunert 1972, S. 46–52).

Befähigung zur Auseinandersetzung mit der eigenen Behinderung und der damit zusammenhängenden Lebensperspektive
Eine im späteren Leben erworbene Schädigung stellt sich als eine traumatische *Verlusterfahrung* dar. Pädagogisch geht es hier um Hilfen zur

Entwicklung eines angemessenen Störungs- und Selbstbewußtseins (realistische Selbsteinschätzung der eigenen Möglichkeiten).

Erschließen von Kommunikation
Bei allen schweren Fällen einer Lähmung oder Schädigung ist die Ausdrucksfähigkeit und damit die Kommunikationsfähigkeit gestört. In extremen Fällen kann sie blockiert sein. Die pädagogische Aufgabe des Lebensbegleiters ist die Pflege und Befriedigung der *Kommunikationsbedürfnisse* über die verbliebenen körpereigenen motorischen und sensorischen Kommunikationskanäle, z. B. die Bewegung des Augenlids oder der Zunge oder das Streicheln der Handfläche.
Wichtig ist es, zwischen der äußeren Dimension des *Verhaltens* und der inneren Dimension des *Erlebens* zu unterscheiden.

Erschließung einer Lebensaufgabe (Partizipation)

> *Beispiel aus einem Reha-Zentrum:*
> Eine junge Frau, die seit einem Reitunfall ab den oberen Halswirbeln querschnittsgelähmt ist, kann nur noch ihren Kopf bewegen. Auf ihrer Stirn ist eine Vorrichtung mit einem Laser-Strahl angebracht. Mittels moderner Computer-Technik kann sie mit diesem Laser-Strahl Texte für eine Zeitung schreiben.

Pädagogische Koexistenz als Form der Begleitung in Krisensituationen – Auseinandersetzung mit Sterben und Tod im Kindes- und Jugendalter
Schmeichel (1978, in: Hensle 1982, S. 43) hat die besondere Situation dieser Jugendlichen mit absehbarer Lebensperspektive analysiert und als „Zielkrise“ interpretiert. Herkömmliche Pädagogik, da zukunftsorientiert, muß bei ihnen versagen; statt dessen soll der Pädagoge sich hier als freigestellt verstehen. Seine Aufgabe ist es, Lebensstärke in einer menschlichen Grenzsituation zu erschließen, solange das Kind dazu bereit ist. Eine offene, vertrauensvolle Gesprächsatmosphäre ist außerordentlich wichtig und kann der Angst, Müdigkeit und Depressivität entgegenwirken (Ortmann 1995, S. 163).

Literatur:

Bläsig, W. (Hrsg.): Die Körperbehindertenschule. Eine Darlegung der gegenwärtigen didaktischen und methodischen Konzeption, Berlin 1972

Bobath, B., Bobath, K.: Die motorische Entwicklung bei Zerebralparesen, Stuttgart 1983

Kunert, S.: Prinzipien der Unterrichts- und Erziehungsarbeit bei Körperbehinderten, in: Bläsig (Hrsg.), a.a.O., S. 44–52

Müller-Fehling, N./Rochel, M.: Neue Hilfen für cerebral bewegungsgestörte Kinder? Die konduktive Förderung nach Andras Petö, in: Zusammen 10/95, S. 32–35
Ortmann, M.: Progredient erkrankte Schüler als schulpädagogische Herausforderung für die Körperbehindertenpädagogik, in: Zeitschrift für Heilpädagogik, 4/95, S. 160–167
Oskamp, U.: Körperbehinderung und chronische Erkrankung, in: Zeitschrift für Heilpädagogik, 10/94, S. 678–684
Rist, G./Schneider, P.: Die Hiberniaschule. Von der Lehrwerkstatt zur Gesamtschule: eine Waldorfschule integriert berufliches und allgemeines Lernen, Berlin 1990
Schmeichel, M.: Probleme der Förderung von Kindern und Jugendlichen mit progredienten Krankheiten, in: Handbuch der Sonderpädagogik. Pädagogik der Körperbehinderten, Berlin 1983, S. 221–230
Vojta, V.: Die cerebralen Bewegungsstörungen im Säuglingsalter, Stuttgart 1984

4. Sprachbehindertenpädagogik

Personenkreis, Erscheinungsformen und Ursachen, psychosoziale Situation

Auffälligkeiten im Sprachgebrauch oder Verzögerungen in der Sprachentwicklung, wie sie im folgenden beschrieben sind, können wir bei sehr vielen Kindern im Elementarbereich (3.–6. Lebensjahr) beobachten.
Eine Sprachbehinderung oder Sprachstörung wird daraus erst, wenn die sprachliche Beeinträchtigung so erheblich ist, daß ein Kind seine Muttersprache nicht den Regeln und seinem Alter entsprechend gebrauchen kann. Diese Behinderung beeinträchtigt die sprachliche Verständigung mit anderen Personen. Das kann langfristig eine Störung der Persönlichkeits- und der Sozialentwicklung sowie der Lern- und Leistungsfähigkeit zur Folge haben (vgl. Bielfeld 1994, S. 690–694).

Sprachstörungen

(1) Stammeln

In der Fachsprache hat der Begriff Stammeln eine andere Bedeutung als in der Umgangssprache. Wir verstehen unter *Stammeln* die *Unfähigkeit,* bestimmte *Laute zu bilden.* Es ist die häufigste Sprachstörung bei Kindern. Man unterscheidet drei Formen:

(a) Fehlerhafte Aussprache des Lautes. Am bekanntesten ist das Lispeln, die fehlerhafte Bildung des *S-Lautes (Sigmatismus).* Ähnliche Schwierigkeiten beobachten wir bei *r* oder *g* oder *tsch.*

(b) Bildung eines Ersatzlautes, z. B. *T*amm statt *K*amm
(c) Auslassung eines Lautes
Eine häufige Ursache ist eine sensorische Störung, z. B. eine Schwerhörigkeit im Bereich der hohen Töne (Physiologisches Stammeln).

(2) Stottern
Beim Stottern handelt es sich um eine Störung des Redeflusses, welche durch eine Verkrampfung der Kehlkopf-, Stimm- und Atmungsmuskulatur zustande kommt.
Das *klonische* Stottern äußert sich in krampfhaften unwillkürlichen Wiederholungen von Lauten oder Silben. Beim *tonischen* Stottern beobachten wir ein stummes Pressen, ein „Hängenbleiben" in einer besonderen Aussprachestellung; Mischformen sind häufig. Begleitet werden diese Symptome durch kompensatorische Bewegungen der Arme und vegetative Reaktionen, z. B. Erröten. Jungen stottern häufiger als Mädchen.
Das Auftreten eines Stotteranfalls ist situationsabhängig. Es zeigt sich bei schwierigen Wörtern, längeren Wörtern etc. Erwartungsvolle Blikke der anderen und Aufregung verstärken das Stottern (z. B. subjektiver Streß, Grad der inneren Spannung). Ablenkung und psychische Lockerung führen zur Besserung. Stotterer haben ein *Störungsbewußtsein:* Sie erleben ihre Sprachstörung subjektiv sehr intensiv und leiden seelisch darunter. Als Folge des Leidensdrucks kann es zu sozialem *Vermeidungsverhalten* kommen.
Auffallend ist, daß das Stottern beim Singen, rhythmischen Sprechen, Chorsprechen oder Vorlesen nicht auftritt.
Aus *psychoanalytisch/tiefenpsychologischer Sicht* ist Stottern Ausdruck einer *seelischen Fehlentwicklung* (Neurose-Theorie).
Aus *lerntheoretischer Sicht* gibt es ein Erklärungs-Modell des *„Entwicklungsstotterns":* Kinder im Alter von etwa vier Jahren denken schneller, als sie ihre Gedanken in Worte fassen können. Als Folge treten Wortwiederholungen auf. Werden diese nicht weiter beachtet, lernt das Kind bald von selbst, zu einem Einklang von Denken und Sprechen zu kommen. Wenn die Aufmerksamkeit des Kindes in dieser Phase allerdings durch elterliche Intervention und Sanktion zu stark auf sein eigenes Stottern gelenkt wird, kann es zu einer Verfestigung kommen.
Auch eine *hirnorganische Schädigung,* z. B. im Rahmen einer spastischen Lähmung, kommt als Ursache in Frage.

Abb. 31: Ursachen des Stotterns

(3) Dysgrammatismus

Beim Dysgrammatismus (Agrammatismus) handelt es sich um die Unfähigkeit, einen grammatikalisch richtigen Satzbau zustande zu bringen. Typische Symptome:

- Störungen beim Satzbau (Syntax), z. B. falsche Reihenfolge der Wörter
- Infinitivsprache bzw. falsches Beugen von Substantiven und Verben, z. B. Du spielen mit Puppe.

Ursachen sind u. a. frühkindliche Hirnschädigung, Mehrsprachigkeit, abrupter Milieuwechsel, Hospitalismus-Erfahrungen.

(4) Poltern

Auch das Poltern ist eine Redefluß-Störung. Es ist ein überstürztes, hastig-sprudelndes Reden, bei welchem ganze Satzteile ausgelassen, verwechselt, verstümmelt oder entstellt werden. Der Polterer hat kein Gefühl für den Sprachrhythmus. Im Gegensatz zum Stammeln, Stottern und Dysgrammatismus entwickelt sich diese Störung meist erst im Schulalter. Ihr Ausmaß schwankt nach dem Grad der affektiven Erregung. Dem Polterer mangelt es an Störungsbewußtsein.

(5) Aphasie

Sprachverlust nach vollzogenem Spracherwerb, z. B. nach einem Schlaganfall, als Folge eines schweren Schädel-Hirn-Traumas.

(6) Mutismus (Psychogenes Schweigen)

Verweigerung des Sprechens trotz Sprachfähigkeit; von selektivem Mutismus spricht man, wenn das Kind nur mit ganz wenigen, engen Bezugspersonen spricht bzw. flüstert. Der Mutismus tritt häufig im Anschluß an ein traumatisches seelisches Erlebnis auf, z. B. bei sexuellem Mißbrauch.

Bewegung und Sprache

Der Zusammenhang zwischen der Bewegungsentwicklung im allgemeinen und der Sprach- und Denkentwicklung im besonderen ist offenkundig: Gehen → Sprechen → Denken. Rist/Schneider berichten über ihre Erfahrungen in der Sprachentwicklung von Contergangeschädigten Kindern:

> „Die Entwicklung der Sprache beginnt beim Kind erst mit der Entfaltung einer gezielten Motorik. Das Üben der Feinmotorik der Kehlkopf-, Rachen- und Mundmuskulatur kann erst zum Erfolg führen, wenn der Mensch gelernt hat, die Grobmotorik seiner Bewegungen im Greifen, Aufrichten und Gehen zu beherrschen. Die wesentlich differenziertere Sprechmotorik fiel denn auch einem Teil der Contergan-geschädigten Kinder auffallend schwer. Zum Teil lernten sie verspätet sprechen, ihre Sprache blieb lange kleinkindlich, extrem leise, unartikuliert oder verkrampft. Die gesamte Erschwerung und Verzögerung der Bewegungsentwicklung hatte auch ihre Auswirkungen auf die Entwicklung der Sprache" (Rist/Schneider 1990, S. 147).

Pädagogische Aufgaben

Heilerziehungspfleger/innen z. B. dürfen nicht „auf eigene Faust" eine spezielle Sprachstörung, z. B. das Stottern, „behandeln". Dies ist die Aufgabe von Sprachheiltherapeuten, Logopäden und Sonderpädagogen der Fachrichtung Sprachbehindertenpädagogik.
Aufgabe von Heilerziehungspfleger/innen ist es, sprachbehinderte Menschen ganzheitlich zu fördern und ihnen entsprechende Hilfen für die Persönlichkeitsentwicklung zu geben. Dazu gehört auch eine besondere *Förderung* des Sprechens und der Sprache:

- Gutes Sprachvorbild, gezielte Sprechhilfen, sinnvolle Sprechanlässe
- Verwendung von akustischen, taktilen und rhythmischen Hilfen, die auch in der natürlichen Entwicklung der Sprache eine Rolle spielen
- Verwendung von Gebärde, Gestik und Mimik als nonverbale Äußerungsformen
- Ermutigung, Verstärkung, Motivation und Unterstützung im sprachlichen Bereich.

Sprachförderung sollte möglichst nicht isoliert, sondern in die *alltäglichen Zusammenhänge* eingebunden stattfinden. Zum Beispiel muß das Kind dann gezielt verbal verstärkt werden, wenn es aus innerer Motivation heraus über ein interessantes Ereignis spricht.
Wichtig ist es, die *Sprechfreude* und *Sprechbereitschaft* des Kindes zu fördern, zu erhalten oder zu wecken, falls sich bereits eine Sprechscheu entwickelt hat. Besonders gut eignet sich das *Rollenspiel,* weil

sich das Kind hier, unter der Maske anderer, subjektiv entlastet fühlt: seine Sprache ist Spiel und nicht Ernst. Generell muß dem Kind beim *Abbau seiner Angst,* vor anderen zu sprechen, geholfen werden (Hilfen zur Steigerung des *Selbstwertgefühls*).

– Hilfen zur Lockerung und Entspannung, zum richtigen Atmen, zum Aufbau innerer Ruhe.

– An *Gruppenmaßnahmen* empfehlen sich: Rhythmisches Sprechen im Chor, Rhythmisches Musizieren (Orff-Musik), Sprechen und Lesen mit dem Metronom, Einbeziehen rhythmischer Körperbewegung in den Sprechvorgang etc.

Durch eine solche Verknüpfung von Rhythmus, Bewegungsablauf, Sprechen und Hören werden günstige Voraussetzungen für eine angstfreie und unverkrampfte Sprachentwicklung geschaffen.

Literatur:

Atzesberger, M.: Sprachaufbauhilfen bei geistig behinderten Kindern, Berlin 1976

Bielfeld, K.: Sprachbehinderung, in: Zeitschrift für Heilpädagogik, 10/1994

Grohnfeld, M.: Grundlagen der Therapie bei sprachentwicklungsgestörten Kindern, Berlin 1985

ders.: Störungen der Sprachentwicklung, Berlin 1988

Haas-Löwel, S.: Sprachförderung – Sprechspiele. In: Handbuch für Erzieher, 2. Nachlieferung 1982

Hardmeier-Hauser, S.: Kinder mit Sprachentwicklungsstörungen, Schweizerische Zentralstelle für Heilpädagogik (SZH), Luzern 1993

Hugenschmidt, B./Leppert, J.: Heilpädagogische Sprachförderung im Vorschulalter, Freiburg 1993

Knura, G./Neumann, B. (Hrsg.): Handbuch der Sonderpädagogik. Pädagogik der Sprachbehinderten, Berlin 1980

Rist, G./Schneider, P.: Die Hibernia-Schule, Berlin 1990

Wilken, E.: Sprachförderung bei Kindern mit Down-Syndrom. Berlin [6]1993

Zimmer, D. E.: So kommt der Mensch zur Sprache. Über Spracherwerb, Sprachentstehung und Sprache und Denken, Zürich 1986

5. Pädagogik bei Sinnesbehinderungen

Die Förderung und Lebensbegleitung blinder oder gehörloser Menschen aller Altersstufen – vor allem im Zusammenhang mit einer Mehrfachbehinderung (z. B. Rötelnembryopathie) – ist eine Aufgabe von Heilerziehungspfleger/innen.

5.1 Blindenpädagogik; Sehbehindertenpädagogik

Personenkreis, Erscheinungsformen und Ursachen, psychosoziale Situation

Folgende *Abstufungen* von der Blindheit zur Sehbehinderung sind zu unterscheiden:
(1) Vollständige Blindheit (Amaurose);
(2) Praktische Blindheit: Wahrnehmung von Lichtschein, d. h. minimaler Sehrest;
(3) *Hochgradige Sehbehinderung:* Wahrnehmung vager Schatten;
(4) *Geringgradige Sehbehinderung:* Gegenstandsunterscheidung für Orientierung ausreichend, nicht aber für die Normalschule (Kobi 1977, S. 54).

Ursachen

Angeborene Ursachen: z. B. erbliches Retinoblastom: bösartiger Tumor, der bei zweijährigen Kindern entlang der Sehnerven ins Gehirn wächst, das erblindete Auge scheint zu schielen (50 % Risiko für die Nachkommen); „Mikrophtalmus": Auge ist verkleinert angelegt; „Anophthalmus": Auge fehlt ganz.
Erworbene Ursachen: Netzhautablösung infolge Zuckerkrankheit (vgl. Hensle 1982, S. 93–96).

Blinde und Sehbehinderte sind in Lernvollzügen, die auf visuellen Eindrücken beruhen, behindert. Sie müssen sich die Informationen, die sehende Personen visuell aufnehmen, vollständig oder überwiegend über andere Wahrnehmungskanäle – insbesondere über das *Gehör* und den *Tastsinn* – aneignen. Das Fehlen des optischen Umweltkontaktes schränkt die Möglichkeiten der zwischenmenschlichen Kommunikation erheblich ein. Die Mobilität ist beschränkt auf eine gut bekannte Umwelt.

Pädagogische Aufgaben

Im Elementarbereich richtet sich die spezielle pädagogische Förderung des blinden Kindes auf die Selbständigkeitserziehung in allen alltäglichen Verrichtungen. Akustische Orientierungsübungen, Tastversuche, Musik und Rhythmik können das Leben des blinden Kleinkindes bereichern.

Bei blinden Kindern entfällt das sonst so wichtige Imitationslernen. Einfachste Tätigkeiten, die sich ein sehendes Kind durch Abschauen und Nachmachen mühelos aneignen kann, erfordern beim blinden eine *gezielte Instruktion*. Ein *blindenpädagogischer Grundsatz* ist deshalb die *Anleitung zu bewußter Handlungskontrolle* (z. B. beim Essen).

Als zentrale Ziele in der Erziehung und Bildung von blinden Menschen sind zu nennen:

(1) Körperliche Aktivierung, psychomotorisches Training;

(2) Aktivierung und Differenzierung der Restsinne: Aufbau einer tragfähigen Vorstellungswelt durch Intensivierung der auditiven und taktil-kinästhetischen Wahrnehmung;

(3) Blindenpädagogische Hilfen: Einübung in den Gebrauch der vielfältigen Blindenhilfsmittel, z. B. Blindenschrift (vgl. Hensle 1982, S. 91);

(4) Befähigung zur gleichberechtigten Teilhabe am Leben der sehenden Gesellschaft (z. B. Beruf) (Kobi 1977, S. 54–56).

Literatur:

Rath, W.: Blindheit, Sehbehinderung, in: Zeitschrift für Heilpädagogik 10/1994, S. 658–663

Rath/Hudelmayer (Hrsg.): Handbuch der Sonderpädagogik. Pädagogik der Blinden und Sehbehinderten, Berlin 1985

5.2 Gehörlosenpädagogik; Schwerhörigenpädagogik

Personenkreis, Erscheinungsformen und Ursachen, Psychosoziale Situation

Folgende *Abstufungen* von der Volltaubheit zur Schwerhörigkeit sind zu unterscheiden:

(1) *Volltaubheit:* Keine auditive Wahrnehmung (ist sehr selten!);

(2) *Resthörigkeit:* Wahrnehmung einzelner Geräusche bestimmter Stärke und Frequenz, jedoch sprachtaub im Frequenzbereich der Sprache;

(3) *Hochgradige Schwerhörigkeit:* Wahrnehmung vager Sprachlaute, jedoch auf visuelle Sprachhilfen angewiesen;

(4) *Mindere Schwerhörigkeit:* Spracherwerb erfolgt, mehr oder weniger beeinträchtigt, über das Ohr (Kobi 1977, S. 57).

Ursachen

Angeborene Ursachen: z. B. vererbte Taubheit, pränataler Medikamentenschaden (Thalidomid), Rötelnembryopathie.
Erworbene Ursachen: z. B. Folge einer Masern-Meningitis.

Die teilweise erhebliche Einschränkung der Kommunikation bei einer Gehörlosigkeit kann zu sekundären Folgewirkungen im gesamten psychosozialen Bereich führen: z. B. seelische Labilität, stärkere Erregbarkeit, insgesamt erschwerte Persönlichkeitsentwicklung. Häufig sind solche Verhaltensweisen als das Ergebnis einer kommunikativ bedingten Fehlentwicklung und -erziehung anzusehen (Diller 1994, S. 667/668).

Pädagogische Aufgaben

Das übergreifende Ziel der Erziehung bei Gehörlosen ist, sie zu einer gleichberechtigten Teilhabe am Leben der hörenden Gesellschaft zu befähigen. Zur Zeit existieren zwei grundsätzlich unterschiedliche Positionen:

Position 1: Gehörlose Kinder sollen, unter Zuhilfenahme modernster Hörtechnik, die Lautsprache als ihre Muttersprache erlernen. Sie bekommen eine *Innenohr*prothese, die aus einem Sprachprozessor, Sender und Empfangselektroden besteht. Die Empfangselektroden werden operativ in die Hörschnecke (Cochlea) des Menschen implantiert. Der Sprachprozessor wird außen aufgetragen.
Position 2: Gehörlose sollen die Gebärdensprache als *ihre* Basissprache erlernen. Die Vertreter der gebärdensprachlichen Erziehung argumentieren, daß Gehörlose keine „Taubstummen" sind, sondern anderssprachige Menschen mit einer vollwertigen Sprache, eben der Gebärdensprache. Sie bilden eine selbständige Sprach- und Lebensgemeinschaft mit eigenen Werten, einer eigenen Kultur und einer positiven Identität. Sie fordern die volle gesellschaftliche Anerkennung der Gebärde als ihrer Sprache und lehnen Hörhilfen, wie z. B. das Cochlea-Implantat für gehörlose Kleinkinder, ab (vgl. Diller 1994, S. 663–668).

Heilerziehungspfleger sollten eine Einführung in sprachunterstützende Gebärden machen.

Literatur:

Claußen, W. H.: Schwerhörigkeit und Taubheit, in: Zeitschrift für Heilpädagogik, 10/1994, S. 668–677

Diller, G.: Gehörlosigkeit, in: Zeitschrift für Heilpädagogik, 10/1994, S. 663–668

„Familien- und wohnortnahe Arbeitsplätze in der WfB für gehörlose Erwachsene“ – Positionspapier, in: caritas, 96 (1995), S. 42 f.
Jussen, H./Kröhnert, O. (Hrsg.): Handbuch der Sonderpädagogik. Pädagogik der Gehörlosen und Schwerhörigen, Berlin 1982
Schau doch meine Hände an. Sammlung einfacher Gebärden zur Kommunikation mit nichtsprechenden Menschen. Verband evangelischer Einrichtungen für Menschen mit geistiger und seelischer Behinderung e. V., Stuttgart 1995
Verständigung mit gehörlosen Menschen in Lautsprache und Gebärdensprache, in: caritas, 96 (1995), S. 37–42

6. Verhaltensgestörtenpädagogik (Sozio-emotionale Störungen)

Die Verhaltensgestörtenpädagogik ist als sonderpädagogische Fachrichtung das Ergebnis einer Entwicklung aus sozialpädagogischen, schulpädagogischen und psychiatrischen Ursprüngen.
Die *sozialpädagogische* Entwicklungslinie geht zurück bis zu den Arbeits-, Zucht- und Rettungshäusern des 16./17. Jahrhunderts. Aus dieser Tradition heraus sind die Einrichtungen der Fürsorgeerziehung (z. B. Erziehungsheime) und des Jugendstrafvollzugs entstanden.
Die *schulpädagogische* Entwicklung beginnt in der Hilfsschulpädagogik des ausgehenden 19. Jahrhunderts und führt zur Gründung von Sonderklassen für Schwererziehbare, 1926 in Zürich, 1928 in Berlin (Myschker 1981, S. 90).
Die *psychiatrische* Entwicklungslinie geht über die Einrichtungen der Psychopathenfürsorge hin zu den Kliniken für Kinder- und Jugendpsychiatrie (Myschker 1992, S. 105).
Die primäre Zielgruppe der Verhaltensgestörtenpädagogik sind Kinder und Jugendliche.

Personenkreis, Erscheinungsformen und Ursachen, psychosoziale Situation

Der Begriff *Verhaltensstörung (behavior disorder)* wurde 1950 auf dem 1. Weltkongreß für Psychiatrie eingeführt. Davor wurden Begriffe wie Psychopathie, Schwererziehbarkeit, Verwahrlosung, Entwicklungshemmung, Gemeinschaftsschwierigkeit, Erziehungsschwierigkeit, Charakterfehler etc. nebeneinander und in ähnlichem Veständnis benutzt. Alternativbegriffe wie z. B. *Verhaltensauffälligkeiten* werden verwendet, um den als diskriminierend empfundenden Störungsbegriff auszuklammern und sich neutraler auszudrücken (Myschker 1992, S. 107).

Wir verstehen unter einer Verhaltensstörung „ein von der Erwartungsnorm abweichendes Fehlverhalten, das organogen und/oder milieureaktiv bedingt ist, wegen der Mehrdimensionalität, der Häufigkeit und des Schweregrades die Entwicklungs-, Lern- und Arbeitsfähigkeit sowie das Interaktionsgeschehen in der Umwelt beeinträchtigt und ohne besondere pädagogisch-therapeutische Hilfe nicht oder nur unzureichend überwunden werden kann" (Myschker 1992, S. 108).

Abb. 32: Klassifikation von Verhaltensstörungen

Verhaltensstörung als:	*Störungen im:*
Aggression, Hyperaktivität, Regression, Angst, Gehemmtsein,	*Eigenbereich,* z. B. Verträumtheit
	Sozial- und Sachbereich, z. B. Kontaktstörungen
Unreifes Verhalten, Delinquenz, Sucht etc.	*Werthaltung,* z. B. Gestörtes Besitzverhalten
(vgl. Havers, 1978, 36)	*Leistungsbereich,* z. B. Motivationsprobleme
	Körperlicher Bereich, z. B. Nägelknabbern
	(vgl. Kobi 1977, S. 78–106)

Ist eine Klassifikation von Verhaltensstörungen sinnvoll und nützlich? Durch eine starre Klassifikation kann ein Kind „etikettiert" werden. Um diese „Etikettierungen" zu vermeiden, müssen Heilerziehungspfleger/innen kritisch mit „Klassifikationen" umgehen und sie mit Verantwortung und Fingerspitzengefühl beim Kind anwenden. Klassifikationen sind dann sinnvoll, wenn wir sie als Grundlage für unsere *Beobachtungen* heranziehen.
Die Entstehung von Verhaltensstörungen wird heute *multifaktoriell* erklärt: Verschiedene Faktoren führen in einem zeitlichen Nacheinander und in einem *kulminierenden* Prozeß dazu, daß sich Störungen entwickeln, mehr und mehr ausprägen und verfestigen.
Zur Klärung der Ursachen von Verhaltensstörungen müssen die Forschungsergebnisse der Medizin, der Psychologie, der Soziologie und der Erziehungswissenschaften herangezogen werden.

Abb. 33: Erklärungsmodelle zur Entstehung von Verhaltensstörungen

Medizin:
Minimale cerebrale Dysfunktion (MCD)
Psychoanalyse:
Hospitalismus, Versäumnisse in der frühen Kindheit: mangelnde Bewältigung der Entwicklungsphasen (Freud), „Urmißtrauen", mangelnder Autonomiegewinn (Erikson)
Lernpsychologie:
Ängste, Phobien, Depressionen als Folge falscher Lernkonditionierung
Soziologie:
Etikettierung/Stigmatisierung, Isolation, soziale Ausgrenzung
Erziehungswissenschaften:
Autoritärer oder Laissez-faire Erziehungsstil, Überforderung, Fremdbestimmung, Mangel an positiver Orientierung und Autorität, Mangel an Problemlösungskompetenz
Übergeordnete Probleme unserer Zeit:
Schnellebigkeit, Reizüberflutung, Umweltprobleme und -ängste

Lempp (1978) vertritt die Auffassung, daß viele *psychische Störungen als Reaktion des Individuums auf die soziale Umwelt* zu erklären sind. Insbesondere bei Kindern mit leichten Störungen der Hirnfunktionen (Minimale Cerebrale Dysfunktion = MCD) können sich als Folge einer unangemessenen Erwartungshaltung an das Kind (z. B. Überforderung) vielfältige Störungen manifestieren.

Beispiel:
Wenn Eltern an ihr Kind in der ersten Klasse völlig unrealistische Erwartungen bezüglich seiner Schulleistungen stellen, kann dieses mit Einnässen reagieren („Sekundäre Neurotisierung").

Die „Psychoreaktive Schule", als deren wichtigster Vertreter Lempp gilt, spricht deshalb von sogenannten „Reaktiven und neurotischen Störungen" (vgl. Remschmidt 1987).

Pädagogische Hilfen

„Basis aller pädagogischen Bemühungen bei Kindern und Jugendlichen mit Verhaltensstörungen ist ein pädagogischer Bezug (Nohl), ein dialogisches Verhältnis (Buber), ein enges Vertrauensverhältnis, das ‚Urmißtrauen' (Erikson) aufzuheben vermag, eine enge persönliche Beziehung, die Halt gibt (Moor), das Selbstvertrauen stärkt, ermutigend wirkt" (Myschker 1992, S. 128).

Spezielle heilpädagogische Hilfen

In Zusatzausbildungen und Fortbildungen können spezielle *heilpädagogische Hilfen* von Heilerziehungspfleger/innen vertieft erlernt und eingeübt werden (vgl. Thesing 1994, S. 205–215):

(1) Gespräch: Fortbildung zum „Personenzentrierten Berater“ auf der Basis der Gesprächspsychotherapie

(2) Spiel/Spieltherapie: Weiterbildung zum Heilpädagogen oder Spielpädagogen (vgl. Renner, 1995)

(3) Rhythmik: Weiterbildung zum Heilpädagogen oder in Rhythmisch-musikalischer Bewegungserziehung

(4) Musik: Weiterbildung in Orff-Musiktherapie

(5) Sport/Bewegungserziehung: Ausbildung zum Motopädagogen/Mototherapeuten, Fortbildung in „Therapeutisch-orientierten Bewegungsverfahren“

Sozialpädagogische und Heilpädagogische Institutionen

- Erziehungsberatungsstellen
- Jugendhilfswerke mit Tagesbetreuung
- Sozialpädagogische Gruppen
- Heilpädagogisch orientierte Heime mit Wohn-, Erziehungs-, Schul- und Berufsausbildungs-Therapieangeboten
- Erlebnispädagogische Projekte, z. B. Therapeutisches Reiten, Erlebnisreise
- Sozialpädagogische Alternativen, z. B. Arbeitsprojekt, Gruppenreise auf einem Segelschiff

Öffentlichkeitsarbeit

Vorbeugende Maßnahmen zur Verhinderung von Verhaltensstörungen *(Prävention)* gibt es auf bildungspolitischer Ebene: z. B. öffentliche Vorträge (VHS), Seminare, Arbeitskreise.

Literatur:

Havers, N.: Erziehungsschwierigkeiten in der Schule, Weinheim 1978

Lempp, R.: Frühkindliche Hirnschädigung und Neurose. Bern/Stuttgart/Wien 1978

Mutzeck, W.: Verhaltensstörungen, in: Zeitschrift für Heilpädagogik, 10/94, 694–699

Myschker, N.: Verhaltensgestörtenpädagogik, in: Einführung in die Behindertenpädagik, Bd. 3, Stuttgart ^{3}1992

Remschmidt, H. (Hrsg.): Kinder- und Jugendpsychiatrie, Stuttgart 1987

Renner, M.: Spieltheorie und Spielpraxis. Eine Einführung für pädagogische Berufe. Freiburg 1995

Thesing, Th.: Heilerziehungspflege. Ein Lehrbuch zur Berufskunde, Freiburg ^{3}1994

7. Pädagogische Aufgaben bei Autismus

Personenkreis, Erscheinungsformen und Ursachen

Der Begriff „Autismus“ geht auf das griechische Wort „autos“ = selbst, selbstbezogen zurück. Wir verstehen darunter „in sich zurückgezogen sein“ oder „in sich gekehrt leben“. Es werden zwei Grundformen des Autismus unterschieden, der Kanner-Autismus und der Asperger-Autismus, benannt nach dem amerikanischen Psychiater Kanner und dem österreichischen Kinderarzt Asperger. Beide beschrieben 1944 unabhängig voneinander eine Gruppe von Kindern und Jugendlichen mit Kontaktstörungen zur menschlichen und dinglichen Umwelt.
Kanner beschrieb die schwere, extreme Verlaufsform, den sogenannten *frühkindlichen Autismus:*

Kontaktstörung: Autisten kapseln sich extrem ab, sie können keinen Blickkontakt herstellen, sie entwickeln keine Mimik und Gestik mit Symbolgehalt („Prinzengesicht“), sie zeigen kein Neugierverhalten.
Veränderungsangst: Autisten zeigen ein ängstlich-zwanghaftes Bedürfnis nach Gleicherhaltung der Umwelt. Sie haften an ganz bestimmten Ordnungen; Änderungen bedrohen sie.
Objektfixierung: Der Autist ist gefangen in stereotypen Bewegungen, z. B. schaukelt er mit dem Oberkörper, fächert mit seinen Fingern, kreiselt und wirbelt Ringe, Kugeln und Löffel, läßt stundenlang wie hypnotisiert Murmeln und Glasperlen durch die Finger rieseln. Er scheint seine Körperbewegungen als lustvoll zu erleben, die Stelbststimulation kann auch autoaggressives Verhalten sein. Er kann sich nicht öffnen für neue Handlungsmuster und zeigt kein imitatives Lernverhalten.
Sprachstörung: Die Sprachentwicklung bleibt aus oder ist verzögert. Sprache wird nicht zur Kommunikation, sondern aus Freude an Lauten und Wortklängen eingesetzt: Selbstgespräche, Spontanrede, Echolalie.
Stimmungslabilität: Es ist oft eine Neigung zu Affektausbrüchen zu beobachten. Schreien, Lachen, Weinen wechseln rasch, ohne erkennbare Ursache.
Störungen in der Sensomotorik: Keine Erschreckensreaktionen, gestörte Reflexhandlungen.

Auch Asperger-Autisten können die beschriebenen sozialen und emotionalen Persönlichkeitsstörungen aufweisen, allerdings in einer milderen Verlaufsform (Remschmidt 1987, S. 258–268).

Abb. 34: Modell der Entstehung des Autismus nach dem gegenwärtigen Stand der Autismus-Forschung

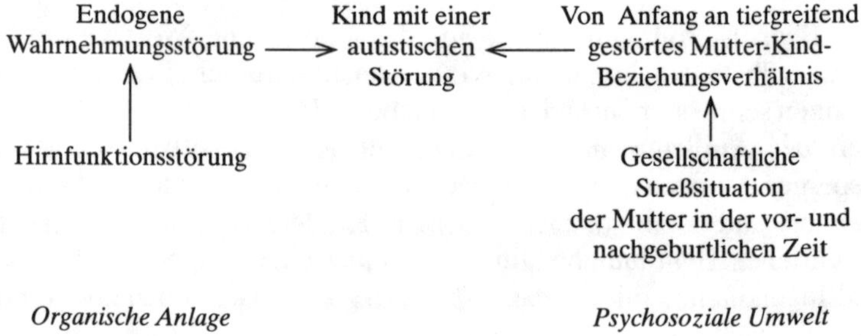

Psychosoziale Situation

Es gibt Erkenntnisse, die vermuten lassen, daß bereits vorgeburtliche Erfahrungen des Kindes eine autistische Störung zur Folge haben können: Das Beziehungsverhältnis zwischen der Mutter und dem Kind wird von Anfang an tiefgreifend gestört. Dadurch kann das Kind keine angemessene Beziehung zur *Mitwelt* aufbauen. Es fühlt sich von *ihr* bedroht, lebt in Angst, Furcht und Einsamkeit – und wird fortwährend enttäuscht. Für diese negativen vorgeburtlichen Erfahrungen darf nicht die Mutter alleine verantwortlich gemacht werden. Gesellschaftliche Probleme, wie z. B. Zukunftsängste oder Sinnentleerung, können sich auf die psychische Verfassung von werdenden Müttern negativ auswirken. Das Ungeborene würde nach dieser Theorie davon mitbetroffen sein (vgl. Meinertz/Kausen/Klein 1987, S. 183).
Nach dem Psychoanalytiker Bruno Bettelheim (1977, S. 33) sind solche ungünstigen frühen Mitweltbedingungen nicht die einzigen Ursachen für das Entstehen des autistischen Syndroms. Den Ausschlag gibt letztlich das Kind selbst: Ist es bereit und fähig, in die Beziehung mit Menschen und Gegenständen einzutreten und eine geordnete und ordnende innere Welt aufzubauen? Oder gewinnt die autistische Anlage, die aufgrund früher Erfahrungen erworben wurde, die Oberhand?
Im Gegensatz zu schwer geistig behinderten Menschen haben Autisten *Angst vor weichen Materialien,* sie bevorzugen harte und klirrende, nicht verformbare Dinge. Weiche Materialien sind dem menschlichen Körper ähnlicher als harte. Gerade das Lebendige ist es offensichtlich, vor dem autistische Kinder Angst haben und vor dem sie panikartige Reaktionen zeigen. Möglicherweise „erinnern“ weiche Materialien an die Intensität des leiblichen Kontaktes als elementarer Form menschlicher Begegnung (Pfeffer 1988, S. 224–225).

Pädagogische Hilfen

Grundsätze für den Umgang mit autistischen Menschen
Wir ermöglichen Autisten dann gute Entwicklungschancen,
– wenn wir ihnen vorsichtig und behutsam dort begegnen, wo sie sich wohlfühlen und wo sie ihren Interessen nachgehen, so daß wir uns in ihre Tätigkeiten „einschleusen" können,
– wenn wir ihnen einfache und eindeutige Interaktionsangebote machen,
– wenn wir sie mit Geduld, empathischem Verstehen und wohlwollender Konsequenz in die Situation des gemeinsamen Tuns und Lernens hereinnehmen,
– wenn wir uns darum bemühen, ihnen einen überschaubaren, geordneten und strukturierten Lebensraum zu schaffen, in dem sie Wohlwollen und Vertrauenswürdigkeit erfahren und erleben können,
– wenn wir uns bemühen, Sinnbezüge für sie herzustellen, z. B. indem wir Gegenstände in unsere Hände nehmen und diese vom Autisten ertasten, erfühlen und anfassen lassen,
– wenn wir unsere Aktivitäten mit einem klaren sprachlichen Ausdruck begleiten und dadurch die Stereotypien der autistischen Sprache zu einem sinnbezogenen Sprechen hinführen.

Rhythmik und Musik
Musik und Rhythmik können das Kind in tieferen Dimensionen ansprechen und die „autistische Sperre" durchbrechen. Musik und Rhythmik dringen in präverbales akustisches Erleben ein und können sozialgerichtete Aktivitäten auslösen (Meinertz/Kausen/Klein 1987, S. 184).

Festhaltetherapie
Die im Anschluß an Tinbergen insbesondere von Prekop praktizierte Therapie des tröstenden Festhaltens ist eine entwicklungsfördernde Hilfe, die zu Erfolgen führen kann (Prekop/Green 1986, S. 248–253).

Das Konzept der gestützten Kommunikation („Facilitated Communication")
Die begleitende Unterstützung, z. B. das Halten des Unterarms durch eine Vertrauensperson, kompensiert psychische Barrieren und ermöglicht es, daß sich ein als geistig behindert eingestufter autistischer Mensch auf einer Buchstabentafel oder einem PC artikulieren kann. Die Methode kommt aus Australien und den USA. Der Berliner Autist Birger Sellin hat sich mit Hilfe dieses Verfahrens seit August 1990 mitgeteilt – seine Aussagen wurden in einem Buch veröffentlicht und in einem Film dokumentiert („Wie ein wuchernder Erdklumpen auf

der Seele", ARD, 3. 2. 1994). Die Fachwelt ist sich noch nicht einig, wie sie diese Vorgänge bewerten soll und inwieweit ein Transfer der Erkenntnisse über Birger Sellin auf andere Autisten zulässig ist (Spiegel 1993; Sellin 1993).

Literatur:

Bettelheim, B.: Die Geburt des Selbst, München 1977

Delacato, C. H.: Der unheimliche Fremdling. Das autistische Kind, Freiburg 1975

Feuser, G.: Autistische Kinder, Solms/Oberbiel 1981

Jung G./Mühl, H.: Möglichkeiten der Kontaktaufnahme mit geistig behinderten, autistischen Schülern, in: Geistige Behinderung 2/1982

Pfeffer, W.: Förderung schwer geistig Behinderter, Würzburg 1987

Prekop I./Green: Das Festhalten und die Problematik der Bindung im Autismus, in: Praxis Kinderpsychologie und Kinderpsychiatrie, 1986

Remschmidt, H. (Hrsg.): Kinder- und Jugendpsychiatrie, Stuttgart 1987

Sellin, B.: „ich will kein inmich mehr sein, botschaften aus einem autistischen kerker", Köln 1993

Der Spiegel, 35/1993: Mitteilungen an die Oberwelt, S. 118–131

Tinbergen, E. A./Tinbergen, N.: Autismus bei Kindern. Fortschritte im Verständnis und neue Heilbehandlungen lassen hoffen, Berlin/Hamburg 1984

Weber, D.: Der frühkindliche Autismus, Bern/Stuttgart/Wien 1970

Wing, J. K. (Hrsg.): Frühkindlicher Autismus. Klinische, pädagogische und soziale Aspekte, Weinheim/Basel 1977

8. Pädagogische Aufgaben bei psychischer Behinderung/Krankheit

Die Lebensbegleitung psychisch kranker/behinderter Menschen gehört zu den Aufgaben von Heilerziehungspfleger/innen. Zu den typischen seelischen Erkrankungen rechnen wir die *Psychosen* (z. B. Schizophrenie, Manisch-depressive Erkrankung), die *Neurosen* (z. B. Angstneurose), die *Depression* und die *psychosomatischen Krankheiten.* Am Beispiel der Depression wird im folgenden die komplexe Symptomatik einer seelischen Erkrankung dargestellt.

Menschen mit depressiven Symptomen: Personenkreis, Erscheinungsformen und Ursachen, psychosoziale Situation

Man spricht heute von der Depression (deprimere [lat.]: herunterdrükken) als einer Zeitkrankheit. 1975 waren 3 % der Weltbevölkerung behandlungsbedürftig depressiv, 1987 bereits 6 % – mit steigender Tendenz in den neunziger Jahren. Der Anstieg ist u. a. auch dadurch zu erklären, daß Depressionen aufgrund der verbesserten Diagnostik häufiger als solche erkannt werden (Meinertz/Kausen/Klein 1987, S. 185).

Unter einer Depression verstehen wir einen Zustand, der

„– zu Symptomen im körperlichen und seelischen Bereich führt,
– das soziale Leben und die sozialen Beziehungen beeinträchtigt,
– mit Leiden und Krankheitsgefühl einhergeht,
– bereits mindestens zwei Wochen lang unverändert und auch durch sozialen Kontakt nicht beeinflußbar andauert" (Wolfersdorf 1994, S. 6).

Die Depression setzt sich in unterschiedlicher Stärke aus psychischen, psychomotorischen und körperlich-vegetativen Symptomen zusammen. Sie ist also immer ein *Syndrom*.

(1) Affektive und kognitive Symptome (Psychische Symptome):
Depressives Herabgestimmtsein, Freudlosigkeit, Nicht-Weinen-Können, Gefühl innerer Erstarrung, Angst vor dem Tag und seinen Anforderungen, Gedankenkreisen, Selbstvorwürfe wegen Nicht-Können, Versagens- und Minderwertigkeitsgefühl, Nichtgeliebtwerden, Schuld (Selbstanklage), Hoffnungslosigkeit, Untergangsideen, Suizidgedanken.
(2) *Psychomotorische Symptome:*
Innere Getriebenheit, körperlich erlebte Unruhe,
Lust- und Antriebslosigkeit, Verlangsamung bis zum Stupor (seelische und körperliche Starre).
(3) *Vegetativ-somatische Symptome:*
Globaler Vitalitätsverlust, Kraftlosigkeit, Engegefühle, Leibgefühlsstörungen (wandernde Schmerz-, Spannungs- und Schweregefühle), schwere Verspannungen der Nacken-, Schulter-, Rückenmuskeln, Appetitstörungen, Schlafstörungen, Libidoverlust, Tagesrhythmusstörungen (vgl. Wolfersdorf 1994, S. 18/19).

Ursachen

Neben *genetischen Faktoren* z. B. der Anfälligkeit der Neurotransmittersysteme im Zentralen Nervensystem für Störungen („Serotoninmangel"), spielen *psychologische Faktoren,* z. B. Mangelerfahrungen in der frühkindlichen Lebensgeschichte (Lebens-Grundgefühl des „existentiellen Zuwenig", Selbstwertproblematik), in der Entstehungsgeschichte eine Rolle. Auslösende Lebensereignisse führen dann zur aktuellen Erkrankung.

Abb. 35: Entstehungsbedingungen der Depression (nach Wolfersdorf 1994)

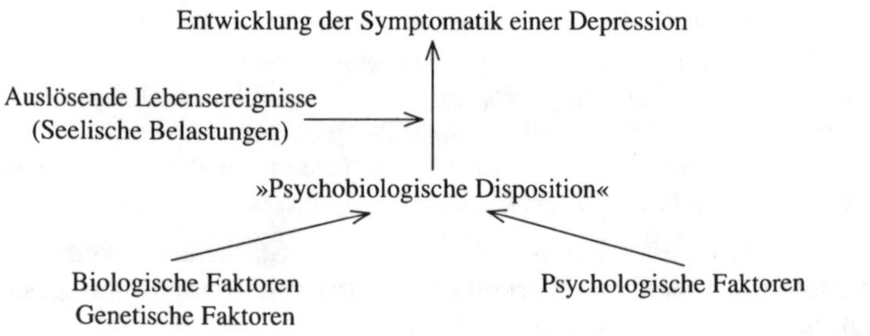

Pädagogische Aufgaben

Welche pädagogisch-menschlichen Aufgaben ergeben sich im Rahmen der Lebensbegleitung von Menschen, die unter einer Depression leiden?

Im Mittelpunkt *antidepressiver Therapie* steht das ermutigende und stützende „Gespräch". Ein wichtiger Grundsatz ist der ständige Ausgleich zwischen Entlastung, z. B. Musiktherapie, und Aktivierung, z. B. Methodischer Psychotherapie. Kontaktpersonen im Umfeld des depressiven Menschen sollten ein *„Psychotherapeutisches Basisverhalten"* zeigen (Wolfersdorf 1994, S. 117):

(1) *Empathie:* Verständnis, Nähe vermitteln, Emotionale Wärme, Wertschätzung.

(2) *Akzeptanz:* Zulassen von Klage; der Depressive darf depressiv sein; seine Klage hat Sinn.

(3) *Hoffnung:* Vermitteln einer ersten Lebensperspektive; Besserung ist möglich, braucht Zeit.

(4) *Verstärkung, Aktivierung, Motivation:* Nicht-depressive Äußerungen positiv verstärken, mit kleinen Tagesaufgaben beginnen, helfen, daß der Kranke langsam wieder lernt, „die Welt" zu entdecken.

(5) *Realitätsüberprüfung:* Helfen, daß der Kranke die Diskrepanz zwischen innerem Erleben und äußerer Realität erkennt und bearbeitet.

Literatur:

Dörner, K./Plog, U.: Irren ist menschlich. Lehrbuch der Psychiatrie/Psychotherapie, Bonn [8]1994

Faust, V. u. a.: Der depressive Kranke in Klinik und Praxis, Ravensburg 1985

Wolfersdorf, M.: Depression. Verstehen und bewältigen, Berlin/Heidelberg 1994

ders.: Hilfreicher Umgang mit Depressiven, Göttingen/Stuttgart 1992

9. Pädagogische Aufgaben bei Mehrfachbehinderung

Personenkreis, Erscheinungsformen und Ursachen, psychosoziale Situation

Von einer Mehrfachbehinderung sprechen wir, wenn bei einem Menschen mehrere Behinderungen zusammen auftreten. Ein Beispiel ist die *Rötelnembryopathie.* Rötelngeschädigte Kinder sind oft *von Geburt an* schwer geistig behindert, außerdem blind, gehörlos und zusätzlich körperbehindert *(„Primäres Schädigungssyndrom").*
Die Ursache ist hier eine globale Schädigung des Zentralen Nervensystems (ZNS) beim Ungeborenen in der vorgeburtlichen Phase. Diese Schädigung kann auftreten, wenn sich das Ungeborene in den ersten drei Monaten der Schwangerschaft mit dem Rötelnvirus infiziert hat.
Eine *„Sekundärschädigung"* ist dann gegeben, wenn z. B. ein Gehörloser durch einen Unfall zusätzlich körperbehindert wird.
Je schwerer die geistige Behinderung ist, desto wahrscheinlicher sind Mehrfachbehinderungen zu beobachten. Die verschiedenen Behinderungen wirken sich gegenseitig erschwerend aus.

Pädagogische Maßnahmen und Hilfen

Der mehrfachbehinderte Mensch ist in Gefahr, zwischen die „Mühlsteine" der sonder- und heilpädagogischen Institutionen (z. B. Schule für Geistigbehinderte – Schule für Körperbehinderte) zu geraten (bürokratischer Pragmatismus).
Der Hilfebedarf ist bei mehrfach behinderten Kindern besonders groß und verringert sich nur wenig oder gar nicht, wenn sie das Erwachsenenalter erreichen. Heilerziehungspfleger/innen müssen ihre Fördermaßnahmen individuell auf die Möglichkeiten und Fähigkeiten des Menschen mit einer Mehrfachbehinderung abstimmen. Soweit es die geistige Behinderung erlaubt, sind Hilfsmittel wie Blindenschrift oder Hörgeräte anzuwenden.

Literatur:

Klein, F.: Konzeption einer Tagesbildungsstätte für geistig behinderte und mehrfachbehinderte Erwachsene, in: Fröhlich, A. (Hrsg.): Lernmöglichkeiten, Heidelberg 1990

Theunissen, G.: Abgeschoben – isoliert – vergessen. Schwerstgeistig- und mehrfachbehinderte Erwachsene in Anstalten, Frankfurt/M. [4]1990

10. Pädagogische Aufgaben bei Minimaler Cerebraler Dysfunktion (MCD)

Personenkreis, Erscheinungsformen und Ursachen, psychosoziale Situation

Unter einer minimalen cerebralen Dysfunktion (MCD) verstehen wir eine leichte Störung der Hirnfunktionen. Kinder mit minimaler cerebraler Dysfunktion zeigen eine Vielfalt von Störungsbildern, die in unterschiedlichen Kombinationen vorkommen. Besonders bei starker Belastung, z. B. bei kognitiver Daueranforderung, treten die Symptome deutlich hervor. Es werden drei MCD-Formen unterschieden:

Hyperkinetische Syndrom („Zappelphilipp-Syndrom")
Die Kinder haben starke Konzentrationsstörungen, sind hyperaktiv, ständig in Bewegung und können nicht bei einer Sache bleiben.
Teilleistungsstörungen
Beispiel: Lese-Rechtschreib-Schwäche (Legasthenie)
Die Kinder können das gesehene Wort innerlich nicht richtig verarbeiten und koordinieren. Sie haben eine Störung in ihrer Wahrnehmungsverarbeitung. Sie können z. B. die Buchstaben eines Wortes nicht richtig analysieren und zusammensetzen. Man bezeichnet dies als eine visuelle Differenzierungsschwäche, z. B. wenn ähnliche Buchstaben wie d und g verwechselt werden. Die Fähigkeit zur senso-motorischen Integration ist gestört.
Analoges gilt für das Gehörte: Akustische Differenzierungsschwäche
Weitere Teilleistungsschwächen
Im kognitiven Bereich: Probleme in der Raum-Lage-Orientierung, Probleme beim mathematischen Denken
Minimale Cerebrale Parese
Die Kinder sind motorisch ungeschickt, z. B. beim Sport, beim Zuknöpfen der Jacke oder beim Zubinden der Schuhe.

Auf den Zusammenhang zwischen Minimaler Cerebraler Dysfunktion und Verhaltensstörung wurde bereits eingegangen (vgl. Punkt 6: Verhaltensstörungen).

Pädagogische Hilfen

Um sekundäre Neurotisierung zu vermeiden, muß berücksichtigt werden, daß diese Kinder sozialen und kognitiven Erwartungen oft nicht entsprechen können. Sie können die Sinneseindrücke und Umwelterfahrungen nicht angemessen integrieren. Daher sind sie zunächst so zu verstehen und zu akzeptieren, wie sie sind. Dies erfordert einen sehr sensiblen und geduldig abwartenden Heilerziehungspfleger.

Literatur:

Buchta, H., in: Hensle, U.: Einführung in die Arbeit mit Behinderten: psychologische, pädagogische und medizinische Aspekte, Heidelberg [2]1982, S. 182–194.

Lempp, R.: Teilleistungsstörungen im Kindesalter, Bern/Stuttgart/Wien 1979

11. Übungsfragen

1. Was wissen Sie über die Lernbehinderung? Vergleichen Sie Lernbehinderung und Geistige Behinderung! Überlegen Sie sich sinnvolle Vergleichskriterien.
2. Wie läßt sich die psychosoziale Situation körperbehinderter Menschen kennzeichnen? Differenzieren Sie nach verschiedenen Arten der Körperbehinderung.
3. Welche besonderen pädagogischen Aufgaben ergeben sich bei folgenden Arten der Körperbehinderung: a) Bei Dysmelie? b) Bei Infantiler Cerebraler Parese (ICP)? c) Bei Muskeldystrophie?
4. Heilerziehungspfleger/innen arbeiten oft in Wohngruppen, in denen Kinder, Jugendliche oder Erwachsene mit Sprachstörungen leben.
a) Von welchen Personen ist hier speziell die Rede?
b) Was wissen Sie über Erscheinungsformen und Ursachen von Sprachstörungen allgemein?
5. Zeigen Sie Möglichkeiten der pädagogischen Förderung von Menschen mit Sprachstörungen im Rahmen Ihrer Tätigkeit als Heilerziehungspfleger/in in einer Wohngruppe auf.
6. Wie wirkt sich eine Sinnesschädigung auf die psychosoziale Situation
a) des Sinnesgeschädigten selbst,
b) seiner Angehörigen, Freunde, Mitmenschen aus?
Welche Hilfen sind sinnvoll und pädagogisch zu verantworten und zu begründen?
7. Diskutieren Sie über die Situation gehörloser Menschen unter dem Aspekt „Integration – Normalisierung – Partizipation"! (z. B. pro/contra Cochlea-Implantat).
8. Zeigen Sie Symptome, Ursachen, pädagogische und therapeutische Einwirkungsmöglichkeiten bei Verhaltensstörungen auf!
9. Welcher Zusammenhang besteht zwischen einer Lernbehinderung und einer Verhaltensstörung?
10. Was wissen Sie über Erscheinungsformen und Entstehungsbedingungen des Autismus?

11. Heilerziehungspfleger/innen arbeiten oft in Wohngruppen, in denen Autisten leben. Wie kann die pädagogische Beziehung zu Autisten sinnvoll gestaltet werden?
12. Welche Möglichkeiten des hilfreichen pädagogischen Umgangs mit psychisch kranken Menschen, z. B. depressiven Menschen, kennen Sie?
13. Welche Probleme ergeben sich bei der pädagogischen Förderung von Menschen mit einer Mehrfachbehinderung? Machen Sie Vorschläge, wie diese Probleme konstruktiv anzugehen sind.
14. Was ist eine Minimale Cerebrale Dysfunktion (MCD)? Welche Grundformen der MCD sind zu unterscheiden?
15. Was ist eine Teilleistungsstörung? Welche Konsequenzen hat eine Teilleistungsstörung für die Erziehung?

12. Allgemeine Literatur:

Bach, H.: Sonderpädagogik im Grundriß, Berlin ^{4}1977
Hensle, U.: Einführung in die Arbeit mit Behinderten: psychologische, pädagogische und medizinische Aspekte, Heidelberg, ^{2}1982
Kobi, E.: Heilpädagogik im Abriß, Winterthur ^{3}1977
Meinertz, F./Kausen, R./Klein, F.: Heilpädagogik: eine Einführung in pädagogisches Sehen und Verstehen, Bad Heilbrunn ^{7}1987

IX. Geistigbehindertenpädagogik I

Lernziele:
Der Studierende soll zu einer differenzierten Sicht geistiger Behinderung geführt werden. Er soll sich mit Aussagen von Autoren befassen, welche das Phänomen der geistigen Behinderung aus unterschiedlicher Perspektive beleuchten. Er soll durch die kritische Auseinandersetzung mit diesen Positionen zu Erkenntnissen gelangen, die ihm ein differenziertes Handeln ermöglichen.
Er soll die wichtigsten Entwicklungslinien und die Aufgaben der deutschen Geistigbehindertenpädagogik der Nachkriegszeit kennen.
Er soll sich mit den grundlegenden anthropologischen Gedanken und Fragen, z. B. der Erziehungsbedürftigkeit und Bildbarkeit geistig behinderter Menschen, auseinandersetzen und die aktuellen gesellschaftlichen Positionen zu diesen Fragen einschätzen können.
Er soll die wichtigsten Ziele und Intentionen für die Erziehung und Bildung von Menschen mit einer geistigen Behinderung aufzeigen und diese begründen können.
Er soll die wichtigsten Merkmale der Frühförderung und der Sonderschule als Beispiel von Bildungseinrichtungen nennen können.
Er soll lernen, sein pädagogisches Handeln auf der Grundlage ausgewählter Theorien und Begründungsansätze (z. B. Normalisierung) zu überprüfen, zu analysieren und zu reflektieren.

1. Menschen mit geistiger Behinderung

1.1 Schweregrade geistiger Behinderung und Hilfebedarf

Nach den Maßstäben der Weltgesundheitsorganisation (WHO) wird geistige Behinderung von der Minderbegabung über die leichte, die mäßige, die schwere bis zur schwersten Behinderung eingeteilt. Ein sinnvoller Maßstab in der Praxis ist der Umfang der Hilfe, die für einzelne geistig behinderte Personen geleistet werden muß. Man unterscheidet dann zwischen geringem, mittlerem, hohem und sehr hohem Hilfebedarf.

Nach den Richtlinien des Verbandes katholischer Einrichtungen für Lern- und Geistigbehinderte lassen sich folgende Gruppen von Menschen mit geistigen Behinderungen (Kinder, Jugendliche und Erwachsene) unterscheiden. Die Übergänge zwischen den einzelnen Gruppen sind fließend.

Menschen mit leichter geistiger Behinderung und geringem Hilfebedarf
„Sie können sich in angemessener Form sprachlich verständigen und Beziehungen aufnehmen. Durch sonder- und heilpädagogische Förderung im Kindes- und Jugendalter haben sie lesen, schreiben und in begrenztem Zahlenraum rechnen gelernt. Durch Förderung erreichen sie im persönlichen und sozialen Bereich weitgehende Selbständigkeit und können nach berufsfördernden Maßnahmen einer entsprechenden Berufstätigkeit nachgehen. Weitere Begleitung, Beratung und Erwachsenenbildung müssen den erreichten Stand sichern. Dies gilt auch für bereits geschlossene oder neu aufzunehmende Beziehungen zu anderen Personen."

Menschen mit mäßiger geistiger Behinderung und mittlerem Hilfebedarf
„Sie können sich in einfacher Sprache verständigen und Beziehungen aufnehmen. Ihre Sprache und verwendeten Begriffe sind konkret, faßbar, praxisbezogen. Schrift und Umgang mit Zahlen erlernen sie nur bruchstückhaft oder nicht. Einfache räumliche Orientierung ist ihnen möglich, die zeitliche Orientierung umfaßt etwa den Tagesablauf und bestimmte, sich wiederholende Ereignisse im Jahresablauf. Kinder und junge Erwachsene dieser Gruppe können durch sonder- und heilpädagogische Maßnahmen soweit gefördert werden, daß sie sich im lebenspraktischen Bereich selbst helfen, in einer überschaubaren vertrauten Umgebung zurechtfinden, allgemeine Umgangsformen gelernt haben und eine einfache Tätigkeit ausüben können. Sie bedürfen auch als Erwachsene stetiger Anleitung und in vielen Lebensbereichen der ständigen Hilfe, da sie ihre Belange nicht vertreten können."

Menschen mit schwerer geistiger Behinderung und hohem Hilfebedarf
„Sie äußern sich vorwiegend durch Körpersprache, auch wenn sie verschiedene Laute oder einzelne Worte aussprechen können. Beziehungen werden mit lebhaften körperlichen Bewegungen aufgenommen. Durch frühzeitig beginnende sonder- und heilpädagogische Förderung, durch Beispiel und Handführung können sie einfache Umgangsformen erlernen, auch einfache Tätigkeiten ausführen. Sie sind aber immer auf ergänzende Hilfen angewiesen. Sie bedürfen der Anleitung, der Aufforderung, des Hinweises und des Lobes, um ihre Fertigkeiten anzuwenden und Beziehungen zu halten."

Menschen mit schwerster geistiger Behinderung und sehr hohem Hilfebedarf
„Sie äußern sich ausschließlich durch ihren Körper und durch Laute und können von sich aus keine Beziehung aufnehmen. Sie bedürfen der umfassenden körperlichen Pflege und Hilfe in allen lebenspraktischen Bereichen. Durch Zuwendung, Berührung, Ansprache, Musik kann ihre Wahrneh-

mung differenziert und erweitert werden, so daß sie auf ihre Umgebung reagieren und auch selbst Bedürfnisse mitzuteilen lernen. Auf diese Weise entsteht eine mitmenschliche Beziehung, die von der betreuenden Person abhängig ist" (caritas 1992, S. 5–7).

1.2 Geistige Behinderung aus sonder- und heilpädagogischer Sicht

(1) Geistige Behinderung bei Heinz Bach

„Als geistigbehindert gelten Personen, deren Lernverhalten wesentlich hinter der auf das Lebensalter bezogenen Erwartung zurückbleibt und durch ein dauerndes Vorherrschen des anschauend-vollziehenden Aufnehmens, Verarbeitens und Speicherns von Lerninhalten und eine Konzentration des Lernfeldes auf direkte Bedürfnisbefriedigung gekennzeichnet ist, was sich in der Regel bei einem Intelligenzquotienten von unter 55/60 findet. Geistigbehinderte sind zugleich im sprachlichen, emotionalen und motorischen Bereich beeinträchtigt und bedürfen dauernd umfänglicher pädagogischer Maßnahmen. Auch extrem Behinderte gehören – ohne untere Grenze – zum Personenkreis" (Bach 1977, S. 92).

Bach beschreibt geistige Behinderung primär unter dem Aspekt des Lernverhaltens. Obwohl dieses hinter der auf das Lebensalter bezogenen Erwartung zurückbleibt, gilt der geistig behinderte Mensch prinzipiell als *lernfähig, entwicklungsfähig* und damit *erziehungsfähig*. Aufgrund seiner intensiven Erziehungsbedürftigkeit benötigt er dauernde umfängliche pädagogische Maßnahmen.

(2) Geistige Behinderung bei Heinz Mühl

„Geistige Behinderung – früher als Blödsinn, Idiotie bzw. Imbezillität, Oligophrenie oder Schwachsinn bezeichnet – ist eine erhebliche Beeinträchtigung der Lernfähigkeit und beschreibt ein Lernniveau weit unterhalb der Alterserwartung. Sie zeigt sich im Vorschulalter als Entwicklungsverzögerung oder als Rückfall auf frühere Entwicklungsniveaus. Betroffen sind vor allem jene psychischen Funktionen, an deren Entstehung Lernen wesentlich beteiligt ist. Dazu gehören kognitive Fähigkeiten wie Wahrnehmen, Erkennen und Wiedererkennen von Personen, Gegenständen und Situationen, Nachahmen, Vorstellen, Problemlösen, lernabhängige Fähigkeiten der Grob- und Feinmotorik, soziale Fähigkeiten wie Kontakte erwidern und aufnehmen, sich mit anderen verständigen, auch mit Hilfe von Symbolsystemen" (Mühl 1994, S. 684).

Mühl beschreibt geistige Behinderung primär unter dem Aspekt der Entwicklungsverzögerung im kognitiven Bereich. Daneben können aber auch andere psychische Funktionen, motorische Funktionen und soziale Fähigkeiten betroffen sein.

(3) Geistige Behinderung bei Otto Speck

Speck (1975, S. 74) sieht in geistiger Behinderung eine der vielen Entscheidungsformen menschlichen Seins, für die das Unvollendetsein, das Defekte, das Leiden, das Gefährdetsein konstitutiv ist, d. h. stets innewohnt. In der vollständig überarbeiteten Neuauflage seines Buches lehnt Speck es ab, eine eigene „Definition" von „Geistiger Behinderung" zu geben:

> „Wir belasten uns also nicht mit dem Vorhaben, ‚endlich' eine klare Definition für das abzugeben, was geistige Behinderung sei, also alle bisherige Vagheit durch ein sprachliches Konzentrat zu beseitigen, sondern versuchen, im Sinne einer möglichst sinngerechten praktischen Umsetzung möglichst komplexe und zugleich differenzierte Aussagen über das zu machen, was für diejenige Gruppe von Menschen in ihrer sozialen Situation und bei der pädagogischen Verwirklichung von Menschlichkeit Relevanz zu beanspruchen hat, für deren oberflächliche Kennzeichnung sich die Chiffre ‚geistig behindert' eingebürgert hat" (Speck 1993, S. 42).

(4) Geistige Behinderung bei Manfred Thalhammer

> „Der Mensch mit geistiger Behinderung muß allem Anschein nach eine elementare Sensibilität für die Echtheit einer menschlichen Beziehung haben, wie immer auch sich dieses Kriterium kommunikativer Prozesse darstellen mag. Er geht Täuschungstechniken und -manövern nicht allzu oft auf den Leim, er hat aller Erfahrung nach ein fundamentales Gefühl, inwieweit die Beziehungsgrundlage trägt und ausreicht, um weiterzumachen. Es mag ein hochriskanter Ansatz sein, die Vermutung auszusprechen, daß gerade Menschen mit geistiger Behinderung eine derartige Fähigkeit besitzen. In aller Entschiedenheit muß jedoch das Vorurteil zurückgewiesen werden, daß ein Höchstmaß differenzierter kognitiver Systeme als Voraussetzung bestehen müßte. (...) Der Mensch mit geistiger Behinderung versteht die meisten fremdgestellten Fragen möglicher Kommunikationspartner nicht ..., doch ... besteht aller Erfahrung nach im Umgang mit geistig behinderten Menschen ein Gefühl, ob man aus Langeweile oder aus vorgegebener Empathie sich auf diese spezifische menschliche Situation einläßt oder ob in der Tat die Not, die Isolation, die berechtigten Sorgen aufgehoben werden, ob die Hilfsbedürftigkeit relativiert wird, und sei es fürs erste der Versuch einer psychischen Entlastung des behinderten Menschen" (Thalhammer 1983, S. 21–25).

Thalhammer zeichnet das Bild eines Menschen, der sein Entscheiden und Handeln primär aus der Substanz seiner Gefühle „begründet". *Echtheit* und *Empathiefähigkeit* machen den geistig behinderten Menschen zu einem mit Würde ausgestatten Subjekt.

(5) Geistige Behinderung bei Emil E. Kobi und Hermann Siegenthaler

Kobi unterscheidet vier Ebenen, auf denen das vielschichtige Phänomen der Geistigen Behinderung zu analysieren ist:

– Die *biologische* Ebene, auf welcher sich vor allem Medizin und Psychiatrie bewegen.
– Die *kommunikative* Ebene, auf welcher sozialpsychologische Untersuchungen ansetzen.
– Die *kognitive* Ebene, auf welcher Probleme der Wahrnehmungsverarbeitung und der Intelligenz erkennbar werden.
– Die *existentiell-anthropologische* Ebene, auf welcher die Personalität und die Daseinsgestaltung des geistigbehinderten Menschen zur Diskussion stehen.

Ein wichtiges Kriterium ist es für Kobi, ob wir *über* Geistige Behinderung sprechen oder *mit* dem geistig behinderten Menschen ein Gespräch führen (vgl. Kobi 1980, S. 27).

Siegenthaler versucht, ein Bild von der subjektiven Erlebniswelt geistig behinderter Menschen zu zeichnen. Es ist anzunehmen, daß diese „Welt" ungefähr von folgenden Fakten bestimmt ist:

– Sie besteht aus nicht oder wenig zusammenhängenden Gegenständen.
– Die Erlebnisse stehen nicht in einem zeitlichen Zusammenhang miteinander. Der gegenwärtige Augenblick des Erlebens herrscht vor.
– Da die Gegenstände untereinander in keinem Zusammenhang stehen, bleiben sie vereinzelt und der Mensch verfügt nicht handelnd über sie.
– Erfahrungen können nicht in eine andere Situation übertragen werden. Darum hält jede veränderte Situation neue Überraschungen bereit, die verunsichern.
– Wegen des beschränkten Transfers von Erfahrungen entfällt ihre Entlastungsfunktion. Dadurch wird die Situation des „Mängelwesens" Mensch im Alltag verstärkt und bedingt eine vermehrte Abhängigkeit und Unsicherheit (vgl. Siegenthaler 1983, S. 137–139).

(6) Geistige Behinderung bei Gustav Peter Hahn

Gustav Peter Hahn (1990), Theologe und Heilpädagoge, hat maßgeblich am Aufbau der Fachschule für Heilerziehungspflege in Bayern mitgewirkt. Er leitete die Schule im Diakoniewerk Neuendettelsau vierzehn Jahre lang. Hahn hat sich intensiv mit der Lebenswirklichkeit geistig behinderter Menschen auseinandergesetzt. Er versucht, den geistig behinderten Menschen von seinen *offenen Möglichkeiten,* von seinem *Fähigsein* aus, in den Blick zu bekommen. Die Erschließung von Fähigkeiten kann jedoch nur dann gelingen, wenn Heilerziehungspfleger/innen eine *positive Erwartungshaltung* und eine *zukunftsorientierte Sicht* haben:

– Was kannst Du? Was kannst Du machen?
– Was kannst Du werden? Was kann ich dazu beitragen?

Die Erwartungshaltung im pädagogischen Feld ist immer eine doppelte: *an mich selbst und an den anderen.* Nur wenn ein Heilerziehungspfleger erwartet, daß ein behinderter Mensch zu einer Aktivität befähigt werden kann, wird sich zwischen beiden etwas ereignen. Nur wenn er ihn als einen Menschen ansieht, der grundsätzlich, wie alles Leben, auf *Wachstum* angelegt ist, ermöglicht er ihm Leben. Erwartet er nichts von dem behinderten Menschen, so wird dieser sich trotz vorhandener Möglichkeiten nicht seinen Fähigkeiten entsprechend entwickeln.

In der traditionellen Psychiatrie wurden geistig behinderte Menschen in drei Kategorien eingeteilt: Idiotie, Imbezillität, Debilität – entsprechend schwerster und schwerer, mäßiger, leichter geistiger Behinderung. Der medizinische Oberbegriff für geistige Behinderung ist „Oligophrenie" (gr.: oligos = wenig, phrenos = Geist).

Aus pädagogischer Sicht wird diese alte psychiatrische Einteilung als diskriminierend empfunden. Der geistig behinderte Mensch erscheint als ein Behandlungsobjekt mit einer Vielzahl an Defiziten („defizitorientierte Sichtweise"). Als Konsequenz aus dieser Erkenntnis stellt Hahn der alten psychiatrischen Sichtweise eine neue differenzierte pädagogische Sichtweise des Personenkreises geistig behinderter Menschen gegenüber.

Hahn teilt den Personenkreis – in Anlehnung an Speck/Thalhammer (1977, S. 45) – in vier Gruppierungen ein. Erst nach langjährigen Erziehungsversuchen kann festgestellt werden, in welche dieser vier Gruppen der einzelne geistig behinderte Mensch gehört. Die Einteilung ist auf jeden Fall dynamisch und nicht statisch zu sehen. Sie kann uns eine Hilfe für Erziehungsmöglichkeiten sein, kann uns den Blick öffnen für *ein inneres Verstehen des geistig behinderten Menschen,* für das, was für diesen behinderten Menschen wichtig, nötig und möglich ist. In der Einteilung von Hahn erkennen wir, welche Fähigkeit ein schwerst-, schwer-, mittelgradig-, oder leicht geistig behinderter Mensch bei *optimaler pädagogischer Förderung* erwerben kann.

Abb. 36: Eine pädagogische Sichtweite des Personenkreises mit geistiger Behinderung (vgl. Hahn 1990, S. 16)

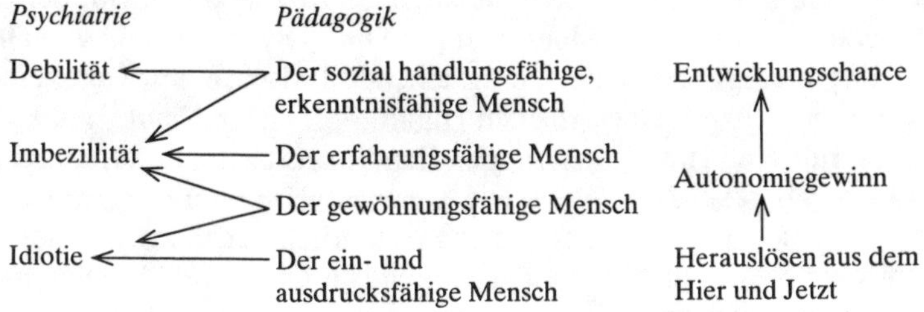

1.3 Ursachen geistiger Behinderung

Nach heutigen medizinischen Erkenntnissen hat geistige Behinderung ihre Ursachen überwiegend in verschiedenen Erkrankungen und Schädigungen des Gehirns und des zentralen Nervensystems. Infolge dieser Hirnschädigungen kommt es zu *Störungen zentraler Hirnfunktionen, die für Lernerfahrungen wichtig sind.* Solche Hirnfunktionsstörungen sind nachweisbar bei einer fehlerhaften *Chromosomenausstattung* bzw. Chromosomenanordnung – am häufigsten ist das Down-Syndrom –, bei bestimmten *vererbten Stoffwechselstörungen* wie der Phenylketonurie und bei *Hirnschädigungen vor, während oder nach der Geburt.* Bei einer Hirnschädigung nach der Geburt sprechen wir nur dann von einer geistigen Behinderung, wenn der Schaden schon sehr früh in der Entwicklung auftritt. Eine Hirnschädigung kann oft nicht, oder nicht mit Sicherheit, diagnostiziert werden. Auch dann, wenn sie nachgewiesen werden kann, ist es schwierig bis unmöglich, zwischen der Art und dem Ausmaß der Hirnschädigung einerseits und der Art und dem Ausmaß der Lernbeeinträchtigung andererseits eindeutige Beziehungen herzustellen.

Geistige Behinderung ist im Vergleich zur Lernbehinderung, die meistens das Ergebnis von Benachteiligung im sozialen Gefüge ist, gleichmäßiger auf soziale Schichten verteilt, tritt aber dennoch häufiger in sozial schwachen Familien auf, als dies aufgrund der Schichtenverteilung zu erwarten wäre. Diese Familien haben es oft schwer, mit den durch geistige Behinderung hervorgerufenen Problemen fertig zu werden. Der *Einfluß familiärer und außerfamiliärer Sozialisationsfaktoren* auf die Entwicklung ist schwer einschätzbar, darf aber nicht unterschätzt werden (Mühl 1994, S. 684–687).

1.4 Exkurs: Menschen mit Down-Syndrom

Das Down-Syndrom (frühere Bezeichnung: Mongolismus) ist benannt nach dem englischen Nervenarzt John Langdon Down, der es 1866 erstmals beschrieb. Menschen mit Down-Syndrom sind verhältnismäßig klein, haben eine schrägstehende Lidachse am Auge, eine breite Nasenwurzel, einen flachen Hinterkopf, kleine Hände und Finger und nur eine Handfurche in der Handinnenfläche. Relativ häufig ist ein angeborener *Herzfehler.* Die Lebenserwartung ist – sofern dieser Herzfehler nicht vorliegt – nicht wesentlich vermindert. Männer mit Down-Syndrom gelten als zeugungsunfähig. Bei Frauen mit Down-Syndrom ist eine Fortpflanzung möglich, das Wiederholungsrisiko liegt aber bei 50 %.

Unter 600 – 800 Neugeborenen gibt es ein Kind mit Down-Syndrom. Etwa jedes siebte Kind der Gruppe der geistig Behinderten ist ein Down-Kind. Auch unter den lernbehinderten Kindern kann man Down-Kinder antreffen.

Nach dem 40. Lebensjahr ist das *genetische Risiko* für eine Frau, ein Kind mit Down-Syndrom zu bekommen, 50 mal größer als mit 20 bis 30 Jahren. Bei Müttern im 45. Lebensjahr kommt auf 30 Geburten ein Down-Kind. Auch bei Vätern nach dem 55. Lebensjahr besteht ein erhöhtes Risiko. Durch eine Fruchtwasseruntersuchung (Amniozentese) kann eine pränatale Diagnose gestellt werden.

Die *Ursache* ist eine fehlerhafte Verteilung der Chromosomen bei der Reifeteilung der Eizelle oder der Samenzelle. So kommt es, daß Menschen mit Down-Syndrom in jeder Körperzelle ein Chromosom zuviel haben, also insgesamt 47 statt 46 Chromosomen. Meistens handelt es sich um ein überzähliges Chromosom am Chromosomenpaar mit der Nummer 21, so daß hier drei Chromosomen vorliegen. Man spricht deshalb auch von der Trisomie 21 (vgl. Meinertz/Kausen/Klein 1987, S. 133–135).

Kinder und Erwachsene mit Down-Syndrom verfügen im allgemeinen über eine gesunde Emotionalität und eine außerordentlich hoch entwickelte Fähigkeit, soziale Kontakte zu knüpfen. Selbstverständlich, mühelos, offen und direkt begegnen sie anderen Menschen. Auch gelten sie als Personen, die ihre eigenen Bedürfnisse gut durchsetzen können.

Vorstellungen, daß Menschen mit Down-Syndrom nicht erwachsen werden, keine Selbständigkeitsentwicklung und kein Interesse an Sexualität haben, müssen korrigiert werden (vgl. Hofman 1993).

2. Erziehung und Bildung bei geistiger Behinderung

2.1 Entwicklung der Geistigbehindertenpädagogik

Noch 1954 heißt es in einer Denkschrift des Verbandes deutscher Hilfsschulen zum Ausbau des heilpädagogischen Sonderschulwesens: „Erweist sich ein Kind während seiner Hilfsschulzeit als bildungsunfähig, ist die Ausschulung zu veranlassen" (Speck 1993, S. 29). Darüber, was mit den Entfernten geschehen soll, wurde nichts vermerkt.

Selbsthilfe betroffener Eltern
Eine Wende bahnte sich an, als sich betroffene Eltern 1958 zusammenschlossen und die Bundesvereinigung „Lebenshilfe für das geistig behinderte Kind" in Marburg gründeten. Die von ihr erstmals geprägte Bezeichnung „geistig behindert" wurde in die sonder- bzw. heilpädagogische Fachsprache übernommen.

Bildungsrecht – Schule für Geistigbehinderte
Bis in die frühen sechziger Jahre gab es eine Kontroverse um das Bildungsrecht geistig behinderter Menschen. Die menschliche Aufgabe an ihnen wurde nicht als Bildungsaufgabe, sondern als „Pflege der körperlichen und seelischen Kräfte" definiert. In einem Gutachten der Kultusministerkonferenz der Länder zur Ordnung des Sonderschulwesens heißt es 1960, daß der Ort ihrer Förderung nicht die Schule, sondern „heilpädagogische Lebenskreise" sein sollten. Diese sollten in Heimen stationär eingerichtet werden.
1965 wurde die „Schule für geistig Behinderte", als einer eigenen Sonderschulart neben der Schule für Lernbehinderte, in die Schulgesetze der Bundesländer aufgenommen. Damit war das Schulrecht für diese Kinder wieder hergestellt und die ersten Schulen für geistig behinderte Kinder konnten geschaffen werden (Speck 1993, S. 30/31).

Geistigbehindertenpädagogik als wissenschaftliches Fach
Die Geistigbehindertenpädagogik als wissenschaftlich-pädagogisches Fach konstituierte sich Mitte der sechziger Jahre. Sie mußte nahezu bei Punkt Null anfangen. Während zum Beispiel in den USA, in Skandinavien und in den Niederlanden die Entwicklung pädagogischer Methoden kontinuierlich fortschritt, entstand in Deutschland, durch die Zeit des Nationalsozialismus und die danach nur zögernd wiederhergestellten Kontakte zum Ausland, eine Forschungslücke von fast dreißig Jahren.
Otto Speck, Lehrstuhlinhaber am Institut für Sonderpädagogik der Universität München, und Heinz Bach, Lehrstuhlinhaber an der Hoch-

schule Mainz, gelten als die Begründer dieser jungen Wissenschaft. Einige *Entwicklungslinien,* die aus pädagogisch-anthropologischer Perspektive bedeutsam sind, sollen hier aufgezeigt werden:

(1) Die Anfänge (1965–1970)

Der Anschluß an die Entwicklung wurde auf zweierlei Weise versucht:

(a) Man knüpfte an die 1933 abgebrochene positive Tradition der Hilfsschulpädagogik an, die sich vor allem auf die schulische Förderung „schwachsinniger" Kinder bezog.

(b) Man orientierte sich am Ausland. Der Niederländer Tom Mutters, Mitbegründer der Lebenshilfe für geistig Behinderte in Deutschland, gab, ausgehend von der international fortgeschrittenen Entwicklung, entscheidende Anstöße für neue Modelle der Förderung und Eingliederung geistig behinderter Menschen in Deutschland.

(2) Vom schulischen Lernen zur ganzheitlichen Förderung (1970–1980)

Die Frage der angemessenen Lerninhalte (z. B. Vorrang der „lebenspraktischen Bildung" vor den „Kulturtechniken") und die Konzentration auf die Verbesserung der Lernmöglichkeiten des einzelnen geistig behinderten Schülers bestimmten lange Zeit das Arbeitsgebiet der Geistigbehindertenpädagogik (Bach 1970). Sie begann dann, sich aus dem Bereich der Sonderschule heraus in andere gesellschaftliche Bereiche hinein zu verlagern und zu erweitern. Zum einen dehnte sich die Förderung auf alle Entwicklungsstufen aus, von der Früherziehung bis zur Erwachsenenbildung. Zum anderen verstärkte sich das Forschungsinteresse für Möglichkeiten der schulischen und sozialen Integration, also für Möglichkeiten gemeinsamen Lernens und Lebens behinderter und nichtbehinderter Menschen.

(3) Die Integrationsdiskussion (1980)

Seit den achtziger Jahren wird als Folge integrativer Einstellungen in der Gesellschaft die Schule für geistig Behinderte in Frage gestellt. In zahlreichen Modellen werden Formen gemeinsamen Lernens von geistig behinderten und nichtbehinderten Schülern erprobt. Die Zahl der Eltern, die ihr geistig behindertes Kind in einer Grundschule unterrichten lassen wollen, wächst. Mit diesem Ansatz soll die Gefahr der sozialen Isolierung gebannt und eine bessere pädagogische Grundlage für eine wirkliche soziale Eingliederung geschaffen werden. Speck sieht – gerade im Falle einer geistigen Behinderung – erhebliche Probleme. Die Frage ist völlig offen, ob die Grundschule bereit ist, diese Aufgabe zu übernehmen, ob die Lehrer generell und beständig die erschwerte unterrichtliche Aufgabe übernehmen können und ob die Eltern der nichtbehinderten Kinder wirklich und auf Dauer zur Kooperation bereit sind.

4. Der ausgeprägt pädagogische Ansatz mit seiner Normen- und Zielreflexion (1984)

Otto Speck formuliert in diesem Zusammenhang folgende Gedanken:
Die Geistigbehindertenpädagogik muß Aussagen *über* den geistig behinderten Menschen machen, da der Zugang zu seiner Selbstsicht und Weltsicht nur indirekt erschlossen werden kann.
Jeder Versuch aber, etwas wissenschaftlich „objektiv" festzustellen, ist vom Beobachter, von seiner Wahrnehmung, von seinem eigenen Selbstbild und Weltbild, von seinen Wertmaßstäben abhängig. Wenn er sich z. B. zur bedingungslosen Gemeinsamkeit des Lebens und Lernens *aller* Menschen bekennt, so ist seine Wahrnehmung von genau diesen Erwartungen geprägt. Die Folge ist, daß die Wirklichkeit in ihren Möglichkeiten verschieden gedeutet und beschrieben wird. Die Geistigbehindertenpädagogik kann deshalb kein „geschlossenes klares" Bild abgeben.
Sie kann als Wissenschaft auch kein Urteil darüber abgeben, ob bestimmte Werte für das Zusammenleben der Menschen und für ihre eigene Lebenserfüllung und Sinnfindung die „richtigen" sind. Für Werte, also für das, was den Menschen gut und glücklich machen kann, hat sich der einzelne zu entscheiden, im Verbund mit den anderen.
Die Geistigbehindertenpädagogik hat die Aufgabe, die Erziehungswirklichkeit für Menschen mit geistiger Behinderung in all ihren Facetten und Zusammenhängen zu erfassen, zu sondieren und transparent zu machen, und zwar so, daß ihre Befunde nachprüfbar sind, also nicht rein subjektive Ansichten darstellen.
Gerade die Wissenschaft von der Erziehung geistig behinderter Menschen bedarf einer Diskussion des zugrundeliegenden Menschenbildes und *verstehender Teilhabe am Menschen*. Sie wird dabei immer nur von einer Hypothese zur anderen fortschreiten können, und ist dabei auf eine kritische Auseinandersetzung mit Gegenthesen angewiesen. Je offener, das heißt je weniger radikal sie dabei verfährt, desto eher kommen Verständigungen und gegenseitige Annäherung an das zustande, was Erziehung unter erschwerenden Bedingungen und bei speziellen Erziehungsbedürfnissen bedeutet.
Der elementar *pädagogische* Ansatz der Geistigbehindertenpädagogik – im Gegensatz zu den eher psychologisch orientierten Ansätzen in England und Amerika – beinhaltet zwingend die Normen- und Zielreflexion. Die Geistigbehindertenpädagogik bedient sich nicht nur

„empirischer" Befunde, z. B. aus der Psychologie, sondern auch eigener konkreter Beobachtungen im offenen pädagogischen Handlungsfeld.
Eine Wissenschaft, die sich dem abhängigen behinderten Menschen und seinen Bedürfnissen verbunden fühlt, muß letztlich ihren *Erkenntnisgewinn* aus zweierlei Quellen beziehen:
Zum einen aus einem *erfahrungswissenschaftlich (= „empirisch")-objektiven Ansatz:* Jedes wissenschaftliche Fach, das es mit der Untersuchung (Analyse) und der Veränderung von Wirklichkeit zu tun hat, braucht einen gesicherten Bestand an Faktenwissen. Dieses Wissen wird durch Beobachten, Zählen und Messen von beobachtbarer, zählbarer und meßbarer Realität erzeugt.
Zum anderen aus einem *subjektiv-interpretativ-reflexiven Ansatz:* Die anthropologische Frage „Was ist der Mensch?", „Was bedeutet eine geistige Behinderung für das Menschsein?" hat einen zentralen Ort in der deutschsprachigen Heilpädagogik bzw. Geistigbehindertenpädagogik (Speck 1993, S. 33–38).

2.2 Erziehungsbedürftigkeit und Bildbarkeit; Erziehung

Erziehungsbedürftigkeit und Bildbarkeit

Die Anerkennung der Bildbarkeit und der Notwendigkeit von Erziehung des Menschen mit einer geistigen Behinderung war nicht immer gegeben. Es gab Zeiten und Kulturen, die dem „Geistesschwachen" den Wert und Sinn seiner Bildung absprachen. Im vorigen Jahrhundert entstand der Begriff der sogenannten *Bildungsunfähigkeit.* Er führte schließlich unter dem nationalsozialistischen Regime dazu, die Notwendigkeit von schulischer Bildung und Erziehung für diese Gruppe von Menschen zu verneinen (Speck 1993, S. 152).
Auch in neuerer Zeit sind immer wieder Versuche gemacht worden, *Minimaleigenschaften für Bildbarkeit* zu bestimmen: minimale Intelligenz, Explorationsdrang, Selbstbewußtsein, Zeitgefühl, Kommunikationsfähigkeit.
Nach Chirrek u. a., die bei geistig schwer Behinderten den Status einer Persönlichkeit in Frage stellen, müsse als Minimalkriterium die Fähigkeit vorhanden sein, „soziale Beziehungen zu realisieren", die Fähigkeit eines Ich-Bewußtseins und eines Personenerlebens, das Bedürfnis nach aktiver Zuwendung zu anderen Menschen und die Fähigkeit, sich in eine verständnisvolle Gemeinschaft einzuordnen (Chirrek u. a. 1985, in: Speck 1993, S. 156).
Für Löwisch ist das Absprechen von Bildsamkeit „massive Inhumanität". In seiner „Erziehungswissenschaftlichen Grundlegung der Heil-

pädagogik“ geht er bei der Frage der Bildsamkeit davon aus, daß Geistigkeit, Aktivität und Psyche unabdingbare Merkmale des Menschseins darstellen, die nicht geleugnet werden können (Löwisch 1969, in: Speck 1993, S. 153/154).
In der aktuellen Forschung und Lehre ist heute die Bildungsbedürftigkeit und Bildungsfähigkeit des geistig behinderten Menschen unumstritten. Speck und Hanselmann stellen dazu kategorisch fest:

> „Wenn von Bildbarkeit bei schwer geschädigten Menschen die Rede ist, so kann es sich nicht um eine materiell zu messende Größe, also auch nicht um ein ‚gewisses Minimum‘ handeln, sondern um ein Postulat der conditio humana (Menschliche Bedingung, Anmerk. d. V.), das man mit der gebotenen prinzipiellen Offenheit so fassen könnte: Bildbarkeit ist die Verwirklichungspotentialität für Menschlichkeit unter der Voraussetzung von Erziehung und Bildung, wobei Menschlichkeit als Menschsein unter Menschen zu begreifen ist“ (Speck 1993, S. 154).
> „Der geistig behinderte Mensch ist wie jeder Mensch prinzipiell bildbar. Der Begriff ‚Bildungsunfähigkeit‘ ist pädagogisch-anthropologisch untragbar. Er ist in sich gleichbedeutend mit dem Absprechen des Wertes als Mensch, ist historisch außerordentlich belastet und als anzuwendende Bestimmung praktisch nicht vollziehbar“ (Hanselmann 1958, in: Speck 1993, S. 154).

Erziehung
Eine eindeutige Definition des Begriffs „Erziehung“ ist umstritten, darauf wurde bereits in Kapitel I hingewiesen. Alle Versuche, das Erziehungsgeschehen auf das objektiv überprüfbare und beobachtbare Verhalten des Kindes zu reduzieren, erfahren gerade in der Erziehung schwerer behinderter Kinder ihre Grenzen. Speck setzt sich in diesem Zusammenhang mit dem Erziehungsbegriff von Brezinka auseinander.

> „Unter Erziehung werden soziale Handlungen verstanden, durch die Menschen versuchen, das Gefüge der psychischen Dispositionen anderer Menschen in irgendeiner Hinsicht dauerhaft zu verbessern oder seine als wertvoll beurteilten Komponenten zu erhalten“ (Brezinka 1978, S. 44).

Speck sieht hier zwei kritische Punkte:
– Die interaktionale Komplexität wird eindimensional reduziert durch die Bewegung, die vom Subjekt (Erzieher) ausgehend das Kind (Objekt) zum bloßen Empfänger erklärt.
Er hält entgegen, daß es eine einseitig erzeugte und beabsichtigte Verhaltensänderung nicht geben kann, wie die neuere Interaktionsforschung (Maturana/Varela 1987) belegt. Jede Verhaltensänderung ist das Ergebnis interaktionaler Wechselwirkungen.
– Erziehen wird in einem aktionistischen Verständnis nur als direktes Handeln am Kind bestimmt.

Speck wendet ein, daß es das Phänomen einer erzieherischen Wirksamkeit gibt, z. B. ein inhaltlich unbestimmtes In-Beziehung-Treten, das trotz des Nicht-tätig-Seins des Erziehers zu einer erkennbaren Stützung oder Verbesserung der Persönlichkeit des Kindes führt. Er räumt ein, daß es sich bei diesen Phänomenen durchaus um Erfahrungen aus dem „vorwissenschaftlichen" Bereich handeln kann, daß es aber gerade hier um die „unmittelbare Bedeutung in der erlebten Erziehungswirklichkeit" geht (Speck 1993, S. 161).
Zusammenfassend beschreibt Speck Erziehung, speziell bei geistiger Behinderung, als „gerichtete soziale Interaktion, der die Intention zugrundeliegt, einen anderen Menschen in seiner Entwicklung und in seiner Verwirklichung rechten Lebens zu fördern und zu stützen" (Speck 1993, S. 162). Mit dieser Formulierung möchte Speck folgendes zum Ausdruck bringen:

(1) Erzieherische Maßnahmen haben sich an die potentiellen Verwirklichungsansätze und Verwirklichungsmöglichkeiten des Zu-Erziehenden anzunähern. Der Zugang zu ihm muß also erst – durch soziale Interaktion – gefunden werden.
(2) Der Bezug auf „Entwicklung" ist nötig, um die neuropathologisch begründeten Prozesse in ihrer Differenziertheit in den Blick zu bekommen.
(3) Mit dem Begriff „rechtes Leben" soll die generelle Orientierung allen Erziehens an einem wertvollen und menschenwürdigen Leben zum Ausdruck kommen. Erziehen ist nicht bloße Verhaltensänderung.
(4) „Fördern" meint die Absicht der Verbesserung des Zustandes, des Erreichens eines fortgeschrittenen Entwicklungsstandes. Mit „Stützen" wird die *Verhaltenheit* des direkten erzieherischen Zugriffs zum Ausdruck gebracht, die dem Eigenaufbau der Persönlichkeit dienlich werden soll. Paul Moor nannte dies *„pädagogische Zurückhaltung"* und meinte damit, daß es Phasen im Erziehungsgeschehen geben muß, in denen gerade durch das Zurücktreten aller Aktivität erzieherische, z. B. ästhetische, kreative oder religiöse Wirkungen erst möglich werden. Andererseits meint „Stützen" auch die sichernde Begleitung einer erreichten wertvollen Persönlichkeitsstruktur (Moor 1960, S. 129, in: Speck 1993, S. 161/162).

2.3 Erziehungs- und Bildungsauftrag; pädagogische Intentionen

Ausgehend von seiner Kritik an einer einseitig behavioristischen Lernpsychologie, die den Menschen nur noch in seinen Teilen wahrnimmt, formuliert Speck zehn Leitthesen für ein ganzheitliches Konzept des pädagogischen Handelns bei Kindern mit einer geistigen Behinderung:

„1. Geistige Behinderung ist eine *normale Variante* menschlicher Lebensweise. Eine adäquate Erziehung wird daher primär den gleichen Prinzipien und Maßstäben folgen, wie sie für jede Erziehung gelten. – Allgemeiner pädagogischer Orientierungsrahmen.

2. Geistige Behinderung bedingt auch *spezielle Erziehungsbedürfnisse,* d. h. spezielle Formen des Lernens und Lehrens. Diese beziehen sich nicht nur auf verschiedene Stufen (Schweregrade) der geistigen Behinderung, sondern auch auf die individuellen Unterschiedlichkeiten.
– Spezielle pädagogische Orientierung.

3. Die Bildbarkeit des einzelnen Kindes mit einer geistigen Behinderung ist eine Funktion der Wechselwirkung zwischen Organismus und Umwelt. Seine pädagogische Förderung ist daher als *Interaktionshilfe* zu verstehen, durch die ihm eine aktive Auseinandersetzung mit der ihm erfahrbaren Welt möglich wird.

4. Der *Aufbau der Wirklichkeit im Kinde,* seine Befähigung zum Handeln und Denken, ist ein ganzheitlicher Prozeß, in den sich Maßnahmen zur Förderung (zum Training) einzelner Funktionen integrieren müssen.

5. Erziehung des geistig behinderten Kindes ist kein bloßer Sozialisationsakt, sondern ein *personal-sozialer Integrationsprozeß,* in welchem das Subjekt (Selbst) eine konstitutive Funktion behält, auch wenn es wegen physischer Blockierungen streckenweise verdeckt wird.

6. Die primäre Abhängigkeit des geistig behinderten Menschen im Erziehungsprozeß beansprucht eine stärkere und umfassendere *pädagogische Verantwortung,* der sich der Erzieher und Therapeut in seinem Planen und Handeln unter dem Anspruch der conditio humana zu stellen hat, und die sich im besonderen in der Qualität des Erziehungsverhältnisses (der Beziehung) niederschlägt.

7. Die stärkere erzieherische Führungsbedürftigkeit (Abhängigkeit) verlangt nach einer *differenzierteren pädagogischen Planung* und Lernorganisation; da sich aber Erziehung letztlich als offener Prozeß zwischen Mensch und Mensch in der vollen Lebenswirklichkeit ereignet, verbietet sich eine völlige Planbarkeit des pädagogischen Handelns.

8. Die *Lehrziele* werden einerseits entsprechend dem psycho-physischen Entwicklungsstand, ... andererseits von den gegenwärtigen und künftigen Sozialisationsbedürfnissen und Lebensmöglichkeiten in der Gesellschaft bestimmt.

9. Im pädagogischen Konzept kommt den engeren und vertrauteren (primären) Erziehern, den *Eltern,* eine *Primärfunktion* zu, der gegenüber die Professionellenrolle im Prinzip zur assistierenden werden sollte.

10. Die pädagogische Aufgabenstellung wird von einem Komplex physischer, psychischer und sozialer Faktoren bestimmt, der eine engere *Kooperation aller beteiligten Disziplinen* erforderlich macht (Mehrdimensionale Diagnostik, Erziehung und Therapie)" (Speck 1993, S. 165/166).

Mit diesen Grundzügen skizziert Speck ein *strukturales pädagogisches Handlungskonzept,* in dem er die Ganzheitlichkeit und die Komplexität der Erziehung geistig behinderter Menschen zum Ausdruck bringt.
Der *Behaviorismus* war vor allem an der Änderung einzelner Verhaltenselemente interessiert. Behavioristisches Denken suchte die Lösung von Problemverhalten, z. B. von aggressivem Verhalten, in der Anwendung funktionsorientierter Trainingsprogramme.
Versucht wurde, Problemlösungen in der naturwissenschaftlichen „Operationalität" und „Exaktheit" zu suchen: also durch all das, was wir am Menschen beobachten, überprüfen, messen und kontrollieren können.
Das Ganze – des Menschen – ist mehr als die Summe seiner Teile. Die zentralen Fragen des Menschen – gerade auch des geistig behinderten Menschen – erreicht der Behaviorismus nicht, denn sie betreffen Ganzheitliches.

2.4 Richtziele für Erziehung und Bildung

Bach sprach von *Fehlzielen* in der Geistigbehindertenerziehung. Fehlziele entstehen aus der erzieherischen Ratlosigkeit und Unerfahrenheit angesichts einer so schwierigen Aufgabe, wie sie die Erziehung bei geistiger Behinderung darstellt. Ein typisches Fehlziel erkennt Bach in dem Anspruch vieler Eltern und anderer Erzieher, das geistig behinderte Kind die Kulturtechniken Lesen, Rechnen und Schreiben lernen lassen zu wollen, damit dem Kind wenigstens ein Abglanz der konventionellen Bildung vermittelt wird (These vom „Bildungsabglanz") (Bach 1967, S. 23 ff.). Weitere Fehlziele sind:

(1) Die geistig behinderte Person wird primär unter dem Aspekt der Rentabilität und sozialen Brauchbarkeit betrachtet.
(2) Abstimmung der Erziehung auf die Verwendbarkeit im Arbeits- und Produktionsprozeß.
(3) Erziehung zur Unauffälligkeit („Abrichtung für Zwecke der Umwelt").
(4) Overprotection (Überbehütung).

Pädagogische Ziele in der Geistigbehindertenpädagogik nach Speck

Die im folgenden aufgeführten pädagogischen Ziele orientieren sich an den individuellen Bedürfnissen und Möglichkeiten des geistig behinderten Kindes und seiner Lebenswelt. Der Erziehung stellen sich folgende Aufgaben:

(1) Erschließen von Lebenszutrauen

> „Entwicklung und Werden sind darauf angewiesen, von außen her angeregt und in Bewegung gebracht und gehalten zu werden. Geistig behinderte Kinder sind in Gefahr, nicht angesprochen, nicht bejaht, nicht aktiviert zu werden. Leben will bestätigt sein, um sich entfalten zu können" (Speck 1993, S. 173).

Im Sichfreuen-Können sieht Lersch (1952, S. 186) ein Gefühlserlebnis der Daseinsbereicherung. Über die Eigenart, wie geistig behinderte Menschen Freude und Hoffnung erleben, wissen wir sehr wenig. Möglicherweise ist die Spannweite von erlebter Freude und Hoffnung – insbesondere bei Formen schwerer Behinderung – eine sehr geringe (Speck 1993, S. 173/174).

> „Erziehung vermittelt Lebensfreude und Lebenszutrauen in erster Linie durch den Erzieher selber, durch sein Getragensein von Lebenszuversicht. Sie steckt das Kind an ... Er empfindet und zeigt dem Kind auch Freude über jeden kleinsten Fortschritt, über sein Können und sein Spielen, über sein Dasein. Die Erziehung muß bewußt der Gefahr zu begegnen suchen, in Stereotypie und Spannungslosigkeit abzugleiten. Das Kind müßte sie wehrlos hinnehmen und in Stumpfheit und „Seelenlosigkeit" verfallen" (Speck 1993, S. 174).

Die konkreten Möglichkeiten, im Alltag Lebenszutrauen zu erschließen und zu stabilisieren, sind unendlich vielfältig und ergeben sich aus unterschiedlichsten Situationen, die nicht planbar sind.

(2) Ausbildung von Lebensfertigkeiten

Das geistig behinderte Kind erlernt und erwirbt *Fertigkeiten (Kompetenzen),* die lebensbedeutsam und seiner sozialen Eingliederung dienlich sind. Sie ermöglichen ihm eine Zuwendung zu sich selbst und zu seiner Umwelt. Die Vermittlung und der Erwerb solcher primär psychomotorischen Fertigkeiten, aber auch kognitiver und sozial-emotionaler Fertigkeiten, sind in der Erziehungswirklichkeit nicht von den anderen Richtzielbereichen abzutrennen, sondern mit ihnen verzahnt. In den folgenden Lebensbereichen soll das geistig behinderte Kind Fertigkeiten erwerben, soweit diese Bereiche ihm individuell zugänglich sind:

(a) Persönliche Pflege, z. B. An- und Auskleiden, Sauberkeitspflege.
(b) Häusliches Tun, z. B. Mithilfe in Küche und Haushalt (Wäsche, Mahlzeiten, Garten, Telefon).
(c) Soziale Umgänglichkeit, z. B. Umgangsformen, Hilfsbereitschaft.
(d) Körperliche Geschicklichkeit, z. B. Schwimmen.
(e) Musisches Tun und Handfertigkeit, z. B. Malen, Singen.
(f) Sprache, z. B. Benennen von Dingen, sich mitteilen.
(g) Kognitive Techniken, z. B. Wahrnehmen und Unterscheiden von Gegenständen und Personen.
(h) Arbeit und Berufsvorbereitung, z. B. Arbeiten mit Werkzeugen.

(3) Vermittlung von Lebensorientierung

Die pädagogische Aufgabenstellung zielt darauf, daß der Mensch mit einer geistigen Behinderung seine Welt finden, gliedern und gestalten kann. Die Erziehung muß die nötige Hilfe anbieten, daß das Kind seine Welt, d. h. den ihm zugänglichen und bedeutsamen *Weltausschnitt*, kennen und deuten lernt, damit es sich in ihm *zurechtfindet* und sich *geborgen* und *beheimatet* fühlen kann. Die unmittelbare Umwelt wird ihm dann zur eigenen Welt, wenn sie ihm geöffnet, gezeigt und verlebendigt wird.
Heilerziehungspfleger/innen müssen die verschiedenen Weltausschnitte, z. B. Wohnung, Geschäfte, Natur, „aufschließen" und behinderte Menschen dort hineinführen.
Der einzelne geistig behinderte Mensch braucht diejenige Orientierung, die für *sein Leben* und seine soziale Eingliederung wichtig ist. Es sind im Grunde jeweils einzelne und individuell verschiedene Weltausschnitte, die zum Ganzen der eigenen subjektiven *Lebenswelt* werden.

> „Diese reicht über das eigene häusliche Lebensfeld hinaus in die naheliegende Natur und in die Gemeinde mit lebensbedeutsam werdenden Menschen, kulturellen Einrichtungen und sozialen Gruppen, aber auch darüber hinaus in fernere Landschaften, Länder und Geschehnisse und damit in eine Zugehörigkeit zur Gemeinsamkeit aller Menschen" (Speck 1993, S. 178).

(4) Bildung von Lebenshaltungen

Lebenshaltungen können als komplexes Ergebnis der Erschließung von Lebenszutrauen, der Ausbildung von Lebensfertigkeiten und der Gewinnung von Lebens- und Weltorientierung aufgefaßt werden. Lebenshaltungen sind Werthaltungen. Diese kommen durch eine emotionale, pragmatische und kognitive Komponente zustande. Das individuelle Wertekonzept des geistig behinderten Menschen wird sich an denjenigen Normen und Werten orientieren, die ihm begegnen und die für ihn zugänglich sind. Sie sind die Basis für sein Beurteilen und Handeln. Sein Wertekonzept wird zum Bestandteil seiner *Identität*.

Werthaltungen, welche in der Erziehung bei geistig behinderten Menschen anzustreben sind:

(a) *Arbeitshaltungen,* z. B. Wertschätzung gelungener Arbeit;
(b) *Einstellungen zu anderen Menschen,* z. B. Kontaktfreundlichkeit, Hilfsbereitschaft, Rücksichtnahme;
(c) *Achtung* vor dem Eigentum anderer, Bereitschaft zu teilen;
(d) *Selbstbehauptung* berechtigter eigener Ansprüche;
(e) *Zurückweisung* unberechtigter Ansprüche anderer;
(f) *Einstellungen zu Pflanzen, Tieren und Dingen,* z. B. Achtung vor Lebewesen, Schonung und Pflege von Gebrauchsgegenständen (Speck 1993, S. 179).

Abb. 37: Komplexität der pädagogischen Aufgabenstellung (nach Speck 1993, S. 180)

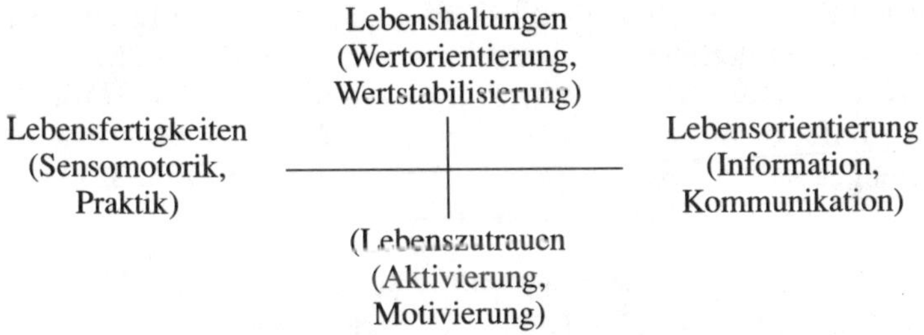

2.4.1 Frühförderung

> „Wir verstehen unter heilpädagogischer Frühförderung alle Maßnahmen, die geeignet sind, einem Kind mit einer drohenden, sich anbahnenden oder bereits vorhandenen Behinderung die besten Hilfen zu seiner physischen, psychischen und sozialen Entwicklung zu geben ...“ (Meinertz/Kausen/Klein 1987, S. 23).

Durch frühe *Lernanregung* und gezielte *Förderung der Lernfähigkeit* wird die Hirntätigkeit in der Phase stimuliert, in der das kindliche Gehirn erst am Beginn seiner Ausdifferenzierung steht. Entwicklungsneurologische Befunde betätigen die enorme Hirnsubstanzzunahme in der frühen Kindheit. So erreicht das Gehirn bis zum Ende des Säuglingsalters etwa 50 % und bis zum Ende des dritten Lebensjahres ungefähr 80 % des Zuwachses seines gesamten nachgeburtlichen Lebens. Während der Ausdifferenzierung der Nervenzellen werden Synapsen ausgebildet, die zu einem dichten Netz im Zentralnervensystem führen. Die Ausprägung dieser Synapsen ist nach Umfang und Qualität von den Einwirkungen der Umwelt abhängig.

Das sich entwickelnde Gehirn ist offenbar kompensationsfähiger als bisher vermutet wurde. Schäden oder Störungen des Zentralnervensystems in der frühen Kindheit können noch gemindert oder sogar ausgeglichen werden. Es ist nachgewiesen worden, daß gesunde Hirnregionen die Funktionen von erkrankten übernehmen können.
Geistig behinderte Kinder sollten durch eine zum frühestmöglichen Zeitpunkt – also schon im ersten Lebensjahr – einsetzende Förderung eine stärkere Aktivierung ihrer Entwicklung erfahren. Durch vielfältige Anregungen, Übungen und Spiele soll die erwachende Sensorik und Motorik gefördert, die Emotionalität stabilisiert und die Kommunikation belebt werden. Das behinderte Kind soll genügend Gelegenheit erhalten, *durch Tätigsein Erfahrungen zu machen* (vgl. Tietze-Fritz 1988).
Pädagogische Frühförderung oder Früherziehung geistig behinderter Kinder setzt unmittelbar an der Familie an. Es kommt vor allem darauf an, den Eltern zu helfen, damit sich ihre Erziehungswirksamkeit verbessert. Die Eltern bleiben damit *Primärerzieher* und werden nicht zu Ko-Therapeuten. Die Familienzentriertheit macht die Früherziehungshilfe zu einem mobilen Dienst. In fast allen Bundesländern besteht heute ein *flächendeckendes Netz regionaler Frühförderstellen* (Speck 1993, S. 203–205; Meinertz/Kausen/Klein 1987, S. 23/24).

2.4.2 Kindergarten/Kindertageseinrichtungen

Der Kindergarten ist eine Bildungseinrichtung im Elementarbereich (3–6 Jahre), der die Erziehung in der Familie ergänzt. Geistig behinderte Kleinkinder im Alter von drei Jahren brauchen noch viel individuelle Zuwendung, Einzelförderung und Handführung. Ab welchem Zeitpunkt und wo der geeignete Lernort sein kann, muß für jedes Kind mit einer geistigen Behinderung im einzelnen entschieden werden. Folgende Kindergartenformen sind zu unterscheiden:

(1) *Sonderkindergarten oder Sonderschulkindergarten:* Durch die Integrations- und Normalisierungsdiskussion der letzten Jahre sieht sich diese Form zunehmend in Frage gestellt.
(2) *Integrativer Kindergarten:* Integrative Kindergärten sind Einrichtungen, in denen behinderte und nichtbehinderte Kinder gemeinsam miteinander spielen, lernen und leben. In der Regel hat eine Gruppe 10–15 Kinder, davon ein Drittel behinderte Kinder. Die Mitberücksichtigung behinderungsspezifischer Erfordernisse für das einzelne Kind ist notwendig und macht den Einsatz von Fachleuten zur direkten heilpädagogischen Förderung erforderlich. Ebenso kann auf eine „integrationspädagogische“ und heilpädagogische Weiterbildung der Erzieher/innen nicht verzichtet werden.

(3) *Regelkindergarten:* Immer mehr Regelkindergärten erklären sich heute bereit und sind kompetent, auch geistig behinderte Kinder aufzunehmen und gemeinsam mit nichtbehinderten Kindern in einer integrativen Gruppe zu erziehen (vgl. Speck 1993, S. 205–207).

Heilerziehungspfleger/innen sind in Sonderkindergärten und Integrativen Kindergärten tätig, die als *Kindertageseinrichtungen* geführt werden oder in eine Behinderteneinrichtung integriert sind.

2.4.3 Die Sonderschule für Geistigbehinderte

In den Empfehlungen der Kultusministerkonferenz der Länder ist der pädagogische Auftrag der Sonderschule für Geistigbehinderte so formuliert:

> „Der Geistigbehinderte hat das Recht, sich als handelnder und erlebender Mensch zu verwirklichen. Es ist pädagogischer Auftrag und durchgängiges Ziel der Schule, den Geistigbehinderten zur Selbstverwirklichung in sozialer Integration zu führen“ (KMK 1980).

Die Schule ermöglicht ihm das Lernen und die soziale Eingliederung in folgenden Lebensbereichen:
(1) Die eigene Person erfahren und ein Lebenszutrauen aufbauen.
(2) Sich selbst zu versorgen und zur eigenen Existenzsicherung beitragen.
(3) Sich in der Umwelt zurechtfinden und sie angemessen erleben.
(4) Sich in sozialen Bezügen orientieren und bei ihrer Gestaltung mitwirken.
(5) Die Sachumwelt erkennen und gestalten.

Für die Sonderschule für Geistigbehinderte besteht eine Schulpflicht vom 6.–18. Lebensjahr. Sie ist vertikal gegliedert in Unterstufe, Mittelstufe, Oberstufe und Werkstufe (je drei Jahre). Als Lehrkräfte arbeiten Sonderschullehrer der Fachrichtung Geistigbehindertenpädagogik, außerdem Erzieherinnen und Sozialpädagogen mit sonderpädagogischer Zusatzausbildung und technische Lehrer (Fachlehrer/innen). Die Schule ist ein wichtiger Teil der Lebenswelt der Kinder. Ihre Hauptaufgabe ist die Bildung im lebenspraktischen Bereich (z. B. Hauswirtschaft) und die Förderung der Kinder im musischen und ästhetischen Bereich. Die Vermittlung der Kulturtechniken (Lesen, Rechnen, Schreiben) ist nicht das primäre Ziel. Trotzdem können Schüler der oberen Klassen, im Rahmen von Kleingruppenunterricht oder Einzelförderung, Grundformen des Lesens und Schreibens erlernen.

3. Theorien, Begründungsansätze und Ziele der Geistigbehindertenpädagogik

3.1 Autonomie, Identität, Interaktion

(1) Grundformen von Autonomie bei schwerer Behinderung
Autonomie bedeutet soviel wie Selbständigkeit (autos, gr.: selbst; nomos, gr.: Gesetz). Pfeffer beschreibt das frühe Autonomie-Erleben und nennt Hilfen für die elementare Selbständigkeitserziehung bei schwer geistig behinderten Kindern:

(a) *Die Beantwortung aller Lebensäußerungen als individuell sinnhafte:* Wenn der Heilerziehungspfleger alle Lebensäußerungen des Kindes beantwortet und versucht, die Bedürfnisse in verantwortlicher Weise zu befriedigen, dann erlebt sich das Kind als ein *Subjekt,* welches in der Umwelt *Wirkungen* erzielt.
(b) *Das Erleben des Selbst im Angesprochenwerden mit dem Namen.*
(c) *Die Selbstbewegung:* Ermöglicht ein Erleben des „Ich kann".
(d) *Das Bewegtwerden:* Eine Möglichkeit, den eigenen Leib zu erleben und sich in die Umwelt hinein zu erfahren, z. B. Liegen auf dem Spastikerball, im Rollstuhl durch die Welt bewegt werden.
(e) *Aktives Erkunden als Erleben des Selbst:*

> „Kinder und Jugendliche mit *schwerer geistiger Behinderung* erleben sich selbst als Ursprung ihres Tuns und Wahrnehmens, wenn sie *aktiv ihre Umwelt* erkunden. Die erzieherische Aufgabe besteht darin, die Umwelt so zu gestalten bzw. die Kinder in die Welt hineinzubewegen, damit sie zu Erfahrungen angeregt werden, und die Aktivitäten der Kinder so zu begleiten und zu unterstützen, daß sie ihre Aktivitäten auch wirklich als die *ihren* erleben" (Pfeffer 1988, S. 281–285).

(2) Freiheit und das „Prinzip Entscheidenlassen"
Bei Hahn ist Autonomie im wesentlichen gleichbedeutend mit Unabhängigkeit oder Freiheit. Autonomie steht in einem Spannungsfeld zu sozialer Abhängigkeit (vgl. Kapitel VII).
Eine Erziehung, die das menschliche Grundbedürfnis nach Autonomie anerkennt, muß schwerbehinderten Menschen die Möglichkeit einräumen, selbst zu entscheiden. Hahn spricht vom *„Prinzip Entscheidenlassen".* Heilerziehungspfleger müssen die subjektive Lebenswelt behinderter Menschen erfassen, damit sie *Entscheidungsalternativen* anbieten können. Nur wenn der behinderte Mensch aus diesen angebotenen Handlungsalternativen eine *Entscheidungspräferenz* (Vorliebe) ableiten kann, ist sein Autonomiegewinn und sein Selbstbestimmungsprozeß echt.

„Das ‚Prinzip Entscheidenlassen' beginnt im körpernahen Raum, bei der Pflege im Alltag: „Erzieher können fragen (...), ob der Scheitel beim Kämmen so oder anders sein soll, ob das Kissen im Rollstuhl so oder anders gewünscht wird. Erzieher, die dies nicht tun, (...) *bestimmen selbst* über den Scheitel des Kindes, *bestimmen selbst,* wohin das Kissen im Rollstuhl soll" (Hahn 1981, S. 296).

„Auch schwerbehinderte Menschen können eine Präferenz für eine Entscheidung zum Ausdruck bringen: durch verbale Zustimmung oder Ablehnung, durch Kopfnicken oder -schütteln, durch mimischen Ausdruck für angenehme und unangenehme Gefühle, durch einen Blick oder durch gesamtkörperliche Reaktionen, wie wir sie von Menschen mit schweren cerebralen Bewegungsstörungen kennen. Das ‚Prinzip Entscheidenlassen' ist bei den verschiedensten Behinderungsarten und -graden, auf allen Altersstufen und in sämtlichen Lebenssituationen realisierbar. *Seine Verwirklichung ist allerdings von Menschen abhängig, die erkannt haben, daß humane Existenz auf der Realisierung von Freiheit gründet"* (Hahn 1983, S. 140).

(3) Handlungsautonomie und Bewußtseinsautonomie

Für den Personenkreis schwerbehinderter Menschen differenziert Speck den Autonomiebegriff:

(a) *Handlungsautonomie:* Im Handeln vollziehe ich die eigenen Entscheidungen unmittelbar. Ich dokumentiere sie vor mir und den anderen, z. B. durch das Einschalten eines Radios oder das Einladen eines Freundes. Diese Handlungsautonomie ist bei einer schweren geistigen oder körperlichen Behinderung deutlich eingeschränkt.

(b) *Bewußtseinsautonomie:* Die Ausführung einer bestimmten Handlung ist zwar behindert, aber die Entscheidung an sich, das Wollen oder die Unterscheidung dessen, was sein oder nicht sein soll, ist vorhanden. Auch der geistig schwerbehinderte Mensch verfügt über eine innere Instanz, eine Art Normenbewußtsein oder Werteordnung.

Wichtig ist, daß seine Impulse in Handeln umgesetzt werden. Der Helfer wird zum *„verlängerten Arm"* und damit zum *Spiegel der eigenen Entscheidungen des behinderten Menschen.* Ohne eine Hilfe bei der Umsetzung seiner Impulse in Handlungen würde sein Wertungs- und Entscheidungssystem in sich zusammenbrechen (Speck 1985, S. 165/166).

Handlungsfreiheit ist weitgehend bedeutungsgleich mit „Äußerer Freiheit", Bewußtseinsautonomie mit „Innerer Freiheit".

(4) Über den Zusammenhang von Autonomie (Selbständigkeit) und „Selbsttätigkeit"

Viele Pädagog/innen – u. a. Maria Montessori – sehen im Prinzip der Selbsttätigkeit den zentralen pädagogischen Ansatz für die Entwicklung der Selbständigkeit und damit der Persönlichkeit. Selbsttätiges Handeln ist die Wurzel von Autonomie und Ich-Identität. Im selbsttätigen Handeln werden eigene Fähigkeiten erlebt und dadurch für die Person verfügbar. Unter Selbsttätigkeit verstehen wir einen *aktiven Prozeß,* in dem sich das Ich mit seiner Umwelt auseinandersetzt und dadurch zu wertvollen subjektiven Erkenntnissen kommt, z. B. wenn ein Problem ohne fremde Hilfe gelöst wird. Selbsttätigkeit ist primär ein geistiger Prozeß. Aufgabe von Heilerziehungspfleger/innen ist es, die notwendigen Impulse (z. B. Denkanstöße) und Hilfen zu geben, damit der Prozeß der Selbsttätigkeit im behinderten Menschen angeregt wird.

(5) Über den Zusammenhang von Identität und Interaktion
Menschliche Ich-Identität entwickelt sich in einem Spannungsfeld von „Persönlicher Identität“ und „Sozialer Identität“. In der Balance zwischen seinem personalen Ich und dem sozialen Ich konstituiert der Mensch seine Identität. Identität und Interaktion stehen in einer direkten Beziehung zueinander: Gelungene Interaktion wird sich in einem Zuwachs an Identität ausdrücken.

Abb. 38: Schema der Ich-Identität nach Goffman

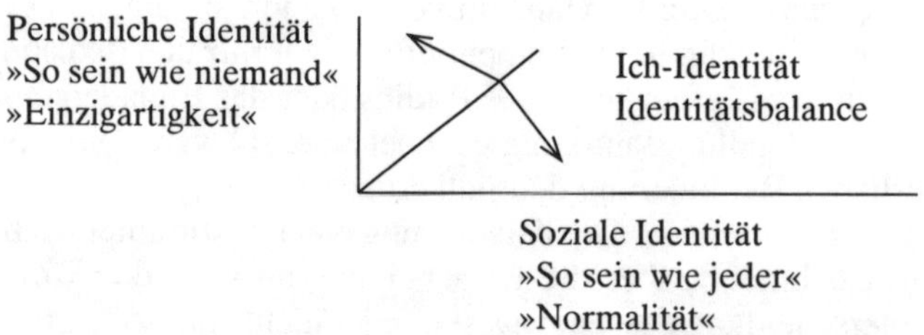

Die Entwicklung und die Behauptung von Identität ist um so stärker gefährdet, je mehr der *Interaktionsprozeß bedroht* ist. Diese Bedrohung kann für behinderte Menschen prinzipiell von zwei Seiten kommen (Goffman 1977).

Abb. 39: Bedrohung menschlicher Identität bei schwerer Behinderung

Beispiel 1	*Beispiel 2*
Vermassung Totale Institution Totale Unterordnung	Isolation Ausgrenzung aus der Gemeinschaft
↓	↓
Beraubung der Persönlichen Identität	Beraubung der Sozialen Identität

Zusammenfassend beschreibt Speck den Zusammenhang zwischen Erziehung, Autonomie und Identität:

„Die erzieherische Abhängigkeit, in der das Kind steht, ist naturgemäß größer, je jünger und weniger entwickelt (gereift) es ist. In dem Maß, in dem es zur Selbsterhaltung noch nicht fähig ist, ist es auf Fremderhaltung (Führung, „äußerer Halt“) angewiesen. Seine Identität baut es im Übergang von Fremdbestimmtheit zur Selbstbestimmtheit auf. Sie ist „Identität im Übergang“ (Sommer, 1988), auch wenn sich letztlich „Mündigkeit“ nie ganz aus Abhängigkeit lösen kann und eigentlich auch mit „reifer Abhängigkeit“ gleichgesetzt werden kann. Alle Erziehung hat sich am immanenten Grundbedürfnis nach Selbstsein, Selbstaufbau und Selbsterhaltung zu orientieren. Alle erzieherische Intentionalität hat die wachsende Eigenintentionalität zu beachten und zu fördern, auch wenn sie – wie im Falle einer geistigen Behinderung – eine noch so behinderte ist“ (Speck 1993, S. 274).

3.2 Symbolischer Interaktionismus

Unter dem Symbolischen Interaktionismus verstehen wir einen *Oberbegriff,* unter dem diejenigen wissenschaftlichen Theorien zusammengefaßt sind, die den Menschen als ein *dynamisches, offenes, handlungsfähiges* und *reflexionsfähiges* Wesen betrachten. Im Gegensatz zum Behaviorismus, der menschliches *Verhalten* naturwissenschaftlich erklärt, versuchen diese Theorien, menschliches *Handeln* mit einem tieferen Erklärungswert zu *deuten* und zu *interpretieren* (Schuchardt 1982, S. 25–34).
Der Symbolische Interaktionismus befaßt sich mit folgenden Themen:

(1) *Interaktion/Kommunikation/Rollenverhalten:* Über welche Mittel und Symbole des zwischenmenschlichen Umgangs verfügt der Mensch? Sprache, Mimik, Gestik; Machtsymbole, Solidaritätssymbole etc.
(2) *Reflexionsfähigkeit:* Fähigkeit über den Sinn und Zusammenhang unseres Handelns nachzudenken.
(3) *Subjektstatus und Handlungsfähigkeit des Menschen:* Überzeugung von der Veränderbarkeit menschlicher Lebenssituationen.
(4) *Identitätsproblematik:* Analyse von Identitätskrisen und Hilfen zu ihrer Bewältigung.

Krappmann nennt vier identitätsfördernde Fähigkeiten:

(1) *Empathie:* Fähigkeit, sich gedanklich und gefühlsmäßig in einen anderen Menschen hineinversetzen zu können.
(2) *Rollendistanz:* Fähigkeit, sich von einer „angesonnenen“ Rolle distanzieren und lösen zu können.

(3) *Ambiguitätstoleranz:* Fähigkeit, Widersprüche auszuhalten und mit diesen Widersprüchen leben zu können.
(4) *Identitätsdarstellung:* Fähigkeit einer Person, ihre eigene Identität in die Interaktion einzubringen (vgl. Krappmann 1975, S. 132–173).

Beispiel:
Interpretation von aggressivem Verhalten bei einem schwer geistig behinderten Menschen. Über welche symbolischen Ausdrucksmöglichkeiten verfügt dieser Mensch?
Hahn deutet viele Formen von aggressivem Verhalten als Ausdruck von menschlichen Freiheitsbedürfnissen. Auch Einnässen, Einkoten, das Essen verweigern, stereotype Schaukelbewegungen oder Schreien und Grunzlaute können als Ausdruck menschlicher Freiheit aufgefaßt werden (Hahn 1983, S. 136–139).

3.3 Personale und soziale Integration

Integration gilt als weitgehend anerkanntes Leitziel in der Pädagogik und Behindertenpädagogik. Im Kapitel V über Erziehungsziele wurde dieser Aspekt schon angesprochen.

Menschliche Personalität

„Jede Behinderung beeinträchtigt die menschliche Person in ihrer Entfaltung und Unabhängigkeit. Eine Schädigung und Behinderung des Geistes – das sagt die Bezeichnung „Menschen mit geistiger Behinderung" aus – betrifft den Menschen im Kern seiner Person. Der Geist des Menschen macht sein Selbstbewußtsein und seine freie Selbstbestimmung aus. Die konkreten Vollzüge des menschlichen Geistes: Vernunft, Verstand und Wille, gelten als unverzichtbar für das menschliche Leben. Als geistbegabtes Lebewesen unterscheidet sich der Mensch von anderen Lebewesen. Sind Verstand und Wille eines Menschen durch eine geistige Behinderung beeinträchtigt, bleibt der Kern der Person davon unberührt. Menschen mit einer geistigen Behinderung sind eigenständige Personen. Wie alle Menschen sind sie als Person einmalig und unwiederholbar. Sie haben ihre eigenen Gaben und Fähigkeiten" (caritas 1992, S. 8–9).

Trotz seiner *Einmaligkeit* ist jeder Mensch – wesenhaft – ein *soziales Wesen.* Menschsein verwirklicht sich in der Gemeinschaft mit anderen Menschen. Das Leitziel *Selbstverwirklichung in sozialer Eingliederung* (Speck 1993, S. 169) drückt dies aus.

3.4 Normalisierung und Partizipation

Normalisierung

Die Idee der Normalisierung ist heute zu einem umfassenden *Orientierungsprinzip für die soziale und pädagogische Gestaltung humaner Lebensbedingungen für Menschen mit einer geistigen Behinderung* geworden. Normalisierungsideen entwickelten sich bereits früh in Skandinavien, und wurden ab den siebziger Jahren verstärkt auch in Deutschland diskutiert (Bank-Mikkelsen 1972; Nirje 1974).

Das *Normalisierungsprinzip* besagt folgendes: Der geistig behinderte Mensch soll als vollwertige Persönlichkeit anerkannt werden. Ihm stehen die gleichen Menschenrechte und Grundrechte zu wie jedem Nichtbehinderten. Deshalb müssen allen Menschen mit einer (geistigen) Behinderung Lebensmöglichkeiten offenstehen, wie auch allen anderen Mitgliedern unserer Gesellschaft. Im Normalisierungsprinzip drückt sich also der konsequente Versuch aus, dem geistig behinderten Menschen zu jener *Würde* zu verhelfen, die für Nichtbehinderte selbstverständlich ist, die man aber behinderten Menschen mit vielfältigen Begründungen immer wieder verweigerte. Wir müssen dem geistig behinderten Menschen dazu verhelfen, *ein Leben zu führen, das so normal wie möglich ist*. Wolfensberger setzt Normalisierung prinzipiell gleich mit physischer und sozialer Eingliederung im Sinne eines schrittweisen Einführens in normale Lebenszusammenhänge. Behinderte Menschen sollen ein „kulturell geachtetes Leben führen können" (Wolfensberger 1980, S. 80).

Beispiel:
Gemeinsame Benützung öffentlicher Einrichtungen anstelle von *Sonder*schwimmbädern; Benutzung von öffentlichen Verkehrsmitteln anstelle von *Sonder*fahrzeugen

Abb. 40: Kriterien der Normalisierung

Kriterien der Normalisierung

- Individuelle Bedürfnisse respektieren
- Gleiche Rechte einräumen
- Persönliche Neigungen respektieren
- Freiheit zu persönlichen Entscheidungen geben

- Normaler Lebensablauf, z. B. Loslösung von den Eltern
- Angemessene Kontakte zwischen den Geschlechtern ermöglichen (Sexualität)
- Achtung und Anerkennung des individuellen Lebensrhythmus

- Angemessener wirtschaftlicher Standard
- Angemessene Wohnmöglichkeiten
- Bildungsangebote
- Trennung der Lebensräume Wohnen-Arbeit-Freizeit (Milieuwechsel)

Das Normalisierungsprinzip wurde häufig falsch interpretiert. Eines der am weitesten verbreiteten *Mißverständnisse* lautet: *Normalisierung heißt, „normal machen"*. Von Menschen mit einer geistigen Behinderung würde ein „normales" Verhalten erwartet, ja geradezu erzwungen werden. Sie hätten in allen Bereichen den statistischen Durchschnittswerten der Gesellschaft für alle Dimensionen des Verhaltens zu entsprechen. Kurz: Normalisierung wurde oft mit Normierung verwechselt.

Normalisierung bedeutet die Annahme von Menschen *samt* ihrer Behinderung in der normalen Gesellschaft, mit den gleichen Rechten und den gleichen Möglichkeiten, wie sie anderen zugestanden werden. Es bedeutet, daß man Hilfen geben muß, um einen dem Leben anderer Mitglieder unserer Gesellschaft gleichwertigen Lebensstil zu erlauben, einschließlich gleicher Möglichkeiten *zu individuellen Abweichungen* und *individuellen Entscheidungsmöglichkeiten.*

Normalisierung ist also kein Widerspruch zu Individualisierung. Im Gegenteil: Richtig verstandene Normalisierung hilft dem Menschen, sein Leben individuell zu gestalten!

Weitere Mißverständnisse:

– Spezielle Hilfen seien mit dem Normalisierungsprinzip unvereinbar.
– Normalisierung heiße, behinderte Menschen in ihrer Gemeinde ohne Unterstützung aussetzen.
– Normalisierung eigne sich nur für leicht Behinderte.
– Geistig Behinderte lebten am besten zusammen mit ihresgleichen, geschützt vor den Härten der Gesellschaft.
– Normalisierung sei eine skandinavische Erfindung, die bei uns nicht angewendet werden könne.
– Normalisierung sei zwar ein humanistisches Konzept, aber idealistisch und unpraktisch (Zusammen 7/1986, S. 8/9).

Aktuelle Probleme der Gegenwart

Welche Probleme ergeben sich bei einer konsequenten Auslegung und Anwendung des Normalisierungsprinzips in Zeiten wirtschaftlicher Rezession für die Behindertenhilfe? Inwieweit ist das Normalisierungsprinzip gültig für andere gesellschaftliche Gruppen bzw. Minderheiten?

Partizipation

Behinderte Menschen sollen ermutigt, aktiviert und dazu befähigt werden, am gemeinschaftlichen und öffentlichen Leben bewußt teilzunehmen und es aktiv mitzugestalten. Ihnen ist z. B. eine angemessene Mitwirkung an den ihre Interessen betreffenden Angelegenheiten der Werkstatt zu ermöglichen (§ 14 SchwbGV). Dabei ist zu beachten, daß Menschen mit einer geistigen Behinderung das Mitreden erst lernen müssen; ihre besondere Art der Äußerung ist zu berücksichtigen (Speck 1993, S. 326).

4. Übungsfragen

1. Beschreiben Sie die verschiedenen Schweregrade geistiger Behinderung und den entsprechenden Hilfebedarf.
2. Wie beschreiben folgende Pädagogen geistige Behinderung?
a) Bach, Speck, Mühl
b) Thalhammer, Kobi, Siegenthaler
c) G. P. Hahn
3. Welche Formen der Lebenserschwerung können bei Menschen mit Down-Syndrom vorkommen? Welche Konsequenzen hat das für das pädagogische Handeln von Heilerziehungspfleger/innen?
4. Diskutieren Sie die Situation von Menschen mit einem Down-Syndrom unter dem Aspekt „Integration – Normalisierung – Partizipation“.
5. Geben Sie einen Überblick über die Entwicklung der deutschen Geistigbehindertenpädagogik! Warum spricht Speck von einem ausgeprägt *pädagogischen* Ansatz?
6. Welche Probleme werden erkennbar, wenn man den klassischen Erziehungsbegriff auf den Personenkreis schwer geistig behinderter Menschen anwenden will? Welche Konsequenzen sind daraus für die spezielle Erziehung bei geistiger Behinderung zu ziehen?
7. Formulieren Sie wichtige Leitsätze für ein ganzheitliches Konzept des pädagogischen Handelns bei Kindern mit einer geistigen Behinderung! Welche Bedeutung sollte die Verhaltensmodifikation (Lernen nach dem behavioristischen Ansatz) in diesem Konzept nach Ihrer Auffassung haben?
8. Welche pädagogischen Ziele sind im Interesse einer positiven Persönlichkeitsentwicklung für Menschen mit einer geistigen Behinderung zu formulieren? Wie sind diese Ziele zu begründen?
9. Was wissen Sie über die pädagogische Frühförderung bei Kindern mit einer geistigen Behinderung? Was wissen Sie über Bildungseinrichtungen für Kinder und Jugendliche mit einer geistigen Behinderung?

10. Welcher Zusammenhang besteht zwischen dem „Prinzip der Selbsttätigkeit“ und dem Erwerb von Selbständigkeit (Autonomie)? Zeigen Sie an Beispielen aus Ihrem Alltag auf, wie Sie den Prozeß der Selbsttätigkeit bei behinderten Menschen anregen können.
11. Welche Möglichkeiten des Autonomie-Erlebens bei schwerer Behinderung kennen Sie? Welche pädagogischen Hilfen sind sinnvoll? Wie sind diese Hilfen pädagogisch angemessen zu verantworten und zu begründen?
12. Welcher Zusammenhang besteht zwischen der Entwicklung von Ich-Identität und dem Interaktionsprozeß? Zeigen Sie an Beispielen aus der Geschichte und der Gegenwart auf, von welchen Seiten die Identität geistig behinderter Menschen bedroht werden kann.
13. Was versteht man unter dem Normalisierungsprinzip?

5. Literatur

Bach, H.: Geistigbehindertenpädagogik, Berlin [11]1984

ders.: Geistigbehindertenpädagogik, in: Bach, Heinz: Sonderpädagogik im Grundriß, Berlin [4]1977

Bank-Mikkelsen, N. E.: Das Normalisierungsprinzip, in: Zur Fortbildung 1972, 2, S. 24–30

Brezinka, W.: Grundbegriffe der Erziehungswissenschaft. Analyse, Kritik, Vorschläge, München/Basel 1974

ders.: Metatheorie der Erziehung. Eine Einführung in die Grundlagen der Erziehungswissenschaft, der Philosophie der Erziehung und der Praktischen Pädagogik, München/Basel [4]1978

caritas: Hilfe für Menschen mit geistiger Behinderung, in: Beihefte der Zeitschrift für Caritasarbeit und Caritaswissenschaft, Heft 2/1992

Empfehlungen für den Unterricht in der Schule für Geistigbehinderte (Sonderschule), Beschlüsse der Kultusministerkonferenz (KMK), Darmstadt 1980

Goffman, E.: Asyle, Frankfurt/M. 1977

Hahn, G.-P.: Hilfen für das Zusammenleben mit Geistigbehinderten. Erfahrungen aus jahrzehntelanger Tätigkeit, Berlin [3]1990

Hahn, M.: Von der Freiheit schwerbehinderter Menschen: anthropologische Fragmente, in: Hartmann, N. (Hrsg.): Beiträge zur Pädagogik der Schwerstbehinderten, Heidelberg 1983, S. 132–141

ders.: Behinderung als soziale Abhängigkeit. Zur Situation schwerbehinderter Menschen, München 1981

Hofmann, A./Jocham, E./Stengel-Rutkowski, S. (Hrsg.): Kinder mit Down-Syndrom: ein Ratgeber für Betroffene/geschrieben von einer Elterngruppe, Stuttgart 1993

Huber, N.: Rehabilitation: Worauf es ankommt, Freiburg 1992
KMK (Kultusministerkonferenz), siehe: Empfehlungen ...
Kobi, E. E.: Das schwer geistigbehinderte Kind aus heilpädagogischer Sicht, in: Hagmann, Th.: Beiträge zur Pädagogik Geistigbehinderter, Luzern 1980, S. 27–54
Krappmann, L.: Soziologische Dimensionen der Identität, Stuttgart [4]1975
Lersch, Ph.: Aufbau der Person, München 1952
ders.: Der Mensch als soziales Wesen, München 1965
Maturana, H. R./Varela, F.: Der Baum der Erkenntnis. Die biologischen Wurzeln des menschlichen Erkennens, Bern/München/Wien 1987
Meinertz, F./Kausen, R./Klein, F.: Heilpädagogik. Eine Einführung in pädagogisches Sehen und Verstehen, Bad Heilbrunn [7]1987
Mühl, H.: Geistige Behinderung, in: Zeitschrift für Heilpädagogik, 10/1994, S. 684–687
ders.: Einführung in die Geistigbehindertenpädagogik, Stuttgart 1984
Moor, P.: Heilpädagogik, Bern/Stuttgart 1965
Nirje, B.: Das Normalisierungsprinzip und seine Auswirkungen in der fürsorgerischen Betreuung, in: Kugel, R. B./Wolfensberger, W. (Hrsg.): Geistig Behinderte – Eingliederung oder Bewahrung, Stuttgart 1974, S. 33–46
Pfeffer, W.: Förderung schwer geistig Behinderter. Eine Grundlegung, Würzburg 1988
Schuchardt, E.: Soziale Integration Behinderter, Bd. 1, Braunschweig 1982
Siegenthaler, H.: Anthropologische Grundlagen zur Erziehung geistig Schwerstbehinderter, Bern/Stuttgart 1983
Speck, O.: Menschen mit geistiger Behinderung und ihre Erziehung. Ein heilpädagogisches Lehrbuch, München [7]1993
ders.: Mehr Autonomie für Erwachsene mit schwerer geistiger Behinderung, in: Geistige Behinderung 3/1985, S. 162–170
Speck, O./Thalhammer, M.: Die Rehabilitation der geistig Behinderten, München 1977
Tietze-Fritz, P.: Wahrnehmungs- und Bewegungsentfaltung. Heilpädagogische Förderung des Kindes in seinen ersten 24 Monaten, Heidelberg 1988
Thalhammer, M.: Pädagogische Aspekte und anthropologisch-philosophische Fragen (Sinnfindung) im Zusammenhang mit dem Altwerden des geistig behinderten Menschen, in: Große Schriftenreihe Lebenshilfe: Altwerden von Menschen mit geistiger Behinderung, Marburg 1983, S. 21–25
Wolfensberger, W.: A Brief Overview of the Principle of Normalization, in: Flynn, R. J./Nitsch, K. E. (Eds.): Normalization, Social Integration and Community Services, Baltimore 1980
Das Normalisierungsprinzip und seine Mißverständnisse, in: Zusammen, 7/1986, S. 8/9

X. Geistigbehindertenpädagogik II

Lernziele:
Der Studierende soll einen Überblick über die verschiedenen Ansätze der Lebensbegleitung und pädagogischen Förderung von Menschen mit schwerer und schwerster geistiger Behinderung geben können.
Er soll die Zielsetzungen und Leitgedanken dieser Konzepte erklären und begründen können.
Er soll lernen, sein alltägliches pädagogisches Handeln in der Wohngruppe auf der Grundlage dieser Begründungsansätze zu überprüfen, zu analysieren und kritisch zu reflektieren.
Er soll bedeutsame Erlebnisse (nicht nur Problemverhalten!), die er im Rahmen seiner pädagogischen Beziehung mit behinderten Menschen hat, in schriftlicher Form dokumentieren und dieses Material nachträglich reflexiv und systematisch bearbeiten.
Er soll die wichtigsten Ansätze der Lebensbegleitung, Bildung, Förderung und Beratung von Menschen mit mäßiger und leichter geistiger Behinderung kennen.
Er soll wichtige Grundsätze für die Arbeit mit Angehörigen erkennen und sein pädagogisches Handeln unter diesem Aspekt kritisch reflektieren.
Er soll seinen Einfluß als Heilerziehungspfleger auf ein qualitatives Wohnen und Arbeiten und ein sinngeleitetes Freizeitverhalten seiner Heimbewohner überprüfen und reflektieren.

1. Heilerzieherische Aufgaben und Hilfen bei Menschen mit schwerer und schwerster geistiger Behinderung

Jeder Mensch ist individuell verschieden und auch eine Behinderung zeigt sich in unterschiedlicher Weise. Das typische einer Lebenssituation schwer und schwerst behinderter Menschen soll nachfolgend beispielhaft aufgezeigt werden.

Die Ein- und Ausdrucksfähigkeit eines Menschen mit schwerster geistiger Behinderung
Welche Fähigkeiten können wir von schwerst geistig behinderten Menschen erwarten? Schwerst geistig behinderte Menschen können

sich nicht durch die Sprache und schon gar nicht schriftlich äußern. Sie können sich auch nicht durch ein schlüssiges Handeln und für andere verstehbares Verhalten mitteilen. Sie teilen sich fast ausschließlich durch ihren *Körper* mit.
Es sind zum Teil *kleine Signale,* die ganz in den Körper dieser behinderten Menschen eingebettet sind und die nur ein Begleiter, der sie gut und lange kennt, wahrnehmen und interpretieren kann. Solche Signale können sein:
– Gespanntheit und Entspannung, Verkrampfung und Lösung der Muskulatur, kleine Bewegungen der Finger oder der Hand, eine kaum wahrnehmbare Mimik oder Bewegung des Mundes.
– Ein leises Lächeln, ein kurzer Blickkontakt; Weinen oder Laute können schon große Signale sein, mit denen der Mensch seine Freude, Zufriedenheit oder sein Unwohlsein und seinen Schmerz bekundet.
– Schreie, die uns erschrecken, sich selbst schlagen oder verletzen (Autoaggressionen), sich zudecken und verkriechen können Signale sein, die wir nicht verstehen und kaum deuten können (vgl. Huber 1992, S. 250).

Es ist unbedingt davon auszugehen, daß Menschen mit schwerster geistiger Behinderung dazu fähig sind, *Eindrücke* aus der Welt zu empfangen, auch wenn diese sich nicht immer im entsprechenden Ausdruck ablesen lassen. Aber ihre konkreten Erfahrungen von der „Welt" beschränken sich auf den allerengsten Umkreis ihres „Ichs", also auf den Bereich ihrer körpernahen Bedürfnisse. Zu diesen körpernahen oder *primären Bedürfnissen* zählen, wie beim nichtbehinderten Säugling oder Kleinkind: schlafen wollen, essen und trinken wollen und sich geborgen fühlen wollen. Es ist weiter davon auszugehen, daß sich im Bereich dieser primären Bedürfnisbefriedigung ein *„Gegenstandsbewußtsein"* herausbildet.
Gegenstandsbewußtsein meint, daß z. B. das Zeigen der Flasche oder des Tellers mit Nahrung ein Lächeln hervorruft, weil über die Wahrnehmung eine Verbindung zum Essen hergestellt wird. Nur bei solchen Eindrücken kann ein Mensch mit schwerster geistiger Behinderung für eine ganz kurze Zeit *aufmerksam* sein. Es ist anzunehmen, daß außerhalb dieser primären Bedürfnisse keine Eindrücke haften bleiben (vgl. Hahn 1995, S. 23–26).

Die Gewöhnungsfähigkeit eines Menschen mit schwerer geistiger Behinderung
Welche Fähigkeiten können wir von solchen Menschen erwarten, die wir als „schwer geistig behindert" einstufen würden?

(1) Diese Menschen können *Kontakte erwidern,* die ihnen vom Heilerziehungspfleger entgegengebracht werden. Sie sind jedoch nicht von sich aus fähig, auf andere Menschen in sinnvoller Weise zuzugehen.
(2) Das *Wortverständnis* bei konkret-anschaulichen Dingen ist umfangreicher als die Möglichkeit der eigenen sprachlichen Mitteilung. Diese beschränkt sich auf Ein- oder Zweiwortsätze.
(3) Sie bedürfen der ständigen *aktivierenden Begleitung,* wenn sie eine Aufgabe erledigen sollen. Ohne eine solche Begleitung sind diese Menschen in der Regel nicht dazu in der Lage, von sich aus aktiv zu sein und sinnvolle Tätigkeiten zu verrichten. Bleiben sie sich selbst überlassen, so verfallen sie häufig in stereotype Verhaltensweisen (z. B. mit einem Gegenstand hantieren) oder werden ganz untätig. Ihr Tun erfolgt ohne eigentlichen Sinnbezug. Sie verfolgen es nicht einmal mit ihren Augen.

Beispiel:
Eine Heilerziehungspflegerin verläßt einen Raum, den sie und ein Heimbewohner gerade putzen. Als sie zurückkehrt, trifft sie den Heimbewohner an, wie dieser mit einem Spielzeug-Auto am Fensterbrett auf und ab fährt. Der Bezug zur vorhergehenden Tätigkeit ist für ihn während ihrer Abwesenheit völlständig verlorengegangen.

(4) Lernen findet nur über das *„Gewöhnen"* statt. Gewöhnen sei hier verstanden als ständige Wiederholung der gleichen Handlungsabläufe. Bei diesem Lernprozeß können aber auch solche Fähigkeiten verlangt und damit erworben werden, die über die Erfüllung primärer Bedürfnisse hinausgehen. Aus entwicklungspsychologischer Sicht bezeichnen wir diese Form als ein *„sensomotorisches Lernen"*.
Der gewöhnungsfähige geistig behinderte Mensch kann durch ständige Wiederholung der gleichen Handlungsabläufe *einfache lebenspraktische Fähigkeiten* erlernen: Selbständiges Essen und Trinken, Ausziehen und Anziehen, Körperpflege. Über den persönlichen Rahmen hinaus kann dieses Lernen auf *kleine Aufgaben,* wie das Abräumen eines Tisches oder das Tragen eines Korbes, ausgedehnt werden. Dieser Mensch kann also eine Reihe von lebenspraktischen Fähigkeiten und Fertigkeiten erwerben und diese stabilisieren (vgl. Hahn 1995, S. 26–29).

Abb. 41: Ansätze der Lebensbegleitung und der pädagogischen Förderung bei Menschen mit schwerer und schwerster geistiger Behinderung

Pädagogisch wertvolle Pflege Breitinger/Fischer 1981 Förderpflege Trogisch 1977	Basale Kommunikation Mall 1984	Elementare Beziehung Fornefeld 1989	Basale Stimulation Fröhlich 1991	Basale Aktivierung Breitinger/Fischer 1981	Vermittlung eines Lebensrhythmus Fröhlich 1991 Heimann 1989
↓	↓	↓	↓	↓	↓
»kommunikativ-sinnlich-sinnstiftend«	»pragmatisch-intuitiv«	»philosophisch-anthropologisch«	»entwicklungs-psychologisch«	»didaktisch-lebensweltlich«	»physiologisch-geistig-seelisch«

1.1 Ganzheitliche Pflege

Pflege und Erziehung in der allgemeinen Pädagogik

In neuerer Zeit hat sich Brezinka mit dem Zusammenhang von Erziehung und Pflege befaßt und die Pflege aus der Erziehung ausgegrenzt. Er definiert:

> „Unter Erziehung werden Handlungen verstanden, durch die Menschen versuchen, das Gefüge der psychischen Dispositionen anderer Menschen in irgendeiner Hinsicht dauerhaft zu verbessern oder seine als wertvoll beurteilten Komponenten zu erhalten oder die Entstehung von Dispositionen, die als schlecht bewertet werden, zu verhüten" (Brezinka 1978, S. 44). Die pflegerischen Handlungen sind nach Brezinka solche, durch die Kindern „die Bedingungen ihrer physischen Existenz in der Gegenwart gesichert werden (Schutz, Ernährung, Bekleidung, Wohnung usw.)" (Brezinka 1974, S. 188).

Pfeffer (1988, S. 205) lehnt diesen Erziehungsbegriff ab, da hier Erziehung auf den Bereich der psychischen Dispositionen beschränkt bleibt und der körperlich-leibliche Bereich des Menschen aus dem Erziehungsgeschehen abgespalten wird. Der Mensch wird in „Physis" und „Psyche" aufgespalten. Diese Reduktion des Erziehungsbegriffs auf die „Psyche" hält Pfeffer aus sonder- und heilpädagogischer Sicht für nicht verantwortbar. Die weitere Reduktion der Erziehung bei Brezinka auf *bewußte, zielgerichtete Handlungen* des Erziehers, die ganz bestimmte Wirkungen beim zu Erziehenden bewirken sollen, vernachlässigt die *spontanen erzieherischen Handlungen,* wie sie im alltäglichen Zusammenleben erfolgen, zu denen all das gehört, was unter „Pflege" gefaßt wird und die Entwicklung des Kindes unabdingbar und wesentlich betrifft.

Den Gedanken, daß *Pflege und Erziehung eine Einheit* darstellen, finden wir schon im frühen 19. Jahrhundert bei Milde und in neuerer Zeit bei Langeveld. Beide begreifen Pflege als einen wichtigen Bestandteil der Erziehung. Pflege gilt als förderlich für die Entwicklung und Entfaltung des Menschen insgesamt. Vinzenz Eduard Milde (1777–1853) stellt die Entwicklung und Bildung der körperlichen Anlagen an den Anfang seiner Erziehungslehre. Er bezeichnet die grundlegende Erziehungsaufgabe als *„Diätetik": Pflege der vorhandenen Anlagen.* Von der Beschaffenheit des Körpers seien die Anlagen des Geistes abhängig, also die Bildung des Denk-, Gefühls- und Begehrungsvermögens. „Eine vollkommene Erziehung kann und soll ebensosehr die Erhaltung und Bildung des Körpers als des Geistes zu bezwecken suchen" (Milde 1811, in: Pfeffer 1988, S. 203).
Für Milde gehört Pflege, angefangen von der mütterlichen Pflege des Kleinkindes bis hin zur medizinischen „Pflege" eines kranken Kindes, zur Erziehung und bildet mit der Förderung des Geistigen eine untrennbare Einheit (Pfeffer, 1988, 203).
Langeveld betont, daß das Kind nur dann eine gefühlsmäßige Haltung zur Welt entwickeln kann, wenn es liebevolle Pflege erfährt. Diese ist Voraussetzung dafür, daß das Kind sicher und angstfrei auf die Welt eingehen kann, Menschen und Dingen begegnen, manipulieren und explorieren (= erkunden) will. Für Langeveld ist es unmöglich, Pflege aus der Erziehung auszugrenzen, sie ist der Beginn jeder Erziehung. Von der Pflege ist das Gelingen der weiteren Erziehung abhängig. Pflege ist ein zentraler Bereich elementarer Kommunikation. In der Pflege realisiert sich die Begegnung zwischen Mutter und Kind (Langeveld 1968, S. 79–83).

Pflege und Erziehung in der Sonder- und Heilpädagogik
Schwerst geistig behinderte Menschen bedürfen ihr ganzes Leben lang umfassender körperlicher und seelischer Pflege in allen lebenspraktischen Bereichen. Pflege dient einerseits ihrer Existenzsicherung, ist jedoch gleichzeitig ein Bereich, in dem sich der Heilerziehungspfleger und der behinderte Mensch in leiblicher Nähe begegnen. Fröhlich bezeichnet die Pflege des schwerst Mehrfachbehinderten „als integrativen Bestandteil einer ganzheitlichen Förderung". Die Pflege kann zumindest bei schwerer geistiger Behinderung nicht von der Erziehung losgelöst werden (Fröhlich 1980, S. 41). Pflege, in all ihren Formen, wie z. B. Ernährung, allgemeine Hygiene, Dekubitusprophylaxe, ist:

(1) *Interaktion,* in welcher der Pflegende die signalisierten Bedürfnisse des zu Pflegenden beantwortet, *Kommunikation* und *persönliche*

Begegnung, in der sich der Gepflegte angesprochen fühlt und sich für seine Umwelt öffnen kann,
(2) *Sensorielle Stimulation,* d. h. Anregung durch die vielfältigen Eindrücke, die mit der Körper- und Gesundheitspflege gegeben sind,
(3) *Entwicklungsförderung.*

Trogisch versucht eine Synthese zwischen Pflege und Lernen bzw. Erziehung zu erreichen, um auf diese Weise einem Auseinanderfallen entgegenzuwirken. Er spricht von *„Förderpflege"*, die ihm für schwerbehinderte Menschen als eine angemessene Form der Erziehung und Bildung notwendig erscheint (Trogisch 1977, in: Pfeffer 1983, S. 205/206; Breitinger/Fischer 1981, S. 120).
Auch Möckel unterstreicht den *kommunikativen Aspekt.* Pflege nimmt das behinderte Kind in die menschliche Gemeinschaft auf und macht aus den scheinbar natürlichen Vorgängen – wie essen, verdauen, schlafen – sprachlich geleitete und sprachlich gedeutete, also soziale Vorgänge. So erhält das Kind in der Pflege Anteil an der sprachlich vorgefaßten Welt und ist einbezogen in menschliche Geschichte. Es ist das Ziel, daß das Kind die Pflegehandlung in ihrer Bedeutung dadurch verstehen lernt, daß diese vom Erzieher sprachlich begleitet wird (Kognitiver Aspekt der Pflege). (Möckel 1983, S. 43–46)
Breitinger/Fischer unterstreichen den *pädagogischen Wert menschlicher Pflege:*

(1) Pflege gibt *Lebensimpulse* für den Augenblick und ermöglicht Leben über den Augenblick hinaus.
(2) Pflege erhält Leben und steht damit für Leben ein, das des Schützens und Bewahrens bedarf.
(3) Pflege unterstreicht die *Wertschätzung* und läßt dem Adressaten besondere Aufmerksamkeit und Zuneigung zukommen.
(4) Pflege vermag die schönen, genüßlichen Seiten des Lebens hervorzuheben und setzt so Zäsuren, als Ruhe- und Erholungspausen, in einem von Hektik gekennzeichneten Alltag.
(5) Pflege drückt eine positive Lebenseinstellung aus und vermittelt so *Sinnimpulse.*
(6) Pflege ist nicht in erster Linie ein Handeln am anderen, sondern ein *Einbeziehen des anderen in unsere Lebensgemeinschaft.*
(7) Richtig verstandene Pflege regt ebenso zur Kommunikation an wie sie auch zum Mittun auffordert. Pflege vermittelt gezielte Eindrücke von der Umwelt und läßt Handlungen als Handlungsketten – in einer rhythmisierten Abfolge – erleben. Damit werden erste Eindrücke von Zeit hervorgerufen, erste Gewohnheiten angebahnt und vielleicht

auch Verlangen geweckt, Pflegebedürfnisse zugunsten eigener Selbststeuerung und einem Selbst-Tun aufzugeben.
(8) Pflege führt zum Leben hin, wenn auch vorwiegend auf der Ebene des Sinnlich-Wahrnehmbaren, des Taktilen, des Oralen, des Kommunikativen.
(9) Pflege ist eine Aufgabe, die der gesamten Person gilt, die uns ganz in Anspruch nimmt. Sie läßt *Nähe zum anderen* wie sonst kaum entstehen.
(10) Pflege ist eine Aufgabe, die nicht nur dem anderen gilt, sondern in gleichem Maße auch mir, eine Aufgabe, die belastet und entlastet (Breitinger/Fischer 1981, S. 109, 120/121).

Pädagogische Schlußfolgerungen
Die Überlegungen zur Förderung schwer geistig behinderter Menschen bestätigen die Bedeutung der Pflege als pädagogischer Tätigkeit und korrigieren den Erziehungsbegriff der allgemeinen Erziehungswissenschaft, insofern dort die Pflege ausgegrenzt wird.

1.2 Basale Kommunikation, Elementare Beziehung

Erziehung soll von Anfang an darauf bedacht sein, das Kind „anzusprechen", seine „Anregbarkeit" und „Mitschwingfähigkeit" zu wekken und zu steigern. Ein solches *„Angesprochensein"* (Moor) wird erschlossen durch die emotionale Zuwendung des Erziehers, durch seine Nähe, seine Wärme und Zuversicht. Das Angesprochensein ist nur da möglich, wo das Kind sich angenommen, getragen, geborgen, beheimatet, zugehörig fühlen, und wo es sich seines Lebens freuen darf, wo es das *„Ja des Sein-dürfens"* (Buber) vernimmt. Mit der Ansprechbarkeit beginnt jede Erziehung (Speck 1993, S. 173).
Der entscheidende Zugang zur *Erziehung* von Menschen mit schwerster geistiger Behinderung erfolgt über das *Körperliche.* Norbert Huber formuliert in diesem Zusammenhang folgenden Gedanken: „Wir alle müssen die geistig behinderten Menschen in ihrer Körperlichkeit ernst nehmen und uns unbefangen ihr zuwenden, sie beobachten und studieren, wenn wir ihr verborgenes Menschsein verstehen wollen" (Huber 1992, S. 251).
Dem *Haut-* und *Körperkontakt* zwischen uns und dem behinderten Menschen sollten wir deshalb besondere Aufmerksamkeit schenken. Es ist davon auszugehen, daß er bei Berührungen verschiedene taktile Qualitäten unterscheiden kann, wie z. B. warm und kalt, trocken und feucht, fest und zart. Diese Unterscheidungen im taktilen Erleben gehören zu den frühsten Formen menschlichen Lernens. Es ist weiter davon auszugehen, daß er *Präferenzen (= Vorlieben)* hat, welche diese

Qualitäten er in einer bestimmten Situation als angenehm empfindet und haben möchte, z. B. *seine* Wassertemperatur beim Baden, bzw. welche er als unangenehm empfindet und ablehnt, z. B. zu enge oder zu dicke Kleidung im Sommer.
Auch der *Stimme* des Erziehers und ihrem Klangbild kommt eine wichtige Bedeutung zu. Mit unserer Stimme vermitteln wir: Du bist nicht allein! Wir müssen annehmen, daß schwerbehinderte Menschen uns primär am gefühlsmäßigen Klangbild unserer Sprache erkennen und vielleicht auch verstehen, was wir von ihnen wollen. Die kognitive Ebene der Wortbedeutungen ist in diesem Beziehungsfeld nebensächlich.
Besonders müssen wir beachten, daß Menschen mit schwerster und schwerer geistiger Behinderung immer nur auf *direkte und individuelle Zuwendung* reagieren.

Basale Kommunikation
Winfried Mall (1984; 1992) legt ein Konzept der „Basalen Kommunikation" als Weg zum und für den schwer geistig behinderten Menschen vor:
Der Begriff „basal" bedeutet soviel wie „grundlegend" oder „voraussetzungslos". Er weist auf Grundfunktionen menschlichen Lebens hin, wie Beziehungsaspekt, Emotionalität, Sensorik und Motorik.
Im engen Körperkontakt versuchen der Erzieher und das Kind miteinander zu schwingen: der Erzieher nimmt den Atemrhythmus des Kindes auf und sucht ihn – falls unregelmäßig – langsam zu verändern, indem er zur normalen Atmung übergeht. Er greift die Laute, Bewegungen und Stereotypien, die Verspannungen und Lockerungen des Kindes auf, indem er den eigenen Körper als Medium (*meine* Nähe, Wärme, Berührung, Bewegung, Laute, Sprache) einsetzt, um mit dem Kind gemeinsam zu sein.
Das *Ziel der Basalen Kommunikation ist nicht Förderung, sondern Begegnung* im Bereich des Atemrhythmus, der Lautäußerung, des Berührens und der Bewegung.
Pädagogische Intentionen sind Verständnis des Kindes, Erfahrung des Angenommenseins und der Zuneigung, Vermittlung von Urvertrauen, Erspüren seiner Stimmungslage, Abbau von Angst, Öffnung für mitmenschliche Beziehung und für neue Erfahrungen in der sozialen und dinglichen Welt (Mall 1984, S. 3–15).

Elementare Beziehung
Neben diesem *„pragmatisch-intuitiven Ansatz"* Malls gibt es im Bereich der körperbezogenen Kommunikation einen *philosophisch-anthropologisch begründeten Ansatz der „Elementaren Beziehung"*

von Barbara Fornefeld (1989). Das Konzept wurde von Fornefeld ursprünglich für den Unterricht an der Sonderschule für Geistigbehinderte entwickelt, kann aber auch in vielen anderen Bereichen der pädagogischen Förderung schwerstbehinderter Menschen angewandt werden. Die wichtigsten Leitgedanken sind:

(1) *Elementare Beziehungen entstehen unmittelbar* und sind von der Intentionalität der sich Beziehenden abhängig. Elementare Beziehungen sind nicht gezielt planbar.
(2) Elementare Beziehung wird als leibhafter Dialog aufgefaßt, der in einem überaus dynamischen Entwicklungsprozeß verläuft und sich mit dem Bild einer doppelten Spirale veranschaulichen läßt. Fornefeld verwendet das Modell der Doppelspirale nach Kükelhaus (1985) und überträgt es auf die menschliche Beziehungsebene.
(3) Die Dokumentation und *subjektive Versprachlichung einer erlebten Beziehung* ist notwendig, damit sie reflektiert und in ihrem Wesen und ihrer Bedeutung für den schwerstbehinderten Menschen erschlossen werden kann – auch wenn dadurch ein Großteil der Originalität einer intensiv erlebten Beziehung verlorengeht.
(4) Der Auseinandersetzungsprozeß intensiviert sich zunehmend, indem sich das Erleben, die Erfahrung im praktischen Tun mit dem schwerstbehinderten Menschen einerseits, und das *Reflektieren* des Geschehenen, das Suchen nach Erklärungen andererseits, stetig, spiralförmig sich weiterentwickelnd umeinander bewegen (vgl. Schaubild).

Abb. 42: Die Struktur der »Elementaren Beziehung« bei Barbara Fornefeld (1989, S. 234) in Anlehnung an Kükelhaus (1985)

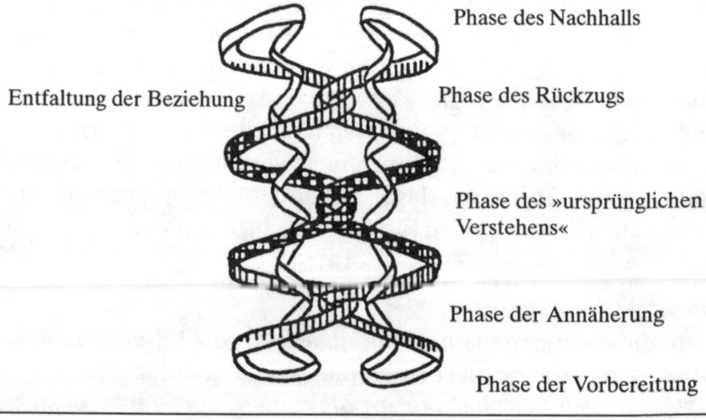

1.3 Basale Stimulation

Andreas Fröhlich (1991; 1994) gilt als der Begründer der *basalen Stimulation*. Auf die Frage, wo wir bei der Erziehung schwerst behinderter Menschen beginnen sollten, formuliert er den pädagogischen Grundsatz, daß wir diese Menschen dort abholen müssen, wo sie sich befinden. Herkömmliche Erziehungsmethoden, die sich ja im wesentlichen auf den Einsatz von Sprache und Gestik stützen, können wir bei diesem Personenkreis nicht anwenden. Jeder Mensch jedoch, ob behindert oder nicht, hat während der Schwangerschaft Wahrnehmungserfahrungen im Mutterleib gemacht, die Fröhlich in drei Bereiche gliedert:

(1) Vestibulärer Bereich: Das Kind ist im Mutterleib im Fruchtwasser der Schwerkraft ausgesetzt. Phasen der Ruhe und Bewegung wechseln sich ab, da die Mutter ja auch aktiv ist. So macht jedes Kind bereits im Laufe seiner frühesten Entwicklung intensive Erfahrungen mit Schwerkraft, Orientierung und Bewegung im Raum. Dies bildet die Grundlage für die weitere nachgeburtliche Entwicklung.
(2) Vibratorischer Bereich: Das Kind spürt verschiedenste Schwingungen, z.B. Herzschlag der Mutter, Magen- und Darmgeräusche, Atmung, Blutkreislauf, Musik, Geräusche. Diese bilden eine dauernde und ständig wechselnde vibratorisch-auditive Umwelt.
(3) Somatisch-taktiler Bereich: Das Kind im Mutterleib macht bereits Berührungserfahrungen. Über die Haut kann es Wärme, Kälte etc. spüren.

Basale Stimulation bedeutet nun, daß durch Anknüpfen an diese vorgeburtlichen Erfahrungen die Wahrnehmungsfähigkeit des schwerstbehinderten Menschen intensiviert und verbessert werden soll. Durch Anregung (Stimulation) der Wahrnehmungstätigkeit soll auch der tiefergehende Prozeß der Informationsaufnahme, -verarbeitung und -weitergabe im Zentralnervensystem angeregt werden. Die Förderung der Wahrnehmung gilt also als der entscheidende Ansatzpunkt für den Aufbau motorischen und kognitiven Verhaltens.

Basale Anregung (Stimulation) versucht weiter:
(a) auf das Anregungsbedürfnis des Kindes mit einem Reizangebot zu antworten.
(b) der sensorischen Deprivation (= Reizauszehrung) – besonders bei schwerstmehrfachbehinderten Menschen – entgegenzuwirken.
(c) eigene zielgerichtete Aktivitäten des Kindes herauszufinden und in funktionsfähige Bahnen zu lenken (Breitinger/Fischer 1981, S. 165).

Anwendung in der pädagogischen Praxis (Beispiele):

1. Tragen, auf einen Ball legen, in der Hängematte schaukeln, Baden etc.	Förderung im vestibulären Bereich
2. Klangwasserbett, Töne, Massage etc.	Förderung im vibratorischen Bereich
3. Berührungserfahrungen, Massage, Streicheln etc.	Förderung im taktilen Bereich

Das Konzept der basalen Stimulation wurde als Fördermethode häufig falsch verstanden und völlig mechanistisch eingesetzt. Es wurde stur nach Stundenplan „herumstimuliert". Basale Anregungen dürfen jedoch nur in Situationen vermittelt werden, die es erlauben, die emotionalen Reaktionen des behinderten Partners genau zu erspüren und zu verstehen.
Fröhlich (1991, S. 50) stellt deshalb heute den Aspekt der *Kommunikation* in den Mittelpunkt seines Fördermodells, während früher die *Wahrnehmung* oder *Bewegung* im Zentrum stand (vgl. Strasser 1994, S. 99/100).

1.4 Basale Aktivierung und Förderung, Erschließung der dinglichen Welt, Leben lernen

Basale Aktivierung

Das Konzept der „Basalen Aktivierung" wurde von Breitinger/Fischer (1981) ebenfalls für den Bereich der Sonderschule für Geistigbehinderte entwickelt, kann aber auch in vielen anderen Bereichen der pädagogischen Förderung von schwer und schwerst geistig behinderten Kindern, Jugendlichen und Erwachsenen angewandt werden. Breitinger/Fischer sprechen von „Intensiver Behinderung". Diese Bezeichnung entspricht dem Begriff schwere bzw. schwerste Behinderung, den die meisten anderen Autoren verwenden.

Was versteht man unter „basaler Aktivierung"?
Basal kennzeichnet die grundlegende Bedeutung dieser Konzeption im Gesamtverband aller Bemühungen um Erziehung, Bildung und Förderung intensivbehinderter Menschen. Gleichzeitig weist der Begriff „basal" auf Grundfunktionen menschlichen Lebens und Lernens hin – Beziehung, Emotionalität, Motorik, Sensorik, Kognition etc.
Aktivierung beabsichtigt, beim behinderten Menschen Lernprozesse motorischer, kognitiver und emotionaler Art anzuregen bzw. aufrechtzuerhalten. Sie sind Grundelemente im Wechselspiel von *Austausch-*

prozessen. Aktivierung zielt aber auch auf die Umwelt: sie soll bereit und fähig werden für Austauschprozesse und die Kontaktaufnahme mit dem intensivbehinderten Menschen.
Basale Aktivierung versteht sich als ein *ganzheitliches Konzept.* Sie ist nicht ausgerichtet auf bestimmte Ziele oder Inhalte (z. B. der Anbahnung einer eng umschriebenen Bewegung). Der Mensch soll in seiner *gesamten Person eine tiefgreifende Aktivierung* erfahren.

Zielsetzungen der basalen Förderung sollen sein:
(1) Lebbare und erfüllte Beziehungen;
(2) Identität, Sicherheit und Vertrauen zum Leben;
(3) grundsätzliches Akzeptieren des behinderten Menschen;
(4) die Welt so zu akzeptieren, wie sie der behinderte Mensch sieht;
(5) Schaffen von Orientierungswerten und Sinnwerten, z. B. lebensfrohe Elemente, Feste, Feiern;
(6) sich einbringen und kommunizieren;
(7) Eingehen auf das Warten und Erwarten des behinderten Menschen.

Wodurch unterscheidet sich die „Basale Aktivierung“ von der „Basalen Stimulation“?
Basale Stimulation versucht als pädagogisches Handeln der sensorischen Deprivation bei schwerst behinderten Menschen entgegenzuwirken. Der *Basalen Aktivierung* geht es darüber hinaus auch um die Wirklichkeit, in die sie hineinfinden sollen. Sie will die Welt bzw. die Weltausschnitte mit einem Anregungsgehalt ausstatten. Sie will helfen, daß der behinderte Mensch die objektive Welt für sich subjektiv bedeutsam erschließen kann.

Erschließung der dinglichen Welt

Drei wichtige Faktoren im Prozeß der Welterschließung sind:

(1) Das von dem behinderten Mensch erlebte Lebensfeld
Man muß berücksichtigen, in welchem Erlebens- und Lebensfeld sich der behinderte Mensch bewegt. Ansätze aus der *Pädagogischen Psychologie,* z. B. von Piaget und Freud, sind hier hilfreich, um pädagogisches Handeln individuell zu begründen. Befindet ein behinderter Mensch sich z. B. noch ganz in der oralen Phase, wird er sich nur für Dinge interessieren, die man in den Mund stecken kann. Wir müssen ihm dabei helfen, auch andere Erlebnis- und Erfahrungsräume zu erschließen.

Abb. 43: Die Lebensfelder eines Kindes (Breitinger/Fischer 1981, S. 147)

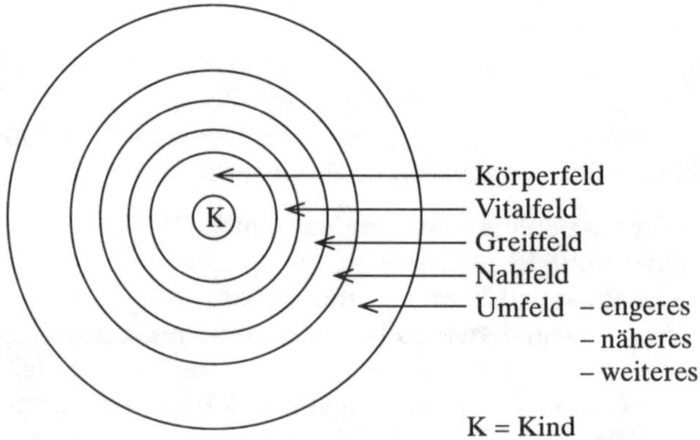

(2) Der von den Lerngegenständen vertretene Weltausschnitt

Die Erschließung der Wirklichkeit macht erforderlich, die behinderten Heimbewohner nicht nur mit einem einzigen Weltausschnitt bekannt zu machen. Da eine Orientierung in unserer Welt und eine, durch vielfältige Anregung und vielfältige Beziehungen, verbesserte Lebensqualität erreicht werden soll, haben fast alle Lebensbereiche eine Bedeutung in unserem Förderkonzept, die Natur ebenso wie die Technik, die Kunst ebenso wie der Verkehr.

Abb. 44: Weltausschnitte für die Förderung intensivbehinderter Menschen (Breitinger/Fischer 1981, S. 212)

Die Zuordnung von Lerngegenständen zu einem bestimmten Weltausschnitt ist oft nicht eindeutig. Das Besteck z. B. kann der Selbstversor-

gung ebenso wie der Technik zugerechnet werden, der Waldweg dem Verkehr ebenso wie der Natur.
Leben Menschen aufgrund ihrer intensiven Behinderung nahezu ausschließlich im Vital- und Körperfeld, können die Weltausschnitte zusammenschmelzen. Es spielen dann vorwiegend die *Reize* aus diesen eine Rolle, wobei wir dennoch annehmen, daß sie auch hier Unterschiede feststellen und besondere Vorlieben entwickeln können.

(3) Die vom behinderten Menschen geforderte Aktivität
Jeder Weltausschnitt, jede Lebenssituation ermöglicht eine Fülle bedeutsamer Aktivitäten. Man sollte sich in jeder Situation einen Überblick über die theoretisch möglichen Aktivitäten verschaffen. Nur so kann eine einseitige Förderhaltung, z. B. nur Bewegungsförderung, verhindert werden. Für jede Tätigkeit gilt auch die gesamte Spanne von der mehr passiven bis zur höchst aktiven Variante. Man kann sich z. B. bewegen lassen oder selbst aktiv etwas in Bewegung versetzen.
Es gilt herauszufinden, bei welchen Tätigkeiten der Versorgung und Pflege schwerstbehinderte Menschen selbst aktiv werden können. Heilerziehungspfleger sollten ihren Heimbewohner, so oft es möglich ist, wenigstens den letzten Schritt einer Handlung alleine machen lassen. Er soll spüren, daß etwas mit ihm geschicht und etwas von ihm *erwartet* und verlangt wird. Der behinderte Mensch soll z. B. aufgefordert werden, den heruntergezogenen Strumpf das letzte Stück selbst auszuziehen.

Abb. 45: Möglichkeiten der Auseinandersetzung intensivbehinderter Menschen mit ihrer Welt (Breitinger/Fischer 1981, S. 214)

Pfeffer (1988, S. 221–225, 216 f., 218 f.) weist auf die Bedeutung weicher Materialien beim Erleben und einfachen Gestalten der dinglichen Welt hin. Sowohl im oralen Erleben als auch im taktilen Erleben der Hände und des Körpers spielen weiche Materialien eine wichtige Rolle im Prozeß der „Aneignung von Welt“:

(1) Die *Kleidung* als leibnahe dingliche Welt, die den Leib permanent berührt und vom Kind taktil erfaßt werden kann, die warmhält und schützt, die weich und angenehm anliegt oder sich anfühlt, die bunt ist und aus unterschiedlichen Materialien besteht, sollte mehr beachtet werden.
Kleidung ist eng mit der *Person* des Menschen verbunden: Es ist *sein* Hemd, *seine* Hose, die in *seinem* Schrank hängen.
(2) Das *Wasser* umspült den ganzen Körper, akzentuiert das Erleben eigener Bewegungen, indem es einerseits Widerstand bietet, andererseits dem Körper eine gewisse Leichtigkeit verschafft, es wirkt meistens entspannend auf die Muskulatur und wird fast immer positiv erlebt. Bei Angst und drohender Verkrampfung des Kindes ist ein qualifizierter körperlicher Kontakt mit dem Erzieher und eine allmähliche Gewöhnung an das Element Wasser notwendig.
Es ist also Aufgabe der Erziehung, vielfältige und wohlbehagliche Erlebnisse mit Wasser zu schaffen, diese möglichst in die alltägliche Körperpflege einzubeziehen, wobei die affektive Erfahrung mit Wasser Vorrang hat vor hygienischen Aspekten.
(3) *Ton, Erde, Sand, Papier und Farben* erregen in Verbindung mit Wasser häufig das Interesse von Kindern und Jugendlichen mit schwerer geistiger Behinderung. Sie ermöglichen taktile Erlebnisse im Kneten, Drücken, Matschen, werden jedoch gleichzeitig geformt und gestaltet. Durch die leichte Formbarkeit machen Kinder die Erfahrung, daß *ihre Tätigkeit* in der Welt *Wirkungen* zeigt. Dadurch kann ein Zutrauen und eine Angstverminderung in der Beziehung zur dinglichen Welt erreicht werden. Es ist Aufgabe der Erziehung, taktil-gestaltende Erlebnisse mit Ton, Erde, Papier etc. zu ermöglichen, um so den Menschen mit schwerer geistiger Behinderung zu einem qualifizierten Weltbezug zu führen. Dabei hat der spontane und diffuse Umgang mit den Materialien Vorrang vor der gezielten Gestaltung.

Leben lernen

Basale Aktivierung ist der zentrale pädagogische Ansatzpunkt in dem Erziehungs- und Bildungskonzept von Breitinger/Fischer für intensivbehinderte Menschen, welches sich als „Lebenlernen“ versteht. Dieses Lernen vollzieht sich in vier Aufgabenfeldern:

(1) Beitragen zur Sicherung existentieller Lebensbedürfnisse
So die körperliche, täglich sich wiederholende Pflege, das Anbahnen eines seelischen Gleichgewichts, die Echtheit menschlicher Lebensformen etc.

(2) Funktionale Ertüchtigung
Speck unterscheidet zwischen den angelegten Fähigkeiten (= Potenzen) und den Fertigkeiten (= Kompetenzen), welche das Kind im Erziehungsprozeß erwirbt (vgl. Kapitel IX).
Breitinger/Fischer sprechen in ähnlicher Weise von der funktionalen Tüchtigkeit und differenzieren hier folgende Abstufungen:
(a) *Aufbau von basalen Grundfunktionen:* Sensorik und Motorik, Kognition (Aufmerksamkeit, Konzentration), Sozialverhalten/Emotionales Verhalten (Zuwendung, Nachahmung), evtl. Sprache.
(b) *Aufbau von basalen Grundaktivitäten:* Hier geht es um alle Funktionen und Fähigkeiten, bei deren Aufbau eine *Lernanstrengung* erfolgen muß, z. B. *intentionale (= zielgerichtete, willentliche) Handlungen.* Z. B. etwas in Bewegung setzen, sich einem Widerstand gegenüber behaupten, selbst Widerstand leisten, ein Hindernis überwinden, etwas zu sich heranholen, etwas wegschieben, mit etwas in Kontakt kommen.
(c) *Aufbau von basalen Grundfertigkeiten:* Hier geht es darum, „sensomotorische" Fähigkeiten und intentionale Handlungen in einem sinnvollen *Bedeutungszusammenhang* zu erschließen und in einem Prozeß gewöhnenden Lernens (u. U. auch Konditionierungslernen) lebenspraktische Fertigkeiten heranzubilden. Z. B. etwas vom Löffel oder aus der Tasse nehmen, Dinge öffnen und schließen (z. B. Tür), beim An- und Ausziehen mithelfen sowie bei der Toilettenversorgung oder beim Waschen etc.
(d) *Abbau von pathologischem Verhalten:* Z. B. Autoaktivitäten, Autoaggressionen, Stereotypien, Stimmungseinbrüche, Störungen im kommunikativen Feld, Defizite im funktionalen Bereich.

(3) Orientierung in der Umwelt
Hier sind alle die Vorhaben gemeint, die mit dem Kennenlernen der personalen, sozialen, situativen und dinglichen Umwelt zu tun haben, einschließlich solcher umweltgebundener Fähigkeiten wie spielen, singen, handeln, gestalten. Allerdings wird meist das Erleben, Erfahren und Erfassen im Vordergrund stehen und nicht die Handlungs- oder Gestaltungsfähigkeit, da hier die Beziehungsfähigkeit das primäre Ziel ist.

(a) Das Kennenlernen (im Sinne des Erlebens, Erfahrens und Bewußtwerdens) des eigenen Körpers und der eigenen Person als Beitrag zum *Ich-Aufbau* gehören gleichrangig zu diesem Aufgabenfeld wie das Erfassen elementarer, lebensbedeutsamer Situationen.
(b) Das *sinnlich-subjektive Erfassen eines Weltausschnitts* steht im Vordergrund, nicht das Herausfiltern von objektiven Eigenschaften.
(c) Immer geht es um den intensivbehinderten Menschen *und* um die Welt. Er braucht klare Eindrücke und klare Informationen aus unserer Welt. Nur so kann die notwendige Prägnanz der Objekte außerhalb seines Körpers, seines Ichs wachsen und die Grundlage dafür bilden, daß beim späteren Lernen eine lebendige Auseinandersetzung zwischen dem Ich und der Welt möglich wird. Der Erzieher ist vor die Aufgabe gestellt, Bahnen und Wege zu stiften, die Klarheit und Geschlossenheit erbringen. Er muß die Welt, ihre Objekte, Personen und Situationen auf ihre „oral-sinnlichen und taktil-kommunikativen Wirklichkeiten" (Thalhammer) hin befragen.
(d) Nicht die ins Verbale einmündende „Begrifflichkeit" ist das Ziel, sondern das Finden und Leben einer Beziehung zur umgebenden personalen, materialen und situativen Umwelt.

(4) Lebensaufgaben

Die Erziehung eines Menschen schließt seine *Bejahung* grundsätzlich mit ein. Er soll nicht nur am Leben gehalten, er soll zum Leben befähigt und erzogen werden. Er soll sein Leben akzeptieren und gestalten können. Es ist ohne Zweifel die zentrale pädagogische Herausforderung, *kulturelle Lebensaufgaben* für intensivbehinderte Menschen zu erschließen.

Beispiele für Lebensaufgaben:
– Mithelfen beim *täglichen* Decken des Frühstücks-, Mittags- oder Abendtischs
– Tragen des Einkaufskorbs, Mithelfen und – soweit möglich – Mitentscheiden beim *wöchentlichen* Einkauf der Bedarfsartikel (z. B. Seife, die gut riecht etc.) für die Wohngruppe
– Mithelfen bei der *jahreszeitlichen* Gestaltung der Weihnachtskrippe oder beim Besorgen und beim Aufbau des Tannenbaums an Weihnachten

Wie lassen sich Lebensaufgaben sinnvoll begründen?

(a) Lebensaufgaben sind *individuell* auf das Leben des einzelnen abzustimmen bzw. aus seiner Biographie heraus zu entwickeln; sie heben ihn aus der Masse aller Menschen heraus, auch aus der Gleichförmigkeit einer Gruppe von behinderten Menschen.

(b) Lebensaufgaben für schwerstbehinderte Menschen werden selten große Dinge sein, weder in herkömmliche Rollenmuster passen noch wirtschaftlich verwertbar sein. Es sind *kleine Bewegungen im Alltag,* die nicht von einer „Norm“ abhängig sind und deshalb dringend des Schutzes und der Achtung bedürfen.
(c) Es sind aber wichtige Dinge, die die notwendige *Abgrenzung* zwischen dem betroffenen Menschen und seiner Umwelt, besonders auch gegenüber seinem Betreuer, schaffen. Aufgaben, die ihn nach außen hin kennzeichnen, ihm zu seiner *Selbstdarstellung und -verwirklichung* verhelfen, ihm *Anerkennung* verschaffen und seinem *Ich-Erleben* förderlich sind.
(d) Lebensaufgaben sind eine Möglichkeit des konkreten *Hoffens.* Lebensaufgaben, die behinderte Menschen übernehmen und ausfüllen können, sind von ihrer Bedeutung und von ihrer Wertigkeit her vom Zuspruch Außenstehender abhängig. Lebensaufgaben müssen von einer Hoffnung auf vorbehaltloses Angenommensein, auf *„radikale Anerkennung“* (Hofmann 1979) der praktizierten, meist alternativen Lebensform Intensivbehinderter getragen sein. In den Lebensaufgaben treffen wir auf ein Moment, das *Solidarität* mit dem und für den behinderten Menschen konkret und überzeugend sichtbar werden läßt.

Die alleinige und ausschließliche Grundlage des Förderkonzeptes von Breitinger/Fischer ist die personale und mitmenschliche Haltung des Erziehers oder Heilerziehungspflegers zum behinderten Menschen (vgl. Schnieber 1995).
Vor jeder Aktivierung, *vor* jeder funktionalen Ertüchtigung, *vor* jeder Pflegeleistung „am Kind“ steht das Annehmen und das *Bejahen,* vor allem aber auch die Zärtlichkeit, als Ausdruck einer dialogischen Beziehung, die gibt und dann erst fordert.
Im Gegensatz zu den vier Richtzielen nach Speck (vgl. Kap IX, 2.4, S. 211–213), die auf alle Schweregrade geistiger Behinderung ausgerichtet sind, orientieren sich die vier Aufgabenfelder nach Breitinger/Fischer primär an den konkreten Bedürfnissen schwer- und schwerstgeistigbehinderter Menschen.

Abb. 46: Zusammenhang der vier Aufgabenfelder der Erziehung und Bildung intensivbehinderter Menschen (Breitinger/Fischer, 1981, 156–158) 157

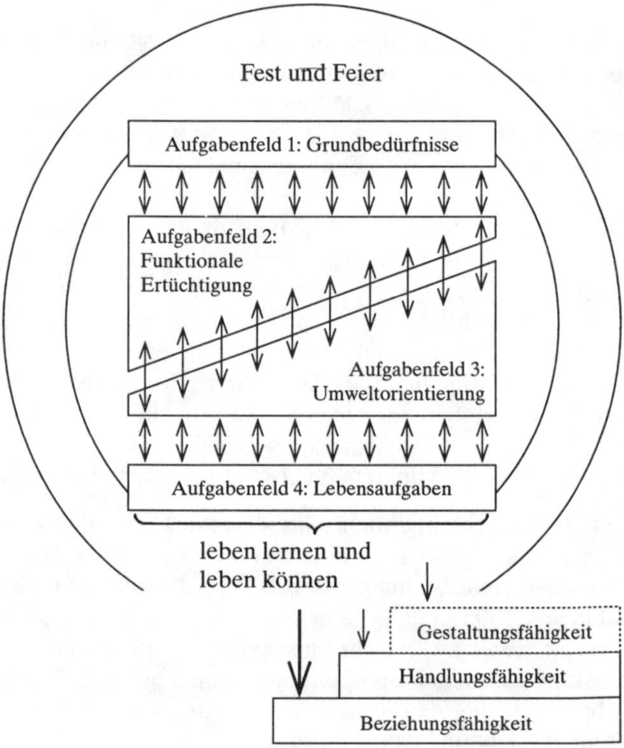

1.5 Vermittlung eines Lebensrhythmus

Es ist bei vielen Menschen mit schwerster Behinderung zu beobachten, daß sie ihre Phasen von Wachheit und Aktivität bzw. Schlaf und Ruhe nicht in dem gleichen Rhythmus geordnet haben wie nichtbehinderte Menschen. Dieser Rhythmus wird nicht nur von einer inneren biologischen Uhr gesteuert, sondern auch von sozialen und kulturellen Einflüssen. Im *gemeinschaftlichen Leben* sind wir auf diese *Rhythmisierung* angewiesen, um unser Verhalten sinnvoll aufeinander einstellen zu können.

Der *persönliche Tag* eines schwerbehinderten Menschen ist oft von einer Art *„Zeitlosigkeit"* geprägt. Häufig wird Tag und Nacht von einem gewissen Gleichmaß bestimmt: Liegen im Bett, Liegen auf einem Sofa, alles gleicht sich. Der Dämmerzustand – womit wir den Übergang vom Wachsein zum Schlafen beschreiben – ist *seine* vorherrschende Befindlichkeit; die sedierende Wirkung von psychisch wirksamen Medikamenten tut ein übriges. Erst ein sinnvoll gelebter Rhythmus macht aus der abstrakten physikalischen Zeit eine lebendige Zeiterfahrung. Aus pädagogischer Sicht lassen sich folgende Argumente für eine Rhythmisierung von Aktivzeiten und Ruheperioden anführen:

(1) Alles pädagogische Tun soll in den natürlichen Rhythmus der Zeit eingebettet sein. Wenn wir schwerbehinderten Menschen helfen, den *Tagesrhythmus* und den *Jahresrhythmus* sinnvoll zu erleben, dann erweitern wir ihre begrenzte Perspektive und können sie einen kleinen Schritt aus dem „Hier und Jetzt“ heraus führen. Bevor Heilerziehungspfleger „etwas“ mit schwerbehinderten Menschen anfangen, müssen sie klären, ob sie und ihre Mitarbeiter dazu wirklich täglich Zeit haben. Nur in der *Kontinuität* eines pädagogischen oder methodischen Angebots entsteht *Verläßlichkeit* und damit *Sinngewinn*.
(2) Durch eine bewußt erlebte und wachere Aktivzeit kann die Anteilnahme am Umweltgeschehen, die Interaktion mit anderen Menschen und die Aufnahme von Förderangeboten deutlich verbessert werden.
(3) Es ist notwendig, auf bestimmte, der Entwicklung angemessene gleichbleibende Tagesabläufe zu achten. *Regelmäßige Zeiten* des Aufstehens und Zubettgehens setzen den Rahmen. Aber auch im Laufe eines Tages, z. B. in einer Wohngruppe, sollen bestimmte wiederkehrende Aktivitäten und Beschäftigungen möglichst zu gleichen Zeiten über die Woche hin verteilt eingerichtet werden. Nur durch die regelmäßige Wiederkehr kann beim behinderten Kind eine *Erwartungshaltung* entstehen, die sich langsam an zeitlichen Abläufen orientiert (vgl. hierzu Kapitel IX, 1.2, Punkt (6), S. 199–201).
(4) Gemeinsame Aktivitäten und Beschäftigungen sollen *„ritualisiert“* werden. Wenn bestimmte „Riten“ eine Beschäftigung ankündigen, wird der Bedeutungsgehalt dieser Beschäftigung für den behinderten Menschen subjektiv erschlossen.
Aus lerntheoretischer Sicht kann man diese Vorgänge folgendermaßen erklären: Der behinderte Mensch erschließt sich mit unserer Hilfe ein Stück seiner Lebenswelt auf der Grundlage einfacher Lernprozesse (Konditionierungslernen, Assoziationslernen und Unterscheidungslernen).

Beispiel:
Beim Essen klappert das Geschirr, Düfte steigen auf, sprachliche Zuwendung kommt hinzu: „Gleich gibt es was zu essen". Ein Lätzchen wird umgebunden, eine entsprechende Position im Stuhl gesucht, und dann beginnt endlich das Essen.

(5) Kinder mit schwersten Behinderungen neigen dazu, auch in wachen Zeiten in Dämmerzustände abzusacken, häufig begleitet von Stereotypien; wobei in solchen Phasen eher sanfte Stereotypien vorkommen. Auch wenn in diesen Augenblicken keine direkte Beschäftigung mit dem Kind möglich ist, sollten wir es stimmlich und mittels Berührung an den allgemeinen Aktivitäten beteiligen. Sie benötigen immer *wiederkehrende kleine Anstöße,* die ihnen zeigen, daß jemand bei ihnen ist, daß um sie herum etwas passiert, daß es sich lohnt, wenn sie sich nach außen orientieren (Fröhlich 1994, S. 115–117; Hahn 1995, S. 23–29, Heimann 1989).

2. Heilerzieherische Aufgaben und Hilfen bei Menschen mit mässiger und leichter geistiger Behinderung

Welche Fähigkeiten dürfen wir von einem Menschen erwarten, den wir als *mittelgradig bzw. mäßig geistig behindert* bezeichnen?

(1) Dieser Mensch läßt sich in der *Gruppe* ansprechen, ein „Wir" genügt, er muß nicht mehr individuell angesprochen werden. Sein „Ich" wird von einem gemeinsamen „Wir" mitgetragen.
(2) Er ist *neugierig* und zeigt sich interessiert, will immer dabei sein und alles kennenlernen, imitiert und spielt gerne – vorausgesetzt, daß wir ihn in seinem Wesen bejahen. Eine kontinuierliche Aktivierung ist nicht mehr notwendig.
(3) Er verfügt über ein *Wortverständnis in der konkret-anschaulichen Welt.* Sein Lernen und *Denken* ist *anschauungsgebunden* und konkret; er ist nur begrenzt fähig, Gelerntes in eine neue Situation zu übertragen *(Transfer)* oder zu verallgemeinern *(Abstraktion, Generalisation).* Sein kognitiver *Egozentrismus* (Ich-Verhaftet-Sein) verlangt von uns, daß wir seine Perspektive im Sinne einer „Umfassung" einnehmen, wenn wir ihm z. B. helfen, eine Aufgabe zu lösen.
(4) Eine *zeitliche Orientierung* ist ihm möglich, aber nicht in abstrakten Begriffen, sondern nur in einem konkreten, sinnlich wahrnehmbaren und gefühlsmäßigen Erlebniszusammenhang, z. B. vor dem zu erwartenden Geburtstag, vor Weihnachten, vor dem Urlaub.
(5) Er läßt sich über eine Sache ansprechen, z. B. über ein Bild oder einen Ball. Er ist nicht mehr unmittelbar, wie in einer Symbiose, an

den Heilerziehungspfleger gebunden. Damit leuchtet ein Stück *Welt,* das er bewältigen kann und will, in sein Leben hinein. Zwischen sein „Ich" und das „Du", das ihm begegnet, kann also ein sinnvolles *„Es"* treten. Er ist fähig, mit diesem „Es" Erfahrungen zu machen, er muß „Es" aber in die Hand nehmen und selbst erleben, um „Es" zu „begreifen". Wir können ihn die Welt selber *beobachten* und *Schlüsse ziehen* lassen. Wir können ihm helfen, daß er in das Gesetz von *Ursache und Wirkung* heineinwachsen kann, z. B. „Schau aus dem Fenster und überlege Dir, was Du heute anziehst!" Wir können von ihm erwarten, daß er Vergleiche anstellt, Unterschiede erkennt und einfache sinnvolle Zuordnungen vornehmen kann, z. B. beim gemeinsamen Kochen. Trotzdem bleibt es eine wichtige pädagogische Aufgabe, die *„Komplexität der Welt"* zu reduzieren, damit er sie besser begreifen kann.
(6) Er kann in der Montagegruppe einer WfB eine konkrete Arbeitshandlung überblicken und realisieren. Er will sich mitbeteiligt wissen an einer gemeinschaftlichen Aufgabe. „Gesellschaft" ist für den erfahrungsfähigen geistig behinderten Menschen nur über die lebendige *„Gemeinschaft"* erfahrbar!
(7) Mit fortschreitender Entwicklung und zunehmendem *Autonomie-Gewinn* hat dieser Mensch ein Recht darauf, daß wir ihn loslassen (vgl. Hahn 1995, S. 29–32).

2.1 Förderung und Bildung im lebenspraktischen Bereich, Kulturtechniken

Die amerikanische Schriftstellerin Pearl S. Buck (1892–1973), die selbst ein geistig behindertes Kind hatte und sich intensiv bemühte, ihm die Kulturtechniken beizubringen, schrieb:

> „Ich will nur sagen, daß das Kind lernte, einfache Sätze zu lesen, daß es mit viel Mühe seinen Namen schreiben konnte, (...) aber als ich eines Tages in meinem immer sehr freundlichen, aber stetigen und durch meine Besorgnis vielleicht ein wenig unbarmherzigen Drängen ihr rechtes Händchen ergriff, um es beim Schreiben eines Wortes zu führen, war es naß von Schweiß. Ich ergriff ihre beiden Hände und öffnete sie: ich sah, daß sie naß waren. (...) Mir war als bräche mein Herz. (...) Als ich meine Selbstbeherrschung wiedergewonnen hatte, stand ich auf und legte die Bücher für immer fort" (Buck 1952, S. 60 f.).

Das erweiterte Leseverständnis in der Geistigbehindertenpädagogik
Allgemein verstehen wir unter Lesen die Fähigkeit, die in der abstrakten Schriftsprache niedergelegten Sinngehalte entnehmen zu können. Hublow (1985) plädiert für ein *erweitertes Leseverständnis* in der Geistigbehindertenpädagogik. Lesenlernen bedeutet nach diesem Ver-

ständnis primär, den geistig behinderten Schüler zu einer Sinnentnahme aus (optischen) Zeichen in der Umwelt zu befähigen. Im Rahmen seiner *„lebenspraktischen Bildung und Erziehung"* soll er lernen, diese Zeichen für das eigene Handeln bedeutsam werden zu lassen und sie in vielfältiger Weise anzuwenden.
Nur ein kleiner Teil geistig behinderter Schüler kann über das „Ganzwortlesen" zum „Erlesen einfachster Texte" gelangen. Im Leselehrgang der Sonderschule für geistig Behinderte bezeichnet man diese Gruppe von Schülern als „Schriftleser" (leichte geistige Behinderung). Für diese Gruppe ist unter sozial-integrativen, kommunikativen, sprachlichen und persönlichkeitspsychologischen Aspekten eine weitere Förderung der Kulturtechniken im Erwachsenenalter pädagogisch zu rechtfertigen. Voraussetzung ist allerdings, daß eine Überforderung vermieden wird und daß durch Erfolge neue Lernmotivation entsteht (vgl. Speck 1993, S. 261–268).

Abb. 47: Leselehrgang in der Schule für Geistigbehinderte (vgl. Oberacker 1984)

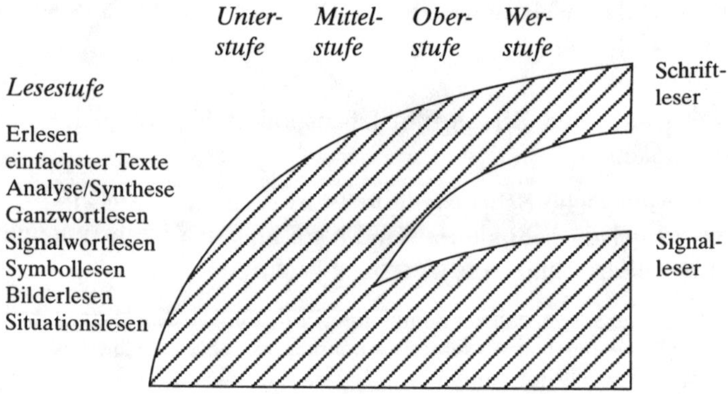

Für die meisten Schüler (Stufe der mittelgradigen geistigen Behinderung) spielt das *„Bilderlesen"* und das *„Lesen von Symbolen und Signalen"* eine viel größere Rolle.

Bilderlesen
Die Informationsentnahme aus Bildern setzt voraus, daß der geistig behinderte Mensch die Bilderwelt als eine Abbildung der realen Welt begreift. Er kann Gegenstände, Personen, Situationen oder Handlungen erkennen. Er kann symbolisieren, d. h. er setzt „etwas für etwas", in diesem Falle ein bildhaftes Symbol für ein Stück der Wirklichkeit.

Nichtbehinderte Menschen erreichen diese Stufe der geistigen „Symbolisierungsfähigkeit" im Laufe des zweiten Lebensjahrs (vgl. Piaget).

Beispiel:
Das ungefähr zweijährige Kind erkennt den Mond am Himmel als den „echten Mond" und den Mond im Bilderbuch als sein Abbild. Vorher mußten viele „Monde", egal ob im Bilderbuch, als Wandteller, als Mantelknopf oder am Nachthimmel für das Wort „Mond" herhalten – und alle waren im subjektiven Erleben des Kindes gleichermaßen echt.

Bilderlesen setzt voraus, daß ein Mensch über stabile Vorstellungen und Erfahrungen aus der Wirklichkeit verfügt („Situationslesen"), mit denen er die aus einer Abbildung nicht erfahrbaren Qualitäten sinnvoll ergänzen kann.

Beispiele für die Anwendung:
– Mit Bildern etwas kennzeichnen, z. B. Zimmertür, Arbeitsplatz (Informativer Aspekt)
– Zeitliche und räumliche Orientierung mit Bildern, z. B. Badehose für Dienstag (Schwimmtag)
– Bilderreihe als Teil einer Handlungskette, z. B. Bild-Karten-Rezepte (BKR), Arbeitsanleitung
– Einkaufszettel, Tagebuch, Geschenk, Gebrauchsanweisung etc.

Symbole und Signale lesen
Symbole oder Signale sind optische Zeichen (Bildzeichen, Formzeichen, Farbzeichen) oder akustische Zeichen. Sie werden als Bedeutungsträger erkannt, dem sinnvolle Informationen entnommen werden können und dienen als Orientierungs- und Handlungshilfe. Signalleser verfügen über ein grundlegendes Regelverständnis, z. B. „Rot" = „Halt".
Signallesen ermöglicht bessere Lebensorientierung, mehr Sicherheit, z. B. beim Einschätzen von Gefahren, mehr Selbständigkeit, Partizipation und Kommunikation.

Beispiele für die Anwendung:
– Grüner Farbpunkt am Waschlappen kennzeichnet den Besitzer
– Kreuz über dem Bügeleisen bedeutet: „Bügeln verboten"
– Straßenampel als Kombination von Farbzeichen (rot-grün) und Formzeichen (stehen-gehen)
– Pfeil als Richtungsweiser, „Not-Aus-Knopf" im Maschinenraum der WfB
– Gebäudeaufschriften: Apotheke, Bank, WC; Nummer bzw. Buchstabe einer Buslinie

Menschen mit geistiger Behinderung bedürfen auch als Erwachsene einer lebensanregenden Begleitung und Unterstützung, die sich an ihren individuellen Bildungsmöglichkeiten und Interessen orientiert. Sie sind Teilhaber unserer Kultur, unserer Gesellschaft und unserer Zeit. Unsere rasch sich verändernde Welt bringt die *Notwendigkeit lebenslangen Lernens* mit sich. Dies trifft auch auf geistig behinderte Menschen zu, sogar in besonderem Maße. Da sie aufgrund ihrer Übertragungsschwäche einmal Gelerntes nicht ohne weiteres auf veränderte Situationen anwenden können, sind sie doppelt bildungsbedürftig und brauchen gezielte Anleitung, um mit unserer abstrakt gewordenen, technisierten und automatisierten Welt zurechtzukommen oder einen sinnvollen Ausgleich zu erleben (vgl. Baumgart 1987; Speck 1982).
Das generelle Ziel der Erwachsenenbildung ist es, dem Menschen mit einer geistigen Behinderung sein eigenes „Mensch-Sein" zu ermöglichen, ihn zu befähigen, seine Behinderung anzunehmen, ihm Hilfestellung bei der Ausformung seiner Persönlichkeit zu geben und sein Selbstwertgefühl zu fördern. Er soll erfahren, daß er nicht ausgegrenzt und seiner Umwelt ausgeliefert ist, sondern verändernd auf sie einwirken kann. Selbständigkeit in der Lebensführung und Teilnahme am gesellschaftlichen Leben führen zu mehr Selbstvertrauen und Lebensfreude (vgl. Zell/Meßmer 1995, S. 16–18).
Aufgrund der allgemeinen Zielsetzung ergeben sich folgende Aufgaben:

(1) *Umweltorientierung und -bewältigung*, z. B. Stadterkundung, Kennenlernen und Benutzen öffentlicher Dienstleistungen und kultureller Einrichtungen (Museum), Verkehrssicherheit, Einkauf, Selbsthilfe in Notsituationen, Betriebsbesichtigungen, Heimatkunde
(2) *Kulturtechniken*, z. B. Lesen, Schreiben, Rechnen, Entwicklung der Ausdrucksfähigkeit und des sprachlichen Verständnisses
(3) *Wohnbezogene Inhalte*, z. B. Zimmerpflege, Gestaltung der Wohnung, Ernährung, Umgang mit Haushaltsgeräten, Sicherheitsverhalten (Elektrizität!), umweltbewußte ökologische Haushaltsführung, Wäschepflege, Körperpflege
(4) *Freizeitgestaltung und ästhetische Kulturbetätigung*, z. B. Bewegung und Sport, Tanz, Rhythmik, Musik, bildnerisches Gestalten, Fotographieren, Tonen, Ausflüge, Kino- oder Museumsbesuche, Ausüben von Hobbys, Besuch von Festen, Theater oder anderen kulturellen Veranstaltungen
(5) *Arbeitsbezogene Inhalte*, z. B. Weiterentwicklung arbeitsspezifischer Fertigkeiten

(6) *Kommunikative und soziale Kompetenzen*, z. B. Erwerb von Kenntnissen über partnerschaftliche Beziehungen und zwischengeschlechtliche Kontakte, Selbsterfahrung, Selbst- und Fremdwahrnehmung, Freundschaft, Geselligkeit, gemeinsames Tun
(7) *Psychosoziale Lebenshilfe*, z. B. pädagogisch-therapeutische Hilfen zur Bewältigung psychischer Probleme oder Krisen, Rollenspiele, Erwachsenenrolle und Loslösung vom Elternhaus, Gruppenerlebnisse, Stärkung von Selbstvertrauen, Selbstsicherheit und Lebensfreude, Gesundheitserziehung und Verhalten bei Krankheiten (Erste-Hilfe-Kurse) (vgl. Meyer-Jungclaussen 1987, S. 346)
(8) *Gespräche über Lebenssinn, religiöse Bildung* (vgl. Speck, 1993, S. 197–199; Krenzer/Rogge, 1978).

Erwachsenenbildung für Teilnehmer mit geistiger Behinderung muß klar von den Prinzipien der allgemeinen Erwachsenenbildung geprägt sein, d. h. erwachsenengemäße Ansprache, kommunikationszentriertes, partnerschaftliches Vorgehen, Freiwilligkeit, Wahlmöglichkeit, Mitbestimmung (z. B. über Inhalte), Berücksichtigung der persönlichen Wünsche der Teilnehmer, Respektieren eigener Entscheidungen, Flexibilität und grundsätzliche „Offenheit" der Lernsituation.
Unter heilpädagogisch-didaktischem Aspekt sind folgende Prinzipien besonders zu beachten:

Subjektzentrierung und Individualisierung
Ausgangspunkt müssen die Interessen, Vorerfahrungen, (Lern-) Bedürfnisse und Entwicklungsmöglichkeiten des einzelnen Teilnehmers sein. Die bloße Feststellung von Defiziten oder Mängeln reicht keineswegs aus, um der Subjektivität des Einzelnen gerecht zu werden. Um das Prinzip der Subjektzentrierung praktisch umzusetzen, bedarf es einer *Vielfalt und Offenheit der inhaltlichen Angebote*, damit jeder einzelne geistig behinderte Teilnehmer in seinen individuellen Bedürfnissen erreicht werden kann. In der heilpädagogischen Erwachsenenbildung darf es keine festen Programme oder Verfahren geben, die sich generalisieren ließen. Mit jedem Teilnehmer ist ein *persönliches Curriculum* zu erstellen, was nicht zwangsläufig zur Einzelarbeit führt, sondern sehr gut auch in einer Kleingruppe realisiert werden kann. Es geht nicht darum, homogene Lerngruppen zu bilden, sondern es kommt darauf an, innerhalb einer *heterogenen Kleingruppe* dem Lernbedarf und den Entwicklungsmöglichkeiten eines jeden Teilnehmers gerecht zu werden (vgl. Theunissen 1991, S. 71/72).

Beispiel:
Im Rahmen der Erwachsenenbildungskurse am Institut für sozialpädagogische Berufe in Ravensburg haben im Kurs vom November 1995 bis März

1996 insgesamt 80 Personen teilgenommen. Das Angebot ist breit gefächert (Tonen, Maskenbau, Holzarbeiten, Erste Hilfe, Tanzen, Briefe schreiben, Musizieren, Sport).
Im Kurs „Briefe schreiben“ haben neun Personen teilgenommen. Wie alle Gruppen war auch diese Gruppe äußerst *heterogen:* Es waren sieben Frauen und zwei Männer. Die jüngste Person war 17, die älteste 51 Jahre alt (im Jahr zuvor sogar 72 Jahre!). Das Ziel des Kurses ist es, einfache Formen des Lesens und Schreibens zu üben, Sinnentnahme aus Bildern und/oder Texten zu üben und gelegentlich die erworbenen Kenntnisse beim Schreiben von Briefen oder kleinen Berichten anzuwenden.
Von den neun Personen konnten fünf Personen einfache Texte „erlesen“, wenn diese didaktisch sinnvoll ausgewählt wurden und methodisch aufbereitet, z. B. vergrößert, wurden. Drei Personen waren auf der Stufe der sogenannten „Ganzwortleser“, eine Person war „Bilderleser“. Die Spanne reichte also von der mittelgradigen geistigen Behinderung bis zur Grenze der Lernbehinderung. Eine Frau war nur mit Hilfe einer elektrischen Schreibmaschine in der Lage, einen Text zu formulieren, da sie eine ausgeprägte spastische Tetraplegie hat.
Die neun Teilnehmer im Kurs „Briefe schreiben“ wurden in drei Kleingruppen zu jeweils drei Personen eingeteilt, wobei eine Mitbestimmung erwünscht war. Jede Kleingruppe wurde von einer Studierenden der Fachschule für Heilerziehungspflege im Rahmen eines Projekt-Praktikums betreut. Es war nicht intendiert, eine „Leistungsgruppe“ der Schriftleser zu bilden. Trotz unterschiedlicher Voraussetzungen der Teilnehmer in jeder Kleingruppe muß die Arbeitsatmosphäre, die Hilfsbereitschaft, aber auch der Lernerfolg als durchweg positiv bezeichnet werden.

Lebens- und Wirklichkeitsnähe, handelndes Lernen

Der Aspekt des handelnden Lernens – auch des Erfahrungslernens und des praktischen Lernens – spielt in der Geistigbehindertenpädagogik eine große Rolle. Dem Menschen sollen vielfältige Möglichkeiten geboten werden, durch Handeln Erfahrungen zu sammeln. Handelndes Lernen ist ein ganzheitliches und damit ein *sinnorientiertes Lernen.* Es ist darauf ausgerichtet, wann immer und wo immer es möglich ist, den Sinn dessen, was man wahrnimmt und was man tut, zu erfassen oder zu erahnen und Sinnzusammenhänge herzustellen.
Didaktisch-methodisch geht es darum, eine Lernsituation so zu organisieren, daß die geistige Verarbeitung einer durchgeführten Handlung auch wirklich gelingt. Je mehr das Lernen auf lebensnahe und wirklichkeitsnahe Inhalte ausgerichtet ist, letztlich auf konkret „faßbare“ Inhalte, desto eher wird ein Lernerfolg eintreten (vgl. Spock 1993, S. 181–192).
Es ist immer zu bedenken, auf welcher geistigen Stufe der geistig behinderte Mensch die sogenannte Wirklichkeit erfaßt und für sich

subjektiv verarbeiten kann. Nach der „Theorie der geistigen Entwicklung" von Piaget kann der Mensch die Wirklichkeit *prinzipiell* auf vier verschiedenen geistigen Entwicklungsstufen verarbeiten (vgl. Kapitel XI, 1.1, S. 270–272). In der Regel haben wir es in der heilpädagogischen Erwachsenenbildung mit Menschen zu tun, die eine *mittelgradige oder eine leichte geistige Behinderung* haben. Diese Menschen sind also zu einem sinngeleiteten Denken im *prä-operationalen* (= vorlogischen) Bereich fähig, vielleicht in Ansätzen auch zu einem *konkret-operationalen* Denken. Höhere Formen des logischen Denkens, also des Denkens in größeren Zusammenhängen, des Ursache-Wirkung-Denkens und des Problemlösungs-Denkens im formalen und abstrakten Feld, sind ihnen nicht zugänglich (Phase des „*formal-logischen* Denkens").
Es wäre allerdings unzulässig, zwischen nichtbehinderten Kleinkindern und erwachsenen geistig behinderten Menschen eine analoge Entwicklung anzunehmen. Wer geistig behinderte Menschen persönlich kennt, weiß, daß sie sich im Erwachsenenalter zu vollen geistig-seelisch reifen Persönlichkeiten entwickeln können, die nichtbehinderten Erwachsenen in nichts nachstehen (vgl. Huber 1995).

Prinzip der Entwicklungsgemäßheit
Die entwicklungsgemäße Vorgehensweise ist als diejenige Förderung von Lernprozessen zu verstehen, die sich an den Gesetzmäßigkeiten und am Verlauf der menschlichen Entwicklung orientiert. Bei der entwicklungsgemäßen Arbeit kommt es darauf an, die Fördermaßnahmen so zu konzipieren, daß ein „Lernen in der Zone der nächsten Entwicklung" stattfinden kann. Die Pädagogik muß sich an der möglichen Entwicklung von morgen – nicht von gestern – orientieren. Sinnvolles Lernen kann eine ganze Reihe von Funktionen, die in der „Zone der nächsten Entwicklung" liegen, wecken und ins Leben rufen.
Um ein entwicklungsgemäßes Lernen zu fördern und zu entfalten, sollten die Lernangebote deshalb „gemäßigt neu" sein, also weder allzu bekannt, um den Lernenden nicht zu langweilen und zu demotivieren, noch allzu neu, um ihn nicht zu überfordern (vgl. Theunissen 1991, S. 79/80).

Lern- und neuropsychologische Prinzipien
Mit den anderen Prinzipien ist die lern- und neuropsychologische Vorgehensweise eng verknüpft. Meist haben wir es bei Menschen, die als geistig behindert gelten, mit diffusen Hirnschädigungen zu tun, die nicht genauer lokalisiert werden können. Diese Schädigungen lassen einen gestörten oder verzögerten Prozeß des Lernens und der Entwicklung in ganz verschiedenen Bereichen erwarten.

Allgemein bedeutsam sind die jüngeren neurobiologischen Erkenntnisse, z. B.:
– daß das Zentralnervensystem als ein dynamisches, umweltoffenes, plastisches und prinzipiell lernfähiges und kompensationsfähiges System anzusehen ist, das sich in einem hohen Maße selbst regulieren und umformen kann;
– daß die Anregung und Aktivierung der Hirntätigkeit zur Bildung neuronaler Netzwerke und funktioneller Systeme führt;
– daß die linke Hirnhälfte primär analytisch denkt, während die rechte Hirnhälfte eher ganzheitliche Zusammenhänge erfaßt, wie Sperry im Rahmen seiner „Split-Brain-Forschung" nachweisen konnte (vgl. Maturana/Varela 1990, S. 242–254).

Was die Anwendung dieser neuropsychologischen und neurobiologischen Erkenntnisse, auf die Geistigbehindertenpädagogik im allgemeinen und die heilpädagogische Erwachsenenbildung im besonderen, betrifft, so bewegen wir uns noch ganz am Anfang der Forschung. Generell ergeben sich aber folgende Konsequenzen für die konkrete Bildungsarbeit und Förderung:

(1) Der Lernende soll sein Lerntempo möglichst selbst bestimmen können.
(2) Im Lernprozeß soll an lebensgeschichtliche Erfahrungen angeknüpft werden.
(3) Es muß darauf geachtet werden, daß die Inhalte für den Lernenden sinnvoll und lebensbedeutsam sind; die Lerneinheiten sollten in klar erkennbare größere Sinnzusammenhänge eingebettet sein.
(4) Neue Informationen sollten über möglichst viele Sinne (haptisch-taktil, akustisch, optisch, olfaktorisch) erfahrbar gemacht werden („mehrkanaliges Lernen").
(5) Die Gestaltung des Milieus ist zu beachten, weil es beim positiven Erleben der Situation das Lernen fördern und bei unangenehmen Wahrnehmungen bzw. negativen Assoziationen das Lernen hemmen und blockieren kann. In jedem Fall sind die Begleitumstände des Lernens zu reflektieren und konzeptionell zu berücksichtigen (vgl. Theunissen 1991, S. 68–83).

Zur Rolle des Pädagogen
Heilpädagogische Erwachsenenbildung setzt zweifellos hohe Erwartungen in den Pädagogen. Er soll gleichermaßen Initiator, Organisator, Lehrer, Berater und Partner sein. Er muß sich in erster Linie als ein „Lernhelfer", (Lebens-)begleiter und Dialogpartner verstehen und nicht als Macher, Führer oder Vertreter einer Fachrichtung, der seine fachliche Überlegenheit in die pädagogische Situation einfließen läßt.

Seine Anstöße und Hilfen sollen emanzipationsfördernd sein, so daß der als geistigbehindert geltende Erwachsene zu mehr Autonomie, verbesserter Handlungskompetenz und zu einem sinnerfüllten Leben gelangen kann. Dieses Ziel ist nur auf der Basis eines „offenen Curriculums", und durch eine angstfreie und sozialintegrative Atmosphäre zu erreichen.
Gerade solche offenen Situationen bringen aber stets Unsicherheit und Unberechenbarkeit mit sich. Damit muß der Pädagoge leben, das muß er aushalten. In offenen Situationen hat er einen entscheidenden Anteil am Lern- und Entwicklungsprozeß der teilnehmenden behinderten Menschen (vgl. Theunissen 1991, S. 92/93).

2.3 Lebensbegleitung und Beratung

Welche Fähigkeiten dürfen wir von einem Menschen erwarten, den wir als *leicht geistig behindert* bezeichnen?

(1) Er wird im Laufe seiner Entwicklung fähig sein, die alltäglichen Angelegenheiten, wie Hygiene oder das Verhalten im Verkehr, *selbständig* zu regeln. Er kann relativ selbständig wohnen und leben. Es muß aber jemand da sein, der sich regelmäßig umschaut, auf Probleme ansprechbar ist und ihm hilft, z.B. beim Einteilen des Geldes.
(2) Ihn beschäftigen nicht nur alltägliche Dinge, sondern auch Fragen und Wünsche, die mit seiner *Zukunft* zusammenhängen. Er hat ein Wissen von sich selbst und kann sich mit anderen Menschen vergleichen. Er möchte nicht zu den „Behinderten" gehören, sondern zu den sogenannten *Normalen*. Aber bei diesen erfährt er in alltäglichen Situationen, daß er nicht dazugehört und spürt, daß er *anders* ist. Er ist also bis zu einem gewissen Grad dazu fähig, seine Behinderung zum Gegenstand des Nachdenkens zu machen *(begrenzte Reflexionsfähigkeit)*. So begegnen wir manchmal einem Menschen, der nicht so unbefangen und fröhlich wirkt wie andere geistig behinderte Menschen *(subjektiver Leidensdruck)*. Es ist schwer für ihn, seinen Platz im Leben zu finden.
(3) Er möchte als eine eigenständige Person anerkannt werden. Er überläßt sich nicht der Führung durch andere, er will sich selbst durchsetzen und sagt seine Meinung unmißverständlich. Als besonders kritisch gilt die Zeit der *Pubertät*, aber auch spätere Phasen im Erwachsenenalter, wenn er sich mit Fragen seiner *Identität* (z.B. Lebenssinn, Rolle, Beruf) und seiner *Sexualität* (z.B. Partnerschaft, Kinder, „verantwortete Elternschaft") auseinandersetzt und sein Verhältnis zu *„Autoritäten"* klären muß oder will *(„Lebenskrisen")*.

(4) Er zwingt seinen Erzieher bzw. seinen Begleiter dazu, daß dieser sich mit ihm auseinandersetzt. Er zwingt ihn darüber hinaus, sich mit seiner eigenen Person auseinanderzusetzen (vgl. Hahn 1995, S. 32–36).

Welche pädagogischen Aufgaben ergeben sich für den Personenkreis leicht geistig behinderter Menschen?

(1) Die Aufgabe von HeilerziehungspflegerInnen könnte als eine *beratende Lebensbegleitung* beschrieben werden. Beratung in Fragen des Alltagsrechts, des relativ selbständigen Wohnens, der Partnerschaft, der Geldeinteilung etc.
(2) Nach einem amerikanischen Beratungskonzept für ein selbstbestimmtes Leben („peer support") übernehmen *behinderte Menschen* selbst eine Reihe von *Beratungsaufgaben:* Sie haben ähnliche biographische Erfahrungen gemacht und selbst viele der behindertenspezifischen Probleme gelöst (vgl. Miles-Paul 1992, in: Adam u. a. 1993).
(3) Zunehmend aktuell wird in den nächsten Jahren die *aktivierende Lebensbegleitung alter Menschen* mit einer leichten geistigen Behinderung – insbesondere im Bereich der ambulanten Wohnformen (vgl. Kapitel XI, 5, S. 286–289).

3. Soziale Kontakte: Angehörigenarbeit; Patenschaften

Unter *Angehörigenarbeit* verstehen wir die organisierte Einbindung von Eltern, Geschwistern, weiteren Angehörigen, Sorgebeauftragten und „Paten" der Heimbewohner in die Arbeit im Heim. In den Heggbacher Einrichtungen zum Beispiel besteht seit 1981 eine institutionalisierte, d. h. geplante und begleitete Angehörigenarbeit, die über die üblichen Angehörigenkontakte hinausgeht. Als Ziele der Angehörigenarbeit werden u. a. genannt (vgl. Braun/Klein-Jung 1995):

(1) Die familiäre Beziehung darf mit der Heimaufnahme nicht enden, damit beim behinderten Angehörigen nicht das Gefühl entsteht, er sei „abgeschoben" worden.
(2) Die Eltern sollen aus ihrer Verantwortung zum Kind nicht gänzlich entlassen werden, sondern sollen erfahren, daß ihre Beziehung zum Kind sich auf das Leben im Heim auswirkt.
(3) Zusammenarbeit und Information über den Heimalltag sind notwendig, damit die Angehörigen sich bei Familienheimfahrten des Heimbewohners darauf einstellen, gegebenenfalls auch gezielte Maßnahmen fortführen können, und nicht aus Unwissenheit Fördermaßnahmen, z. B. zum selbständigen Essen, untergraben.

(4) Angehörige sollen in das Heimleben einbezogen werden und den (neuen) Alltag ihres behinderten Angehörigen kennenlernen und mittragen.
(5) Zusammenarbeit ist für die Mitarbeiter wichtig, um das häusliche Milieu kennenzulernen, die Lebensgeschichte und die Gewohnheiten des Heimbewohners vor der Aufnahme zu begreifen, Aussagen über Erziehungsverhalten und Verhaltensmuster zu bekommen.
(6) Die Familie hat eine enorme Bedeutung, weil das Heim über viele Jahre gewachsene familiäre Beziehungen und Bindungen nicht ersetzen kann.
(7) Angehörigenarbeit hat, auch im Sinne des Normalisierungsprinzips, eine integrative Funktion durch den Erhalt von Bezugspersonen außerhalb des Heimes.

Angehörigenarbeit findet auf mehreren Ebenen statt:

(1) durch Einbeziehung der Angehörigen in den unmittelbaren Lebensbereich – in die *Wohngruppe,*
(2) im Rahmen des *sozialpädagogischen Dienstes* werden spezielle Angebote gemacht:
(a) *„Angehörigenseminar"* (Einblick in Tagesstruktur, sexualethische Praxis); dreitägige *„Familienfreizeiten", „Besinnungstage"* oder *„Tagesausflüge",* bei denen die Kommunikation zwischen Angehörigen, behinderten Familienmitgliedern und Mitarbeitern gezielt gefördert wird
(b) Aufbau und Begleitung von *Patenschaften:* Ziel ist die Gewinnung von langjährigen Bezugspersonen, vor allem für ältere Heimbewohner, bei denen der Kontakt zu den Angehörigen abgerissen ist (vgl. Boss 1995)
(3) Interessenvertretung im *Beirat der Heime* (institutionelle Vertretung der Angehörigen, für die es allerdings bis heute keine gesetzlichen Möglichkeiten gibt).

4. Wohnen; Arbeiten; Freizeit und Kultur

Wohnen
Menschen mit einer geistigen Behinderung erreichen sehr selten eine so weitgehende Selbständigkeit, daß sie allein und ohne Begleitung wohnen können. Wohnen zu gestalten ist daher eine wichtige pädagogische Aufgabe von HeilerziehungspflegerInnen. Am Beispiel von zwei Geschichten verdeutlicht Welter (1994, S. 98 – 100) den „pädagogischen Einfluß", den MitarbeiterInnen auf die konkrete Wohnsituation von behinderten Menschen ausüben können.

Erste Geschichte
In einem Heim für geistig behinderte Menschen fordert eine Gruppe von BetreuerInnen, daß die Schränke und Gestelle, in oder auf denen sich persönliche Gegenstände (z. B. Kleider, Spielsachen, Wäsche) der Heimbewohner befinden, aus den Zimmern entfernt und zentral in den Korridoren untergebracht werden sollen. Einige der Heimbewohner haben bisher ihre Schränke und Gestelle selbst eingerichtet und als Teil ihres persönlichen Umfeldes „erlebt".
Eine Erzieherin erinnert sich, irgendwo gelesen zu haben, daß das Vorhandensein persönlicher Gegenstände ein Mechanismus der Abgrenzung wäre und damit der Förderung der Individualität diene. Persönliche Gegenstände im unmittelbaren Schlaf- und Wohnbereich würden außerdem manuelle und geistige Fähigkeiten fördern, weil der Besitzer gefordert wäre, zwischen den vorhandenen Gegenständen auszuwählen. Trotz diesem Wissen hält die Gruppe an ihrem Entschluß fest, Schränke und Gestelle aus den Zimmern zu entfernen und begründet diese Entscheidung folgendermaßen:
– Wir verlieren die Übersicht über die persönlichen Gegenstände der Behinderten.
– Wir verlieren viel Zeit für das Aufräumen, Einordnen oder Wiedereinordnen der Gegenstände.
– Wir glauben, daß Behinderte nicht dazu fähig sind, ihre eigenen Kleider und Spielsachen selber zu verwalten und zu entscheiden, was sie tragen wollen.
Die Schränke und Gestelle wurden also aus den Zimmern entfernt und neue Schränke in den Korridoren montiert. Diese Schränke können nun übrigens mit einem Vierkantschlüssel abgeschlossen werden.

Zweite Geschichte
Einer Gruppenleiterin in einem Heim für geistig behinderte Menschen, die dort vor kurzem ihre Arbeit aufgenommen hatte, fällt auf, daß alle persönlichen Gegenstände der Heimbewohner in Schränken untergebracht sind, die in den Korridoren stehen und zudem abgeschlossen sind.
Sie hat in der Ausbildung gelernt, daß der Umgang mit eigenen Kleidern und Gegenständen anregend sein und als natürliches Übungsfeld zur Entwicklung von Fähigkeiten genutzt werden kann. Sie weiß zudem aus eigener Erfahrung, daß persönliche Gegenstände, die sich in der Nähe des wohnenden oder schlafenden Menschen befinden, Sicherheit und Vertrautheit vermitteln.
Sie schlägt darum ihren Kolleginnen vor, versuchsweise einige Schränke und Gestelle in die Zimmer zu stellen und zu beobachten, was die Bewohner damit anfangen.
Und was ist passiert? Die Gruppe beobachtet, daß einige Bewohner ihre Kleider und Gegenstände in die Schränke und Gestelle einräumen. Sie stellt fest, daß einige Bewohner, wenn auch nicht alle, sehr wohl mit ihren persönlichen Gegenständen umgehen können, wenn man ihnen die Gelegenheit und geeignete Einrichtungen gibt.

Der Leser wird die Absicht, die hinter der „Geschichte" und der „Umkehrgeschichte" steht, erkennen. Es geht um die Frage: Welche Einflüsse fördern die Wohnqualität bei behinderten Menschen, welche hemmen sie?

Abb. 48: Fördernde und hemmende Einflüsse auf das betreute Wohnen bei Menschen mit einer geistigen Behinderung (vgl. Klein-Jung 1990, S. 22/23)

Wohnfunktionen	*Fördernde Einflüsse z. B.*	*Hemmende Einflüsse z. B.*
Erholung und Entspannung („Rekreation")	Einzelzimmer, Hobbyräume „Nischen"	Rigider Aufgabenplan für hauswirtschaftl. Tätigkeit in der Wohngruppe
Mitteilung/ Partnerschaft („Kommunikation")	Offener Informationsfluß in der Gruppe, gemischt-geschlechtliche Wohngruppen, Unterstützung der Kontakt- und Bindungsfähigkeit, Freiräume für Zärtlichkeiten, unverklemmte Mitarbeiter	Stereotypes Anwenden von gesellschaftlichen bzw. kirchlichen Leitbildern, die nicht auf individuelle Situationen und Personen reflektiert werden

Weitere Wohnfunktionen: Kulturelle Selbstentfaltung und Kreativität, Selbstbesinnung und Selbstfindung, Sicherheit und Geborgenheit, Beständigkeit und Vertrautheit, Partizipation, Integration, Lernen und Weiterbildung, Selbstverfügung und Abgrenzung einer Intimsphäre.
Wohnformen: Wohngruppe in einem Heim, Außenwohngruppe, Wohngemeinschaft oder betreutes Wohnen, Einzelwohnung.
Für HeilerziehungspflegerInnen ergeben sich folgende Fragen zum Thema „Wohnen behinderter Menschen":

Welcher persönliche Besitz ist möglich? Möbel, Bilder, Musikinstrumente, Spiele etc.
Welche Gegenstände kann der Bewohner aus seinem früheren Lebensbereich mitbringen (Konstanz seiner Lebenswelt)?
Wie lange ist die Lebensgruppe zusammen und wie lange kann sie zusammenbleiben (Konstanz der Beziehungen)?
Wie häufig wechseln die Bewohner der Gruppe?
Wie lange sind die Betreuer für diese Gruppe zuständig? Wie häufig wechseln sie (Konstanz der Beziehungen)?
Läßt die Gruppengröße Vertrautheit zu oder fördert sie Anonymität?

Welche Wohnform ist für eine bestimmte Person angemessen und sinnvoll?
Besteht für den Bewohner die Möglichkeit, in die Gestaltung der Wohnung verändernd einzugreifen? Nägel einschlagen, selber tapezieren, Möbel umstellen etc.
Welchen Einfluß hat ein Heimbewohner auf die Beschaffung und Auswahl von Möbeln, Tapeten etc.
Besteht die Möglichkeit, selbst zu kochen oder ist eine Anbindung an die Zentralversorgung verpflichtend?
Besteht die Möglichkeit des Kontaktes mit einem andersgeschlechtlichen Partner? Ist ein gemeinsames Wohnen möglich?
(Vgl. Thesing 1993; Splett 1989)

Arbeiten
Der Arbeitsort für Menschen mit einer geistigen Behinderung ist die „Werkstatt für Behinderte" (WfB). Hoffnungen, eine größere Zahl dieser Menschen auf dem freien Arbeitsmarkt beschäftigen zu können, haben sich bis heute nicht erfüllt. Das vorrangige Ziel einer WfB ist die *Personalität* des Menschen, nicht die technisch-ökonomische Produktivität (vgl. Zink 1990, S. 144–149). Aus pädagogischer Sicht lassen sich folgende Erwartungen an einen Arbeitsort für Personen mit einer geistigen Behinderung formulieren:

(1) *Ein Ort für die Entfaltung der Persönlichkeit:* Die Möglichkeit geben, die eigenen Fertigkeiten zu erweitern und damit Leistungen zu erbringen, die Anerkennung und Bestätigung bedeuten; den tätigen Menschen in seinem Personwert bestätigen, d.h. ihm nicht als „Arbeitskraft", sondern als Mensch begegnen; ihn nicht als Rollenobjekt im Arbeitsprozeß behandeln, sondern seine Bedürfnisse, sein Urteilen und sein Entscheiden anerkennen, ihn unterstützen und ihm Autonomie im Arbeitsprozeß zusprechen.
(2) *Ein Ort zum Arbeiten:* Fähigkeiten, Talente und Begabungen im Arbeitsprozeß realisieren können und Werte für die Gemeinschaft schaffen; Teilhaben und mitwirken am gesellschaftlichen Produktionsprozeß (Aspekt der Selbstverwirklichung und der Verwirklichung in der Gemeinschaft); mit dem Entgelt für die geleistete Arbeit zum eigenen Lebensunterhalt beitragen können (Aspekt der Existenzsicherung).
(3) *Ein Ort zwischenmenschlicher Begegnung.*
(4) *Ein Ort des Mitredens.*
(5) *Ein Ort zu leben – auch für die professionellen Mitarbeiter* (vgl. Speck 1993, S. 323–326).

Freizeit und Kultur
Freizeit reicht über organisierte Bildungsangebote hinaus. Mit der Sinnentleerung vieler Tätigkeiten in der hochindustrialisierten Arbeitswelt, die den Menschen nicht ganzheitlich beanspruchen und bei denen er sich häufig als isoliert erlebt, haben viele Menschen die Chance verloren, sich über „ihre" Arbeit zu identifizieren (Prozeß der Entfremdung von der Arbeit). Auch Menschen mit einer geistigen Behinderung können von dieser Entwicklung betroffen sein.
So ist *Freizeit* immer mehr zu einer *„Sinn-Zeit"* geworden, in welcher der moderne Mensch nicht nur Erholung, sondern auch einen konkreten und subjektiven Lebenssinn sucht. Die pädagogische Bedeutung der Freizeit besteht darin, daß sie dem Menschen *Selbstverfügung* ermöglicht – gegenüber der vorherrschenden Abhängigkeit im Beruf (vgl. Speck 1993, S. 322/323).
Untersuchungen belegen, daß bei Menschen mit einer geistigen Behinderung ein *passives Freizeitverhalten* und Langeweile weit verbreitet sind, daß sich Freizeit vor allem auf den häuslichen Bereich mit starker elterlicher Kontrolle beschränkt und daß deutliche Züge sozialer Isolation zu beobachten sind (vgl. Mühl 1984).
Daraus ergeben sich spezielle *freizeitpädagogische Konsequenzen:* Das Nutzen der Freizeit und eine *sinnvolle kulturelle Freizeitgestaltung* muß gelernt, unterstützt und begleitet werden. Es sind besondere Freizeitdienste erforderlich (vgl. Zielniok/Schmidt-Timme 1990).
Viele Aufgaben, die auch im Rahmen der Freizeiterziehung und Freizeitförderung ihre Gültigkeit haben, wurden schon weiter oben im Abschnitt über Erwachsenenbildung dargestellt. Unter freizeitpädagogischen Aspekten wird die Umsetzung dieser Aufgaben freilich mit einer anderen Gewichtung erfolgen. Als freizeitpädagogische Institution hat die *Offene Behindertenarbeit* besondere Bedeutung erlangt, z.B. im „Löhe-Haus", einem Freizeitclub in München, wo sich behinderte und nichtbehinderte Jugendliche und Erwachsene regelmäßig treffen können (vgl. Kapitel XI, 6, S. 289–291).

1. Beschreiben Sie grundlegende Fähigkeiten und Wesenszüge von Menschen mit schwerer und schwerster geistiger Behinderung.
2. Diskutieren Sie den Begriff „Pflege“ unter allgemein pädagogischen und heilpädagogischen Aspekten.
3. Zeigen Sie die wichtigsten körperbezogenen Grundformen der Kommunikation bei Menschen mit schwerer und schwerster geistiger Behinderung auf.
4. Was versteht man unter „Basaler Aktivierung“?
5. Was bedeutet „Leben lernen“ für intensivbehinderte Menschen?
6. Zeigen Sie am Beispiel von zwei Personen aus ihrer Praxis auf, welche Lebensaufgaben sie haben! Begründen Sie diese Lebensaufgaben individuell für beide Personen.
7. Warum sind Lebensaufgaben für intensivbehinderte Menschen von elementarem pädagogischem Wert?
8. Wie kann man intensivbehinderten Menschen einen Lebensrhythmus erfahrbar machen? Begründen Sie, warum diese Aufgabe wichtig ist.
9. Beschreiben Sie grundlegende Fähigkeiten und Wesenszüge von Menschen mit einer mittelgradigen und leichten geistigen Behinderung.
10. Welche Bedeutung haben die Kulturtechniken für geistig behinderte Menschen? Was wissen Sie in diesem Zusammenhang über den erweiterten Lesebegriff in der Geistigbehindertenpädagogik?
11. Zeigen Sie an Beispielen aus Ihrer heilerzieherischen Praxis auf, in welchen Lebensbereichen das „Bilderlesen“ oder das „Symbollesen/Signallesen“ für eine behinderte Person bedeutsam sein kann! Welche Aufgaben können Sie dabei übernehmen?
12. Welche pädagogischen, didaktischen und methodischen Grundsätze müssen wir in der Erwachsenenbildung mit geistig behinderten Menschen beachten?
13. Was versteht man unter einer „offenen“ Lernsituation in der Erwachsenenbildung mit geistig behinderten Menschen? Warum ist diese Offenheit so bedeutsam?

14. Zeigen Sie an zwei Beispielen aus der Erwachsenenbildung auf, was man unter einem Lernen versteht, das sich am Prinzip der „Wirklichkeitsnähe“ und „Lebensnähe“ orientiert.
15. Zeigen Sie wichtige Grundsätze der Angehörigenarbeit auf und reflektieren Sie ihr Handeln unter diesem Aspekt.
16. Zeigen Sie sinnvolle pädagogische Maßstäbe zu einem „Humanen Wohnen“ von Menschen mit einer geistigen Behinderung auf! Machen Sie Vorschläge, wie sich diese Maßstäbe in der heilerzieherischen Praxis realisieren lassen.
17. Welche Einflüsse sind förderlich für eine humane Wohnsituation geistig behinderter oder psychisch kranker Menschen, welche sind hemmend? Differenzieren Sie nach den verschiedenen Wohnfunktionen.
18. Welche Erwartungen mussen aus einer idealisierten pädagogischen Sichtweise heraus an einen Arbeitsort für geistig behinderte Menschen gestellt werden? Welche Probleme können sich ergeben, wenn dieser Anspruch von einer WfB nicht immer eingelöst wird? Machen Sie konstruktive Vorschläge, wie HeilerziehungspflegerInnen mit solchen Problemen umgehen können.
19. Warum bedürfen geistig behinderte Menschen einer besonderen freizeitpädagogischen Begleitung?

6. Literatur:

Adam, C. u. a.: Behinderte Menschen in Nordrhein-Westfalen. Wissenschaftliches Gutachten zur Lebenssituation von behinderten Menschen und zur Behindertenpolitik in NRW. Im Auftrag des Ministeriums für Arbeit, Gesundheit und Soziales des Landes Nordrhein-Westfalen, Düsseldorf 1993

Baumgart, E.: Volkshochschulen – auch für geistig behinderte Menschen, Luzern 1987

Bodenheimer, A. R.: Versuch über die Elemente der Beziehung, Basel/Stuttgart 1967

ders.: Begleiten – Erweitern – Stören: Die drei Grundformen aller Beziehung, in: Bächtold/Jeltsch-Schudel/Schlienger (Hrsg.): Sonderpädagogik – Handlung, Forschung, Wissenschaft, Berlin 1986, S. 96 – 113

Bollnow, O. F.: Neue Geborgenheit – Das Problem einer Überwindung des Existenzialismus, Stuttgart ^{4}1979

Boss, W.: Patenschaften in den Heggbacher Einrichtungen, in: Schwäbische Zeitung, Stadt und Land Biberach, 23. 12. 1994

Braun, A./Klein-Jung, R.: Angehörigenarbeit im Heim für Menschen mit geistiger Behinderung am Beispiel der Heggbacher Einrichtungen, in: caritas '95, Jahrbuch des Deutschen Caritasverbandes

Breitinger/Fischer: Intensivbehinderte lernen leben, Würzburg 1981

Brezinka, W.: Grundbegriffe der Erziehungswissenschaft. Analyse, Kritik, Vorschläge, München/Basel 1974

ders.: Metatheorie der Erziehung. Eine Einführung in die Grundlagen der Erziehungswissenschaft, der Philosophie der Erziehung und der Praktischen Pädagogik, München/Basel ^{4}1978

Buber, M.: Das dialogische Prinzip, Heidelberg ^{5}1984

Buck, P. S.: Geliebtes unglückliches Kind, Wien/Hamburg 1952

Buytendijk, F. J.: Das Menschliche – Wege zu seinem Verständnis, Stuttgart 1958

Fornefeld, B.: „Elementare Beziehung" und Selbstverwirklichung geistig Schwerstbehinderter in sozialer Integration. Reflexionen im Vorfeld einer leiborientierten Pädagogik, Aachen 1989

Fröhlich, A.: Basale Stimulation, Düsseldorf ^{6}1994

Guardini, R.: Welt und Person – Versuch einer christlichen Lehre vom Menschen, Würzburg 1955

Hahn, G.-P.: Hilfen für das Zusammenleben mit geistig Behinderten. Erfahrungen aus jahrzehntelanger Tätigkeit, Berlin ^{6}1995

Heimann, R.: Der Rhythmus und seine Bedeutung für die Heilpädagogik: Raum und Zeit als Grunddimensionen des Menschseins, Stuttgart 1989

Hofmann, Th. (Hrsg.): Beiträge zur Geistigbehindertenpädagogik, Rheinstetten 1979

Huber, N. (Hrsg.): Lebensgeschichten behinderter Menschen, Freiburg 1995

ders.: Rehabilitation: Worauf es ankommt, Freiburg 1992

Hublow, Ch.: Lebensbezogenes Lesenlernen bei geistig behinderten Schülern, in: Geistige Behinderung (24) 1985, Heft 2, S. 1–24

Humanes Wohnen – seine Bedeutung für das Leben geistig behinderter Erwachsener, Marburg 1982 (Bundesvereinigung Lebenshilfe für geistig Behinderte e. V., Große Schriftenreihe, Bd. 5)

Klein-Jung, R.: Zum Zusammenspiel von Freizeitpädagogik und Wohnsituation von Menschen mit geistiger Behinderung, in: Zur Orientierung, 1/90, S. 22–23

Krenzer, R./Rogge, R.: Methodik der religiösen Erziehung Geistigbehinderter, München 1978

Kükelhaus, H.: Fassen, Fühlen, Bilden, Köln ^{4}1986

ders.: Gedanken zur Doppelspirale, in: Hartmann/Mislin: Die Spirale im menschlichen Leben und in der Natur. Eine interdisziplinäre Schau, Basel 1985, S. 81–85

Langeveld, M. J.: Studien zur Anthropologie des Kindes, Tübingen ^{3}1968

Mall, W.: Basale Kommunikation – ein Weg zum anderen. Zugang finden zu schwer geistig behinderten Menschen, in: Geistige Behinderung, 23, 1984, Heft 1: Zur Praxis

ders.: Kommunikation mit schwer geistig behinderten Menschen. Ein Werkheft; Heidelberg [2]1992

Maturana, H. R./Varela, F. J.: Der Baum der Erkenntnis. Die biologischen Wurzeln des menschlichen Erkennens, München 1990

Merleau-Ponty, M.: Phänomenologie der Wahrnehmung, Berlin 1966

Meyer-Jungclaussen, V.: Bildungsangebote für Erwachsene mit geistiger Behinderung, in: Jakobs u. a. (Hrsg.): Lebensräume – Lebensperspektiven. Erwachsene mit geistiger Behinderung in der Bundesrepublik Deutschland, Frankfurt/M. 1987

Milde, V. E.: Lehrbuch der allgemeinen Erziehungskunde, Wien 1811

Möckel, A.: Zur Legitimation schulischer Erziehung schwerstbehinderter Kinder und Jugendlicher, in: Feuser/Oskamp/Rumpler (Hrsg.): Förderung und schulische Erziehung schwerstbehinderter Kinder und Jugendlicher, Stuttgart 1983, S. 41 – 51

Mühl, H.: Einführung in die Geistigbehindertenpädagogik, Stuttgart 1984

Oberacker, P.: Sprechen, Lesen und Schreiben mit geistig Behinderten, Villingen-Schwenningen [2]1984

Pfeffer, W.: Förderung schwer geistig Behinderter. Eine Grundlegung, Würzburg 1988

Piaget, J.: Der Aufbau der Wirklichkeit beim Kinde, Stuttgart 1975

ders./Inhelder, B.: Die Psychologie des Kindes, Frankfurt/M. 1978

Schnieber, M.: In unserer Mitte – Der Mensch. Zum 125jährigen Bestehen der Stiftung Liebenau, Tettnang 1995

Speck, O.: Menschen mit geistiger Behinderung und ihre Erziehung. Ein heilpädagogisches Lehrbuch, München [7]1993

ders. (Hrsg.): Erwachsenenbildung bei geistiger Behinderung. Grundlagen, Entwürfe, Berichte, München 1982

Splett, J.: Wohnen als Kategorie des Menschlichen, in: caritas ’89 – Jahrbuch des Deutschen Caritasverbandes, S. 119 – 127

Thesing, T.: Betreute Wohngruppen und Wohngemeinschaften für Menschen mit einer geistigen Behinderung, Freiburg [2]1993

Theunissen, G.: Zur pädagogisch-therapeutischen Arbeit mit schwer geistig und mehrfach behinderten Erwachsenen. Lernen in der Zone der nächsten Entwicklung, in: Geistige Behinderung, 3/1986, S. 194–203

ders.: Heilpädagogik im Umbruch. Über Bildung, Erziehung und Therapie bei geistiger Behinderung, Freiburg 1991

Trogisch, J./Trogisch, U. : Sind Förderungsunfähige „nur“ Pflegefälle?, in: Zeitschrift zur ärztlichen Fortbildung, Jena 1977, Heft 15

Welter, R.: Heilpädagogisches Handeln in förderlichen-behindernden Umweltbedingungen des Heimes, in: Hagmann/Simmen (Hrsg.): Systemisches Denken und die Heilpädagogik. Schriftenreihe des heilpädagogischen Seminars Zürich, Luzern [2]1994

Wilken, U.: Arbeit, Freizeit und Tourismus, in: Zur Orientierung, 4/95, S. 2–5
ders.: Touristik und Feriengestaltung mit geistig behinderten Menschen, in: Zielniok/Schmidt-Timme, a. a. O.
Wygotski, L. S.: Zur Orientierung auf die „Zone der nächsten Entwicklung", in: Psychol. Studientexte, Vorschulerziehung, Berlin 1974, S. 48–51
Zell, F./Meßmer, A.: Die Erwachsenenbildung am Heim Heggbach, in: Zur Orientierung, 2/95, S. 16–18
Zielniok, W./Schmidt-Timme, D. (Hrsg.): Gestaltete Freizeit mit geistig Behinderten, Rheinstetten [4]1990
Zink, D.: Perspektiven der Arbeit behinderter Menschen, in: caritas '90 – Jahrbuch des Deutschen Caritasverbandes, S. 144–149
Für das Leben lernen. Erfahrungen in der Erwachsenenbildung bei Menschen mit geistiger Behinderung, in: Zur Orientierung, 2/1995

XI. Systemisches Denken in der Heilerziehungspflege

Lernziele:
Der Studierende soll erkennen, daß sinnvolles pädagogisches Sehen, Denken und Handeln nicht auf die Beziehungsebene zum behinderten Mensch alleine begrenzt sein darf, sondern in einen größeren politischen, sozialen und kulturellen Zusammenhang eingebunden werden muß.
Er soll kritisch reflektieren, ob er mit seiner individuellen Art der Lebensbegleitung dem behinderten Menschen eine pädagogische Wirklichkeit erschließen kann, die einen tieferen Sinngehalt hat.
Er soll eine Fallbearbeitung (Kasuistik) durchführen können.
Er soll einen Überblick über traditionelle und innovative Verfahren der Pädagogischen Diagnostik und Förderung von Menschen mit Behinderungen geben können. Er soll die üblichen, in der Praxis gängigen, Verfahren kritisch daraufhin überprüfen, ob sie dem systemischen Ansatz gerecht werden und gegebenenfalls durch neue, geeignetere Verfahren ablösen.
Er soll erkennen, daß seine Fachkompetenz als Lebensbegleiter im interdisziplinären Handlungsfeld der Behindertenhilfe in ein gemeinsames Fragen, Suchen, Denken und Handeln mit anderen Fachkräften einmündet. Er soll seine berufliche Identität im Rahmen einer kooperativen Fachkompetenz begründen können.
Er soll einen Einblick in wissenschaftliche Projekte über Forschungen zur Lebenswelt behinderter Menschen bekommen.
Er soll erkennen, welche interkulturellen Impulse für eine sinnstiftende Heilerziehung im systemischen Sinn wegweisend sein können.

In unserer Gesellschaft besteht eine lange Tradition, einzelne Phänomene immer genauer zu beschreiben und zu analysieren, wobei die Beziehungen zum Umfeld aber fast ganz außer acht gelassen wurden. Auch in der Heilpädagogik dominiert(e) diese Art von Denken. „Behindert" ist immer noch das jeweilige Kind. Die Ursachen der Behinderung werden beim behinderten Kind gesucht und „gefunden". Daß auch von *behindernden Umweltbedingungen* gesprochen werden kann, wird erst in vereinzelten Versuchen deutlich. Daß die Behinderung nicht nur am jeweiligen Kind festgemacht wird, sondern an den

Austauschprozessen des geschädigten Kindes mit seinen jeweiligen Umweltbedingungen, gehört ebenfalls noch zu den Denkkategorien einiger weniger.
So war auch das Handeln in der Heilpädagogik nach diesem alten Denken ausgerichtet: Die Behandlung, Förderung oder Therapie des einzelnen behinderten Kindes stand im Vordergrund, sein Umfeld interessierte wenig und wurde kaum einbezogen. In der Praxis zeigt sich jedoch die Begrenztheit dieses Vorgehens.
In der aktuellen Diskussion der neunziger Jahre häufen sich die Anzeichen, daß nach einer Erweiterung und Ergänzung der Perspektive, in Richtung des „Systemischen Denkens", gesucht wird. Systemisches Denken will neue Perspektiven öffnen: Es ist ein Denken in größeren Zusammenhängen, ein vernetztes, ein ganzheitliches (holistisches) Denken. Bedeutsam sind in diesem Zusammenhang nicht nur die *Veränderungen auf der Ebene des Beschreibens und des Verstehens*, sondern insbesondere auch die *Veränderungen auf der Handlungsebene*.
Die *Konsequenzen systemischen Denkens* für Heilerziehungspfleger/innen und andere Mitarbeiter in der Behindertenhilfe sind vielfältig und sollen hier nur kurz erwähnt werden:

(1) *Erweiterung der Handlungsfelder:* Heilpädagogische Handlungsfelder müssen über den Umgang mit behinderten Menschen hinaus erweitert werden – auf die Bezugspersonen dieser Menschen, auf andere Bereiche der Einflußnahme wie Schule oder Arbeitswelt, politische und gesellschaftliche Systeme.
(2) *Veränderung der Expertenrolle:* Die eigene Expertenrolle muß, zugunsten einer Anerkennung behinderter Menschen und deren Bezugspersonen als „Experten für ihre eigene Situation", relativiert werden.
(3) *Betroffene zu Beteiligten machen:* Betroffene müssen unter Anerkennung ihres Experten-Seins vermehrt in Entscheidungen mit-einbezogen und so zu mündigen Mitbeteiligten in bezug auf ihre eigenen Belange gemacht werden, z. B. „peer support" (vgl. Adam/Clemens 1993, S. 38/39).
(4) *Vergrößerung der Handlungskompetenz:* Heilerziehungspfleger/innen werden sich unter systemisch-ökologischen Gesichtspunkten vermehrt darum bemühen, ihre Möglichkeiten der Einflußnahme nicht nur auf die Beziehungsebene zu beschränken, sondern sie auch im Sinne der Umweltgestaltung zu erweitern.
(5) *Neue Werteausrichtung:* Heilerziehungspfleger/Innen werden ihre normative Werteausrichtung, zugunsten einer individualisierten und auf die Umwelt bezogenen Wertung unter Einbezug der Betroffenen, relativieren und aufgeben (Hagmann/Simmen 1994, S. 8).

In diesem Kapitel werden verschiedene Themen unter dem Oberbegriff „Systemisches Denken“ zusammengeführt. Viele der bereits besprochenen Themen in den vorangegangenen Kapiteln, z. B. Angehörigenarbeit, Wohnen, Freizeit, müssen auch unter systemischem Aspekt gesehen werden. Es handelt sich um Fragestellungen mit „Überprüfungsbedarf“ oder „Bewertungsbedarf“. Vielleicht kann die Zuordnung dieser Inhalte zum Komplex der systemischen Theorien hilfreich sein für eine neue Sicht auf *Lebenswelt* und *Lebenswirklichkeit* von Menschen mit Behinderungen.

1. Wirklichkeit bei Menschen mit schwerer Behinderung. Was ist das?

Viele Denker in Philosophie, Physik oder Psychologie haben sich seit dem Beginn der Menschheitsgeschichte mit dem Phänomen „Wirklichkeit“ auseinandergesetzt. Sie fragen: Wie nehme ich die Welt wahr? Wie mich selbst? Woher beziehe ich meine Erkenntnisse? Wie wirklich ist eigentlich die Wirklichkeit? Ist nicht alles nur ein Traum?

Abb. 49: Modelle der Wirklichkeit

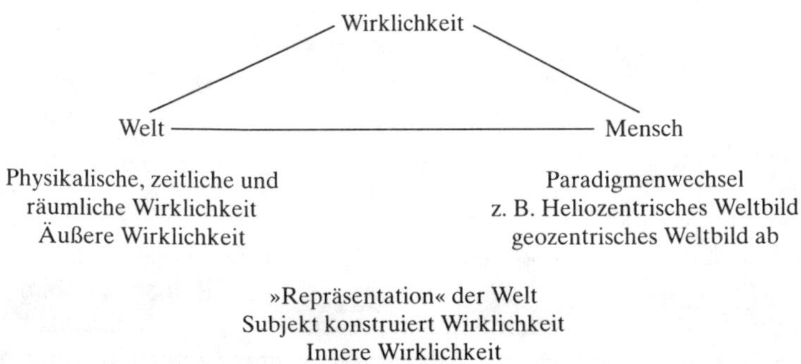

Wirklichkeit ist also in vielfältiger Hinsicht zu verstehen:
(1) in ihren physikalischen, zeitlichen, räumlichen und biologischen – letztlich materiellen Bedingungen,
(2) als eine geistige, transzendentale, höhere Wirklichkeit, wie wir sie bei allen Religionen der Menschheit finden,
(3) als die subjektive Sicht des erlebenden oder auch nachdenkenden Menschen, wie er diese „Wirklichkeiten“ wahrnimmt, „sieht“ oder an sie glaubt.

Aus heilpädagogischer Sicht wollen wir verstehen, wie geistig behinderte Menschen sich die Welt aneignen und damit die Wirklichkeit erschließen, und nach welchen Regeln sich der Aufbau der inneren Wirklichkeit vollzieht. Der Weg zur Wirklichkeit wird auch für sie durch die Phasen oder Stadien gekennzeichnet sein, wie wir sie aus der allgemeinen Entwicklungspsychologie des Kindes kennen (vgl. Piaget, Spitz, Bühler u. a.).

1.1 Der Aufbau der Wirklichkeit – Exkurs in die pädagogische Psychologie

Der Schweizer Psychologe Jean Piaget (1896–1980) hat die Gesetze der geistigen Entwicklung des Menschen erforscht. Seine Theorie gilt heute als eines der anerkanntesten Modelle der kognitiven Entwicklung des Kindes. Piaget bietet ein theoretisches System an, das bis ins frühe Säuglingsalter differenziert ist. Da seine Theorie bereits den einfachsten, reflexartigen Wahrnehmungstätigkeiten und motorischen Handlungen Bedeutung zumißt, ist sie auch geeignet für die Anwendung bei Kindern, Jugendlichen oder Erwachsenen mit sehr schweren Behinderungen.
Wegen ihrer Bedeutung für Menschen mit Behinderungen sollen hier kurz die Grundlagen dieser „Theorie der kognitiven Entwicklung" aufgezeigt werden.
Piaget interessiert sich für die geistige Entwicklung. Er anerkennt zwar, daß für die menschliche Entwicklung soziale und emotionale Erfahrungen genauso wichtig sind, diese sind aber nicht Gegenstand seiner Forschungen. Nach Piaget versucht das Kind, im aktiven Umgang mit Objekten und Menschen, seiner Welt Sinn zu geben. Von Begegnungen und Ereignissen ausgehend, bewegt es sich ständig auf das Idealziel des abstrakten, schlußfolgernden Denkens zu. Der Weg zur Wirklichkeit ist an die Wahrnehmungsfähigkeit ebenso gebunden wie an die Bewegungstüchtigkeit der Augen, des Kopfes und des Körpers; vor allem aber an die Beweglichkeit und Empfindlichkeit der Hände.
Nach Piaget gibt es vier Stadien oder Phasen der Entwicklung, die ein Kind durchläuft. Kein Stadium kann übersprungen werden, jedes neue Stadium baut auf den Erkenntnissen und Erfahrungen des früheren auf. Sowohl die sensomotorische Phase als auch die prä-operationale Phase ist wichtig für das bessere Verständnis einer geistigen Behinderung.

(1) Sensomotorische Phase (0–1,5 Jahre)
Das Kind erlebt die Umwelt intensiv durch seine Sinne. Es ist der Zustand des „Hier und Jetzt". Durch sinnliche Erfahrungen bilden sich erste geistige Strukturen. Die Intelligenz wird in Handlungen deutlich: Das Kind benutzt z. B. eine Decke, um entfernt liegendes Spielzeug heranzuziehen, es schlägt gegen den Laufstall, damit sich das aufgehängte Spieltier bewegt. Es verfügt – in der Sprache von Piaget – über „sensomotorische Schemata". Es kann saugen, hämmern, schütteln, ziehen etc.
Weitere Aspekte: Erlernen der Sprache, Benennen von Dingen, Symbolisierungsfähigkeit etc.

(2) Phase des prä-operationalen Denkens (1,5–6 Jahre)
Das Denken geschieht in enger Anlehnung an äußere Handlungen, es ist anschauungsgebunden und bildhaft. Der Erwerb von Symbolen als innerer Repräsentation der Außenwelt und als Voraussetzung für die weitere Entwicklung der Sprache steht im Mittelpunkt.
Das Kind betrachtet die Welt aus einer ich-bezogenen Perspektive („Egozentrismus"). Es kann sich nicht vorstellen, daß jemand anderer ein Objekt anders sieht als es selbst, es allein ist der einzig gültige Maßstab im Bezugssystem seiner Welt. Es kann sich nicht gleichzeitig ein Ganzes und einen Teil dieses Ganzen vorstellen, d. h. es hat noch keine Vorstellung von Ober- und Unterbegriffen, Klassen etc. („Irreversibles Denken"). Es konzentriert sich auf hervorstechende Merkmale, auf sinnlich Beeindruckendes und vernachlässigt andere wichtige Informationen, wodurch es oft gefährdet ist („Zentrierung des Denkens"). Das Kind hat noch kein Ursache-Wirkungs-Denken. Es erklärt die Welt nach seinen eigenen Konzepten, wobei diese beliebig oft wechseln können, ohne daß sich das Kind zunächst in einem Widerspruch erlebt:

(a) *Animistische Deutung* (Allbeseelung der Welt): es schreibt einem Phänomen, z. B. dem Wind, ein Motiv, einen Willen, eine Seele zu.
(b) *Artifizialistische Deutung:* es glaubt, daß Erscheinungen vom Menschen gemacht sind.
(c) *Finalististische Deutung:* es deutet Phänomene aus ihrem Zweck, z. B. Steine sind da, um ein Haus zu bauen.
(d) *Zirkuläre Deutung:* Ursache wird zur Wirkung, z. B. der Wind schiebt die Wolken, aus den Wolken bläst der Wind.

Das Kind zeigt insgesamt Merkmale eines *vorlogischen und magischen Denkens.* Die Konzepte des Kindes dürfen vom Erzieher vorsichtig angezweifelt werden, damit im Kind *„kognitive Konflikte"* angebahnt werden. Die Konzepte dürfen aber niemals fundamental in Frage gestellt werden, denn dadurch würde das gesamte Welt- und Selbstbild des Kindes in Frage gestellt, und sein Vertrauen zur Welt und zum Erzieher wäre erschüttert.

(3) Phase des konkret-operationalen Denkens (6–12 Jahre)
Das Kind leistet jetzt umkehrbare Denkvorgänge, es kann mit mehreren „Operationen" gleichzeitig umgehen. Wenn man z. B. zwei gleich große Kaugummis hat und einen davon ausdehnt, sagt es: „Der ist zwar dünner, aber dafür länger!" Und: „Ich kann ja daraus wieder eine Kugel machen, die gleich groß ist wie die andere!" Auch der egozentrische Charakter der Wahrnehmung wird abgebaut, so daß gleichzeitig verschiedene Reize (z. B. Menschen, Gegenstände, Autos) verarbeitet werden können.

(4) Phase des formal-logischen Denkens (ab 12 Jahre)
Das Denken löst sich von der Anschauung und der Beobachtung, es wird begrifflich und abstrakt. Denkvorgänge werden auch aufgrund von Annahmen vollzogen. Das Denken wird flexibel, reversibel, antizipatorisch (in die Zukunft gerichtet, geistig vorwegnehmend), problemlösend, schlußfolgernd etc. (vgl. Piaget 1975; Strasser 1994, S. 66–72; Redel 1983, S. 170–179).

1.2 Die pädagogische Wirklichkeit

Was bedeutet „Wirklichkeit" für Menschen mit einer geistigen Behinderung? Am Beispiel „Papier" läßt sich das veranschaulichen: Papier ist ein Material, das brennbar, zerreißbar, beschreibbar ist, das man aus verschiedenen Grundsubstanzen (organischen und anorganischen) herstellt, das Wasser aufnimmt, das Licht durchläßt usw.
Für den *nichtbehinderten Menschen* ist Papier ein Material, auf dem er seine Gedanken festhalten oder mit dem er ein Geschenk einwickeln kann.
Für den Menschen mit einer *mittelgradigen geistigen Behinderung* kann Papier etwas sein, das er zum Malen braucht, das er von seiner Familie her kennt, z. B. als Zeitung, als Arbeitsblatt, das er bearbeitet, als Bastelmaterial, das er zerreißt.
Für den Menschen mit einer *schweren geistigen Behinderung* ist Papier vielleicht ein Material, mit dem er wedeln kann, das er zerreißen kann, das er knüllen lernt, etwas, was sich nicht gut ergreifen läßt, aber vielleicht doch etwas, dem man Töne, zumindest Geräusche, entlocken kann.

Mit seiner Möglichkeit, die Welt subjektiv zu sehen und individuell zu gebrauchen, vermag es der Mensch, die objektiv vorhandene Welt für sich bedeutsam zu erleben und zu erkennen. Er erweitert dadurch sein Lebens- und Daseinsfeld, vermehrt die Möglichkeiten seiner persönlichen Bedürfnisbefriedigung und gibt seinem Leben auf diese Weise mehr Sinn. Erschließt sich dem Menschen auf diese Weise die Welt nicht, bleibt seine Isolation bestehen und die Vielfalt seiner Umweltkontakte bleibt begrenzt.

Für den Heilerziehungspfleger, der geistig behinderten Menschen helfen möchte, die Welt zu erschließen, stellen sich zahlreiche Probleme und vielschichtige Aufgaben. Er muß herausfinden, zu welchen Weltausschnitten der behinderte Mensch bereits Kontakt hat, wie dieser Kontakt aussieht, welche Bedeutung dieser für ihn wohl haben wird und welcher Kontakt ihm darüber hinaus möglich und nützlich sein könnte. Vor allem wird er sich um eine Erschließung der Welt bemühen, die nicht auf der kognitiven Ebene angesiedelt ist, sondern auf der Ebene des Erlebens, des Wahrnehmens und des Erfahrens. Nur so wird er für geistig behinderte Menschen Wirklichkeit aufbauen und eine lebendige Beziehung zur Umwelt schaffen können.

Für geistig behinderte Menschen konstituiert sich „Wirklichkeit" im Feld der zwischenmenschlichen Beziehung. Fast immer wird ihre Wirklichkeit eine pädagogische, d. h. eine *begleitete Wirklichkeit* sein. Thalhammer formuliert pädagogische Aufgaben und differenziert die *pädagogische Wirklichkeit:*

(1) als eine *oral-sinnliche Wirklichkeit* mit dem Ziel, eine schützende Hülle zwischen dem behinderten Menschen und der fremden, drohenden, feindselig erlebten Welt zu spannen;
(2) als eine *taktile Wirklichkeit* mit dem Ziel, das intersubjektive Erleben als das gemeinsame Erleben zu empfinden, wahrzunehmen und zu praktizieren;
(3) als eine *kommunikative Wirklichkeit* mit dem Ziel, die jeweils beteiligten Partner psychisch zu entlasten;
(4) als eine *gemeinsame, lebensanregende Daseinsordnung* mit dem Ziel, an der gemeinsamen bzw. an den gemeinsamen Lebensaufgaben zu arbeiten (Thalhammer 1979, in: Breitinger/Fischer 1981, S. 139/140).

Erzieherisches Tätigsein im Sinne eines pädagogischen Aktionismus („Stimulationspädagogik") kann auch schaden, gerade bei Menschen, die erzieherischen Absichten wegen der Schwere ihrer Behinderung kaum zugänglich sind. Diese Menschen sind den systematischen Interventionsstrategien wehrlos ausgeliefert, sie werden z. B. gezwungenermaßen in ein Bad mit Plastikbällen gelegt (Kugelbad). Kurz: Schwer geistig behinderten Menschen wird nicht selten eine „Realität“ aufgedrängt und aufgezwungen, die nicht ihre Wirklichkeit ist und auch nicht werden kann (Thalhammer 1986, in: Speck 1993, S. 161). Heilerziehungspfleger/innen müssen die Möglichkeiten und Grenzen ihres pädagogischen Handlungsspektrums – insbesondere im Bereich von instrumentellem Wissen und methodisch begründetem Handeln – individuell abwägen und kritisch reflektieren.

2. Kasuistik

2.1 Grundbegriffe der Kasuistik

Unter Kasuistik verstehen wir die Bearbeitung von *Fallstudien* im Bereich der Humanwissenschaften. Eine Fallstudie (Fallbearbeitung) besteht aus:

(1) Falldarstellung oder Fallbeschreibung,
(2) Auswertung des Falls/Fallanalyse (Falluntersuchung),
(3) Konsequenzen für das Handeln.

Was ist ein Fall?
Im Zentrum kasuistischen Denkens steht meistens eine einzelne Person und ein Ausschnitt aus ihrer Lebensgeschichte. Oft handelt es sich dabei um eine Problem- oder Krankheitsgeschichte. Seltener wird das kasuistische Verfahren auf eine Gruppe, wie z. B. eine Familie, angewandt. Ein Fall fällt in der Regel nur dann auf, wenn er sich vom Gewohnten, Normalen, Durchschnittlichen abhebt, wenn also ein Geschehen auf-*fällt*. „Das Alltägliche, Selbstverständliche, Wiederkehrende, immer schon Vorhandene und Bewältigte wird selten als Fall vorgestellt, sondern das, was sich als Konflikt, als besonderes Ereignis, als Denkwürdiges und Merkwürdiges, als Unerwartetes und Unvorhergesehenes aus dem Geschehensablauf hervorhebt“ (Günther 1978, S. 167).
Die Kasuistik als Verfahren will mit Hilfe einer möglichst exakten Beobachtung und Beschreibung eines *besonderen* Einzelfalles zu *allgemeingültigen* wissenschaftlichen Aussagen und Erkenntnissen gelangen. Wissenschaftstheoretisch bezeichnen wir diesen Weg der Erkenntnis als den „induktiven Weg“. Der prinzipiell entgegengesetzte Weg der Erkenntnis ginge dann vom allgemeinen zum besonderen. Wir sprechen in diesem Fall vom „deduktiven Weg“ (vgl. Fatke 1995, S. 675–695).

2.2 Fallbearbeitung

Die Fallbearbeitung erfolgt in mehreren Stufen:

(1) Falldarstellung: Information zur Person und Lebenssituation (Vorgeschichte), Vorläufige Problembestimmung, Beobachtung und Beschreibung z. B. des Problemverhaltens etc.
(2) Auswertung des Falls/Fallanalyse: Im Rahmen der Auswertung eines Falls kommt der *Hypothesenbildung* eine besondere Bedeutung zu. Hypothesen sind Vermutungen (thesis, gr.: Aussage, hypo: zuwenig). Sie fragen nach denkbaren Ursachen für ein bestimmtes Verhalten. Sie ermöglichen ein unvoreingenommenes, unbefangenes, vorurteilsfreies Herangehen an ein sogenanntes „Problemverhalten".

Beispiel A: Fremdaggression eines Heimbewohners
Denkbare Ursachen:
Hypothese 1: Falsche Medikation
Hypothese 2: Erlebte Fremdbestimmung
Hypothese 3: Neuer Mitarbeiter
Hypothese 4: ...

Beispiel B: Extremer Sprachabbau oder Mutismus eines Heimbewohners nach Haldol-Behandlung (Psychopharmaka-Therapie)
Denkbare Ursachen:
Hypothese 1: Schädigung des Sprachzentrums ... organische (somatogene) Ursache
Hypothese 2: Negativ gefärbte Spracherlebnisse in der Therapie ... lerntheoretische Ursache, Konditionierungsprozesse
Hypothese 3: Mutismus läßt sich nicht kausal mit der Psychopharmaka-Therapie in Verbindung bringen, sondern hat irgendeine andere Ursache
Hypothese 4: ...

Was leisten Hypothesen?
(a) Hypothesen ermöglichen Zugänge, um ein Problem aus mehreren Perspektiven zu sehen, sie erweitern den Verständnishorizont.
(b) Hypothesen verstehen sich primär als kreativer Prozeß, als ein Brain-storming, und dienen erst sekundär der „Wahrheitssuche" im Erkenntnisprozeß („Jetzt spinnen wir mal ...").
(c) Hypothesen ermöglichen Verständnis und Erkenntnis in einem offenen Prozeß und erfordern Toleranz von den Mitarbeitern.
(d) Hypothesen lassen sich – in der theoretischen Vorstellung – im Prozeß der „Problemlösung" überprüfen und dann „verifizieren" oder „falsifizieren" (entscheiden, was „wahr" bzw. „falsch" ist).
(e) Hypothesen lassen sich in der Praxis oft nicht „verifizieren", so daß Widersprüchlichkeiten in der Erklärung eines Phänomens, z. B. einer Verhaltensstörung, nicht beseitigt sind. Hypothesen zwingen uns

zu erkennen, daß Widersprüche da sind und daß diese nicht einfach von der Hand zu weisen sind. Hypothesen erschließen einen Weg hin zu einer differenzierten Sichtweise der Welt, weg von einer simplen Schwarz-Weiß-Sichtweise.
(f) Hypothesen tragen dazu bei, altes monokausales Denken zu überwinden.
(g) Hypothesen erschließen Handlungskompetenz durch einen erweiterten Erkenntnisprozeß.

Welche Konsequenzen ergeben sich aus der Fallanalyse für ein neues Handeln?
Z. B. neue Zielbestimmungen (kurzfristig, langfristig), andere Lösungsvarianten.

Welche Kriterien müssen wir bei einer Fallbearbeitung berücksichtigen? Unter dem Aspekt des systemischen Denkens sollten in einer Fallbearbeitung mindestens die folgenden Kriterien bedacht sein:

(1) Bei der Fallanalyse sollte die Einbettung der Problemlage in einen größeren Zusammenhang herausgearbeitet werden!
(2) Es sollten bedeutsame Neben- und Fernwirkungen erkannt und herausgearbeitet werden!
(3) Es sollten möglichst mehrere Problemlösungen bzw. Konfliktlösungen erörtert werden!

Worin liegt die pädagogische Bedeutung von Fallanalysen?
Fallanalysen können dazu beitragen, daß neue (wissenschaftliche) Erkenntnisse gewonnen werden, z. B. können sich durch den Vergleich mehrerer Einzelfälle neue Einsichten ergeben. Die Bedeutung der Kasuistik im Rahmen des systemischen Denkens in der Behindertenhilfe wurde unter anderem von Anna Maria Sorrentino (1988) herausgearbeitet. Sorrentino zeigt an ausgewählten *Fallbeispielen,* was die zwischenmenschlichen Beziehungen bedeuten, die ein behindertes Kind umgeben und in die es einbezogen ist.

3. Pädagogische Diagnostik / Pädagogische Förderung

Heilerziehungspfleger/innen müssen sich einen Überblick über Verfahren pädagogischer Diagnostik verschaffen. (Auf eine ausführliche Diskussion muß an dieser Stelle verzichtet werden; es wird auf die weiterführende Literatur verwiesen.)

Aus dem bisher aufgezeigten Weg, Menschen mit Behinderungen aus ihrer jeweiligen Lebenssituation heraus zu verstehen, ergibt sich keine dringende Notwendigkeit, Diagnostik in einem herkömmlichen Sinn zu betreiben. Daß wir dennoch auf diagnostische Aussagen nicht ganz verzichten, hat folgenden Grund: Diagnoseverfahren *können* eine *zusätzliche Hilfe* sein, *Förder- und Lernprozesse* nach dem elementaren pädagogischen Prinzip der „Optimalen Passung"/„Individualisierung" zu organisieren und auszurichten.
In einer pädagogisch orientierten Diagnostik geht es nicht um die Frage, wie ein Kind zu klassifizieren ist und welcher Institution es zugewiesen werden soll, sondern darum, herauszufinden, wo das Kind sich befindet, damit der Erzieher es dort abholen kann (Pestalozzi). Der Erzieher will wissen, welche pädagogischen Maßnahmen individuell angemessen für dieses Kind sind. Seine „Beurteilung" darf nicht über eine *distanzierende „objektive" Beobachtung* zustandekommen, bei der sich der Beobachter aus der *intersubjektiven* Teilhabe ausschaltet. Dem Pädagogen muß es vielmehr um eine engagierte, *teilnehmende und verstehende Beobachtung* gehen (Kobi 1983, in: Speck 1993, S. 144). „Wenn das Beobachten unseren erzieherischen Absichten dienen soll, dann muß es ein Teilnehmen sein am Leben des Anderen, so wie wenn es um unser eigenes Leben ginge" (Moor 1965, S. 282).

Abb. 50: Objektive und teilnehmende Beobachtung

Objektive Beobachtung	Teilnehmende und verstehende Beobachtung
Distanz (Psychische Distanz)	Nähe (Psychische Nähe), Empathie
Keine Präsenz des Beobachters (z. B. Beobachtung durch ein unsichtbares Fenster)	Physische und psychische Präsenz des Beobachters (z. B. Begleitung)
ermöglicht präzise Erkenntnisse über das „Verhalten" einer Person	erschließt subjektive Erkenntnisse über das „Erleben" der anderen Person
Naturwissenschaftlich-behavioristisches Denken	Geisteswissenschaftlich-dialogisches Denken

Aus pädagogischer Sicht gelten für jede Diagnostik/Förderung von Menschen mit Behinderungen folgende Voraussetzungen:

Ganzheitliche Förderung darf nicht nur auf den Leistungsbereich begrenzt bleiben – im Sinne eines Hinaufsteigens einer „Leistungstreppe“ in den funktionalen und lebenspraktischen Bereichen –, sondern muß auf alle Bereiche menschlichen Lebens und Lernens ausgeweitet werden, so z. B. auch auf die Förderung der ästhetischen Wahrnehmung.
Förderung kann und darf nicht immer stattfinden: Die *pädagogische Beziehung* zum behinderten oder psychisch kranken Menschen muß sich auch in Lebensfeldern verwirklichen können, in denen von uns *keine Förderung* und *kein Lernen* intendiert ist, z. B. beim Erfahren von Lebensfreude.

3.2 Diagnostische Verfahren

Urs Strasser vom Heilpädagogischen Seminar Zürich hat versucht, die gegenwärtig verfügbaren Modelle und Instrumente der Diagnostik bei Menschen mit einer geistigen Behinderung kritisch zu sichten (Strasser, 1994). Einen Überblick finden wir auch bei Speck (1993), Breitinger/Fischer (1981), Hensle (1982) und Tietze-Fritz (1988).

3.2.1 Traditionelle Methoden

PAC (1978)
PAC ist eine Abkürzung für den englischen Begriff „*P*rogress *A*ssessment *C*hart“ und kann etwa übersetzt werden mit „Diagramm zur Dokumentation von Entwicklungsfortschritten“ (progress = Fortschritt, assessment = Festsetzung, hier: Dokumentation, chart = Tabelle, Diagramm). Die PAC-Methode wurde schon 1974 von H. C. Gunzburg aus England entwickelt. In Deutschland wurde sie von der „Lebenshilfe für geistig Behinderte“ (Günzburg, H. L., Warnecke, 1978) überarbeitet. (Die Ähnlichkeit der Namen Gunzburg und Günzburg ist reiner Zufall.)
Die PAC-Materialien verstehen sich als „eine pädagogische Analyse und zugleich als ein Curriculum der Sozialentwicklung für geistig behinderte Menschen“ (Curriculum = Hier: Förderplan, ursprünglich: Lehrplan). Sie sollen helfen, individuelle Leistungen zu ermitteln, Förderpläne zu erstellen und zum Vergleich individueller Leistungsprofile hinführen. Der PAC-Bogen liegt in mehreren Versionen vor:
Die Grundform *P-PAC* orientiert sich an den Durchschnittsleistungen geistig behinderter Kinder und Jugendlicher.
Die modifizierte Sonderform *S/P-PAC* für den Personenkreis schwer geistig behinderter Menschen.
Der PAC erfaßt (vgl. Strasser 1994, S. 87):

(1) *Selbsthilfe* (Essen, Toilette, Waschen, An- und Ausziehen)
(2) *Verständigungsvermögen* (Wahrnehmung und Verarbeitung, passives Sprachverständnis, aktive Lautäußerung)
(3) *Sozialanpassung* (häusliche Tätigkeiten, Spielen)
(4) *Beschäftigung/Motorik* (Wendigkeit, Fingerfertigkeit)

Die Feststellung von Leistungen, z. B. Fortschritte, Rückschritte oder Stagnation, erfolgt nach kontinuierlichem Beobachten in der Alltagssituation. Die ermittelten Leistungen sind in ein kreisförmiges Diagramm (Rosette) einzutragen. Dieses bietet nicht nur einen schnellen Überblick, sondern weist auch auf die notwendigen nächsten Schritte der Förderung hin.
Das PAC-Material zur Förderdiagnostik ist bei der „Bundesvereinigung Lebenshilfe für geistig Behinderte e. V." in Marburg zu beziehen. Kritisch ist anzumerken, daß eine theoretische Abstützung des PAC-Verfahrens fehlt (vgl. Strasser 1994, S. 86).

Testbatterie für geistig behinderte Kinder TBGB (1969)
Dieses 1969 erschienene Verfahren faßt sieben Leistungs- und Intelligenztests zusammen. Es prüft die allgemeine Intelligenz, Sprache, Merkfähigkeit und Motorik (z. B. „Kreise punktieren"). Es wird kein Intelligenzquotient ermittelt, sondern ein Testprofil, das ein Bild der relativen Stärken und Schwächen des Kindes ergibt und eine differenzierte Einstufung seiner Leistungsfähigkeit ermöglicht. Auch wenn ein Kind keine einzige Aufgabe lösen kann, will der Test keine prinzipielle Aussage über seine Bildungsfähigkeit bzw. Bildungsunfähigkeit machen. Die *Lincoln Oseretzky Scala (LOS)* ist ein Untertest der TBGB zur Messung des psychomotorischen Entwicklungsstandes (Bondy, 1969) (vgl. Strasser 1994, S. 130 f.).

Hawik/Hawiva (1956/1975)
Der *H*amburg-*W*echsler-*I*ntelligenztest für *K*inder (Hardesty/Priester 1956) mißt drei Faktoren, nämlich einen Faktor „Sprachliche Intelligenz", einen zweiten „Organisation der Wahrnehmung" und einen dritten im Sinne von „Lernfähigkeit" (vgl. Strasser 1994, S. 119/120).
Der *H*amburg-*W*echsler-*I*ntelligenztest für das *V*orschul*a*lter (Eggert/Schuck 1975) ist ein analoges Verfahren für Kinder zwischen 4 und 6,5 Jahren. Es kann aber auch für ältere lern- oder geistig behinderte Schüler verwendet werden.
Der *Verbaltest* umfaßt Untertests wie z. B. Allgemeines Wissen (Wissensbreite), Allgemeines Verständnis (Praktische Urteilsfähigkeit), Gemeinsamkeiten finden, Wortschatztest, Rechnerisches Denken etc. Der *Handlungstest* beinhaltet z. B. Bilderzuordnen (Fähigkeit, soziale

Situationen zu erfassen und zu verstehen), Bilder ergänzen (Perzeption und Begriffsbildung, Wesentliches erkennen), Figurenlegen (visuell-motorische Koordination, geplantes Handeln, planende Phantasie) etc. (vgl. Strasser 1994, S. 120/121).

Frostig (1975)
Bewegungserziehung als ein Heilmittel zur Verbesserung der sensomotorischen Fähigkeiten; vorwiegend um spätere *visuelle Wahrnehmungsstörungen* zu vermeiden (z. B. Auge-Hand-Koordination, Figur-Hintergrund-Unterscheidung, Formkonstanz). Die Übungen sollen die Bewegung fördern und das Kind anregen, selbst schöpferisch zu sein (vgl. Tietze-Fritz 1988, S. 151).

Funktionelle Entwicklungsdiagnostik
Verfahren, die den individuellen Entwicklungsstand der verschiedenen Funktionen (Krabbeln, Sitzen, Laufen, Greifen, Wahrnehmen, Sprechen, Sprachverständnis, Sozialentwicklung) erfassen. Das Entwicklungsprofil soll Aufschlüsse darüber geben, in welchen Funktionsbereichen ein Kind Stärken oder Schwächen im Vergleich zur Altersnorm aufweist, so daß in Verbindung mit einer intensiven Beobachtung Schlüsse für einen heilpädagogischen Ansatz gezogen werden können. Die Verfahren erfassen bestimmte Funktionen und Entwicklungsschritte zu unterschiedlichen Persönlichkeitsbereichen nach dem *Konzept des Meilensteins* in der Entwicklung. Ein Meilenstein ist ein gut zu erfassender, deutlich beobachtbarer Entwicklungsschritt (z. B. Stehen, Gehen etc.).

Meilensteinkonzepte
– Wie weit ist mein Kind entwickelt? (Kiphard 1984)
Psychosoziales Entwicklungsgitter zur optischen Wahrnehmung, Handgeschick, Körperkontrolle, Sprache, akustischen Wahrnehmung, psychosozialen Entwicklung
– „Münchener Funktionelle Entwicklungsdiagnostik" (Hellbrügge, 1978)
– Denver-Entwicklungsskalen DES (Fleming 1973)
– Entwicklungstest nach Gesell (1977)
(vgl. Strasser 1994, S. 76–79)

3.2.2. Innovative Modelle

Heidelberger Kompetenz-Inventar für geistig Behinderte nach Holtz (1984)
Hierbei handelt es sich um einen standardisierten Beobachtungsbogen, mit dessen Hilfe folgende Kompetenzen erfaßt werden können:

(1) *Praktische Kompetenz:* Nahrungsaufnahme, Kleidung, Hygiene, Sicherheitsverhalten, praktische Fertigkeiten
(2) *Kognitive Kompetenz:* Verkehr und Aktionsradius, Geld/Einkaufen, Inanspruchnahme von Dienstleistungen und öffentlichen Einrichtungen, zeitliche Orientierung, geometrische Grundbegriffe, Rechnen, Lesen/Schreiben, Sprachverstehen, Sprachproduktion
(3) *Soziale Kompetenz:* Lern- und Arbeitsverhalten, Identitätsfindung/Selbstkonzept, Selbstkontrolle, Selbstbehauptung, Perspektivenübernahme/Sozialkontakt, Kooperation/Soziale Regeln

Dieses relativ neue Verfahren erlaubt wissenschaftlich vertretbare Aussagen und überzeugt im Gegensatz zum PAC durch eine theoretisch und empirisch abgestützte Konstruktion. Die Eignung ist, vor allem für die Zielgruppe von Erwachsenen mit mittelgradiger geistiger Behinderung, unbestritten, es kann aber auch (ohne Normen) bei Kindern und Jugendlichen angewendet werden. Das Verfahren berücksichtigt die aktuelle Theorie über soziale Kompetenz und Testkonstruktion (vgl. Strasser 1994, S. 128/129).

Affolter (1989)

Das Konzept „Führen" von Affolter zielt auf die Förderung im sensomotorischen Bereich, wobei die Wahrnehmungsentwicklung und ihre Bedeutung für die Sprachentwicklung im Zentrum der Überlegungen steht. Das Konzept stützt sich auf die Entwicklungstheorie von Piaget. Affolter nimmt an, daß das Kind infolge von Hirnfunktionsstörungen umfangreiche Entwicklungsprobleme in seinen Wahrnehmungsfunktionen hat. Sie schlägt vor, daß die taktil-kinästhetischen Ausfälle auf einer entsprechend frühen Entwicklungsstufe angegangen werden sollen:

(1) Das Kind soll möglichst klare Widerstände seitens der Unterlage (Tisch) erfahren, um eine klare Informationsgewinnung sicherzustellen (Hantieren, Umgang mit Geschirr, Einräumen/Ausräumen, Umgang mit Werkzeugen, Haushaltsgeräten etc.).
(2) Es wird dazu von hinten an den Händen so geführt, daß es möglichst umfangreiche und klare taktil-kinästhetische Wahrnehmungen sammeln kann.
(3) Das Kind muß klar geführt werden, d. h. auf Anzeichen taktiler Abwehr muß der Begleiter mit deutlicher Führung antworten.
(4) Auf aktionsbegleitendes Sprechen wird nach diesem Konzept verzichtet, weil die Verarbeitungskapazität der Sinneskanäle des Kindes unter Umständen überlastet wird. Es soll in erster Linie sinnliche Erfahrungen machen, um den Voraufbau der Sprache zu erwerben (vgl. Strasser 1994, S. 101–103).

Sivus-Methode

Dieses Verfahren wurde in Schweden hauptsächlich für Erwachsene mit einer mittelgradigen oder schweren geistigen Behinderung entwickelt. SIVUS bedeutet wörtlich „Social Individ Via Utveckling i Samverkan“ (Soziale und individuelle Entwicklung durch gemeinschaftliches Handeln).

Die SIVUS-Methode geht davon aus, daß sich Entwicklung im gemeinschaftlichen Handeln mit anderen Menschen vollzieht. Der Mensch mit einer geistigen Behinderung soll die Erfahrung machen, wie es ist, alleine, in einer Gruppe, mit Gruppen sowohl innerhalb als auch außerhalb seiner Institution zu handeln. Der Entwicklungsstand eines Menschen wird mit Hilfe des SIVUS-Einschätzungsbogens bestimmt. Die Verfasser betonen, daß der Bogen kein Testinstrument nach traditionellem diagnostischem Denken ist, sondern ein Hilfsmittel, um die subjektive Wahrnehmung zu relativieren. Sie empfehlen zudem, den behinderten Menschen in die Planung und Durchführung des Förderverfahrens („Evaluation“) einzubeziehen (Waluja/Malmström 1991, S. 165).

Die SIVUS-Methode gilt als eine der wenigen transparenten Arbeitsmethoden für Menschen mit einer geistigen Behinderung, die sowohl hinsichtlich der Erfassung, der Methode und der Auswertung einen klaren Zusammenhang erkennen läßt. Im Gegensatz zum älteren PAC hat sich diese Methode den heutigen anthropologischen und pädagogischen Vorstellungen angenähert. Der Mensch wird als ein soziales und entwicklungsfähiges Wesen betrachtet. Wichtig ist den Autoren der *Prozeß* zwischen den Begleitern und dem behinderten Menschen, nicht irgendwelche „objektiven“ Ergebnisse (Strasser 1994, S. 170–174).

Abb. 51: Der Sivus Einschätzungsbogen (vgl. Walujo/Malmström 1991, S. 160; Strasser 1994, S. 173)

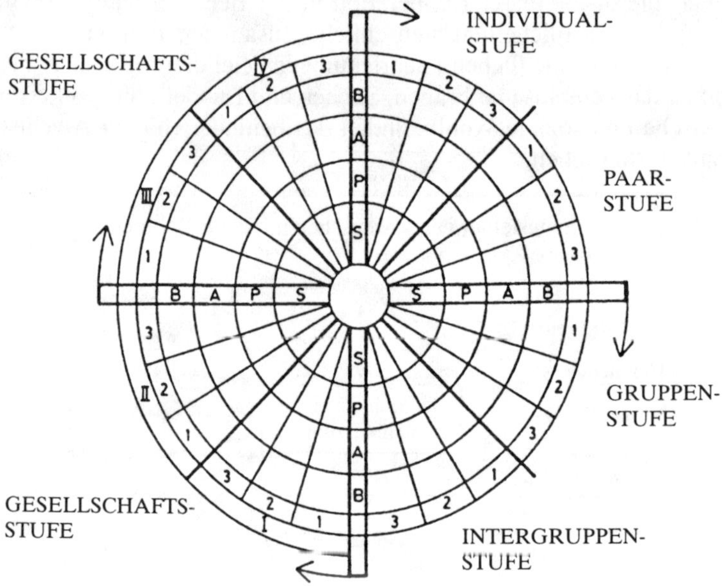

Darstellung der Entwicklung eines Gruppenteilnehmers nach SIVUS.

S – Soziale Fähigkeit (beisammen zu sein, sich zu vertragen und zusammenzuarbeiten)
P – Planungsfähigkeit (eine Idee zu haben, seine Arbeit/seine Aktivität zu planen)
A – Arbeitsfähigkeit (seinen Plan durchzuführen)
B – Beurteilungsfähigkeit (das Ergebnis seiner eigenen Arbeit zu beurteilen)

- Die Individualstufe (auf eigene Faust)
- Die Paarstufe (zu zweit)
- Die Gruppenstufe (innerhalb einer Gruppe)
- Die Intergruppenstufe (Gruppen untereinander innerhalb der Einrichtung)
- Die Gesellschaftsstufe, die folgendes einschließt:

I Zu wagen, draußen in der Gesellschaft auf eigene Faust zu handeln
II In der Gesellschaft mit einem nicht behinderten Menschen
III In der Gesellschaft mit mehreren nicht behinderten Menschen
IV In der Gesellschaft mit mehreren nicht behinderten Personen im Zusammenwirken mit anderen Gruppen

1 – Beobachten, wie andere handeln, oder etwas mit umfassender Unterstützung tun
2 – Selbst handeln mit indirekter/wenig Unterstützung
3 – Selbständig handeln ohne Unterstützung

Name: ....

Datum: ....

Interdisziplinäre Kooperation

Unter interdisziplinärer Kooperation in der Behindertenhilfe verstehen wir die fachliche und menschliche Zusammenarbeit von Vertretern aus unterschiedlichen Fachrichtungen. Ziel dieser Zusammenarbeit ist das gemeinsame Fragen, Suchen und Handeln für das geistig-seelische und soziale Wohlbefinden des behinderten oder psychisch kranken Menschen.

Abb. 52: Beziehungsfelder eines Menschen mit einer Behinderung

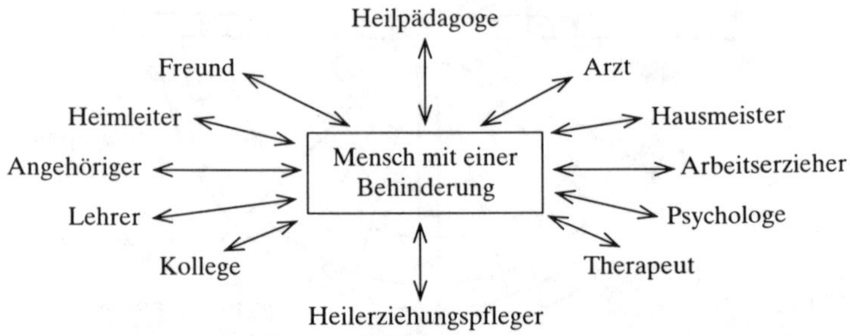

Die Abbildung zeigt die verschiedenen Beziehungsfelder, in denen sich ein behinderter Mensch erleben kann. Aus objektiver Sicht ließen sich diese Beziehungsfelder systematisch unterteilen, z. B. in private und professionelle. Ein privates Beziehungsfeld ist z. B. die Beziehung des behinderten Menschen zu seinem Bruder, ein professionelles die Beziehung zum Heilerziehungspfleger (vgl. Petran 1983, S. 258–271).

Welches Beziehungsfeld für die behinderte Person menschlich wichtig, wertvoll und vertrauenswürdig ist, hängt primär von der *subjektiv erlebten Qualität dieser Beziehung* ab, weniger vom privaten oder professionellen Status der Bezugsperson.

Im Hinblick auf die interdisziplinäre Kooperation der Personen in diesem Beziehungsgefüge wäre aus systemischer Perspektive folgendes zu prüfen:

Was bedeutet im konkreten Einzelfall „Interdisziplinäre Kooperation", wenn sie mehr als ein Schlagwort sein will? Welche Personen gelten als kompetent? Wie läßt sich diese Kompetenz begründen?

Vorteile interdisziplinärer Kooperation:
(1) Fachliche Bereicherung durch Teilhabe am Denken und Handeln des anderen;
(2) Kooperative Fachkompetenz auf neuem Niveau;
(3) Überwindung des akademischen Expertentums durch Einbeziehung von anderen professionellen oder privaten Bezugspersonen des behinderten Menschen.

Nachteile interdisziplinärer Kooperation:
(1) Gefahr des blinden Aktionismus („Gemeinsam müssen wir das Problem doch lösen“);
(2) Gefahr, daß der behinderte Mensch das Vertrauen zu einer Bezugsperson verliert, weil er diese Person in einer „Doppelrolle“ erlebt.

Berufliche Identität

Abb. 53: Berufliche Identität in der Sozialarbeit (Flosdorf/Schuler/Weinschenk 1992, S. 21)

Fachliche Kompetenz = professionelles Handeln

instrumentelle Kompetenz	reflexive Kompetenz	soziale Kompetenz
über Fachwissen verfügen, Fähigkeiten und Fertigkeiten erwerben – Vorgehensweisen – Methoden, Techniken – Umgang mit Medien	Fähigkeit – die eigene Lebensgeschichte bewußt zu erfassen – die subjektive Betroffenheit einzubeziehen – das soziale Umfeld zu erfassen und zu durchschauen	Fähigkeit – sich auf andere einzulassen – zu sozialem Handeln, Empathie, Rollendistanz usw.

Religiös-spirituelle Kompetenz
– ganzheitlich-wertbezogene Lebenshilfe zu leisten
– Fähigkeit, den jungen Menschen am Glauben teilnehmen zu lassen

Humane bzw. menschliche Kompetenz
– „Vermögen“ und Kompetenz
– Akzeptanz und Wertschätzung
– Echtheit und Kongruenz

Um Menschen mit einer Behinderung eine qualifizierte Erziehungs-

und Lebenshilfe zu leisten, erhalten Heilerziehungspfleger/innen eine spezielle Aus- und Fortbildung. Den pädagogischen Anforderungen in der Praxis können sie allerdings nur dann gerecht werden, wenn es ihnen gelingt, in einer ernsthaften *Auseinandersetzung mit sich selbst* eine stabile Basis für ihre berufliche Identität zu entwickeln (vgl. Kapitel IV, 6, S. 73–79).

Berufliche Identität ist aber nicht allein eine Sache des einzelnen, sondern umfaßt auch einen kollektiven Aspekt. Berufliche *kollektive Identität* (vgl. Erikson 1975) entsteht dort, wo mehrere Personen sich durch gemeinsame Lebensfragen und Lebensaufgaben zu einer beruflichen Gruppe verbunden fühlen. Diese Gruppe sollte sich in einer Art *Solidarität* in weltanschaulichen, kulturellen, religiösen und ethischen Werten erleben (vgl. Flosdorf, Schuler, Weinschenk 1992, S. 14–21). Die Identität eines professionellen Heilerziehungspflegers wird sich im Spannungsfeld zwischen seiner persönlichen Identität und den an ihn heran getragenen Erwartungen seiner Berufsgruppe (kollektive Identität) entwickeln und klären.

Gerade im interdisziplinären Handlungsfeld muß eine berufliche Gruppe (z. B. Heilerziehungspfleger/innen) ihre berufliche Identität behaupten und ihre inhaltlichen Positionen gegebenenfalls auch gegen andere abgrenzen.

5. Forschungen zur Lebenswelt behinderter Menschen

Es gibt in Deutschland eine Reihe von Forschungsprojekten im Bereich der Behindertenhilfe. Mittels empirischer Untersuchungen wird Datenmaterial gesammelt. Eine sinnvolle Methode ist z. B. die Befragung von behinderten Menschen. Auf diese Weise gelangt man zu Informationen aus „erster Hand“. Die Daten werden ausgewertet und die Ergebnisse können als Grundlage für wissenschaftliche Gutachten und Prognosen herangezogen werden. Auf der Grundlage die-

Abb. 54: Empirische Forschungen in der Sozialarbeit

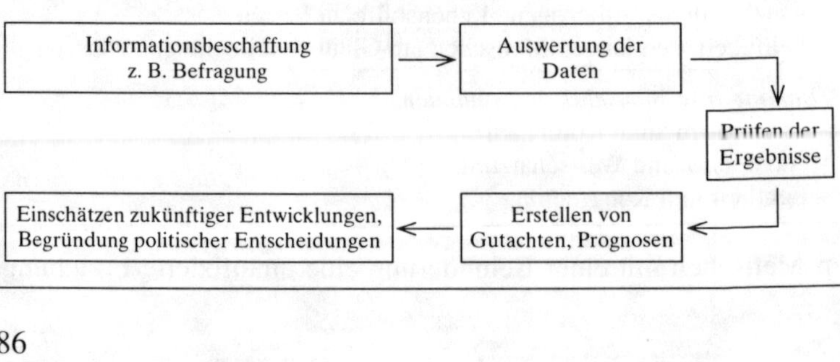

ser Gutachten können zukünftige Entwicklungen besser eingeschätzt und politische Entscheidungen begründet werden.
Am Beispiel der *„Forschungsstelle: Lebenswelten behinderter Menschen“* an der Universität Tübingen soll eine wissenschaftliche Untersuchung kurz vorgestellt werden:

Es handelt sich um eine bundesweite Untersuchung der *Wohn- und Betreuungseinrichtungen der Behindertenhilfe* (Hornung/Metzler/Wacker/Wetzler 1995). Die Studie wurde von der *Bundesregierung* in Auftrag gegeben (Bundesministerium für Familie, Senioren, Frauen und Jugend) und im Dezember 1995 fertiggestellt.
Bei dieser Untersuchung wurden 1 384 Wohneinrichtungen in der gesamten Bundesrepublik erfaßt. Dies entspricht 80 395 Wohnplätzen für Menschen mit einer Behinderung. Diese bundesweite Stichprobe gilt als repräsentativ: 36,3 % aller angeschriebenen Träger der Behindertenhilfe beteiligten sich an der Untersuchung (36,3 % „Rücklauf“).
Ergebnisse dieser Untersuchung sind zum Beispiel (vgl. Hornung, Metzler u. a., 1995, 37–70):
(1) *Tagesstrukturierung durch Bildung und Beschäftigung:* 41,7 % der körperbehinderten Menschen werden nur in der Wohngruppe betreut und gefördert, in der sie leben. Zum Vergleich: Geistig behinderte Menschen 36,5 %, Menschen mit psychisch-seelischer Behinderung 27,1 %, Menschen mit Sinnesbehinderungen 27,5 %.
(2) *Angehörigenbeteiligung:* Nur 24,1 % der erfaßten Wohn- und Betreuungseinrichtungen für Menschen mit Behinderungen arbeiten regelmäßig mit einer gewählten Elternvertretung zusammen (z. B. Elternbeirat).
Immerhin 57,8 % der Einrichtungen führen regelmäßige Veranstaltungen für und mit Angehörigen durch. Im übrigen wird die Angehörigenbeteiligung sehr flexibel gehandhabt, z. B. Kontakte auf individuellen Wunsch, bei Festen und Feiern.
(3) *Mitwirkungs-, Mitsprache-, Mitentscheidungsmöglichkeiten:* Eine Erhebung befaßt sich damit, inwieweit die Bewohner/innen Wahlfreiheit bei der Organisation ihrer Körperpflege haben, z. B. beim Waschen, Duschen, Baden oder bei der Toilettenbenutzung. Im Rahmen dieser Erhebung lautete eine Frage: „Müssen Sie sich unter der Woche an bestimmte Bade- oder Duschzeiten halten?“
42,2 % der Einrichtungen beteiligen ihre Bewohner/innen an der Pflegeorganisation, in 22,2 % der Einrichtungen werden ausschließlich Regelleistungen erbracht, in 35,6 % der Einrichtungen können die Bewohner über die Leistung selbst bestimmen.
(4) *Mitarbeiterstruktur:* Mit 60 % überwiegen Mitarbeiter mit einer pädagogisch-pflegerischen Fachqualifikation (alte Bundesländer 60,9 %, neue Bundesländer 55,2 %, Berlin 69,1 %).
23,8 % der Mitarbeiter haben kein fachspezifisches Qualifikationsprofil, 15 % aller Mitarbeiter im pädagogisch-betreuerischen Bereich besitzen eine Helferqualifikation.

Die Analyse der Mitarbeiterstruktur ergibt zusammenfassend folgendes Ergebnis: Es besteht ein „Qualifizierungsbedarf", vor allem in den neuen Bundesländern, in Einrichtungen für Menschen mit Körperbehinderung und in Einrichtungen, die ein altersübergreifendes Betreuungsangebot machen (Hornung, Metzler u. a. 1995, S. 70).

Abb. 55: Qualifikationsprofil der Mitarbeiter nach alten und neuen Bundesländern (Hornung, 1995, 68)

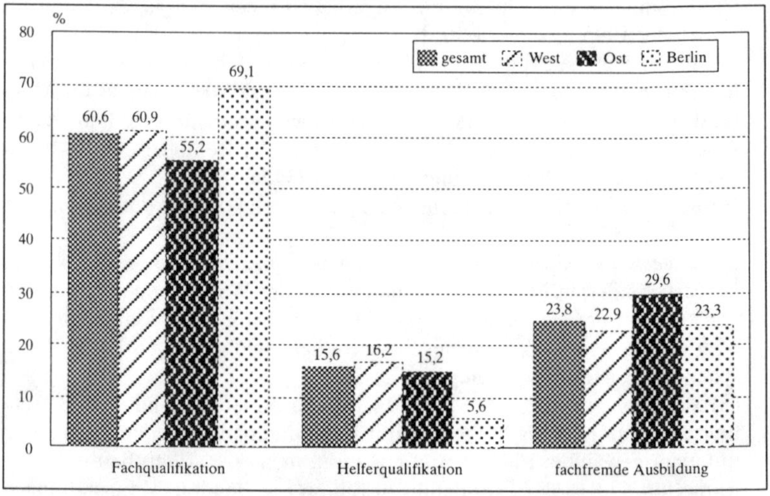

Eine weitere Untersuchung befaßt sich mit der *Situation alternder und alter Menschen mit geistiger Behinderung in Werkstätten für Behinderte und Wohneinrichtungen* (Metzler/Trost 1995). Diese Studie wurde von der baden-württembergischen *Landesregierung* in Auftrag gegeben (Ministerium für Arbeit, Gesundheit und Sozialordnung) und im August 1995 fertiggestellt. Beispielhaft seien auch hier einige Kriterien dieser Untersuchung aufgeführt:

(1) Ermittlung der Altersstruktur in Wohnheimen
(2) Ermittlung von Kompetenzen und Hilfebedarf älterer Menschen mit geistiger Behinderung
(3) Betreuungs- und Pflegeaufwand in Wohnheimen
(4) Geschätzte Entwicklung der Anzahl älterer Bewohner in Wohnheimen
(5) Probleme der Wohneinrichtungen bei der Betreuung älterer Menschen mit geistiger Behinderung
(6) Qualifizierung der Mitarbeiterinnen und Mitarbeiter

Abb. 56: Geschätzte Entwicklung der Anzahl älterer Bewohner mit geistiger Behinderung in Wohnheimen (1989–2009, ohne Zu- und Abgänge) (vgl. Metzler, Trost 1995, S. 114)

Alter / Jahr	1989	1994	1999	2004	2009
45–49	160	223	262	316	309
50–54	126	157	219	257	310
55–59	67	122	151	212	248
60–64	30	64	116	143	201
65–69	7	28	59	107	132
70–74	3	6	24	52	94
75–79	3	2	5	19	42
80 und älter	3	2	2	3	15
Gesamtzahl 50 Jahre und älter	239	381	576	793	1.042
Gesamtzahl 60 Jahre und älter	46	102	206	324	484

6. Interkulturelle Impulse für die Heilerziehungspflege

Menschen, die „interkulturell“ denken, haben ein differenziertes und offenes Verständnis menschlicher Kultur. Sie reflektieren die Werte und Normen unserer Gesellschaft und wollen kulturelle Schranken überwinden. Aus systemisch-interkultureller Sicht ergibt sich für den Lebensbegleiter behinderter Menschen die Aufgabe, Wege zu öffnen, damit sie an einem breiten Spektrum menschlicher Kultur teilhaben und diese mitgestalten können. Kulturelle Teilhabe setzt Impulse für ein selbstbestimmtes Leben und erhöht die Chance sozialer Integration.

(1) *Bildung, Freizeitkultur:* Die Inanspruchnahme offener, differenzierter kultureller Angebote kann einen Beitrag leisten zum Aufbau einer *kulturellen Identität* des behinderten Menschen (vgl. hierzu Kapitel X, 4, S. 258–262).
(2) *Reisen:* Begegnungen behinderter Menschen mit Menschen in einer *anderen Kultur,* mit anderer Lebensweise, Mentalität und Religion setzen Maßstäbe, erweitern das *Weltbild* und damit den *Sinnhorizont,* in dem sich behinderte Menschen erleben (z. B. im Rahmen von Städtepartnerschaften). Die Teilnahme behinderter Menschen an Ferien-, Urlaubs- und Bildungsreisen führt zu einer *Aufwertung ihrer sozialen Rollen,* denn das Reisen wird in unserer Gesellschaft hoch

bewertet. Geistig behinderte Menschen nehmen dieses „Bürgerrecht" auf Urlaubsreisen zunehmend in Anspruch!
In diesem Zusammenhang ist die Verfassungsschutzgarantie „Niemand darf wegen seiner Behinderung benachteiligt werden", die 1994 als Ergänzung des Artikels 3 ins reformierte Grundgesetz aufgenommen wurde, im Blick auf die touristische Integration behinderter Bürger ein Fortschritt. Es kann davon ausgegangen werden, daß es in Zukunft nicht mehr zu vergleichbaren Skandalurteilen wie dem *Flensburger Urteil* kommen wird (vgl. Wilken 1995, S. 2–5).

Zur Erinnerung:
Ein Paar verbrachte 1991 mit seinen beiden Kindern, ein halbes und zwei Jahre alt, seinen Urlaub in der Türkei. Im selben Hotel wohnten für eine Woche zehn Gäste mit Behinderungen, deren Anblick die urlaubenden Eltern nicht ertragen konnten. Sie klagten auf Preisminderung bei ihrem Reiseveranstalter, und der Flensburger Richter Rüdiger gab ihnen Recht. Auffallend an den juristischen Formulierungen ist, daß ein „ekelerregender Anblick" als juristischer Tatbestand aufgeführt wird ... (vgl. McManama 1995, S. 34/35).

Die Lehre, die man aus dem Flensburger Urteil ziehen sollte: Es werden *Gleichstellungsgesetze* nötig, die behinderten Mitbürgern ein *Klagerecht gegen bestehende Diskriminierungen* in der Öffentlichkeit zugestehen (vgl. Wilken 1995, S. 4).

(3) *Medienkultur:* Die Medien haben sich zu einer Macht in unserer Gesellschaft entwickelt. Presse, Rundfunk, Fernsehen, Telekommunikation und Multimedia prägen das Gesicht unserer „Informationsgesellschaft". *Medien* haben primär einen *kulturellen Auftrag* in einer demokratischen Gesellschaft. Man darf mit Fug und Recht bezweifeln, daß sie diesem Auftrag immer und überall gerecht werden.
Aus systemisch-interkultureller Sicht müssen wir prüfen, ob Medien eine *integrationsfördernde Wirkung* haben.

Beispiele:
- Stellenwert der Berichterstattung über Probleme behinderter Menschen, z. B. Beruf, Verkehr
- Beteiligung behinderter Menschen an Meinungsumfragen und Gewichtung ihrer Meinung
- Berichterstattung über den behindertengerechten Zugang zu neuen Mediensystemen, z. B. Computer für blinde Menschen oder Menschen mit einer spastischen Lähmung
- Spielfilme im Fernsehen mit integrationsfördernder Wirkung, z. B. „Mein linker Fuß", „Kaspar Hauser", „Johnny zieht in den Krieg", „Zeit des Erwachens".

7. Übungsfragen

1. Warum ist die Theorie der geistigen Entwicklung nach Piaget aus heilpädagogischer Sicht hochaktuell?
2. Welche Bedeutung wird nach Ihrer Meinung das systemische Denken in der Heilerziehungspflege und in der Behindertenhilfe in Zukunft haben?
3. Erklären Sie, was man unter Kasuistik versteht. Warum sollten in der Fallbearbeitung Hypothesen formuliert werden? Wie läßt sich die traditionelle „Problemorientierung“ überwinden?
4. Was versteht man unter einer „Pädagogischen Diagnostik“? Welche diagnostischen Verfahren würden Sie aus einem pädagogischen Selbstverständnis heraus für Menschen mit einer geistigen Behinderung favorisieren? Begründen Sie Ihre Gedanken.
5. Welche diagnostischen Verfahren werden in Ihrer Einrichtung angewandt? Wie bewerten Sie diese?
6. Stellen Sie einen Vergleich zwischen der PAC-Methode und der SIVUS-Methode an! Gemeinsamkeiten, Unterschiede, Vorteile, Nachteile etc.
7. Welche Kriterien werden bei wissenschaftlich-empirischen Forschungen in der Behindertenhilfe untersucht? Welchen Einfluß können solche Untersuchungen auf die Lebenswelt behinderter Menschen haben?
8. Welche Formen interkultureller Teilhabe versuchen Sie mit behinderten Menschen aus Ihrer Wohngruppe zu realisieren?

8. Literatur:

Adam, C. u. a.: Behinderte Menschen in Nordrhein-Westfalen. Wissenschaftliches Gutachten zur Lebenssituation von behinderten Menschen und zur Behindertenpolitik in NRW. Im Auftrag des Ministeriums für Arbeit, Gesundheit und Soziales des Landes Nordrhein-Westfalen, Düsseldorf 1993

Affolter, F.: Die Fehlentwicklung von Wahrnehmungsprozessen insbesondere im auditiven Bereich, in: Berger, E. (Hrsg.): Teilleistungsschwächen bei Kindern, Bern 1977

ders.: Wahrnehmung, Wirklichkeit und Sprache. Villingen-Schwenningen 1987

Bondy, C./Cohen, R./Eggert, D./Lüer, G.: Die Testbatterie für geistig behinderte Kinder, Weinheim/Berlin/Basel 1969

Breitinger, M./Fischer, D.: Intensivbehinderte lernen leben, Würzburg 1981

Erikson, E. H.: Identität und Lebenszyklus, Frankfurt/M. 1970

Fatke, R.: Fallstudien in der Pädagogik, in: Zeitschrift für Pädagogik, 5/1995, S. 675 – 680

ders.: Das Allgemeine und das Besondere in pädagogischen Fallgeschichten, in: Zeitschrift für Pädagogik, 5/1995, S. 681 – 695

Fischer, D.: Das befremdliche Vertraute und das vertraute Fremde. Interkulturell – Ein Weg dazu: der Dialog, in: Zusammen, 1/1994, S. 2 – 7

Fleming, J.: Denver-Entwicklungsskalen, Hamburg 1973

Flosdorf, P./Schuler, A./Weinschenk, R.: Anleiten, Befähigen, Beraten im Praxisfeld Heimerziehung, Freiburg 1987

Fröhlich, A./Haupt, U.: Förderdiagnostik mit schwerstbehinderten Kindern, Dortmund 1983

Frostig, M.: Bewegungserziehung. München/Basel 1975

Günther, K. H.: Pädagogische Kasuistik in der Lehrerausbildung, in: Zeitschrift für Pädagogik, 15. Beiheft, Weinheim 1978, S. 165 – 174

Günzburg, H. L.: Die Erstellung eines individuellen Entwicklungsprogramms für schwer geistig Behinderte auf der Grundlage einer pädagogischen Beziehungsaufnahme: P-A-C System, in: BV Lebenshilfe: Hilfen für schwer geistig Behinderte. Eingliederung statt Isolation, Marburg 1978, S. 139 – 147

Gunzburg, H. C.: Social Competence and Mental Handicap, London, ^{2}1973

Hagmann, T./Simmen, R. (Hrsg.): Systemisches Denken und die Heilpädagogik, Luzern 1994

Hardesty/Priester: Handbuch für den Hamburg-Wechsler-Intelligenztest für Kinder (Hawik), Bern 1956

Hellbrügge, Th. (Hrsg.): Münchener funktionelle Entwicklungsdiagnostik. Fortschritte der Sozialpädiatrie Bd. 4, München/Wien 1978

Hensle, U.: Einführung in die Arbeit mit Behinderten: psychologische, pädagogische und medizinische Aspekte, Heidelberg ^{2}1982

Holtz, K. L.: Geistige Behinderung, soziale Kompetenz und Sozialverhalten, Heidelberg 1987

Holtz, K. L. u. a.: Handbuch zum Heidelberger Kompetenz-Inventar für geistig Behinderte, Heidelberg [2]1986
Hornung, L./Metzler, H./Wacker, E./Wetzler, R.: Wohn- und Betreuungseinrichtungen der Behindertenhilfe – Strukturergebnisse einer bundesweiten Stichprobenerhebung – Hrsg.: Forschungsstelle: Lebenswelten behinderter Menschen, Eberhard-Karls-Universität Tübingen 1995
Kiphard, E. J.: Wie weit ist ein Kind entwickelt?, Dortmund 1984
ders.: Motopädagogik, Dortmund 1984
Kobi, E. E.: Grundfragen der Heilpädagogik und der Heilerziehung, Bern/Stuttgart [4]1983
Maturana, H. R./Varela, F. J.: Der Baum der Erkenntnis. Die biologischen Wurzeln des menschlichen Erkennens, Bern/München/Wien 1987
McManama, B.: Im Namen des Volkes: Urlaubszumutungen. Gedanken zum Flensburger Urteil, in: Zur Orientierung, 4/1995, S. 34/35
Metzler, H./Trost, R. unter Mitarbeit von K. P. Drechsel: Alternde und alte Menschen mit geistiger Behinderung in Baden-Württemberg. Zur Situation in Werkstätten für Behinderte und in Wohneinrichtungen. Hrsg.: Ministerium für Arbeit, Gesundheit und Sozialordnung, Stuttgart 1995
Petran, C.: Beziehungsfelder von Mitarbeitern in diakonischen Einrichtungen für geistig behinderte Menschen, in: Zur Orientierung, 3/1983, S. 258–271
Piaget, J.: Der Aufbau der Wirklichkeit beim Kinde, Stuttgart 1975
Piaget, J./Inhelder, B.: Die Psychologie des Kindes, Frankfurt/M. 1978
Redel, W.: Ausführungen über die Problematik der Begriffsbildung bei geistigbehinderten Erwachsenen. In: Der erwachsene Geistigbehinderte, Gotthilf-Vöhringer-Schule, Wilhelmsdorf 1983
Sorrentino, A. M.: Behinderung und Rehabilitation. Ein systemischer Ansatz. Ein systemischer Kompaß im Bezugsuniversum des behinderten Kindes, Dortmund 1988
Speck, O.: Menschen mit geistiger Behinderung und ihre Erziehung. Ein heilpädagogisches Lehrbuch, München [7]1993
Strasser, U.: Wahrnehmen, Verstehen, Handeln: Förderdiagnostik für Menschen mit einer geistigen Behinderung. Schriftenreihe des Heilpädagogischen Seminars Zürich [2]1994
Tietze-Fritz, P.: Wahrnehmungs- und Bewegungsentfaltung. Heilpädagogische Förderung des Kindes in seinen ersten 24 Monaten, Heidelberg 1988
Walujo, S./Malmström, C.: Grundlagen der SIVUS-Methode. Förderung der individuellen und sozialen Entwicklung bei Menschen mit einer geistigen Behinderung, München/Basel 1991
Warnecke, R. L.: S/P – PAC – eine Sonderform der PAC-Formulare (Günzburg), in: BV Lebenshilfe: Hilfen für schwer geistig Behinderte, Marburg 1978
Wilken, U.: Arbeit, Freizeit und Tourismus, in: Zur Orientierung 4/1995, S. 2–5
Zeitschrift für Pädagogik, 5/1995: Pädagogisches Fallverstehen, S. 675–728
Menschen mit geistiger Behinderung auf Reisen, in: Zur Orientierung 4/1995

XII. Sachregister

Anmerkungen zum Umgang mit dem Sachregister:

(1) Mehrere Seitenzahlen hinter dem Sachwort unterstreichen, daß wir dieses in seinem Gesamtzusammenhang wahrnehmen, also unter verschiedenen, zum Teil ganz unterschiedlichen Perspektiven (vernetzt, systemisch). Beispiel: „Down-Syndrom“ wird auf S. 202 kurz erklärt. Auf S.146 erscheint dieser Begriff im Zusammmenhang mit ethischen Fragestellungen.
(2) Einige der Begriffe im Sachregister kommen nicht wortwörtlich im Text vor, sondern sind sinngemäß gemeint. Beispiel: „Aneignungsprozeß“ wird auf S.168 im Zusammenhang mit den Wahrnehmungsproblemen körperbehinderter Menschen erwähnt. Was dieser Begriff prinzipiell bedeutet, wird auch im Zusammenhang mit Piagets Theorie deutlich, die auf S. 270 ff erklärt wird. Das Wort „Aneignungsprozeß“ wird dort aber nicht ausdrücklich verwendet.
(3) Wenn ein Sachwort im Verzeichnis erscheint, aber im Buch nicht näher erkärt wird, dann deshalb, damit dem Leser geholfen wird, diesen Begriff sinngemäß richtig einzuordnen und ihm eine Orientierungshilfe zu geben für weiterführende Literatur. Beispiel: „Aggression“ → S. 182 Kapitel Verhaltensgestörtenpädagogik → vgl. Fachliteratur zu Verhaltenstörungen/Sozio-emotionale Störungen.

Autoren

Theodor Thesing, Direktor des Instituts für soziale Berufe Ravensburg, 88212 Ravensburg, Kapuzinerstraße 2

Michael Vogt, Dozent für Pädagogik/Heilerziehungslehre und Medizinische Lehre der Behinderungen am Institut für soziale Berufe Ravensburg